クラウド時代の思考術

ウィリアム・パウンドストーン William Poundstone 森夏樹 訳

Head in the Cloud:

Why Knowing Things Still Matters When Facts Are So Easy to Look Up

Googleが
教えてくれない
ただひとつのこと

青土社

クラウド時代の思考術

目次

序　事実はもはや時代遅れ　7

I　ダニング＝クルーガー効果　13

1　「ジュースを塗ったのに」　15
2　無知の地図　57
3　愚か者の歴史　95
4　五人に一人の法則　127
5　情報に乏しい有権者　137

II　知識のプレミアム　151

6　事実に値札を付ける　153
7　エレベーター・ピッチ・サイエンス　171
8　グラマー・ポリス、グラマー・ヒッピー　195
9　ナノフェイム　215
10　エビはコーシャーか？　225
11　哲学者とリアリティー番組のスター　235

12　セックスと不条理　251
13　ゴールポストを動かす　265
14　マシュマロ・テスト　273
15　浅学の価値　291

III　文化を知らない世界　307

16　知的レベルの低下が厳しいとき　309
17　キュレーションの知識　331
18　氷の謎　363
19　キツネとハリネズミ　381

謝辞　392
あとがき　393
参考文献　(25)
原注　(12)
索引　(1)

キャシーへ　あのすばらしい時間に感謝して

クラウド時代の思考術

Googleが教えてくれないただひとつのこと

「学校で習ったことで、後年、役に立ったことと言えば、ただ一つだけ。鉛筆消しゴムに唾を吐きかければ、それでインクが消せるということだ」[1]——ドロシー・パーカー

「嘘も何度か繰り返していれば、誰もが真実と思うようになる」[2]——しばしば誤って、ナチの宣伝相ヨーゼフ・ゲッベルスの言葉として引用される。あまりにそれが頻繁なために、アメリカ人の一四パーセントが、それをゲッベルスの言葉だと信じている。

序　事実はもはや時代遅れ

ロス近郊のマリブで業界のパーティーが開かれていた。その席上、あるグループがライバルの作品を、ハリウッド特有の罵り言葉でしきりにこき下ろしている。罵りの対象となっているのは『ハムレット』の映画版だった。シェイクスピア俳優として有名なケネス・ブラナーを主役にすえ、多額の予算を投じて製作したビクトリア朝風の映画だ。が、しかし、興行面ではまったくの失敗に終わった。高い出演料を払った豪華なスターたち――デレク・ジャコビ、ジュディ・デンチから、ロビン・ウィリアムズ、ビリー・クリスタルまで――も、結局は完全なミスキャストだった。しかし、それでさえ、公開週末の興行収入が九万ドルという散々な結末を、とても説明できるものではない。

「たぶん」と誰かがジョークを飛ばした。「脚本家のせいだよ」

「書いたのは誰なの?」と映画会社の重役が尋ねた。

「シェイクスピアだ」とジョークの飛ばし手が答えた。

重役はまだ理解できていない。今生きている脚本家ではなく、英語圏のもっとも偉大な劇作家だ――この人物は遠の昔に死んでいる。

重役はUSC（南カリフォルニア大学）で法律を学んだ女性で、もちろんシェイクスピアは知っている。ただ映画の『ハムレット』がシェイクスピアの作品をもとに作られた、ということが分からなかった。私はロサンゼルスに住んでいるが、ここではこの手の話はそれほど珍しいことではない。映画産業という場所がもともと、学識のある者と、そんなことにはまったく関心のない者たちの入り乱れた坩堝《るつぼ》のような所だった。『ザ・ボーイ・ネクスト・ドア』という映画がある。二〇一五年に作られたサイコ・スリラー映画で、主演をしたのはジェイロー（ジェニファー・ロペス）だ。この映画のワンシーンで、セクシーな隣人がジェイローにホメロスの『イリアス』を手渡すシーンがあった。それも『イリアス』の初版本だと言う。「これって、とんでもないほど価値のあるものでしょう」と言って、ジェイローはとてももらえないと拒否をする。

「いや、これはガレージ・セールで、一ドル出して買ったものだよ」と隣人。

『イリアス』はもちろん、印刷技術などがまだ発明されていなかった時代の、およそ二三〇〇年前に書かれたものだ。「初版」という言葉が出てくるシーンが、インターネットの文学通たちを怒らせた。ツイッターの中には次のようなコメントがあった。

あんたにはいつか、俺のトーラの初版を見せてやらなくちゃならないな。いつだったか、あの大型ゴミ容器《ダンプスター》で拾ってきたやつだけどな。(1)

彼らがあなたに見せなかったのは、タイムマシーンと、ホメロスを机に縛りつけていた部屋だよね。

だめだな。もう西洋文明はめちゃくちゃになっている。

この映画の脚本を手がけたバーバラ・カリーは、コメントを求められると、『イリアス』の初版に関する台詞は、「自分が書いたオリジナルにはなかったものだ」[2]と言った。

愛書家たちは公正な立場から、『イリアス』と『オデュッセイア』の「初版」について語っている。それは一四八八年に、フィレンツェで印刷されたという。それも言語はギリシア語で。サザビーズでは、最近、この本が二万五〇〇〇ポンドで競売にかけられた。[3]これはどう見ても一財産とみなされるほどの金額だ。しかしそれは、映画で使われた本とはまったく違う。ジェイローが受け取った本は、英語で印刷されていて、金色で縁取られたページは、まだ少しも汚れていない。インターネットの野次馬たちが騒ぎ立てるのも、たしかに一理はある。ちょっと物知りの人には、ホメロスの『イリアス』の初版について、ジェイローがつい不用意に漏らした言葉は、「えっ?」と思わず二度見させられるものだった。これが『イリアス』ではなく、『ティファニーで朝食を』や『インフィニット・ジェスト』の初版なら、何ら問題はない。現にガレージ・セールで、簡単に手に入れることができるのだから。映画の製作者たちも、『ザ・ボーイ・ネクスト・ドア』を見ている人が、まさかそんなことに不信を抱くはずがないと確信していた。それに彼ら自身も、それがおかしいなどとはもちろん考えてもいなかった。だが問題なのは、映画の中でジェイローが演じている役が、よりによって英語の教師だったことだ。

二〇一一年に作られたアニメ映画『ランゴ』では、カメレオンが主役を演じている。カメレオンのランゴは、コンピュータが作り出した愛嬌のある生き物たちが住む、オールド・ウェストの町の保安官になる。監督のゴア・ヴァービンスキーが、この映画のアイディアを思いついたいきさつを語っている。「みんなであれこれと話し合ったよ……砂漠の生き物たちが登場するアニメの西部劇っていうのはどうだろう？　ひとまずベースをそういうことにして、さてそこから、登場人物は伝統から言っても、よそ者でなくっちゃいけない。舞台が砂漠ということなら、いっそ水生の動物ということにしたらどうだろう？　水生動物なら、カメレオンはどうだろう？」[4]

これはビンゴ！　カメレオンはぴったしだ。うーん……だけど、カメレオンは水生動物じゃないけどね。カメレオンは、アフリカの森や草原や砂漠に住んでいるトカゲ亜目の爬虫類だ。砂漠にいるカメレオンはどう考えても、水から上がった魚ではない。

ヴァービンスキーと言えば、世界中で高い興行収益を上げた、あの『パイレーツ・オブ・カリビアン』でヒットを飛ばし、大成功を収めた監督である。その監督がカメレオンの素性を知らなかった。しかも、映画の製作期間中、誰一人として「ゴア監督、アウトサイダーのアイディアはすばらしいと思います。だけど、カメレオンは水生動物じゃないでしょう……」と言う者がいなかった。

が、しかし、これがはたして大問題なのだろうか？　たかだかアニメ映画にすぎないし、だいたい、カメレオンは「しゃべり」なんかしない。なのにランゴはしゃべる。アナロジーと言っても、その程度のものなのである。動物がしゃべらないことぐらい、誰もが知っているから、映画の中で動物がしゃべるのがおもしろいのだ。カメレオンを水生動物と呼ぶのも、ほんの単純なへまにすぎない。言ってみればそれは、芸術的価値や娯楽的価値のない現実からの脱却でもあるのだ。ヴァービンスキーは、映画という専門的職業の激しい競争の頂点に立っている。彼の間違いが示しているのは、知識の不足などではなくて、瑣末な事実など気にしない文化の中にどっぷりと浸っていることだ。この文化はただ単に、ハリウッドにとどまるものではない——それは現代アメリカの文化でもある。

I　ダニング=クルーガー効果

1 「ジュースを塗ったのに」

身長五フィート六インチ（約一六七・六センチ）、体重二七〇ポンド（約一二二・五キロ）の銀行強盗は、身を隠すことができなかった。一九九五年四月一九日、彼はピッツバーグにある二つの銀行を、よりによって真っ昼間に襲った。監視カメラが彼の顔――男はマスクもしていない――をはっきりと捉えていた。男は銃を銀行の窓口係に向けている。警察は監視カメラの映像を、ローカルテレビの一一時のニュースで流した。それからほんの数分後に、警察へ通報があり、夜半過ぎには、警察がマッキーズポートの容疑者宅に急行し、ドアをノックしていた。容疑者のマッカーサー・ウィーラーはとても信じられないという様子だった。「おかしいな、ジュースを塗ったんだが」[1]と言っていた。

ウィーラーは監視カメラに映らないように、レモンジュースを顔に塗り付けたと警察で話した。彼は妄想にとらわれていたわけでもないし、ヤクをやっていたわけでもない――ただひどく勘違いをしていたというのが、取り調べた刑事たちの結論だった。

ウィーラーは、レモンジュースが見えないインクとして使われていることを知っていた。論理的に考えれば、レモンジュースは当然、監視カメラから彼の顔を隠してくれる。彼は銀行を襲う前にテストをしてみた。ジュースを顔に塗り、ポラロイドカメラで自撮り写真を撮ってみる。出てきた写真には予想通り顔が写っていない（警察はこれを解明できなかった。おそらくウィーラーは、銀行強盗の才能がないのと同じくらい、フォトグラファーの才能もないのだろう)。が、ウィーラーはこの試みで、一つだけ問題点を報告している。レモンジュースが目に飛び込んできて、とても痛かったので、目をあけていられなかったという。

ウィーラーは刑務所へ入り、世界でもっともばかな犯罪者たちの犯罪史にも名を連ねた。一九九六年版のワールド年鑑に載ったウィーラーの記事が、コーネル大学の心理学教授デヴィッド・ダニングの目に止まった。間抜けな悲しみを伝えるこの話の中に、ダニングは何か普遍的なものを見た。知識や技術にもっとも欠けた者の特徴は、知識や技術の欠損をまったく理解できないことだ。この所見が結局は、ダニング=クルーガー効果という名で知られることになる。

ダニングと大学院生のジャスティン・クルーガーは、このアイディアをテストするために、一連の実験をしはじめた。二人は心理学を学ぶ学生たちにテストをした。それは文法や論法やジョークのテストだ。そして、学生たちに自分で自分の得点を予想し、他の者たちに比べて、どれくらいうまくできたのか、(パーセンタイル値で)自己評価をするようにと言った。一番低い得点を獲得した学生は、どれほど自分がよくできたかを大げさに吹聴した。それはダニングも、テストの前に予想していたことだった。が、これほどまでに効果が大きいとは思わなかった。この結果を聞いた彼の最初の反応は「ワオ!」[2]だった。最下位に近い得点を取った学生たちは、自分の技量を他の三分の二の学生たちより、一段とすぐれていると予測していた。

さらにやはり予想していたことだが、高い得点を獲得した学生たちは、自分の能力をより正確に認識していた。が、(聞いて驚かないでほしいのだが)もっとも高い得点を取ったグループは、他の者たちに比べて、自分の能力を若干低く見積もっていた。ダニングとクルーガーが見届けた通り、文法のテストにどれだけ高い得点を挙げられるか、それを予測するただ一つの方法は、文法を知ることだった。文法の知識が欠けている者は、自分の知識を正確に測ることができない。当然、彼は自分自身の無知に気がつかないということになる。

ユーモアや冗談については、誰もがみんな、十分にそれを承知していると思っている。ジョークのテストには次のようなものがあった。

1 問い——人間と同じほど大きくて、体重がまったくないものって何？ 答え——人間の影。

2 雨はどこからやってくるの、と子供に訊かれたら、私ならこんな風に気のきいたことを言ってやる。「神様が泣いているんだよ」。さらにまた、なぜ神様は泣くのと子供が訊いてきたら、もう一つ気のきいた答えを言ってやる。「たぶん君が何かをしたためだと思うよ」

テストの課題は、それぞれのジョークのおもしろさを評価せよというものだった。ダニングとクルーガーは、プロのコメディアンが評価したパネルを持っていて、彼らの平均した意見をテストの「正解」としていた。コメディアンたちは、最初のジョークはまったくおもしろくないと判定した。が、二つ目のジョーク（『サタデー・ナイト・ライブ』のライター、ジャック・ハンディーによって書かれたもの）は非常におもしろいと評価した。テストを受けた学生たちは、しきりに二つのジョークの差異を見つけようと努力した——が、おもしろさを見極める自分の能力については、自信を持っていた。

その後の調査は、大学を越えてさらにその先へと向かっていった。ある実験でダニングとクルーガーは、トラップ射撃やスキート射撃に熱中する人々を対象にした[3]。ボランティアたちは、銃器の安全な取扱いに関する一〇の質問や、全米ライフル協会の刊行物から引用した常識問題に答えた。ここでもまた、銃器の安全について、ほんのわずかなことしか知らないのに、銃の所有者たちは、自分の知識を過大評価している傾向が広く見られた。

たいていの原則がそうだが、そこには必ず例外がある。ダニングとクルーガーは書いている。「例えば、バスケットボールの戦略や技術について、すばらしい理解力を示していながら、命が惜しいので『ダンクシュート』ができない、そんな人物を見つけたいと思えば、それほど遠くまで探しにいく必要などない（こんな人々はコーチと呼ばれている）[4]」。が、もちろん、コーチは自分の「肉体上」の限界を理解しているからだ。同じように、「たいていの人々は、こんなスロベニアのことわざはとても翻訳できない、と難なく自分の能力のなさに気がつく。それは「Ｖ８エンジンを再組み立てせよ、さもなければ急性散在性脳脊髄炎（ＡＤＥＭ）だと診断を下せ」というものだった。

ダニング＝クルーガー効果に必要なのは、あなたが不案内な（そして、あなた自身の無知に不案内な）領域の、最小限の知識と経験だ。運転手たちは総じてこの効果に陥りがちだ――悪い運転手はつねに自分がいい運転手だと考えている――が、もちろん、一度も運転をしたことがない者はこの定義から免がれる。

ダニングとクルーガーが、はじめて研究の結果を発表したのは一九九九年だった。論文のタイトルは「未熟さと無知――自分の無能力を認識できないことが、思い上がった自己評価を導く[5]」。論文が発表されて以来、二人の名前がつけられた効果は「ミーム」「情報によって人から人へと伝えられる情報単位」となった。それは万人の共感を呼んだ。ダニングが言う通り、自信過剰のばか者は「われわれの誰もが、これまでに出会ったことのある誰か[6]」だった。二〇〇〇年には、イグノーベル賞委員会がこの二人組に、その風刺に富んだ賞を与えた。俳優のジョン・クリーズが、多くのシェアを獲得したユーチューブ・ビデオで、ダニング゠クルーガー効果について簡潔に説明している。[7]「もし君がとんでもない愚か者だとしたら、君がたいへんな愚か者だということを、どのようにして認識することができるのだろう？ 君が愚かだということを認識するためには、君はいくぶん賢くなければならない。……そしてこれは単にハリウッドを説明するものではなく、『フォックス・ニュース』（FOXニュース）のほとんど全体を説明している」。ダニング゠クルーガー効果は今では、インターネット上での皮肉文句のボキャブラリーの一部となっている（そして、この言葉の意味を知っていると思っている者の中にも、実はそれを理解していない者もいる）。が、一九九九年の論文は、次のような著者たちの意見をはっきりと示している。それはダニング゠クルーガーの言う無知な人を、探さなければならない最初の場所は鏡の中だということだ。

知識

はじめて成功した検索ソフトは、その名前を「そうぞうしい愚か者」の同義語（ヤフー）から取った。一九九〇年代中頃にヤフーが導入した世界は、事実へのアクセスが誰にでも可能な世界だった。ほんのわずかなキーストロークか、言葉を語りかけるだけで、精霊を呼び出すことができ、精霊は記録された事実ならほとんどどんなものでも、たちどころにわれわれの手元にもたらしてくれる。スポーツやセックス、有名人や政治について、ささいなことで言い争いが起きたとき、それをバーテンダーが調停をする、そんな時代がやってきた。今では、消費者たちは電話や時計をさっと取り出す。このような魅力的なモバイル機器が、クラウド［クラウド・コンピューティングまたはクラウド・サービスの略。データを自分のパソコンや携帯端末ではなく、インターネット経由でサーバーに保存する使い方やサービスのこと］の情報をダイニング・テーブルやジムや後部座席――そしてもちろん、役員室、教室、ベッドルーム――に送り届けた。

だとしたら、なぜわれわれは好きこのんで、自分の頭を事実でいっぱいにしなければならないのだろう？

これにぴったりの事例がある。それは「知識」を試すテストだ。ロンドンのタクシードライバーが仕事に就くために要求される、難しいことで有名なテストがある。応募者のためのガイドブックには、次のような説明が書かれている。

「全ロンドン」のタクシードライバーとして認可を受けるためには、必要とされる基準をクリアしなければならない。そのために必要となるのは、第一にチャリングクロスから半径六マイル以内の地域について、あらゆる知識を身に付けることだ。次のようなことを知っていなくてはならない。街路、居住区、駐車場、広場、官庁、それにデパート。さらに金融の中心地や商業の中心地、在外公館、市役所、登記所、病院、教会、競技場、レジャーセンター、航空会社、駅、ホテル、クラブ、劇場、映画館、博物館、アートギャラリー、学校、大学、警察署、本社ビル、民事裁判所、刑事裁判所、検視法廷、刑務所、そして観光名所など。実際、タクシーの乗客に、どこそこへ行ってくれと言われれば、どこへでも行かなくてはならない。(8)

半径六マイル以内には、名前を覚えなければならない通りの数が二万五〇〇〇もある。それだけではない。ロンドンのタクシードライバーが期待されるのは生きたGPSだ。つまり、二つの指定地点の間の最短ルートをただちに描き出す必要があった。

しかし、すでに変化は起きている。他の大都市と同じようにロンドンでも、オンラインの配車サービス「ウーバー（Uber）」［アメリカのウーバー・テクノロジーズが運営する、自動車配車ウェブ及び配車アプリ］がタクシー業界を混乱させていた。ウーバー・ドライバーは、ロンドンのタクシードライバーが自慢する知識のようなものを、もはや持つことはないと考えてまず間違いがない。同様に、ウーバー・ドライバーはグーグル・マップを持っていると考えてもよい。

ここには、どこで曲がればいいのかを、ただ単にアプリの指示に従うだけのドライバーがいる。そんなドライバーをさしおいて、知識の豊富なドライバーを雇うことに、はたしてどれほどのメリットがあるのだろう？　そんな議論が今、ロンドンでさかんに行なわれている。タクシードライバーとその支持者たちは、GPSナビゲーションの限界と誤作動について言い立てる（まるで人間のドライバーは、まったくミスをしないかのようだ）。そこには、知識こそがユニークなイギリスの伝統で、それが今、絶滅の危機に瀕しているという秘められた真意があった。

このストーリーがどんな結末を迎えるのか、それを推測することはさほど難しいことではない。ロンドンがアプリの相乗りを禁止するのか、あるいはそれを受け入れるのか。一連の変化が突然起こるのか、それとも何十年にもわたって、変化は長い期間をかけて起こるのか。おそらくある時点で、ディジタル機器が大量に出回るだろう。そしてドライバーたちは、都市の地図を記憶することをやめてしまうだろう。

知識をディジタル・コモンズ（電子情報の共有地）に外部委託してしまうことは、二一世紀の大きな《グランド・》物語《ナラティヴ》の一つだ。あなたの専門知識がどんなものだったとしても、クラウド（ネットワーク）はすでにそれを知っている。あるいはやがて知ることになるだろう。ネットワークの知識はあなたの知識に比べてはるかに新しい。それにネットワークは情報を検索するのが速いし、情報の関連性を見つけるのが得意だ。だとすれば、これから先はどんなことになるのだろう？

二〇世紀が抱えた大いなる恐怖は、機器に取って代わられてしまうのではないかという恐れだった。が、二一世紀の恐怖は、給料が安い上に知識もそれほど豊富ではないが、機器によって強化された人間に、今度は取って代わられる恐れだ。低給の人間が身につけているのは、知識（Knowledge）の代わりに準知識（McKnowledge）だった――それはＧＰＳのアプリの使用法を知っているといった類いのものだ。テクノロジーの愛好家たちは、この種の創造的破壊は避けがたいし、最終的にはすべてによい結果をもたらすと言う。たしかに、避けがたいという部分については彼らが正しい。が、悲しいかな、避けがたい変化が最良の可能世界を生み出すという保証はない。

知識を試すテストは純粋な能力主義だ。それは階級で拘束されたイギリス社会では、なお遭遇することの難しいものだった。そこでは人種、宗教、性、年齢はまったく重要ではない。重要なのは通りの名前を知っていることだけだ。応募者はこの試験を目指して、勉強に何年もの期間を費やすかもしれない。が、時間とお金の支出額は、大学教育に費やす費用よりも、たいていは、はるかに少ないだろう。しかし、ロンドンのタクシードライバーは、大学を卒業した者より、ずっと多くのお金を稼ぐし、自分で勤務時間を決めることもできる。

ウーバー・ドライバーに新規で参入するときの障壁は、タクシードライバーに比べると、厳しさの点ではずっと少ない。が、ウーバーによる運転はまったくキャリアにはならないし、昇進をもたらすものでもない。いずれはウーバー・ドライバーも、自動運転車（ロボットカー）に取って代わられる日がくる。その避けがたい日まで、彼らはそのままの状態でとどまっているにちがいない。

あなたは「全米共通学力標準」の一年生より利口ですか？

カリキュラムを変更することは、墓地を移し替えるようなものだ。しかし、変化は起こる。二〇一三年、各州共通のコア・カリキュラムは、全米児童の必修技術のリストから、筆記体の習得の項目を落とした。アイダホ州の下院議員リンデン・ベイトマンは激怒した。「最近の研究によれば、子供たちがキーボードを叩いているときより、筆記体の文字を手書きしているときの方が、より多くの脳領域が活性化すると報告している」と彼は言う。「各州が筆記体を習得科目から落とすのを許可したことは、私にはとても信じられない(9)」。ベイトマンはさらに加えて、自分は一年で一二五個の筆記体文字を書いたと言う。

七二歳のベイトマンは、全米の児童よりは少々歳を取っている。が、彼は自分の見解で孤立しているわけではない。カリキュラムの変更に対しては、ただちに非難の声が上がった。……懐旧の念に耽る議会のロビー団体から？　いや、この変更に反対する者たちは、カリフォルニアやマサチューセッツを含む、七つの州を引き入れ、筆記体を州のカリキュラムに再度入れるようにと運動した。[10]

問題は筆記体で書くことに何らかの価値があるのかどうか、ということではない。それは筆記体が、その代わりに教えられることより、さらに価値を持つのかどうかということだ。筆記体で書くことを教えるのに費やされる刻一刻が、他のものを教えるために使われない一刻一刻となる。

教育の永遠のジレンマは、事実を教えるべきか、あるいは技術を教えるべきかということだ。片方には九九表や日付や教典の丸暗記があり、その一方には批判的思考や（事実が必要なときに、インターネットでどんな風にして調べればいいかといった）技術への強調がある。このように問題が単純化した形で提出されてみると、われわれのほとんどが、技術の方へと向かうことになる。魚料理を食べさせるより、魚をとる方法を教えるのがベターだ。

「児童にはコロンビアの首都を教えるべきなのだろうか？」[11]。二〇〇九年に、キングストン大学でジャーナリズムを教えていたブライアン・カスカート教授が、全英校長協会の初等学校委員会委員長デイヴィッド・ファンに、この質問をぶつけてみた。ファンの答えははっきりとしたノーだった。「児童たちが世界中の首都を学ぶ必要はない」と彼は言う。「フランスの首都についてはイエスだ。が、コロンビアの首都についてはノーだ。児童たちは地図の見方を学んだ方がずっといいだろう」

ファンが抱いたような感想は昔からある。チャールズ・ディケンズが『ハード・タイムズ』

（一八五四）の中で戯画化して描いていたのが、冷酷な校長トマス・グラドグラインドの、機械的に丸暗記させるヴィクトリア朝の教授方法だった。「さて、私が欲しいのは事実だ」とグラドグラインドは言う。「少年や少女たちには、ただ事実だけを教えなさい」[12]。が、やがて、グラドグラインドはエベネーザ・スクルージ［『クリスマスキャロル』の主人公］のように、突然のひらめきを感じる。事実はことごとく、教育という壁を作り上げるレンガにすぎない、そんな教育をわれわれは必要としないと彼は悟る。

ディケンズの小説（それにピンク・フロイドのロックオペラ）は半分だけ正しい。スクルージ風の監査役に対して、一つの事実＝レンガの損失をあなたは正当化することなどできない。たしかにレンガをとりはずしても壁は立っている。たくさんのレンガ――それもそれほどたくさんではなく、たがいに近くないレンガ――をはずしたらどうなるか、それでもまだ壁は立っている。

あやまちは、このプロジェクトをさらに先に進めたときに現われる――つまり、あなたがレンガの「大半」を、それなしですますことができると考えたときだ。それはレンガを次々に外して宙づり状態にしてしまう。そうなれば壁は崩壊する。この状態を防ぐためにはまず、学習者は最小限必要な知識を身に付けなければならない。自分の知識とその部分の大まかな図を、読み取ることができるだけの最小量の知識が必要となる。そのときにはじめて、自分の無知に気がつかないという、ダニング＝クルーガー効果の宿命から逃れることができる。そしてはじめて、知識のギャップを埋めるために、グーグルを使うことができるのだ。

コロンビアの首都を「調べる」ことが何を意味するのか、少し考えていただきたい。調べるために必要となるのは、地図を読んだり、ウェブで検索する技術だけではない。そこではなお二、三の事実を知っていることが必要だ。

1　コロンビアと呼ばれる国がある。
2　ほとんどすべての国に首都がある。

事実1は学校で教えられる。事実2は学校やその他の所で、はっきりと教えられることはめったにない。たくさんの国々や多くの首都を学んだあとで、生徒たちは自力でそれを臆測する。もし1と2の事実を知らなかったとしたら、コロンビアの首都を調べることは可能だということさえ、知ることができないだろう。実行する段になると、事実と技術はそう簡単に、すぐにもつれを解くというわけにはいかない。二つのうちのどちらかに特別な権利を与えると、教育のプログラムはたちまち、学習心を阻害するものとなってしまう危険が生じる。

コモン・コア・カリキュラム（全米共通学力標準課程）は教育の自由化に対する保守反動から生まれた。それをはじめて提唱した人物は、バージニア大学の英語教授エリック・ドナルド・ハーシュ・ジュニアだ。彼は反事実の動きが度を越えていると感じた。そして、彼が教える学生たちが、それより以前の世代が持っていた基本的な文化背景を、失っていることに気づいた。彼は父親のことを思い出していた。彼の父はメンフィスで綿織物の交易に従事する業者だった。その父がビジネスの手紙を書くとき、手紙の文中にそれとなくシェイクスピアの言葉などを書き入れていた――そしてこのさりげないほのめかしが、仲間の貿易業者には、意味ありげなものとして受けとめられていた。

ハーシュは、事実を教えることを軽視し、技術や「批判的思考」を強調する教育システムを非難した。多くの場合、子供たちは事実を単なる「事例」として教えられていた。事実は重要だとハーシュは言う。ハーシュや彼の協力者たちは、あるリストを編集した。それには五〇〇〇項目に及ぶ、人物や事件や考え方がリストアップされている。彼らは教養人になるためには、そこに挙げられた事実を知る必要があると言うのだ。リストの中には、「ガンマ線」「ロココ」「絶対零度」「faux pas（無作法）」「ペニス羨望」のような言葉が含まれている。ハーシュは次のように書いていた。このような言葉は「あらゆる有能な読者が身に付けている情報ネットワークの一部だ。……それは彼らの記憶に刻まれた背景情報（バックグラウンド・インフォメーション）で、読書人たちに、新聞を読み、内容を十分に理解し、要点を把握することができるようにする。さらには彼らが、読んだ内容を言外の文脈に結びつけ、それに意味を与えることを可能にする[13]」

ハーシュはこのリストをベースにして、一九八七年にベストセラー『文化リテラシー——すべてのアメリカ人が知っておきたいこと』を書いた。この本の中で、ハーシュはある実験を引用している。ハーバード大の学生ダグラス・キングズバリがハーバード・スクエアの通行人に声をかけた。「セントラル・スクエアへは、どうやって行けばいいのですか？」。たいていの人は「地下鉄で行くと、次の駅です」とすぐに行き方を教えてくれた[14]。

次にキングズバリは旅行者のふりをして、「私はよそから来た者なんですが、セントラル・スクエアへ行く道を教えてください」と言った。すると今度は、答えてくれた人の説明が前の人より長い。

地下鉄に向かってください。あそこに入口が見えますね。切符を買って改札に入れ、クインシーと書いてあるホームへ行きます。クインシー行きの電車が来たら、それに乗ってください。ただし、すぐに降ります。隣りの駅がセントラル・スクエアです。そこで必ず降りてください。壁に駅名が大きく書かれていますので、すぐに分かります。そこがセントラル・スクエアです。(15)

旅行者に道を尋ねられれば、誰もがとっさに、くわしく道順を教えてあげなければいけないと思うだろう。旅行客は土地の者が知っていることを、まったく共有していないのだから。ボストン市民にとって、ひどく当たり前かもしれないことを、こと細かく説明してあげなくてはいけない。キングズバリは、さらにミズーリ訛りで尋ねると、よりいっそう詳しい道案内をしてもらえることに気がついた。ハーシュはこれを証拠として挙げながら、文化的な基準事項の共有が誰にとっても、コミュニケーションを高め、より豊かなものにすると考えた。

ハーシュの基本的な議論を受け入れることはたやすいが、これをどこまでも広げていると、かなり不明確で分かりづらいものとなる。ハーシュのリストが重きを置いているのは、古代のギリシアやローマに起源を持つ言葉だ。二つの文明は「メンター」(良き師)や「プラトニック」「レズビアン」のような比喩的な表現が使われていた時代だ(だが、このような言葉が今日、どのようにして使われているのか、それを古代のギリシア人が推し量ることは難しいだろう)。ただし、このような言葉の意味を知るために、ソフォクレスを読む必要などわれわれにはない。

今日若い世代が、アンソニー・トロロープやウィリアム・サッカレーの小説に出てくる、さりげない古典への言及をまったく見過ごしてしまうからと言って、思い悩む人はほとんどいない。むしろわれわれが戸惑うのは、ほとんどの人が見たこともない、ケーブルテレビのシリーズに触れた署名入りの論説《コラム》や、こまごまとしたサブカルチャー（食べ物や音楽、政治、映画、ファッション）について語るフェイスブックの投稿だ。が、これがはたして、心配しなければならない問題なのだろうか？　あるいは、生活からほんのちょっと逸脱した例外にすぎないのだろうか？

いずれにしても、ハーシュの考えはなお影響力を持っている（そして議論を引き起こしている）。それがコモン・コア・カリキュラムの動機だったし、今でも、このカリキュラムは四二州とコロンビア特別区（ワシントンDC）で実施されている[16]。しかし、多くの親や政治家にとって、コモン・コアはとても聞き捨てにできない言葉だった。彼らの中には、コモン・コアこそ、進歩的なカリキュラム――その中にはダーウィンや女性の貢献などの項目が含まれている――を全米の中でも非進歩的な学区へ、押しつけようとする試みだと結論を下す者もいた。サウスカロライナ州知事のニッキ・ヘイリーは次のように言っている。「われわれは、カリフォルニアの子供たちが受けているような教育を、サウスカロライナの子供たちに施したいとはとても思わない[17]」

が、実のところコモン・コアは、各学年レベルで教えるべきトピックを指示した、無味乾燥なガイドラインだった。例えば、コモン・コアの英語科目一年生用のものは、子供たちが以下のような能力を身につけて、一年生を終えるようにと言う。

・メソポタミアを「文明の発祥地」と認識できる。

・世界地図や地球儀で、エジプトの位置を見つけ、それがアフリカの一部だと確認できる。
・ヒエログリフ（聖刻文字）を、古代エジプトで使用された筆記システムだと認識できる。
・キリスト教が、ユダヤ教のあとで発展したことを説明できる。
・太陽を恒星として分類できる。
・われわれが昼間の中にいるとき、世界の別の場所では、夜を経験していることを説明できる。
・冥王星を準惑星に分類できる。
・心臓を、けっして活動をやめない筋肉として定義できる。
・「陸路なら（ランタンを）一つ、海路なら二つを」というフレーズが理解できる［ヘンリー・ワーズワース・ロングフェローの詩「ポール・リビアの騎行」の一節］。
・イギリスの植民地にいた最初のアフリカ人たちは、年季奉公の召使いとして、ジェイムズタウンへやってきたことを説明できる。
・七月四日（合衆国独立記念日）の重要性を説明できる。

「ちょっと待ってよ。これはコモン・コアじゃない。こんなまともじゃない宿題は、フェイスブックでしか見たことがないよ……」とあなたは言っているかもしれない。実際ここでは、コモン・コアが姿を変えてインターネット・ミームになってしまっている。今やそれは、ガイドラインを使っている各州で、思いがけずに姿を現わす、奇妙な宿題につけられた汎用のハッシュタグだ。(18) もちろん、宿題は個々の教師が新たに作る。したがって中には、ばかげたものもいくつかあるだろうし、それもその日、教師

コモン・コア(全米共通学力標準)の1年生よりあなたは賢いですか?

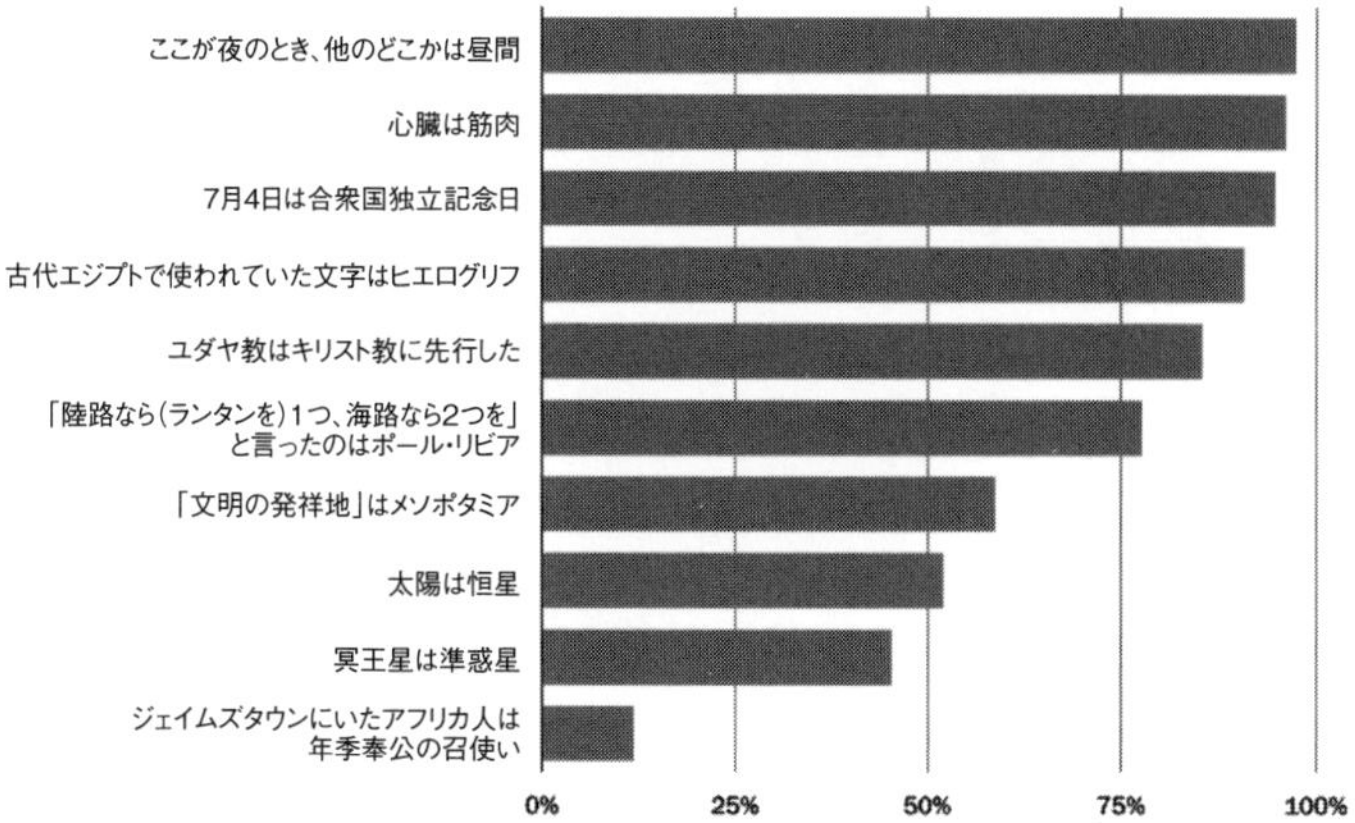

コモン・コアの1年生カリキュラムに出てくる事実を、成人がどれくらい知っているのか、それを示したパーセンテージ(19)

の気分がすぐれなかったのかもしれない(だが、誰もコモン・コアを行なっている州のまともな宿題をインターネット上で掲載しない)。つまり、コモン・コアがクレイジーだという感覚は、ソーシャル・ネットワークの選択的報告に原因がある。それは情報のテクノロジーが、誤った情報を伝達しうるという実例だ。

しかし、コモン・コアに対する批判もたしかに理は通っている。それが多くの生徒たちにとっては、あまりに大掛かりで、非現実的なほど野心的だというのだ。私は今ここにリストアップした一年生用の事項を、大人がどれだけ知っているのか、その調査をしてみた。平均的なアメリカの成人が、答えることができたのは一〇問中七問だけだった。

この結果に対して、もっとも楽観的な解釈を加えてみると、大人たちには、ここで夜だとすると、向こうは昼だという考えがしっかりと身についている。が、二〇〇六年に冥王星が、準惑星に降格したという情報を手にしていたのは、彼らの半分以下だったという事実を、われわれはおそらく許容することができるだろう。このニュースはあふれんばかりのメディアの注目を集めた、基本的な意味の変化ではあったのだが。が、しかし、太陽が恒星だということを、どうして成人の半分が知らずにいるのか、それを理解することはさらに難しい。これは必ずしもニュース速報というわけでもない。

一般人の無知さ加減の証明は、今ではおなじみのものとなっていて、実際、それは深夜のコメディーの欠かすことのできないテーマだ。この数年の間、ピュー・リサーチセンター［アメリカの世論調査機関］は、一般知識問題をいくつか一般人に出して、その答えの聞き取り調査を行なってきた。二〇一〇年九月の調査で明らかになったのは、成人アメリカ人の四一パーセントが、副大統領の名前を挙げることができなかったことだ。[20] さらに二〇パーセントの人が、レーザー光線は音波を焦点に合わせることで働くと答えた――これは〇×式問題だった。五八パーセントは『モービー・ディック（白鯨）』の作者を知らなかった。そして四パーセントがその作者をスティーブン・キングだと答えた（この質問は多項選択問題だった）。

ミレニアル世代が知っていること

ミレニアル世代は知識の新しい獲得方法――そして知識を必要としない生き方――の先導者たちだ。一九八〇年代はじめから、二〇〇〇年代はじめに生まれた人々を、大まかに定義したミレニアル世代は、宿題をするのに『ワールド・ブック』の代わりに、ウィキペディアをコピーしてすませる最初の世代だった。彼らはニュースをキャッチするのにも、ネットワーク・ニュース（全国ネットのニュース）からではなく、むしろ『ザ・デイリー・ショー』〔三〇分の政治風刺ニュース風テレビ番組〕から得る。現代のメディアがわれわれの集合的な脳をだめにしたとするなら、そのダメージはまずミレニアル世代にもっとも顕著に現われるはずだ。

心理学者のジョン・ダンロスキーと、同じく心理学者のキャサリン・A・ローソンは、ケント州立大学とコロラド州立大学の学生六七一名に、三〇〇に及ぶ質問を使って一般知識のテストをした。[21] ここでは、彼らが質問をした問題の中から五つだけ挙げてみる。

・『カラマーゾフの兄弟』を書いた作家の名字は?
・ヨーロッパとアジアを分けている山脈の名前は?
・イギリスの戦艦バウンティ号が反乱を起こしたときの、艦長の名前は?
・ジョン・ケネス・ガルブレイスの職業は?
・フィデロ・カストロが倒した政権のリーダーの名字は?[22]

これは家族みんなで楽しめるトリビア・ゲームの中で、よく見かけるような問題だ。どれくらいの大学生が、この問題に正解を出すと思いますか?

誰も正解者がいない。六七一人の学生の中で、五つの問題のどれか一つにでも、答えることができた者が誰もいない。

強調されるべきは、ミレニアル世代がもっともよく教育を受けた人々ということだ。が、より多く施された教育が、つねにより多くの知識をもたらすわけではない。それが学力テスト（SAT）を新たに作り出した組織、教育テストサービス（ETS）の出した結論だ。ETSはアメリカのミレニアル世代の、言語、数学、ディジタル・メディアなどの技術と知識を、二二カ国の同世代の者たちと比較している。アメリカの学生たちの成績は、あらゆる部門で最低のものだった。

ETSは調査の結果を三つの数字で表わした。[23]全国の平均値、一〇パーセンタイル値（各国で最低の成績を取った一〇パーセントのミレニアル世代より、ほんのわずか得点のよかった人々の値）、それに九〇パーセンタイル値（各国で最高の成績を取った九〇パーセントのミレニアル世代より、ほんのわずか成績のよかった人々の値）。これはデータの数字を三つに分けているが、そのいずれもが、アメリカ人の自尊心を慰めてくれるものではなかった。

アメリカのもっとも物事を知らない一〇パーセントの学生は、その無知さ加減で並ぶものがないほどだ。テストを行なった他のどの国の学生と比べても成績が低かった。九〇パーセンタイルのグループについても、結果は恐ろしいほど手厳しいものだった。アメリカのもっとも優秀な学生は、スペインの学生の成績を上回っていて、統計上、他の数カ国とデッドヒートを演じている。しかしそれでも、高得点を取ったアメリカのミレニアル世代は、スロバキア共和国、ノルウェー、日本、ドイツ、カナダ、オーストラリアなどに大きく水をあけられていた。

ETSの報告は次のように結論づけている。

若い者たちより前の世代のアメリカ人は、学業成績のレベルも最高の水準だった。が、ヤングアダルトの世代は、海外の同世代の若者たちに比べて、テクノロジーに恵まれた環境にいながら、概して、読み書きの能力、数学の基礎知識、そして問題解決の能力などの点で比較的低い技量を示している。……同じように問題なのは、このような結果が、アメリカの大人にも見られることだ。前の世代の調査結果と比べてみても、読み書きの能力や数学の能力の点で、今の大人は明らかに後退の現象を示している。(24)

アメリカのミレニアル世代が、なぜ遅れを取ってしまったのか、その理由を知る者は誰もいない。要因はモバイル機器にあるという一つの仮説がある——が、それはまだ立証されたわけでない。アメリカのミレニアル世代は、他の地域のミレニアル世代と比べると、スマートフォンの所有者の数が多い傾向が見られる。二〇一四年には、三〇歳以下のアメリカ人の八六パーセントがスマートフォンを持っていた。それに対して、中国では六九パーセント、ロシアでは四六パーセント、ブラジルでは二五パーセントという数字が示されている。(25) スマートフォンは、インターネットの解答を瞬時に教えてくれる。知識へすぐにアクセスできる機器が身近にあり、その中で成長した人々にとっては、事実を記憶する必要性の見直しは不可避のものに思える。そんなことから考えると、アメリカのミレニアル世代は、地球規模の未来を象徴しているのかもしれない。知識が少ないのは、知識の必要性があまりないからだ。

私の調査が裏付けているのは、他の人々がすでに見つけていたことだった。アメリカのミレニアル世代は、文化リテラシー（教養）にとって基本的と考えられている多くの事実を知らない。ここにいくつか例を挙げて説明しよう……。

ミレニアル世代のほとんど――五〇パーセント以上――は大統領を狙撃した者や、惑星を発見した人物の名前を挙げることができない。ソクラテスのもっとも有名な弟子（あるいはソクラテスを殺した毒）を知らない。『カンタベリー物語』や『欲望という名の電車』『一九八四年』を書いた作家の名前を言うことができない。ルイ一四世が建てた宮殿や、トマス・ジェファーソンの邸宅の名前を挙げることができない。「鹿の肉」（venison）や「洞窟を探険する人々」（spelunkers）「アイルランドの象徴とされている三つ葉のクローバー」（shamrock）に該当する単語を言い当てることができない。「ハートブレイク・ホテル」「恋にしびれて（オール・シュック・アップ）」などの曲を歌ったポップスター、それに『風と共に去りぬ』や『カサブランカ』で主演した男優や女優の名前がわからない。『ゲルニカ』［パブロ・ピカソ］や『記憶の固執』［サルバドール・ダリ］や『アメリカン・ゴシック』［グラント・ウッド］を描いた画家の名前、また脱出王と言われ、虫垂破裂で死んだ奇術師［ハリー・フーディーニ］の名前も知らない。電信、蒸気船、ラジオ、蓄音機などを発明した人も知らない。太陽のまわりを地球が回転していると言った人物、稲妻は電気だと証明した人物、さらには、相対性理論を系統立てて説明した人物が誰かも知らない。天体でもっとも明るいもの、そして次に明るいものの名前を挙げることができない（ちなみにこれは太陽とシリウスだ）。地球上でもっとも大きな大洋の名前、南アメリカで最長の河の名前、ヒースロー空港を持つ都市の名前、エヴェレスト山のある山脈の名前、このいずれについても言うことができない。ラジウムを発見した女性、アメリカの国旗（星条旗）をはじめてデザインして縫い上げた女性［ベッツィー・ロス］、ローマに対抗するために、マルクス・アントニウスと同盟を結んだエジプトの女王の名前が分からない。カール・マルクス、ヴィクトリア女王、チャールズ・ディケンズの写真を見せられても、誰が誰だか分からない。「恐ろしいトカゲ」を意味する名前を持った、絶滅生物の名前［恐竜］や、ときどきバナナの木陰で見つかる、毛の生えた大きなクモ［バナナ・スパイダー］の名前、インドのヘビ使いが使っている、噛まれると命取りとなるヘビ、あるいはこの種のヘビを襲う毛皮に覆われた動物の名前を言うことができない。ニューヨーク州の州都、室温でも液体状態の金属名を訊かれても、思い出すことができない。フランク・ロイド・ライトが何の仕事をしていたのか知らない。『白鯨』に出てくるピークォド号の船長の名前［エイハブ］、チャールズ・ダーウィンが乗って学術航海に出た船の名前［ビーグル号］、はじめて原爆を作成した秘密のプロジェクトの名前、最初の人工衛星の名前を言い当てることができない。空中庭園で有名な古代都市［バビロン］、ベスビウス山の噴火によって破壊された都市、ローマが燃えているのに、バイオリンを弾いていたと言われている皇帝［ネロ］、それぞれの名前を知らない。大半のミレニアル世代は、エドガー・アラン・ポーの詩『大鴉』で鴉が話す唯一の言葉［nevermore］（もう二度と）を言うことができない(26)。

合理的無知(27)

これらの報告に対する型にはまった反応は、ショックと楽しさの入り交じったものだ。若い人や一般の市民の知識のなさはあまりにひどすぎる――が、はたしてそうなのだろうか？　それがひどすぎると、どのようにしてわれわれは「知る」のか、これは問いかける価値のある質問だ。

無知は合理的でありうる。一九五〇年代に、経済学者のアンソニー・ダウンズはそんな風に主張した。彼が言いたかったことは、知識を獲得するために必要とされる努力の価値が、それを得たことで得る利益を上回っているような、そんなシチュエーションが多々ある、ということだ。一例として、政治の動向を追っている有権者を挙げることができる。なぜわざわざ投票する意味があるのだろう？　有権者はわずかに一票を投ずる以外に、何一つ力を持っていない。そして、その一票は、まったく選挙を自分の思うように動かすことができないし、これからもけっして動かすことができないだろう。

あるいはおそらく、大鴉などの出てくる詩について、何一つ知らなくても、大学を卒業して、給料のいい仕事に就くことができるだろう。それならなぜ今、詩を学ぶのだろう？

現代の世界は知識をためらいがちに、アンビバレントな気持ちで見ている。われわれは学ぶことを称えて、知識そのものが好ましい価値のあるものとして、その視点を持ち続ける。が、その一方でわれわれは、知識を学ぶことを、目的――社会進出、富、権力、「何か重要なもの」――を達成するための手段と見なす。裏の動機の欠けた教育を、われわれは不審に思う。そして、「投資利益率の最低な八つの大学学位(28)」といったタイトルのリスティクル［複数の項目を箇条書きにしてまとめた形式の記事］をクリックする。

われわれの時代は理性的な――筋の通った――無知の黄金時代だ。情報は生み出され、価値が低下し、とてつもないスピードで時代遅れのものになっていく。日々、文化の変化が足元で起こる。それに遅れずについていくことが、あるいは、ついていくことが重要だと確信することが、いまだかつてないほどに難しくなっている。中東や現代小説、地方政治、ウェアラブル技術、それにカレッジ・バスケットボールなどで、時流についていくことがどれほど重要なことなのか、それについてじっくりと考えざるをえない。最近友だちが、『ゲーム・オブ・スローンズ』［HBOのテレビドラマシリーズ］について何も知らないけれど、大丈夫なのかどうか、と疑問を口にした。どんな情報でも、必要とあればそれを調べることができるという考えが、こうした問題を避けて通ってしまう。視点や見方をグーグルで調べることはできないのだが。

情報に乏しい者たちは、必然的に、よく理解をすることができない。彼らはただざまざまなことを知っているだけだ。自分の自由な時間をすべて使って、テレビゲームに興じているゲーマーは、ゲームに関しては百科事典的な理解力を持っている。だが、何が重要かという基準を、自分勝手で恣意的なもので判断しているために、大事なことはよく知らない。そこには、誰もが知らなくてはならない一定の事実があるとするハーシュの意見に、誰もがみんな同意しているわけではない。が、このような事実を知っていなければ、博識という概念は、どうしようもないほどに相対的な概念になってしまう。

今日のメディア界は、多くの指南を与えてくれるわけではない。それがわれわれに促すのは、個人的で、自分の世界に浸り切った、情報のフィルターを作り上げることだ。そしてそれは、お気に入りの有名人（セレブ）、テレビショー、チーム、政治的なイデオロギー、ハイテク玩具などに関するニュースを貪欲に取り込むことを、これまでにないほど容易なものにした。それはまた、その他のあらゆるものに割く時間と、それに注ぐ注意をわずかなものにした。ここで見られる大きなリスクは、インターネットが、われわれの知識を乏しいものにしていたり、あるいは誤った知識をさえ与えているということではない。それはインターネットがわれわれを「メタ・イグノラント」（超無知）にしていることだった——つまり、われわれが知らないことに、自分でほとんど気がついていないということなのだ。

グーグル効果

インターネットがわれわれの学ぶことや、記憶することをどれくらい変えているのか、今それを研究する分野が活発だ。「グーグル効果」から端を発している。二〇一一年、ハーバード大学のダニエル・ウェグナーが指揮して実験が行なわれた。四〇の雑学的な事実のリストが、ボランティアたちの前に提示される――「ダチョウの目はその脳より大きい」といった、短くて簡潔な語句だ。各自は、四〇の語句のすべてをコンピュータに打ち込むように指示された。ボランティアの半分は、そこに提示された事実を覚えるように言われたが、残りの半分のボランティアにはその指示がない。また、別のグループでは、半分のボランティアには、コンピュータに打ち込んだ情報はキープされていると知らされたが、もう半分のボランティアには、仕事が完了した時点で、情報はただちに消去されてしまうと伝えてあった。

そのあとで、ボランティアたちには、彼らが打ち込んだ事実についてテストが実施された。情報を記憶しておくようにと言われた者たちの得点は、指示されなかった者たちのそれとほぼ等しい。が、打ち込んだ情報が消えてしまうと思った者たちは、それがキープされていると考える者たちに比べて、はるかに成績がよかった。これはまさしく、彼らが自ら努力をして事実を記憶したか、あるいはしなかったという問題だ。

記憶が大いなるミステリーだと言ったのは、プルーストが最初ではない。われわれは紅茶に浸されたマドレーヌを記憶する。そして、多くの体験や重要な事実は忘れてしまう。記憶や忘却については、意識が選択を行使することはほとんどない。顧客の名前を忘れたり、ひどく嫌いなポップスの歌詞をいつまでも覚えているのも、誰もがことさらそれを決めるわけではない。それはただ自然に起きる。

ハーバード大の実験結果は、記憶の実際の仕組みと一致している。あらゆることをすべて記憶することは不可能だ。脳は記憶する際、意識の介入なしにたえず選択《トリアージ》をしていなければならない。そして脳は、ただちに検索することのできる情報で、われわれの心を満たしておく必要のないことを、はっきりと認識している（ダチョウの目玉がどれほど大きいのか、それを知る必要が出るまでには、長い時間がかかるかもしれない）。したがって、アーカイブで保存できると思った事実は、非常にしばしば忘れ去られてしまう。この現象には名前がついていて――グーグル効果――、それは、オンラインで見つけることのできる情報は、自動的に忘却されることを表わしている。

グーグル効果はいくつかの興味深い、気がかりでさえある可能性をもたらす。一つはスナップチャットやコンファイド――これらで写真やメッセージを見ると、そのあとですぐに消えてしまう――のようなアプリで送られたメッセージは、テクストやeメールより、しっかりと記憶されるかもしれないということだ。もしこれが本当だとすると、それはドランク・セクスティング［ぐだぐだに酔った状態でメッセージを送ったり、性的なテクストメッセージあるいは写真を送る行為］のメディアとしては、スナップチャットの目的をだめにしてしまうものだ。

もしグーグル効果を不条理なまでに使うと、セルフィー（自撮り写真）が健忘症（記憶喪失）を引き起こすことになる。フェアフィールド大学のリンダ・ヘンケルが二〇一三年に行なった研究は、この方向を指し示していた。ヘンケルは、美術館にやってくる人々が携帯電話で絵画を夢中になって撮影していて、ときに絵自体を、あまり興味を持って見ていないことに気がついた。そこで彼女は、フェアフィールド大学のベラーミン美術館である実験をした。[29] 学生たちはガイドのあとについて一巡し、特定の絵画を見るように指示された。学生たちの中には、絵を写真に撮るようにと言われた者もいる。そして他の者たちは、ただ絵を見るようにと言われた。次の日、二つのグループは、彼らが見た絵についてテストを受けた。絵画の写真を撮ったグループは、撮らないでただ絵を見て回ったグループに比べて、作品の名前を挙げることができなかったし、細かな点を思い出すことができなかった。

われわれの中には、無意識の内に活動する記憶のキュレーターがいて、必要なものはどんな事実でも、どれくらいすばやく、そしてどれくらいたやすく思い出すことができるのか、それを十分に知っているにちがいない。これが意味しているのは、われわれのブロードバンドのネットワークが、学習と記憶の新たな体制を作り出したということだ。その体制内では、たいていの事実はとどまる可能性が低く、概ねすばやく忘れ去られる。これから数年が経つ内に、おそらくわれわれはみんな、自分の生活を二四時間撮影し、ビデオ・ストリーミングする機器を身につけることになるだろう。ソーシャル・メディアが、われわれみんなを記憶喪失者にしてしまうのだろうか？

グーグルが知っていること

情報源記憶とは、事実が学習された時と場所を思い出すことだ。この記憶は往々にして当てにならないし、偽りの記憶に人を巻き込んできた。「そうだ、カメレオンは水生動物だった。どこでそれを聞いたのか、忘れてしまったけど……」

ハーバード大学で行なわれたある実験では、われわれがどれほど多く、この情報源記憶に依存しているかが示されていた。(30) この実験の対象者たちは、瑣末な事実のリストを渡され、その事実を「事実」「データ」「情報」といった名前の付いた特定のフォルダーに保管するように言われる。それで明らかになったことは、ボランティアたちは、事実そのものよりも、むしろ瑣末な事実を保管するフォルダーを記憶しがちになるということだ。事実の方が突飛で記憶しやすいし(「ダチョウの目玉は……」)、フォルダーの名前はうんざりするほど包括的なものだが、にも関わらずそのような結果だった。

必要なことをどこで調べればいいのか——そんな情報以外には、ほとんど何も分からない状態で、われわれははたして働くことができるのだろうか? が、そこにはそんなやり方で働いている人々がすでにいる。弁護士と呼ばれる人々だ。「無知は弁解にならない」はアメリカの法律学の皮肉な格言である。アメリカ連邦議会は毎年、ひたすら二〇〇〇万語に及ぶ新しい法律を付け加えていく。読むだけでも一〇カ月ほどかかる膨大な量で、誰にとってもこれはつらい試練だ。二〇〇〇万語は新しい連邦法に追加される言葉にすぎないが、それが数世紀の古い法律——連邦法、州法、現地法——に付け加わる。そして、あらゆる判決がこのような法律に基づいて下されるために、これをすべて読むのは、肉体的にもかなり不可能な仕事となる。だが、弁護士が知っているのは、法律のほんのわずかなアウトラインだけだ。彼らに要求されるのは、検討中の事例を調べることに長けた、エキスパートになることだった。

最近行なわれた記憶実験で、もっとも印象的だったのは、情報源記憶への依存が自動的になっていることを証明した実験だ。この実験はダニエル・ウェグナーとエイドリアン・F・ウォードによって行なわれたもので、古典的なストループ・テストに少し工夫を加えている。楽しい「心理学入門」の実演のようだ。目の前に提示されるのは、色の名前を書いた文字だが、それがその色とは「違った」色のイン

クやピクセルで表示される。実験は文字の色を叫ぶ（が、書かれた文字を声に出してはいけない）。これはあなたが考えているより、やってみるとかなり難しい。

例えば、次の言葉の色を言ってみてください。ここでよく見られる反応はイライラした笑いだ。色の名前を挙げるのに、この場合は、言葉と色が一致しているケースに比べて、二倍の時間がかかる。

この発見はジョン・リドリー・ストループが論文で発表したもので、それは一九三五年のことだった。彼はこの論文によって、どの心理学者も経験しなかったような知名度を得たにちがいない。ストループは心理学で博士号を取得したが、自分は言葉の色より、むしろ「言葉」そのものに興味があると思い込んだのだろう。そののち、心理学を離れて、テネシー州で田舎の牧師として生きる道を選んだ。

その一方で、ストループの発見は有名になった。そして何千という心理学上の研究をもたらす原因となる。ストループの仕事は、注意力や漠然とした思考の正確な測定に役立った。そこにはこんな実験もあった。被験者は食べ物を摂らずにいて、一見、思いつきのような単語のリストで、ストループの実験を受けた。[31] 腹をすかせた被験者が、「ハンバーガー」や「ディナー」のような単語を見せられると、とたんにスピードが落ちてしまう。それは彼らの心の中で、最高位を占めているのが食べ物だったために、食べ物に関連した単語の意味を無視することができないのである。

ここでウェグナーとウォードにもどる。二人はこの原則を実験に使った。実験ではまず、ボランティアの人々が面倒な質問に答える。それは「世界の国々の国旗にはすべて、少なくとも二つの色が使われていますか?」といった類いの質問だ。そしてその直後にストループ・テストが行なわれた。そこではなじみのブランド名がいろいろな色でプリントされている。要求されるのはそれぞれのブランド名の色を、できるだけ早く、しかも正確に答えることだ。[32]

「グーグル」や「ヤフー」などの言葉の色を読み上げるとき、被験者たちはスピードが落ちる——が、「ナイキ」や「ターゲット」ではそれがない。このような瑣末な質問が答えづらいのは、明らかに解答者の意識が、ウェブ上で答えを探すことに向けられているからだ。

これを確かめるために研究者たちは、滑稽なほどやさしい瑣末な質問をして、実験の別のバージョンを試した。それは誰もが正解を知っているような問題だった。そのあとで、ふたたびブランド名のテストをすると、被験者たちは、今度は「グーグル」や「ヤフー」を見ても、スピードが落ちることはなかった。ウェブでの検索を思い起こさせるような質問だけが、難問だったのである。

ウェグナーはグーグル効果を、分散された記憶という一般現象と結び付けている。自分の脳の外側に、情報を保管する方法をわれわれはたくさん持っているが、コンピュータを用いてアップロードするのは、その中のただ一つの方法にすぎない。ヴァーチャル・ソーシャル・ネットワークが出現するずっと以前には、われわれは記憶や情報や専門知識を、現実のソーシャル・ネットワーク（付き合いの輪）の中で共有していた。私はグルメではないが、私には、新しくできた、おもしろそうなレストランを紹介してくれる友だちがいる。医者は知らないが、私には専門医を推薦してくれる一般の開業医がいる。われわれはすべてのことを知らなくても、人々を知ることによって、この世界で何とか生きている。

分散された記憶はたしかに、偽情報を中和する働きをする——とにかくある程度までは。調査によると、大半の人々は、抗生物質がウイルスに戦いを挑むと思っている。が、これは「間違い」だ。しかし、そのこと自体はほとんど重要ではない。「大半の人々」は、自分でアジスロマイシンを処方しようとはしない。重要なのは病気になったときには医者の所へ行って、医者の指示に従うのがいいということを知っていることだ。

グーグル効果は分散された記憶に対して別の適応もする。クラウド（インターネット情報）は期せずして何でも知っている友人だ。それはいつでも利用できる。瞬時に答えを与えてくれる。ばかな質問にも、けっしてうろたえることがない。われわれがそれに、ばかばかしいまでに依存してしまうのも、さほど驚くべきことではない。経済学者のセス・スティーブンス＝ダヴィドヴィッツは、次のようなことを書き留めている。「私のペニス」というフレーズを含む言葉をグーグル検索してみると、三番目に多いのが「私のペニスはどれくらい大きいのですか？」という語句だ。[33] 人々は物差し（グーグル）こそが、よりよい答えを持っていると考えているのだろう。

上院議員が盗用するとき

クラウドに対するわれわれの依存は、古代のギリシア人やローマ人にはなじみのあった、ある職業のタイトルを思い出させる。それは「ムネモン」（記憶力よき人）。ムネモンは丸暗記をするプロの仕事人だ。[34] 元老院の議員が演説や議論をしている間中、そのそばに立っていて、必要な事実を議員に教える。これが議員の専門知識のなさを暴露して、その評判を悪くするとは誰も思わない。今日のインターネットは、誰もが使えるムネモンといったところだろう。そしてわれわれの時代の政治家たちは、このムネモンと格闘している。

上院議員のランド・ポールは、ウィキペディアや他のオンライン情報源《ソース》から、情報を盗用したと言って告訴された。以下に示すのは『フォーブズ』に載った記事（書いたのはビル・シンガー）からの引用だ。上院議員のポールが二〇一二年に書いた『政府のいじめっ子』という本から取られたもので、一五四ワードが文字通り、クレジットなしで盗用されている。次の引用はその一部。

司法取引の一環として、キンダー・キャビア社とブラック・スター・キャビア社は、五〇〇〇ドルの罰金の支払いと、三年の謹慎期間に服することに同意した。その期間中、両社はＣＩＴＥＳ（ワシントン条約）輸出許可書の申請とその受け取りを禁じられる。(35)

驚くべきは、法廷記者の事実を伝達しただけのこの文が、盗用に値すると見なされたことだ――どんな人に盗用されたにしても。それにこれは、政治家やジャーナリストや有名人が、オンラインの情報から盗み取ったとされる、数多くの報告のほんの一例にすぎない。そこで盗用者として世間の注目を浴びるのは、もっぱら中年の人々だが、咎めを受けるのは若いスタッフだった。若い世代は情報を切り刻んで貼り付けることを、ごく自然なことだと思い、倫理的にも中立だし、ストリーミング音楽のようなものと考えて成長してきた。

ホフストラ大学のジャーナリズム教授スーザン・ドラッカーは、自分が教えている学生たちの間でさえ、世代の隔たりがあるのを感じていると言う。「大学院生は盗作を犯罪だと見なしているが、一七歳や一八歳の学生はこれを別段悪いことだとは思っていない。彼らが言うには『インターネットの情報をコピーすることは簡単だ。どうしてそれが悪いことになるのだろう？[36]』」

古代のムネモンにも比すべきインターネットは、著作権の侵害を後押しするが、その上それは、われわれを誘って根も葉もない知的傲慢さへと導く。ダニエル・ウェグナーとエイドリアン・F・ウォードが行なった別のテストでは、被験者の半分がウェブで調べることを許された。そして他の半分にはそれが許されない。テストのあとで全員がアンケートに答えて、自分の記憶や知識や知力を自己評価した[37]。

そこでは予想通り、テストの成績と自己評価との間につながりがあった。中でも目を見張るのは、すべてをウェブで調べた者たちの自己評価が高かったことだ。答えをグーグルやウィキペディアでコピーすることは、人々を「私は賢い」（これは○×質問だった）と感じさせた。

当然のことながら、答えを調べれば結果として成績もよくなりがちだ。ウェグナーとウォードは、もう一つ別のバージョンで実験を試みている。そこでは参加者が全員、完璧に近い得点を獲得したと告げられた。そんなときでも、オンラインで解答を調べた者たちは、他の者たちより自分は賢いと報告している。

これについては、「自分を賢明とする感覚」が、無断で他人の言葉を利用するような倫理観と、関係がないのではないかという反論があるかもしれない。これは十分にうなずける。が、被験者の感情は自身の行動や正当化に根拠を与え、最終的には、彼の倫理観をも下支えすることになる。この実験で明らかになるのは、われわれがインターネットを集合記憶として「所有」しているということだ。

今やクラウド（インターネット情報）には、たやすくアクセスできる。そして、そのプロセスは近い未来に、さらに途切れのない滑らかなものとなるだろう。映画『アニー・ホール』（一九七七）の一シーンは[38]、すでに時代遅れのように思われるのか――あるいは将来を予言するものだったのだろうか？ウッディー・アレンが映画館で列に並んでいる。そのうしろに男がいて、マーシャル・マクルーハンの著作について、もったいぶって話をしている。アレンは彼の話をさえぎって、きみのマクルーハン哲学の解釈は間違っていると言う。男はコロンビア大学でメディア研究を教えていると話す。アレンはここで、やおらスマートフォンを取り出すことはしない。当時はまだスマートフォンはなかったから。その代わりに彼は、スクリーンの外から生身のマーシャル・マクルーハンを引っぱり出してきて、じかに目立ちたがりやの男を糾弾させる。

そんな状況にわれわれはますます近づきつつある。カーネギーメロン大学のコンピュータ科学者クリス・ハリソンは、将来起こりうることとして「アクティブ・リスニング」を思い描く。それはスマートウォッチが使用者の会話を傍受して、裏で検索を実行するというもの。あなたが（あるいは大口をたたくやつが）マーシャル・マクルーハンについて話をするときはつねに、ウォッチがマクルーハンに関する情報を提示する――もちろんそれはあなたが必要なときだけだ。それとなくウォッチを見ると、そこであなたは、今話題になっているテーマを手に入れることができる。おそらく、マクルーハンが講義をしているビデオが現われ、あなたは話し相手が言ったばかりのことに、即座に異議を唱えることの可能な、要領を得た情報を、たくさん目にすることができるだろう。これはもはやサイエンス・フィクションではけっしてない。ウェブ検索への入口としての音声認識は、すでに目を見張るような機能を果たしている。現在、アクティブ・リスニングを実現不可能にしているのは、わずかに、バッテリー寿命とデータ通信のコストだけだ。これが解決されれば、ハリソンの構想は収まるべき場所にうまく収まるだろう。

このような世界における知識の価値について、じっくりと考えることは、けっして早すぎることではない。もちろん、マーシャル・マクルーハンについて相反する意見を述べようとすれば、まず何はさておき、彼について十分に知っていなければならない――そうでなければ、クラウドからマクルーハンの情報を呼び出す意味がないからだ。

知ることの価値

事実を簡単に調べることのできる世界にいて、なお事実を知ることに価値があるのだろうか？　この本はこうした単純な質問に答えを出す試みである。とりあえず私は、一般人の知識の詳細な調査を分析することから、この問題に取り組んでいきたい。

この本で報告される調査は、多くの人にはあまりなじみのない、新しいタイプの世論調査の技術によって行なわれた。したがって、それについては少々説明をする必要がある。「インターネットパネル調査」は、ある団体によって行なわれる調査だが、その団体が募集したのは、将来も引き続き、調査を継続することに同意する大集団（パネル）だ。新しい調査がはじまると、ソフトウェアがパネルのランダム・サンプル（無作為標本）を選びコンタクトする。アンケートへのリンクが貼られたeメールが、選ばれた参加者のもとへと送られる。それは何段階かに分けて送られて、結果的には一般集団にかぎりなく近づく人口統計学的バランスを達成する。サンプルは性、年齢、民族、教育、所得、それに調査員やマーケターにとって重要と思われる、他の人口学上の標識などでバランスが取られる。

インターネットによるパネル調査は、従来の電話による世論調査と比べて利点が二つある。一つは断られることがほとんどない。従来の世論調査はアトランダムに電話を掛ける。世論調査員から掛かってきた電話は、たいていの人々にとって、テレマーケティング（電話を使った販売活動）の電話とほとんど変わりがない。そのために多くの人は電話に出ないか、受話器を取って、電話がアトランダムに掛けられものだと分かると、すぐに受話器を置いてしまう。それに例えば、五〇代の既婚白人女性が電話に出るケースが多くなれば、調査のサンプルに偏りが生じてしまう。それに引き替え、インターネット・パネル調査では、誰もがすでに積極的に参加する気持ちでいる（実際に参加者の九〇パーセントをはるかに越える数の人が協力してくれる）。結果として、どんな特殊な調査でも、その調査依頼アルゴリズムはごく手軽に、人口学的バランスを達成することができる。

分かり切ったことだが、一つだけ注意を要することがある。それはインターネット・パネル調査に参加している全員が、インターネットで検索ができることだ。二〇一三年に世界銀行が推定したところによると、アメリカ人の八四パーセントがインターネットの利用者だという[39]。この八四パーセントの人々は、総人口に比べていくぶんかではあるが、裕福で教養があり、ディジタル文化にも精通している。これは覚えておくべきことだろう。だが、電話を持っている者も、そのほとんどすべてがインターネットにアクセスしている（スマートフォンのデータ通信を利用すればいいわけだから）。インターネット・ユーザーの範囲が制限されているというのは、電話による調査のデメリットとしては、それほど大きなものではない。
インターネット・パネル調査は非営利団体（ランド・アメリカン・ライフ・パネルなど）や多数のテクノロジー企業、それにベンチャー企業（Gfk ナレッジパネル、サーヴェイモンキー、アマゾンのメカニカル・ターク）によって行なわれる。たいてい調査団体は、ボランティアが行なう選択という慈善行為に対して、わずかな寄付という形で報いる。これは金銭目的の参加者を防止する一方で、実際の参加者にはやる気を起こさせる。が、参加者が、特定の調査へ進んで志願することはできない。さらに調査のアルゴリズムが、いかなる参加者に対しても、一年でわずかに数件の調査にしか参加できないように制限をする。

調査をする上で出した指示の中で私は、まず、私の関心が一般人の知識の状況を探る点にあるということを説明し、そして、参加者には答えを調べないようにと要求した。たとえよい成績を取ることに、それがつながらなかったとしても、なお、この要求に従わない人々が出ることはありうる。しかし調査の大半は、すばやく書き入れられるために、ほとんど答えを検索する時間はない。すべての調査結果――それはしばしばショッキングなほど、低い一般知識のスコアを示す――が提示しているのは、ごまかしがひどい要因になった結果とはまったく相反している。

近年、インターネット・パネル調査は、学問の世界やビジネスの世界で積極的に利用されている。社会科学者たちにとってこの調査は、キャンパスでビラを掲示したり、学生たちに聞き取り調査をするという、従来の古い方法の改善を約束してくれるものだった。マーケターは今では、新製品や宣伝やデザインをテストするのに、オンラインのパネル調査を活用している。NBCニュース、『ウォールストリート・ジャーナル』『ロサンゼルス・タイムズ』、ブルームバーグ・ニュースなどのメディアもまた、政治に関する世論調査を行なうのにインターネット・パネルを使っていた。

この調査の持つもう一つの利点は、伝統的な調査方法に比べて、迅速で廉価なことだ。ほんの二、三年前にはとても実現が困難だった方法で、それは一般人の知識をはっきりと描くことを可能にした。読者はこの本の中で、その例をたくさん目にすることになるだろう。

調査が立証するのは、一般人が何を知っていて、何を知らないのかということ。そのジャンルは量子物理学から現代芸術《コンテンポラリー・アート》、ポップカルチャーなど重要な分野の多岐にわたる。またこの調査は知識と富、健康、幸福、政治、行動様式との関連を明らかにする。各章はそのほとんどに、調査質問がいくつか置かれている（囲み記事で）。したがって読者は、他の人々と比べて自分がどこに立っているのか、その立ち位置を何となく感じ取ることができる。

本書は三つの部分に分かれている。各部分は（多少のオーバーラップはあるが）以下の三つのテーマに焦点を合わせる。

- ダニング＝クルーガー効果——インターネットは、われわれを愚かにしているわけではないが、自分が何を知らないのかに対して無自覚にしてしまう。不完全な知識は、ゆがんだ心の世界地図を作り上げる。このような誤解が公私の領域で、われわれの選択や行動、意見などに影響を及ぼす。
- 質の高い知識——いわゆるトリビアな質問に答える能力は、高所得や他の成功した人生の指標と関わりがある。このような高質の知識はしばしば、正規の教育や年齢という要素を取り除いても、なお存在する。そこに見られるのは、大学の卒業証書や大学で培われた社会的なつながりなどに関わりのない、ものごとを知ることの実際の価値だ。

- 文化的無教養な世界に対する戦略——個人が今日のメディアを利用して、情報をいつも手に入れることのできる、最上の方法を探っていきたい。また、企業や組織が、限られた文化リテラシーの社会に、どのように対処していけばいいのか、あるいは、民主主義国家は、情報に乏しい有権者をよそに、どのようにして賢明な選択をすることができるのか、などについても検討を重ねていくつもりだ。

年齢テスト

アメリカの上院議員の人数はどれくらい？
ブラジルの首都は？
ショートが守っている場所は？

もしあなたが「一〇〇人、ブラジリア、セカンドベースとサードベースの間」と答えることができたら正解。統計学的に言うと、あなたはおそらく、この質問に答えることができなかった人より年長だろう。

右の質問は時代に関係のない、世代的にもニュートラルなものに見えるかもしれない。が、若い人々はこれを知らない可能性が高い。上院議員の質問に正解した人は、正解しない人に比べて平均で九歳ほど年長だった。ブラジルの首都とショートの質問については、正解者と不正解者の年齢差はそれぞれ六歳と七歳だった。(40)

2　無知の地図

スーザン・シャーマンは、ケンタッキーのカトリック・スクールの教師で、同時に看護師でもあった。彼女は伝道活動のためにケニアに出向して帰ってきた。が、ケンタッキーのルイビルへ戻ってきて気がついたのは、もやは学校では、自分が歓迎されていないことだった。二〇一四年の末である。エボラ・ウイルスがギニア、リベリア、シエラ・レオネで猖獗《しょうけつ》をきわめていた。シャーマンの学校では父兄たちが恐れた。彼女がエボラ・ウイルスに感染していて、それを子供たちに感染させるのではないかというのだ。

だいたいケニアでは、エボラ・ウイルスは広まっていない。それなのに学校側はシャーマンに、三週間の間、教壇に立つことを禁じた。そして、エボラ・ウイルスに感染していないことを証明する、医師の文書を提出するように要求した。それを拒否すれば、シャーマンは退職届を出さざるをえない立場に追い込まれる。(1)

これは地理学的知識と無知が、われわれに及ぼした影響を証明する一例だ。多くのアメリカ人にとって、アフリカはラスベガスやサンルカス岬のような、コンパクトで同質《ホモジーニアス》な一地方だ。だが現実には、二〇一四年にエボラ出血熱が発生した国々から、ケニアは三五〇〇マイルも離れている。それはルイビルとブラジルのマナウス間の距離より、さらに二〇〇〇マイルも遠い。シャーマンの学校の論理から言えば、マナウスから帰ってきた者たちは、旅行かばんをチェックして、ピラニアがひそんでいないかどうか調べなければならないことになる。

アメリカ人のナルシシズムと、ばかさ加減を立証する古典的なものと言えば、それは地図テストだ。どれくらい多くのアメリカ人が地図上で、アフガニスタンを見つけることができるのだろう？　一つの答えとしては次のものがある。アメリカ地理学協会とローパー・パブリック・アフェアズ・アンド・メディアが、二〇〇六年に実施した調査によると、正解を出したのは、一八歳から二四歳の人々の内、わずかに一二パーセントだったという。調査団体はこのような質問を数年間出し続けたが、その結果はつねに予想通りで、それはアメリカの教育状況に対する、出口の見えない心配をもたらすばかりだった。

私はさらに大掛かりな地図テストをするために、インターネット・パネル調査の持つスピードと柔軟性をうまく利用した。ニュースで見かける二、三の国々について質問する代わりに、私はアメリカの全五〇州、世界の一七〇の主権国家、それにいくつかの種々雑多な領土や地方について尋ねた。それぞれテストの参加者には、全体の中から選んで、一〇から一五ほどの州や国を見つけてほしいと頼んだ。使用したのはアメリカ合衆国や大陸や世界の白地図で、そこには国境は表示されているが、それぞれの州や国の名前は書かれていない。

この調査結果を使って、私は新たに統計地図《カルトグラム》を作成した。(2)　統計地図というのは、人口や選挙人の票、その他関心のある変数によって各地方の面積が測定され、それに基づいて作成されるゆがんだ地図（歪曲地図）のことだ。が、私のケースでは、地図上で地方の名前を言い当てることができなかった人々の、パーセンテージにしたがってディジタル処理され、州や国の面積が測定された（面積統計地図）。これ

無知の地図——アメリカ合衆国

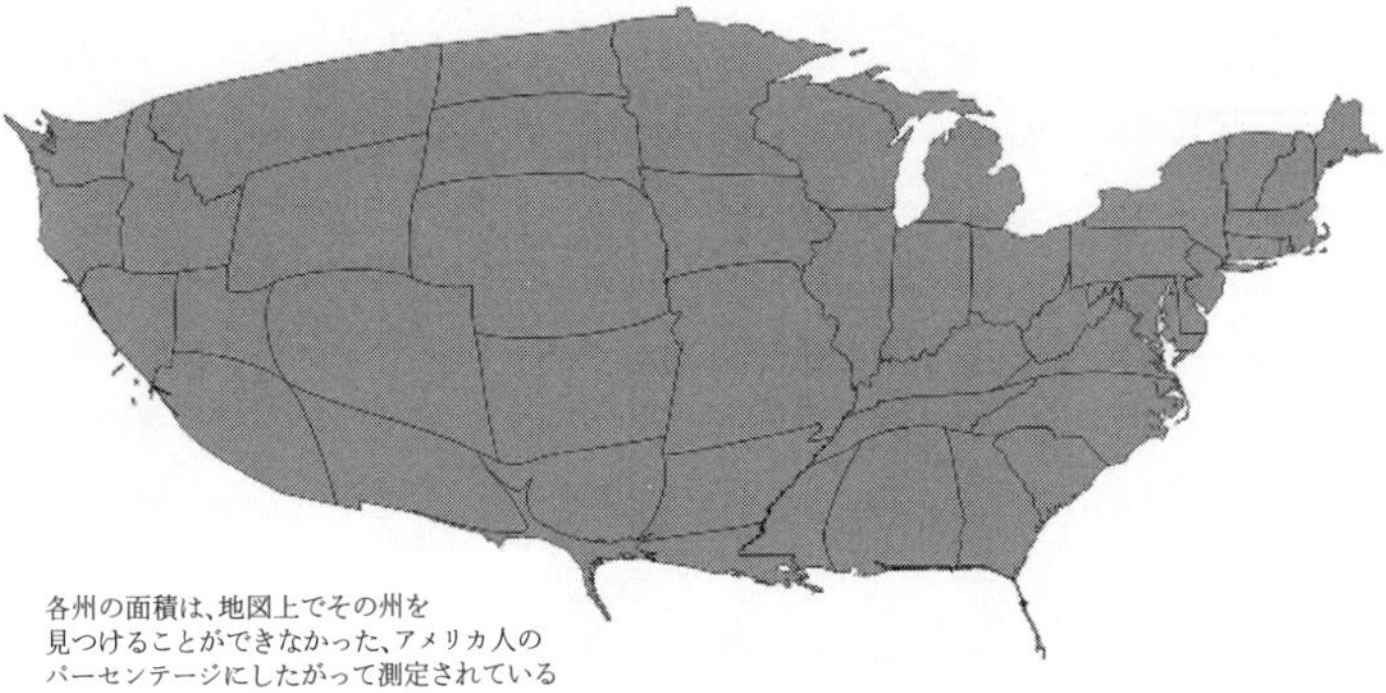

各州の面積は、地図上でその州を
見つけることができなかった、アメリカ人の
パーセンテージにしたがって測定されている

はまさしく無知の地図だ。

実際、成人のアメリカ人は誰もが、フロリダ州やテキサス州やカリフォルニア州の場所を地図上で指差すことができる。メイン州やワシントン州のような「隅の」州も言い当てることは簡単だ。したがって統計地図上では、このような州はほとんど面積がない。アラスカやハワイに至ってはまったく示されていない。ほとんどの人が場所を知っているので、この二州を示すとなるとただの点になってしまう。

肥大化した州は、アメリカ人が見つけるのに難渋した州だ。もっとも見つけるのが難しい州はデラウェア州だった。五八パーセントの人々が場所を探すことができなかった。三分の一以上の人々がネブラスカ州、ミズーリ州、アラバマ州を見つけることができなかった。

なぜ、これほどまでに多くのアメリカ人が、州を探し当てるのが下手なのだろう？　同じような形をした州や、よく似たスペルの州はまごついてしまう。イリノイ州はいつもインディアナ州と間違えられるし、他にも「母音が続く」州は混同されがちだ。ミズーリ州はミシシッピー州と見間違えやすい。

無知の地図——世界

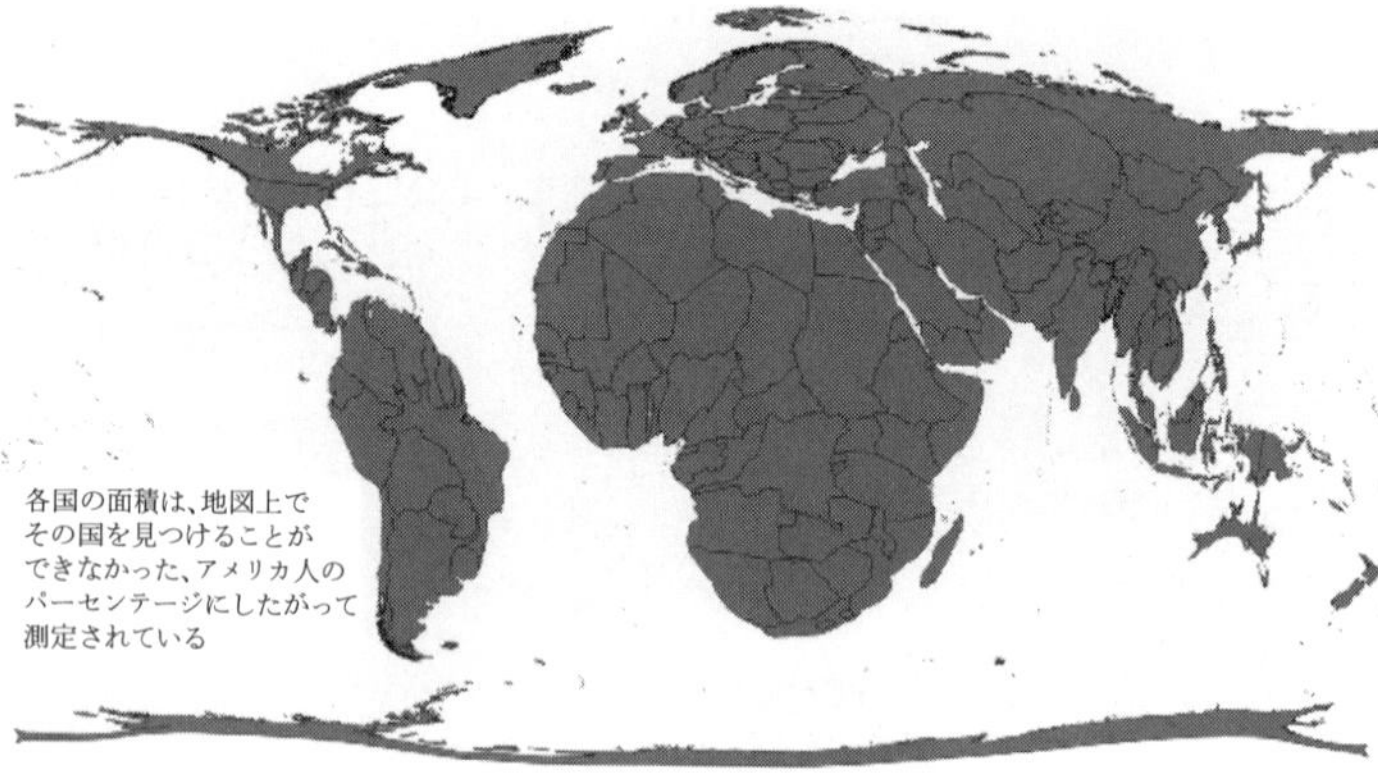

各国の面積は、地図上でその国を見つけることができなかった、アメリカ人のパーセンテージにしたがって測定されている

北の草原地帯の州やロッキー山脈の州では、指定のミスが頻繁に起きていた。それは程度の差はあるが、おおよそ長方形の形をした州が、どれがどの州だかはっきりとしないからだ。また、ニューハンプシャー州とバーモント州、それにアラバマ州とミシシッピー州がそうだが、二卵性双生児のような形が混乱を呼んだ。

世界地図では、三〇〇平方マイル以上の面積を持つ、すべての国家についてテストを行なった。削除した国はほとんどが島国（グレナダ、ツバル、モルジブ）とヨーロッパの小さな国々（リヒテンシュタイン、モナコ、バチカン市国、サン・マリノ）だ。いずれにしても、このような国々は地図上では点になってしまうだろう。

私の調査ではおおむねすべての人々が、アメリカ合衆国、カナダ、メキシコ、オーストラリアを見つけることができた。このように即座に特定できる国々は、統計地図上、従来の大きさからほんの断片へと縮小されてしまう。アメリカ人はまたロシア、中国、日本、それに旅行者にはなじみの西ヨーロッパの地域などを、簡単に見つけることができ

国	どれくらいのアメリカ人が地図上で見つけることができるか？
アメリカ合衆国	98%
オーストラリア	98%
イタリア	98%
メキシコ	97%
ロシア	92%
中国	91%
日本	90%
ブラジル	88%
インド	84%
イギリス	82%
フランス	80%
北朝鮮	73%
イラン	53%
イスラエル	45%
カザフスタン	42%
ベネズエラ	40%
ナイジェリア	27%
コスタリカ	10%
コンゴ共和国	5%

た。調査の参加者はイタリアを、アメリカ合衆国を見つけるのと同じように見つけた。そこには何か意味がありそうだ――おそらくわれわれは、ピザをたくさん食べるからだろう。そういえば、ピザが入った箱にはしばしば、イタリアの長靴がトレードマークとしてプリントされている。

アメリカ人の無知をもとにして地図投影法で描くと、アフリカがもっとも大きな大陸になる。バルカン半島諸国と中東の国々は、ユーラシア大陸の多くを代わって引き受けていた。かなり簡単に、場所を言い当てることのできたロシアや中国は、面積が小さくなる。すぐに特定できるブラジルはもはや、南アメリカ大陸を支配する国ではなくなる。

十分に納得できることだが、調査の対象者たちは大国や大きな領土を見つけることが上手だった。グリーンランドや南極大陸は、見慣れた投影法で描かれた地図上で、おおげさなほど誇張されているが、それが認識率を上昇させたのかもしれない（統計図ではしぼんで小さくなっている）。

カザフスタンは地球上で九番目に大きな国だ。テキサス州のほぼ四倍の面積を持つ。が、それを地図上で特定できたのは、調査対象者の半分以下だった。概してアメリカ人は、国名の語尾に「スタン」が付いている国のほとんどを見つけるのが苦手だ。われわれの多くはいまだに、ソ連やユーゴスラビア崩壊後の政治地図をよく把握していない。

たしかにここに挙げた国々は、めったにアメリカのニュースに登場しない。しかしほとんどのアメリカ人は、たえずニュースに出てくるイスラエルのような国々でも、それを見つけることができなかった。かろうじて半分の人々が、近年、アメリカが戦争をしたイラクとアフガニスタンの場所を特定することができた。

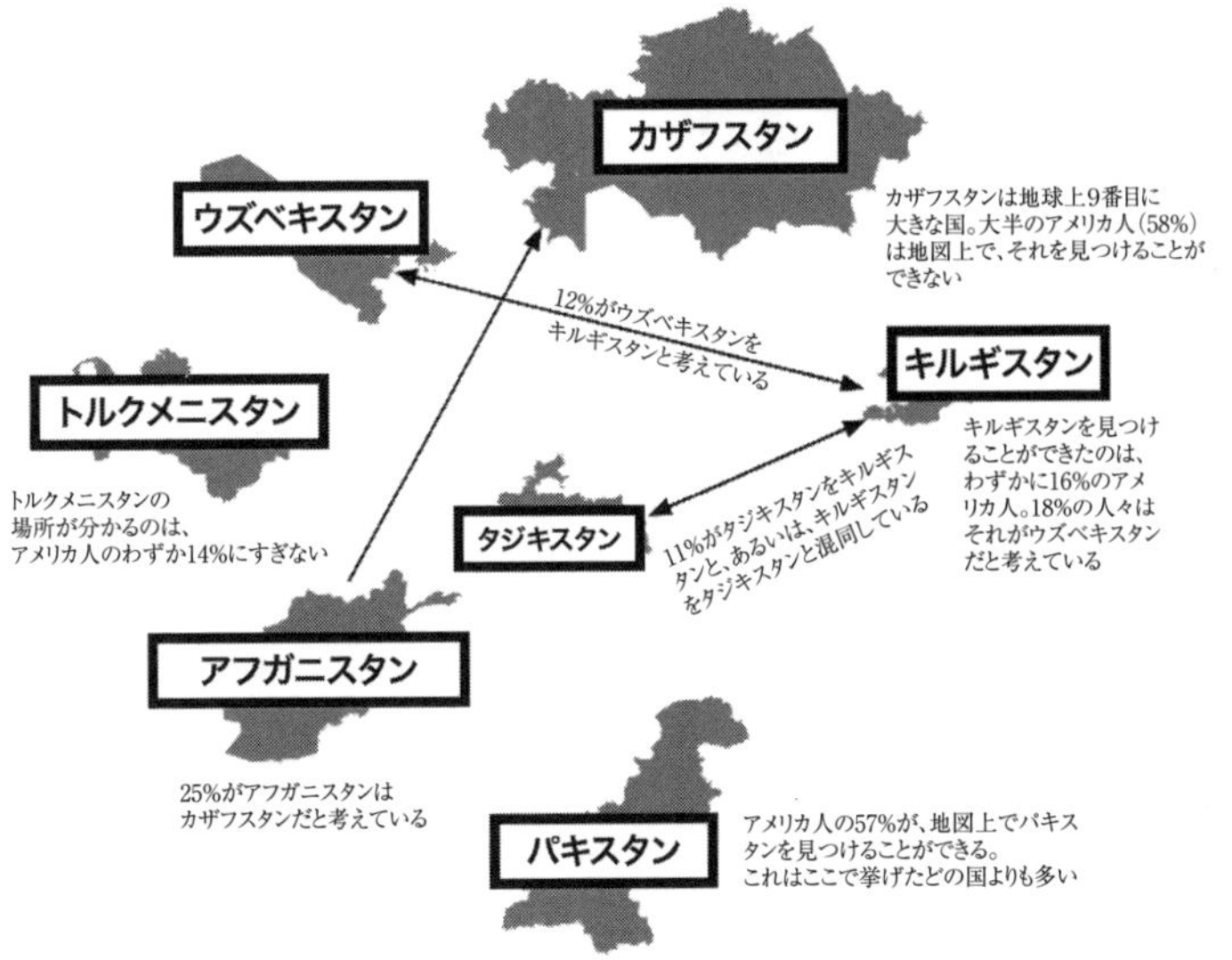
カザフスタン
カザフスタンは地球上9番目に大きな国。大半のアメリカ人(58%)は地図上で、それを見つけることができない
ウズベキスタン
12%がウズベキスタンをキルギスタンと考えている
キルギスタン
トルクメニスタン
キルギスタンを見つけることができたのは、わずかに16%のアメリカ人。18%の人々はそれがウズベキスタンだと考えている
トルクメニスタンの場所が分かるのは、アメリカ人のわずか14%にすぎない
タジキスタン
11%がタジキスタンをキルギスタンと、あるいは、キルギスタンをタジキスタンと混同している
アフガニスタン
25%がアフガニスタンはカザフスタンだと考えている
パキスタン
アメリカ人の57%が、地図上でパキスタンを見つけることができる。これはここで挙げたどの国よりも多い

中には、まぎらわしい二つの国を混同してしまうこともある。コンゴ共和国（首都はブラザビル）は、それより広大な東の隣国、コンゴ民主共和国（旧ザイール。首都はキンシャサ）とは異なる。私が行なった調査では、小さい方のコンゴがもっとも見つけることのできなかった国で、正解したのは対象者のわずかに五パーセントにすぎなかった。[3]

地図のテストはさておいて、われわれの地理学上の知識がいかにあやふやか、ということを証明する証拠はおびただしくある。二〇〇六年のナショナル・ジオグラフィック＝ローパー調査では、アメリカの若者の一八パーセントが、アマゾン川はアフリカにあると考えていることが分かった。[4]また、二〇パーセントはスーダンのありかをアジアだと考え、一〇パーセントはスーダンをヨーロッパに置いていた。四分の三の若者は英語が、世界でもっとも多く話されている言語だと考えていた（が、それは北京官話［標準中国語］で、英語の二・六倍の人々が話している）。ナショナル・ジオグラフィックの人々は、少なからぬ怒りを込めて、次のような結論を下した。「アメリカ人は世界の中で、けっして孤立しているわけではない。が、アメリカの若者たちの視点から見ると、われわれは孤立しているのも同然だ[5]」

二〇一三年、「ハーバード・クリムゾン」紙があるビデオを作成した[6]。その中ではリポーターが学生たちに、カナダの首都はどこですかと質問している。学生たちの答えは以下のようなものだった。「分からないな――たぶんバンクーバーかどこかだろう」「アルバータ？」「見当もつかない」「トロントじゃない？」

アメリカ人の無知さ加減が、新たな動画のジャンルを生み出した。そして今では、トークショーやユーチューブでそんな動画をよく見かける。作るのは簡単だ。カメラを人々に向けて、ある単純な質問をすればいい。そしてもっとも無能な回答をつなぎ合わせて、笑いを誘えばいいのだから。が、しかし、正解を与えた人々を表に出してはいけない。それではおもしろくも何ともないからだ。動画を見ている者は誰もが知っているのに、プロデューサーは間違った答えをいくつか手に入れるために、何百人もの人々にインタビューをした。私はつねづね思っていた。何て押しつけがましい動画だろう、それもわざわざ選んでレポートしたものにちがいないと。そして、動画は今でも押しつけがましい。が、この無知さ加減は、編集室でスタッフが作り出したものではなかったのだ。

ほぼ同じ年齢で、教育も同レベルの参加者を使った私の調査では、彼らの四七パーセントが、カナダの首都がオタワであることを知っていた。これは五つの回答を並べた選択問題の形式をとった設問だった（「空欄を埋めよ」の問題よりやさしい）。「カナダの首都はどこか?」はまた、同業者の論評の対象となる二つの大学生の知識調査でも使われた。もっとも最近の調査は二〇一二年に行なわれたものだが、そこで明らかになったのは、正しく答えを言えた学生が、わずかに一・九パーセントにすぎなかったということだ。(7)

私が見つけたのは、アメリカの成人の九パーセントが、ニューメキシコがどの国にあるのか知らないことだ。(8)「メキシコ」という答えがもっとも多い不正解だった。ニューメキシコは、アメリカの人々の誰にとっても、その生涯にわたって忘れることのできない重要な州だ。というのも、この州の投票結果は大統領選挙があるたびに、その鍵を握るとされていたからだ。それはニューメキシコが合衆国に参加して以来、ずっとそうなのである。さらにテレビドラマの『ブレイキング・バッド』が撮影されたのもここだった。にもかかわらず、一〇人に一人がニューメキシコにまったく注意を向けていなかった。

二〇〇六年にナショナル・ジオグラフィックが行なった調査では、明るい材料が一つ出た。それは抽象的な地図を読む力のテストで、ミレニアル世代が高い得点を取ったことだ。彼らの目の前に出されたのは人跡未踏の架空の地図で、「そこに港を作るとしたら、もっともふさわしいのはどんな都市か?」(9)という質問が出た。調査の対象者の大半が選んだのは、ハイウェイがそこに集中している港湾都市だった。われわれの教育システムが作り出している世代は、現実の土地ではなく、むしろ地図の方を当然のものとして受け入れる世代なのだ。

そんなわけで、おそらく地理学は筆記体と同じ運命を歩みつつあるのだろう。だが、それはそんなに悪いことなのだろうか？

それがよくないという気がかりな証拠がある。二〇一四年、ロシア軍がウクライナのクリミア半島へ侵攻した。アメリカ人はこの状況に、どのように対応すべきか検討を重ねていた。政治学者たち――カイル・ドロップ、ジョシュア・D・カーツァー、トマス・ザイツォフ――が調査をしている。世界地図の上でウクライナがどこにあるのか、それを探してみなさいという問いかけをした。

調査には地名が書かれていない地図が使われ、国境線だけが描かれている。調査に参加した者たちは、ウクライナの場所として、もっとも適当な地点をクリックするようにと指示された。ウクライナの国境内をクリックしたのは、わずか六人に一人の割合だった。

他の者たちが示した地点は、文字通り地図の至る所に及んでいる。人の住んでいるすべての大陸でクリックされていたが、グリーンランドにはクリックが集まり、アメリカ大陸にはそれがほんの二、三しかなかった。世界の大洋にもほんの少しのクリックがあったが、島にはそれがなかった。ウクライナを失われた大陸のアトランティスだと想像したり、世界地図のどの部分が海で、どの部分が陸地なのか、それさえ判別できない者もいた。

最終的な結論として、研究者たちに明らかになったことは、被験者たちの推測がウクライナの現実の場所から、遠く離れれば離れるほど、ウクライナへのアメリカ軍の介入を支持する度合いが増すように思われたことだ。

ここには作戦司令室が、つねに地図を手にしている理由がある。地理学が助けてくれるのは、軍事行動が国家の安全にとって、はたして重要なことなのか、それとも取るに足りないことなのか、その判断を下すときだ。それが実行可能なのか、あるいはべらぼうに金のかかることなのか。軍隊をウクライナで起きている戦闘に送り込む決断は、ウクライナがアメリカ合衆国の中にあるのか、あるいは外国なのか、ウクライナは陸地にあるのか、あるいは水中に沈んでいるのか、そんな詳細な情報に基づいて行なわれるべきものだ。

事実的な知識と政治的な見解の相関関係は、ここでストップするものではない。私が行なった調査では、種々雑多な一六の一般的知識の質問を用意した。そこには地図に関する質問も二つある（ノースカロライナ州とウクライナの場所を尋ねた）。この調査ではまた意見を求める質問もした。「不法移民を防ぐために国境フェンス（ボーダー・フェンス）を作るという話がある。あなたはこの考えをどう思いますか？　一から一〇の段階の内一つを選んでください」

事実の質問に対して、正しく答えを出すことができればできるほど、その人は国境フェンスの建造を支持する度合いが低くなる傾向にあった。教育レベルや年齢がほぼ同じ人々に試みたときでさえ、この相互関係は驚くほど強い[10]。これはフェンスを支持する人々の、教育レベルが低いということではけっしてない。彼らは同じ教育レベルや、同じ年齢の人々に比べて、ただ知識が少ないというだけなのである。

事実に関する質問で満点を取った人々、全一六問にすべて正解した人々の中で国境フェンスの設置を支持する人は、平均して一〇人に二・二五人の割合だった[11]——つまり非常に低い。調査で悲惨な結果に終わり、すべての質問に間違って答えた人々で、国境フェンスを支持した人の割合は、一〇人中七・二二人だった。もちろん彼らはフェンスの設置に賛成した。

ウクライナの場所を地図で確認できなかった者もまた、おそらく国境フェンスを要求したにちがいない。[12] そしてここには、国境フェンスの支持と密接につながりのある、もう一つの質問がある。

科学者たちは、古代人がステゴサウルスやティラノサウルスのような恐竜の狩りをしていたと信じている――○か×か？[13]

○と答えた人は国境フェンスを欲しがった。×と答えた人は欲しがらなかった。[14]

国境フェンスはイデオロギーといっしょで、実用性の問題である。少なくともタカ派の人々は、マジックのように人を魅了する移民防止のフェンスという考えに対して、支持を表明している。それは最小限のコストで、またたく間に建造されうると言う。それに対して、さらに思慮深い人々は、もっと厄介な質問を問いかけるにちがいない。それは納税者に、どれほど多くの負担を強いることになるのだろう？ いったいそれは、どれくらい効果的なのだろう？ 経費の見積もりという点では、地理学の知識が大いに役に立つ。そして歴史は、フェンスがいったいどれくらい役に立つのか、という問題を判断する根拠を与えてくれる（中国王朝が建造した万里の長城は、北方遊牧民の侵入を防ぐために建造されたが、結局、それを防ぐことはできなかった）。

民主主義は、すべての市民が幅広い知識を持っていることに依存しているわけではない。そこにはつねに、他の者より知識が豊富でない投票者たちがいる。無知な者たちの政治が、知識のある者たちのそれから、あまりに逸れていなければ、それはそれで結構だ。しかし、知識のない者たちが政策について、知識のある者たちと異なった見解を持ち、その数が彼らを上回るようになると、そこには不安の要因が生じる。これを「国境フェンスの原理」と呼ぼう――政治理念の中には、ダニング＝クルーガー効果の実例として、もっとも理解されやすいものがある。

財政赤字、借金、その他何でも

地理学を知らないと、われわれの心の地図（心象地図）をゆがめてしまうし、ときには裏付けのない個人の意見を形成してしまうことがある。同じように他のことでも、無知はわれわれの世界観をいびつにする。これは大きな数の出てくる話題においてしばしば起こる。

二〇一三年一〇月のパネル調査（赤字をもたらした連邦政府の部分的閉鎖《シャットダウン》を画策した、上院議員のテッド・クルーズによって行なわれた）では、「ビジネス・インサイダー」紙が全国五〇〇人の回答者へ、アメリカ合衆国の赤字の額を推定して、見積もるようにと要請した。質問は多項選択方式で行なわれた。選択の項目は一〇の累乗による指標で示されている。

回答者がもっとも多く選択した解答は、一〇億ドルから一〇〇億ドルの範囲を示す項目だ。二〇一三年の現実の赤字は六四二〇億ドルだった。それは典型的な回答者が選んだ答えの約一〇〇倍の数字である。

他の回答者はさらに大幅に、少ない赤字を見積もっていた。回答者の一〇パーセント以上が、数百万ドルあるいはそれ以下の金額を予想した。一般人の一部はたしかに別の世界に住んでいる。ボカラトンにいる退職した眼鏡屋などは、今年の連邦政府の赤字をカバーするのに、小切手を切ることだってあり

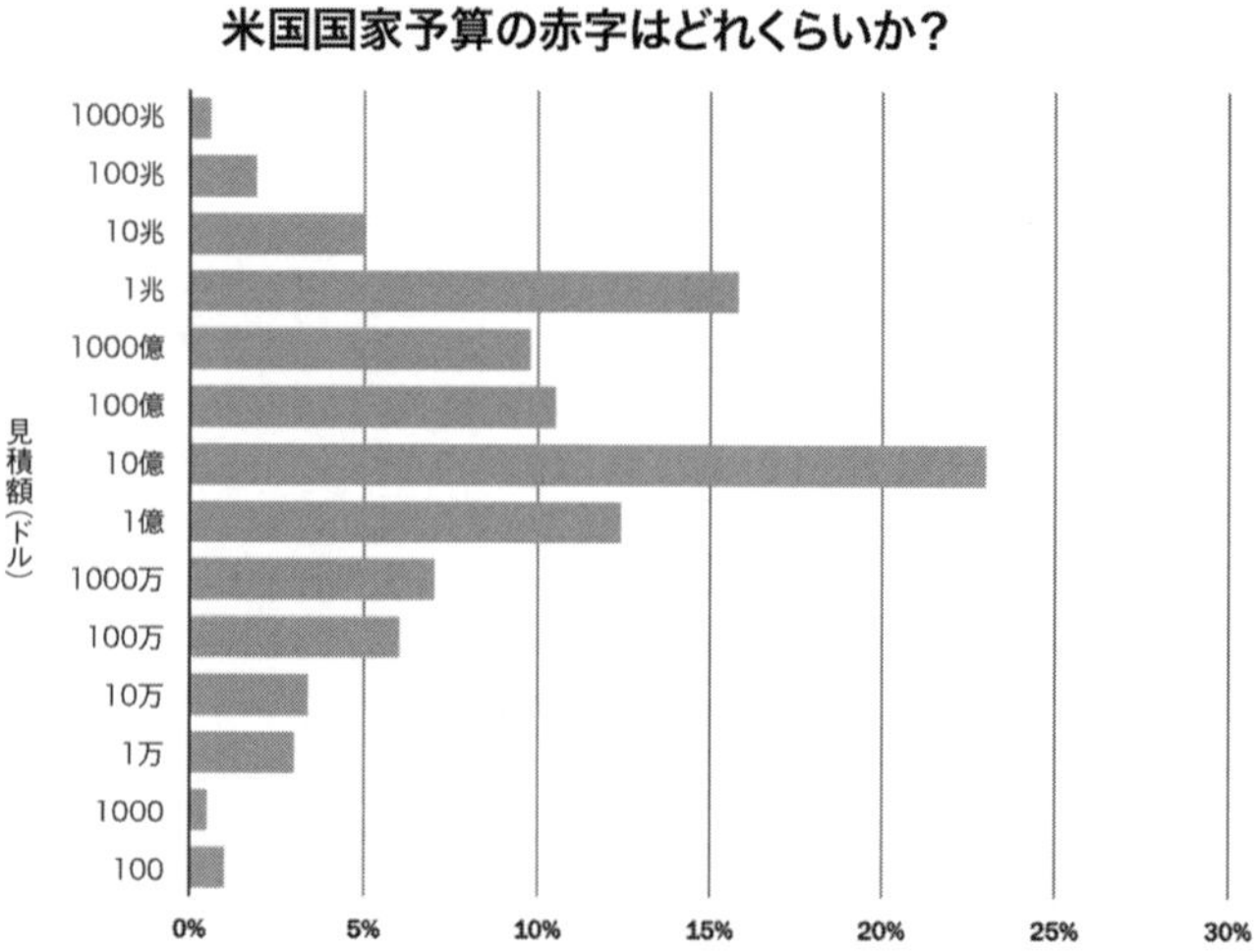

うる。

調査はまた前年の赤字がどれくらいだったか、という問いかけをしている。今年より大きかったのか、小さかったのか、それとも同じくらいだったのか？ 情報をよく知る市民たちは、景気がゆるやかに回復しつつあることを知っていたにちがいない。支出の削減と増税によって、二〇一二年における一兆九〇〇億ドルの赤字が、二〇一三年には六四二〇億ドルの赤字へと減った。が、六八パーセントの人は、二〇一三年にはむしろ赤字が大きくなったと推測した。

私はこの調査を引き続いで、同じインターネット・パネルの結果を使用しながら、これとよく似た調査を行なった。新たに参加者をアトランダムに選び、彼らに前と同じ二つの質問をした。ただし、違っているのは「赤字」という言葉を「借金」に変えたことだ。参加者たちの答えが、次のページにあるのだが、それは前の回答者の答えとは違っている！ 借金は国が負っている借金のこと（それはクレジットカードの利用残

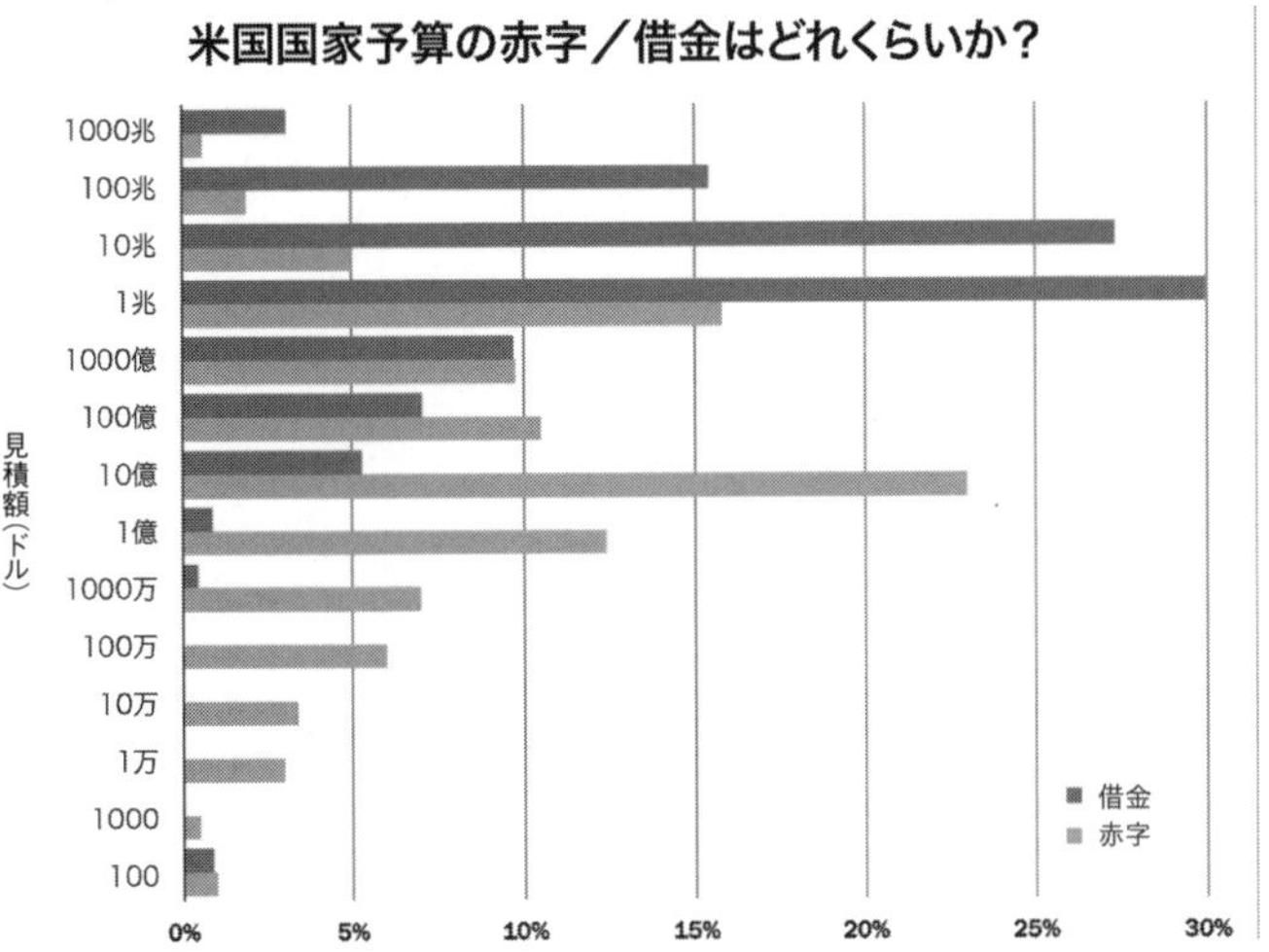

金のようなもの）だが、赤字は政府の会計年度内で、借金がどれほど多く「膨らんだ」かを表わしている（それは、クレジットカードの残金が一年の間にどれくらい増えたかといったようなもの）。

増税路線を取ったジョージ・ワシントンの下では、革命戦争による借金が急激に膨らんだ。そして、それを完済するのに一八三〇年までかかった。その後のおよそ一〇年間は、アメリカにまったく借金はなかったが、一八四〇年以降、アメリカはつねに借金を負ってきた。私が調査をした時点では、借金が一七兆ドル以上にも達していた。ここでは、借金について尋ねた調査の答えが示されている。そしてそれを、赤字について尋ねた調査結果に重ね合わせてみた。

チャートでは赤字と借金の回答が、かなりの部分でオーバーラップしている。が、にもかかわらずそこには、借金は赤字のおよそ二六倍という厳然とした事実がある。赤字の推測に比べると、借金の回答は当然のことだが——図の上部に向かって——大きく伸びている。しかし、正しい範囲（一〇兆ドルから一〇〇兆ドルの間）を言い当てたのは、回答者のわずかに二七パーセントにすぎない。そしてそれは、もっとも人気のあった回答ではなかった。

約三分の二の回答者は、この一年の間に借金が大きくなったと考えていたが、これは正しい。壊れた時計も日に二回は正しい時刻を示すの例え通りだ。

が、ここで起きたことは、とりわけ不思議なことではない。人々が共感を示すのは数よりむしろ言葉であり、言葉よりむしろ感情なのだ。政治家やジャーナリストたちはみんな、このことをよく知っている。財政赤字を追究する強硬派は有権者たちに向かって、赤字／借金／何か他のものが、アメリカ人の暮らしを脅かしていると言い聞かせた。彼らはこれを、現にある多くの事実を知らせることをせずに、まったく事実ではない、何か「事実」のようなものをほのめかすことで成し遂げた。アメリカ人の大半は数を示されても、それを理解することができない。彼らに分かるのは、つねに状況が悪くなりつつあるということだけだった（現実に悪くなっていないときでも）。

ここで問いかけができるのは、借金／赤字の大きさが、普通の市民にとって、それほどまでに大きな問題なのだろうかということだ。いずれにしても、ここで必要とされる数字はアメリカ合衆国の人口だ。[15]本当に問題なのは、国民一人当たりの借金なのだから。それを計算するためにも、人口を知ることはどうしても必要だ。ナショナル・ジオグラフィックの調査が参加者に問いかけているのは、現在のアメリカの人口を四つの選択肢から選べということだ。参加者の六九パーセントは、とんでもないまちがった答えを選び出すか、あるいは分からないと答えた。

事実と不平等

二〇一一年、行動経済学者のダン・アリエリーと経営学教授マイケル・I・ノートンは、インターネット・パネル調査を行ない、五五二二人のアメリカ人に、国民の富の分配について推測をしてほしいと依頼した。参加者たちはまず、国民を富によって五分位階級に分割するように指示される（それぞれが人口の五分の一だ）。もっとも富んだ者たちが二〇パーセント。次に富裕な者たちが二〇パーセント、三番目、四番目とそれぞれ二〇パーセントを占め、最後にもっとも貧しい人々が二〇パーセントとする。参加者たちは国民の全資産の何パーセントを、それぞれの五分位階級が所有していると思うのか、それを推測するようにと要請された。

調査が求めているのはあくまでも富で、けっして所得ではないことに注意。そのあたりを調査はくわしく説明している。それが求めるのは「正味財産……すべての人が所有している、借金を差し引いた総価値と定義づけられたもの[16]」。そしてさらに、その例を挙げている（「不動産物件、株券、債券、芸術品、コレクションなど。ただしローンや担保は差し引く」）。参加者たちはまた、富の「理想的な」分配について、それを書き記すようにと言われた。

まずは現実からはじめよう（図の一番上のバーだ）。実際には、アメリカ人の二〇パーセントが、国民の富の八四パーセントを所有している。そして二番目と三番目の二〇パーセントが、残りのほとんどすべての富を二分する。最貧の二つの五分位階級はほとんどトップのバーには現われない。それはそれぞれが全体の〇・二と〇・一パーセントしか所有していないからだ。

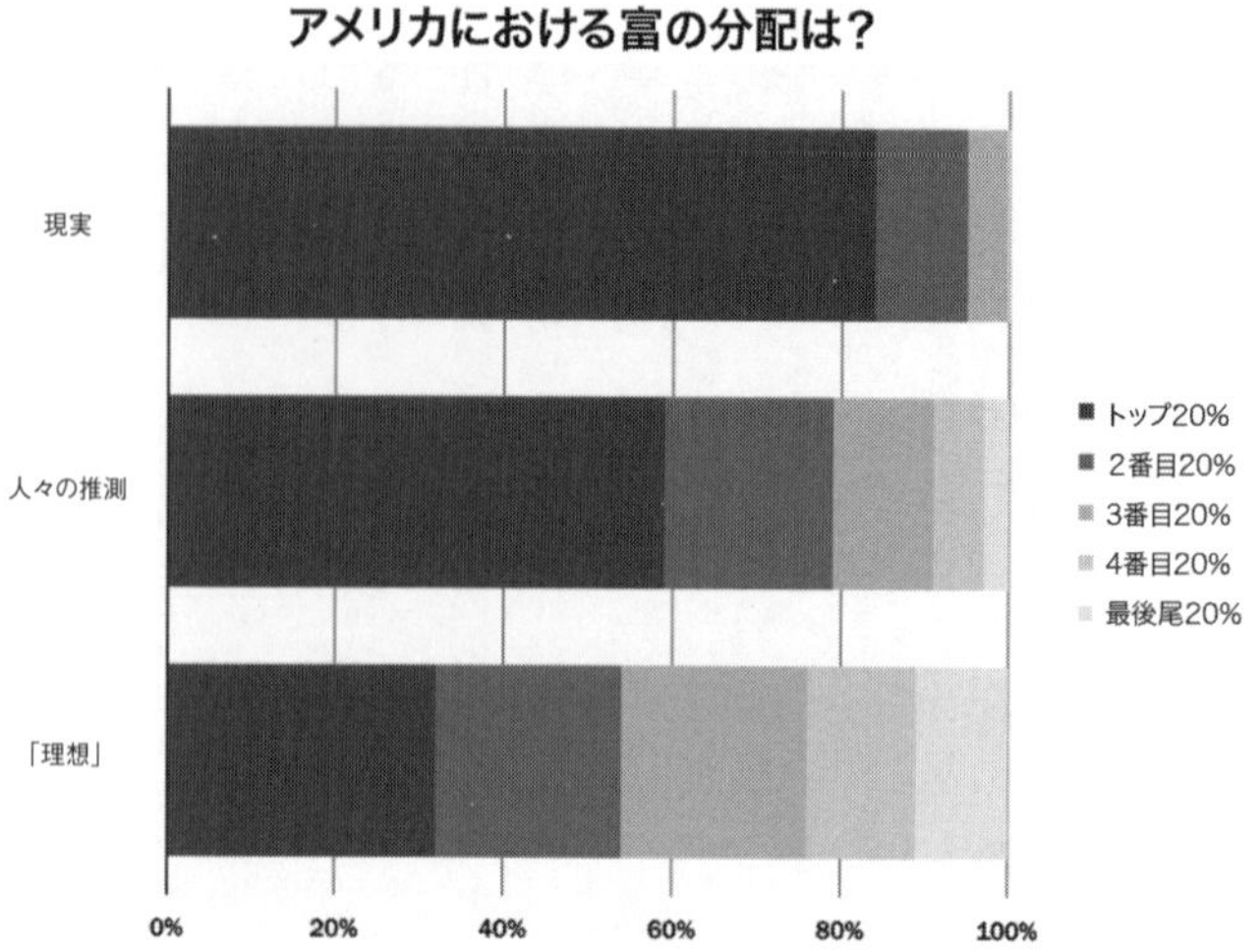

さて、思い出していただきたいのは、われわれが今語っているのは資産についてということだ。最貧の四〇パーセントはそのほとんどが、給料ぎりぎりの生活をしている。賃貸しの家に住むか、市場価値の低い抵当を保持している可能性が高い。また学生ローンを利用するか、貯蓄がゼロの傾向も強い。

富の不均衡があることは一般の人々も知っている。が、真ん中のバー（人々の推測）が示している通り、彼らはその偏りを現実より低く見積もっている。調査の対象者たちの推測によると、トップの五分位階級が全体の富の五八パーセントを所有していて、それに続く五分位階級は次第にそれが少なくなり、最貧のグループではおよそ三パーセントになっている。

別の言い方をすると、一般人はトップの五分位階級が最貧の五分位階級に比べて、二〇倍富裕だと見積もっていた。だが、現実には、トップは八四〇倍も富裕なのである。

理想的な分配について答えよと問われたとき、調査の回答者たちは、もう一つ別の不公平な分配を作り出した（図の一番下のバーだ）――が、それは他のバーに比べると不平等の度合いが低い。この回答者たちの選択した富の分配では、最上位の五分位階級が国民の富の三二パーセントを保持していて、最下層の五分位階級は一〇パーセントとなっている。トップから最貧までの差異はほぼ三倍へと縮小していた。

ノートン＝アリエリー調査の結果を見て、とりわけじれったく思われるのは、そこにあまりバリエーションがない点だ。それは例えば、異なった政治的グループや、人口動態的なグループによる推測と見積り（現実的な、あるいは理想的な見積り）などだ。たしかに彼らの調査では、共和党支持の有権者や男性が、民主党支持の有権者や女性に比べて、より富の不平等を好む傾向が明らかにはなる。が、その傾向がよりいっそう、はっきりと示されたわけではない。富裕層は、トップの五分位階級が多くの富を所有している現状を理解していて、その貧富の格差をそのままに、将来実現しうるユートピアを心に描いていた。が、ここでふたたび言うが、彼らが見積もった貧富の差はわずか数パーセントにすぎない。

そこには現状について、なお理想的なものではないというコンセンサスさえあった。大半の回答者はもっとも富裕な五分位階級が、理想的にはさらに富の所有が減り、その一方で三番目の五分位階級の富が増えればいいと感じていた。二番目の五分位階級（おおまかに言えば上流中産階級《アッパー・ミドルクラス》）は、すでに最適な富を共有しているか、それに近づきつつある――調査の評価によると。

「ウォール街を占拠せよ」［二〇一一年九月にウォール街で発生した、アメリカ経済界・政界に対する抗議運動の合い言葉］の年が到来すると、こうした問題点は評論家たちによって、さらに敷衍されることになった。最低賃金、所得税、社会保障制度などに関する議論が、いやおうなく想起させたのは、九九パーセントの声なき人々が抱くと予想された意見だった。しかし、もし一般人が現状を知ることがなければ、どのようにして彼らは、自分たちが欲しているものを知ることができるのだろう?

メディアは「アメリカ人のxパーセントが、富のyパーセントを手にしている」ような、統計データを持ってわれわれの所に殺到してきた。われわれは不平等という概念を持ち続けて、現実の数字に対するより、むしろその概念に対して、感情的な反応を示す。実際、ノートン＝アリエリー調査は、参加した人々に富の分配について議論をしてほしいと要請した。それもニュース報道の趣旨に沿った形の議論を。が、これは無理難題というものだった。経済は多くの作動部分を持つ複雑な機械なのだから。

ある航空会社を思い描いていただきたい。その乗客たちは「理想とする」旅客機のデザインを会社に説明して、そんな飛行機を作ってもらいたいと言う。乗客のスケッチが強調するのは、おそらくゆったりとした座席、機内持ち込み用のバッグが収納可能な余分のスペース、などだろう。その代わりに彼らが失念してしまうのは、一般の人々にはなじみのない、機械システムや航行システムだ。乗客の考えを実行に移そうとすれば、航空会社が直面するのは、これではとても飛行機は飛べないという現実だ。広々とした座席の料金は恐ろしく高くなり、ほとんどの人々がチケットを買うことができなくなってしまう。

一般のアメリカ人が示す「理想的な」富の配分は、そこまで非現実的なものではけっしてない。それは配分がとてもうまくいっていると思われている国、スウェーデン（ここでは税金が国内総生産の四八パーセントに達している）の平等主義よりわずかに上といった感じだ。だが、現実のアメリカ人は、スウェーデン人とは違っていて、老後の生活のためには、個人年金や公的年金に頼ることより、むしろ貯蓄をするように期待されている。

アメリカの平均的な高齢者は、平均的な若年層に比べると、その一八倍の富を所有している。[17]それがもっとも若い成人の五分位階級より、はるかに富裕なベビーブーマー（彼らだけの五分位階級）を構成する。この貧富の差は、グループのメンバー一人一人には関係がないし、社会経済的な不平等とも関係がない。が、標準的な勤労者が生涯にわたって積み上げた貯蓄は、一般人が理想として心に思い描いたものより、はるかに大きな富の格差を生み出しかねない。

もし人々が「借金」と「赤字」のような言葉を混同しているとしたら、もしかして彼らは「資産」と「所得」も区別がつかないのかもしれない。これを調べるために、私はノートン＝アリエリー調査をまねした調査を行なった。が、質問をしたのは資産ではなく所得についてだ。

アメリカ人の所得の分配を見てみると、やはりトップに偏っている――が、その偏りは資産の配分ほどひどくはない。稼ぎ手のトップ二〇パーセントは、全世帯所得の半分をやや越える割合を占める（それに対して、資産の第一五分位階級の占有率は八四パーセントだ）。[18]この分布スペクトラムの反対側では、最底辺五分位階級の四〇パーセントが、たとえゼロの資産に近いとはいえ、なおいくばくかの所得を得ている。

そして現実には、所得と資産との間に大きな差異がある。だが、この二つに関して、一般人が行なった見積もりでは差異が小さい。それは所得と資産が、実際よりずっと平等に配分されている、と大衆が

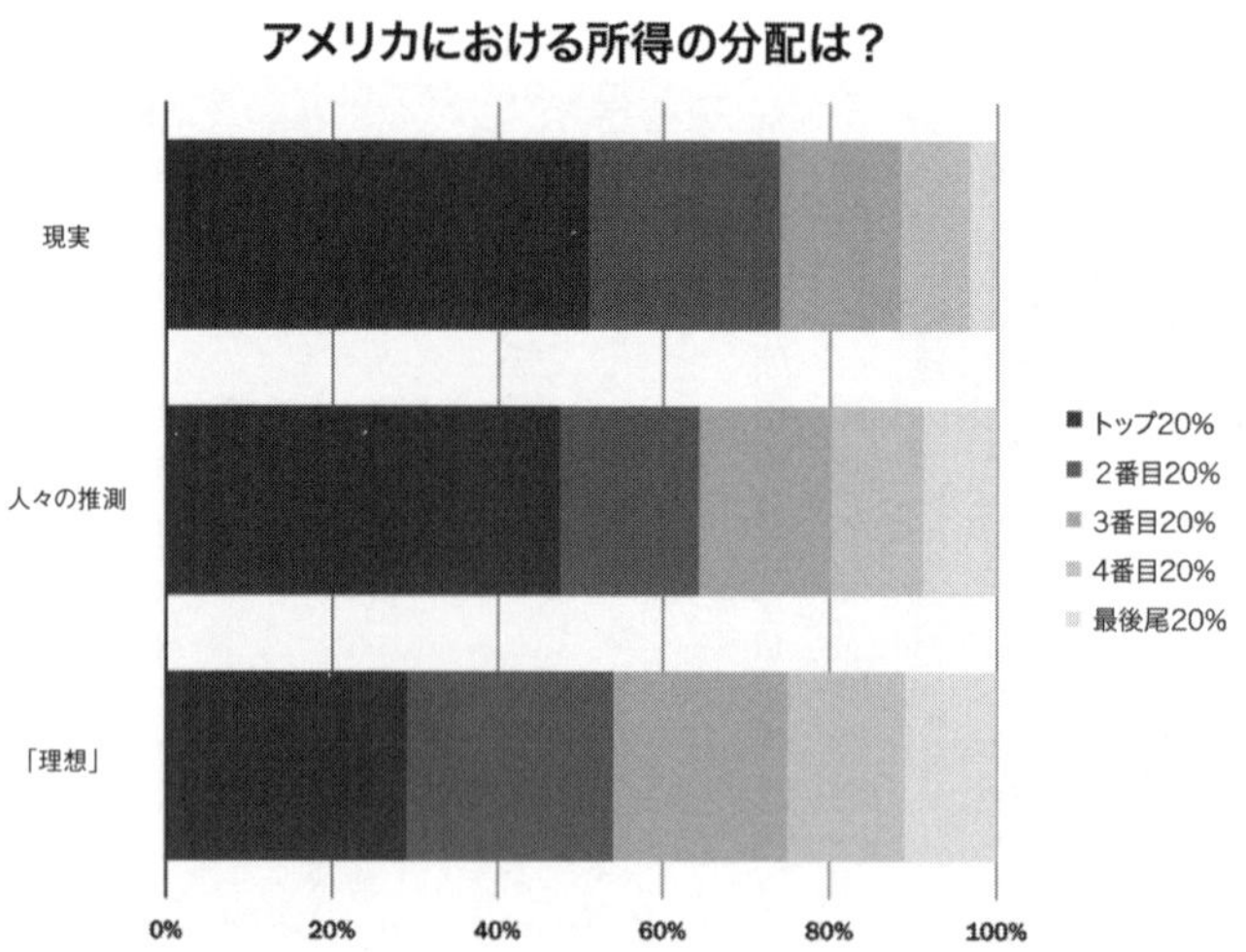

考えているからだ。

もっとも衝撃的なのは、所得と資産の「理想的な」配分がほとんど同じだったということだ。両方の調査を受けた人々は、第一五分位階級が占めるべき割合は、（所得あるいは資産の）およそ三〇パーセントで、第五の五分位階級は一一パーセントだと考えた。

たがいに関連した言葉は記憶の中で、往々にして混じり合う。所得の不平等について書かれた記事を読んで、その二、三日後に資産の配分について聞かれたとしたら、所得の記事がたとえ直接関係がないとしても、あなたの答えに影響を及ぼすかもしれない。

しかし最大の問題は、感情やイデオロギーを納得のいく数に転換することが難しい点だ。ほとんどの人は、母集団の五分位階級について考えることに慣れていない。最初からトップの五分位階級のデータが、最下層の五分位階級の大きさの「数倍」あるという考えからスタートする。そして彼らは、その間にある中間の五分位階級の割合を埋めていく。数が合計で一〇〇パーセントになるように、あれこれと細工をしている内に、与えられた課題はよろこんで忘れてしまう。

もう一つの調査が五分位階級の取り違えを取り除いた。マイケル・ノートンとソラポップ・キエポンサンは、工業化した四〇カ国の五万五〇〇〇人の回答者という巨大なサンプルに、それぞれの国の未熟練労働者がどれくらいの所得を得ているのか、その現実と理想の額を尋ねた。二人はまた大企業のCEO（最高経営責任者）の現実と理想の所得についても尋ねた。[19]

調査で得た答えをノートンとキエポンサンは、コンピュータで計算して、見積もりに基づいたCEOと労働者の給与の比率を出した。そしてそれを現実と比較した。例えばアメリカでは、この比率は現在のところ三五四対一だ。が、アメリカ人はそれをわずかに三〇対一と見積もった。理想的な給料の比率はさらにいっそう近い――六・七対一。

このパターンは、たとえ大半の国で実際の比率が、アメリカの比率の何分の一だったとしても、世界中で繰り返されているものだ。どの場合においても、市民は彼らの国における所得の不平等を、非常に低く見積もっていた。そして彼らは、理想的な給与の分配は、より平等であるべきで、それは平均して理想的比率が四・六対一だと言う。またしてもここでは、政治的な理念が回答に与える影響が少ない。

このような調査が説得力をもって示しているのは、保守的な人もリベラル派もともに、自分たちの理想とする所得配分は、スカンジナビアの理想的な社会保障制度に匹敵すると思う、と言っている点だ。

これがノートンとアリエリーに次のような問いかけをさせる。

性質のまったく異なるグループの間で、理想的な富の配分と実際の富の不平等とのギャップについて、見解が合致しているのに、なぜ多くのアメリカ人たち、とりわけ低所得者の人々は、富のいっそう大きな再分配をすべきだと主張しないのだろう?

二人は二、三の潜在的な理由を思いついた。

第一。われわれの結果が証明していることは、アメリカ人が富の不平等という現実のレベルを、恐ろしく低く見積もっているように見えること、そしてそれがほのめかしているのは、彼らがただ単に、そのギャップを知らないのではないかということだ。第二。富の不平等について、その実際のレベルを、人々があやまって信じているのと同様に、彼らはまた、アメリカにおける社会的流動性のチャンスについて、あまりにも楽観的な信念を持っているのかもしれない。……第三。われわれのサンプルの中に見られる、保守派とリベラル派がともに、不平等の現行レベルが理想とはほど遠いことに同意しているにもかかわらず、不平等の理由に関する一般人の意見の不一致が、保守とリベラルの合意を押し流してしまうのかもしれない。[20]

一般の人々が考える、銃弾による死の「理想的な」数が、ゼロだという結論を出すために調査を行なう必要はない。その解決は拳銃を禁止することだと言う者もいれば、他の者たちは、誰もがつねに弾の入った銃を持っていることが、その解決になると言う。それなら、われわれは何をすべきなのだろう?

銃と犯罪

銃について言えば、二〇一五年に行なわれたピュー・リサーチセンターの世論調査では、銃所有への支持が急上昇したという。アメリカ人の半数以上が、銃の購入者に対する統制をさらに強めるより、むしろ銃の所有者の権利を守ることが重要だとしている。[21] が、これは一つの意見だ。次のような事実を問いかける調査もある。凶悪犯罪の発生率は近年上昇したか、下降したか、あるいはほぼ横ばい状態なのか？

最近のギャラップ調査では、犯罪が増えたと考える者は、銃規制への支持が少ないことが明らかにされた。これは具体的には、前年の犯罪率が上昇したと思う人々の中の、四五パーセントがより厳格な銃器取締法を支持した。そして、犯罪率が横ばいで変わらないと考えた人々の内、五二パーセントがさらに厳しい銃規制法への支持を表明した。

さて、次に示すのはかなり重要な文脈だ。一九九三年から二〇一〇年の間に、アメリカの凶悪犯罪の発生率は急激に下がった。銃器による殺人率はほぼ半分になった（一〇万人につき七・〇から三・六に低下）。その一方で、非致死性の凶悪犯罪もこれまでの四分の一を少し上回る程度まで降下した。これほどまでに劇的な改善を示した、大きな社会問題を他に考えることは難しい。

が、それなのに、この事実はほとんど知られていない。二〇一三年のピュー・リサーチセンターの世論調査では、この二〇年間で、銃による犯罪が増えたのか、減ったのか、あるは変わらぬ横ばい状態だったのか、という質問が出された。五六パーセントが、犯罪率は上昇した（状態が悪化した）と考えた。

そして二六パーセントが横ばいの状態だった（状態は変わらずに悪い）と答えた。犯罪率が下がったことを知っていたのは、わずかに一二パーセントにすぎなかった。(22)

銃問題に対して両派は、急激に上昇する犯罪率（が、実は現実には存在しない）に効果を示す治療法を、自分たちは持っていると信じている。法に従う銃の所有者も銃の規制法も、ともに銃器による殺人の減少とはあまり関わりがなかったようだ。専門家たちはむしろ人口統計を信用している。凶悪犯罪の主役は若者だ。一九九〇年代には、ベビーブーマー世代は、年齢コーホート群からすでに抜け出ていた。

ビッグマックとデモクラシー

自由社会の大きな課題は、事実上ほとんどの人が誤解しているときに、どうすれば賢明な判断をすることができるかということだ。が、ときに大衆は、あなたが予想している以上に、すばらしい判断をする。

私は人々に、「マクドナルドのビッグマックには、どれくらいのカロリーがあると思うか？」と訊いてみた。

マクドナルドのウェブサイトによると、正解は五五〇キロカロリーだ。この調査でもっとも多かった答えは、まったく正しいものだった（多項選択式の四〇〇から七九九キロカロリー）。四一パーセントが正しい答えを選んだ。そして他の答えも、おおよそ正解のまわりに集まった。そして約八〇パーセントが、少なくともまったく非常識ではない答えを選んでいた。

これが証明しているのは大衆の知恵かもしれない。一般の人々が数量を見積もろうとするときには、

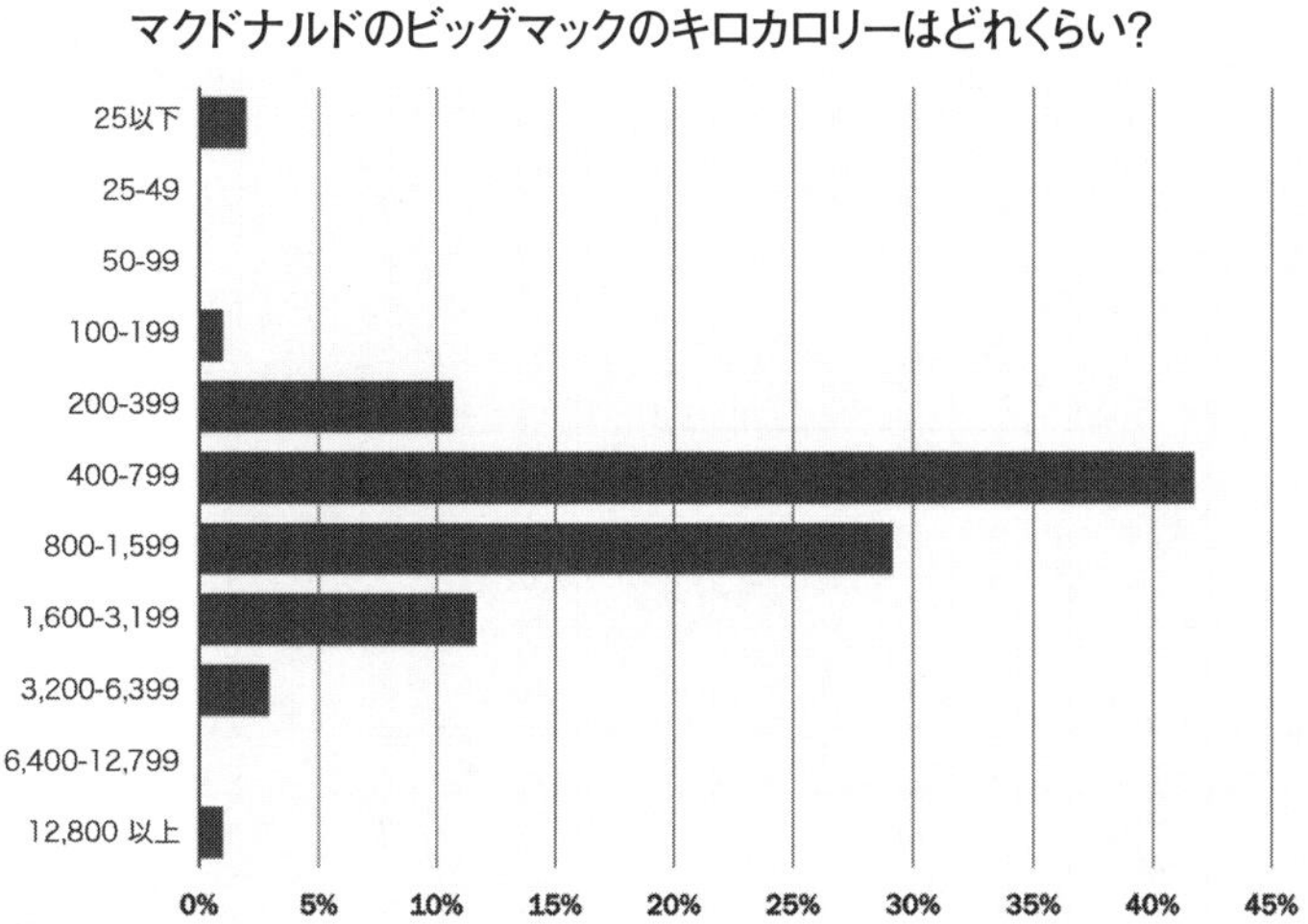

その推定の平均がしばしば驚くほど正確なものになった。

その典型的な例が、ビンに入ったジェリービーンズの数を言い当てる競争だ。ある者はあまりに少ない数を言うだろう。別の者はあまりに多すぎる。そして他の者はおおよそ正しい数を言い当てる（が誰が正しいかは、誰も分からない）。中間の数の推測（ついでに言えば、それは「中央値《メジアン》」か最頻値《モード》ということ）が、圧倒的多数の推測より正解値に近い場合が多い。

大衆の知恵はけっして不変の法則ではない。地球が扁平だと誰もが信じていた時代があった。誰もがみんなまちがっていた。ひも理論について大衆の抱いた意見が、物理学者にとって非常に啓発的なものとなることはまずないだろう。大衆の知恵が働くためには、妥当な意見を持つための、基礎のようなものが必要だ。ジェリービーンズの数を当てる競争では、ビンがどれくらい大きいのか、ビーンズがどれほど小さいのか、そのことは誰でも知ることができる。あるものはそれを数えようとするし、他の者は計算しようとする。さらに直感に頼ろうとする者もいる。たくさんの人が問題を、たくさんの角度から考えるとき、大衆は賢くなるようだ。大衆が考えはじめるきっかけとなる事実すらないときには（例えば中世の「扁平な」地球や今日のひも理論）、大衆は賢明になることができない。

連邦政府の借金と赤字に対する見積もりが、まったく的外れのものだったことはお分かりだろう。一つ考えられる要因は、「スコープ無反応性《インセンシビリティー》」と呼ばれている現象だ。ウィリアム・H・デーヴスジェスとその仲間たちによって考えられた有名な実験がある。その中で、人々はある問題（まったく架空のもの）を解決するのに、どれくらいの費用を投入するかを問われた。(23) 渡り鳥は工業用のオイルプールにはまり込むと、溺れてしまうと言われる。渡り鳥を助けるためには、プールにカバーを掛ければよい。が、これをするには金がかかる。渡り鳥を助けるために、あなたはどれくらいの金を出す用意があるのか？これが人々に出された質問だった。

この質問は、無作為に選ばれた三つのグループに向けられた。三つのグループすべてに、同じ文面が手渡される。が、第一のグループには、二〇〇〇羽の鳥の命が危機に瀕していると伝えてあり、第二のグループは、二万羽の鳥が救われると聞いていた。そして第三のグループが言われていたのは、二〇万羽の鳥の命が危険にさらされているということだった。

三つのグループのメンバーが、支払うことを厭わないと言った金額は、平均してそれぞれ八〇ドル、七八ドル、八八ドルだ。結局、渡り鳥の数は大きな違いを生まなかった。

デーヴスジェスのジレンマは、作者たちが述べているように、文面が被験者に心的なイメージを思い出させてしまうということだ。つまり、それは「羽が真っ黒な原油に浸って、そこから飛び立つことができずに、疲れ果ててしまった一羽の鳥」のイメージだ。あなたはこのイメージを大事に思うのか、あるいは思わないのか。気がかりに思う人は一羽の鳥の死を何千羽の鳥の死と同じように、悲劇的なものとして見る。これが理にかなったことか、あるいはそうでないのかは分からないが、ともかく、それが人間の精神と人の心の働き方なのである。

スコープ無反応性の実験は、塩素処理飲料水やルワンダのジェノサイドなど、異なった問題について繰り返し何度も行なわれた。そしてそれが証明したのは、人の心を支配するのは数ではなく、感情だということだった。スコープ無反応性はまた、われわれが心に留めている事実にも影響を及ぼす。大きな数がもたらす感情的な衝撃の強さは、それが「大きい」という事実と、まったく同じ程度の大きさによって決まるわけではない。われわれは国の借金（負債）が大きなことは知っている。が、それがどれほど大きいかは知らない。何百万の有権者の側にあるこの心的な不正確さが、すぐれた決断を往々にして阻止しがちになる。デモクラシーはこのような大衆の知恵に基礎を置いている。

マーケターは賢明にも、このスコープ無反応性をよく知っている。アップルがこの点には十分に精通していた。テックブログのブロガーたちは、アップルがiPhoneやiPadのRAM（ランダム・アクセス・メモリ）の数字や、他のスペックを公表しないといって厳しく非難した。が、このような数字は大多数の買い手にとって、それほど重要ではない。

私が行なった調査では、「新しいタブレット・コンピュータの平均のメモリ容量」を推測してもらった。メモリのタイプを特定することはしない（調査の結果がはっきりとしていたので、これはあまり大

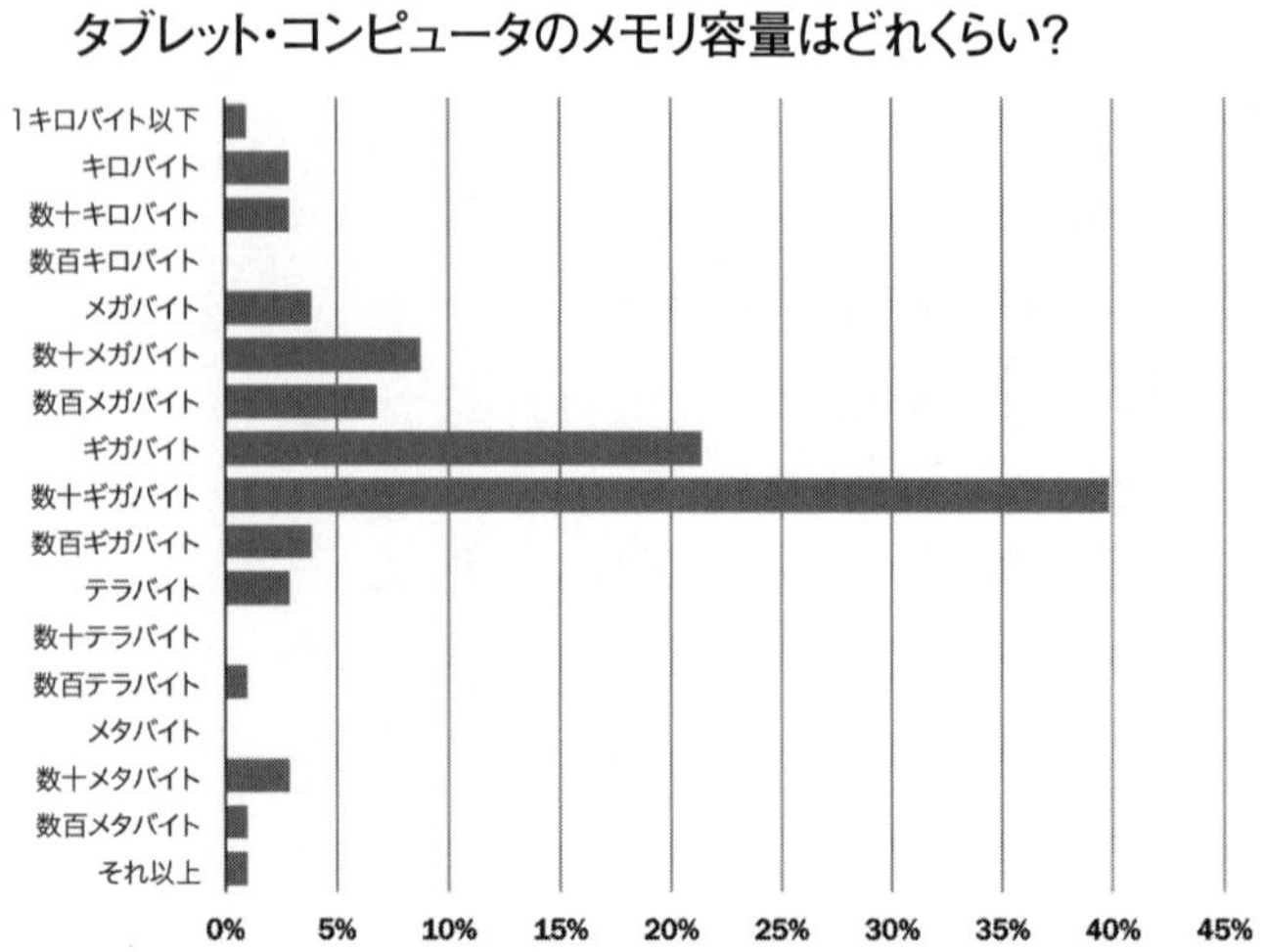

きな問題ではなかった)。

購入者の多くは、キロバイト、メガバイト、ギガバイトの区別をしていない。しかし、ここでもまた、大衆の知恵が活かされているようだ。もっとも多かった答え（一〇から九九ギガバイト）は調査の時点では、もっとも妥当な答えだった。それは回答の四〇パーセントを占めた。が、同じ人数の回答者が取った答えは、まったく的外れのものだった。この人々はおそらく、スペックの話をされても何の興味も持たないのだろう。

アップルが作り出した製品は、概して「最高」の能力は持ちあわせていない（最高価値や最高の利幅はその限りではないが）。その代わりにアップルが提供するのは、理にかなって賢明な一連の歩み寄りだった。社のマーケティングはその会話を、数字から使い勝手のよさや、高性能のデザインのような無形のものへと移行している。それがスペックの競争を、他のタブレット・メーカーに委ねる結果になった。しかし、スペックの言葉は右から左へと聞き流されて、すぐに忘れ去られてしまう――とくに一般の人々の大半にとっては。スペックに基づいた宣伝文句は、それが説得力のあるものになるためには、その前に人々に情報を伝え教える必要がある。「ギガバイト入門」を宣伝文句に織り込むことは、それほどやさしいことではない。

クリスマス論争

私は調査の対象者たちに、アメリカにおけるアジア人の人口比について、そのパーセンテージを類推するように求めた。質問はどの国籍を「アジア人」と見なすか、あるいは、人種が入り交じった人々をどのように分類するかについては、とくに明記しなかった。USセンサス・ビューロー（アメリカ合衆国国勢調査局）は法律尊重主義の立場から、「アジア系アメリカ人」の定義を正確にしている。国勢調査局の報告によると、二〇一〇年の調査では、アジア系アメリカ人は、全人口の五・六パーセントを占めていたという。私の調査では、対象者の平均的な見積もりは一三パーセントで、調査局の数字の二倍以上だった。

このような結果は、あるパターンにぴたりと当てはまる。お分かりのように、一般のアメリカ人はマイノリティー（少数派）の人数を、実際より多く見積もりすぎる傾向がある――そしてそれはマイノリティーの人数が少なくなればなるほど、人数の数は水増しされる。平均するとアメリカ人は、全人口の二五パーセントがスペイン系アメリカ人（ヒスパニック）かラテン・アメリカ系アメリカ人（ラティーノ）だと思っている（それに対して、調査局の調査では一七パーセントだった）。さらに彼らは二三パーセントを、アフリカ系アメリカ人（アフリカン・アメリカン）が占めていると考える（が、これも調

アメリカ人は黒人、アジア人、ゲイの数を
実際よりはるかに多いと思っている

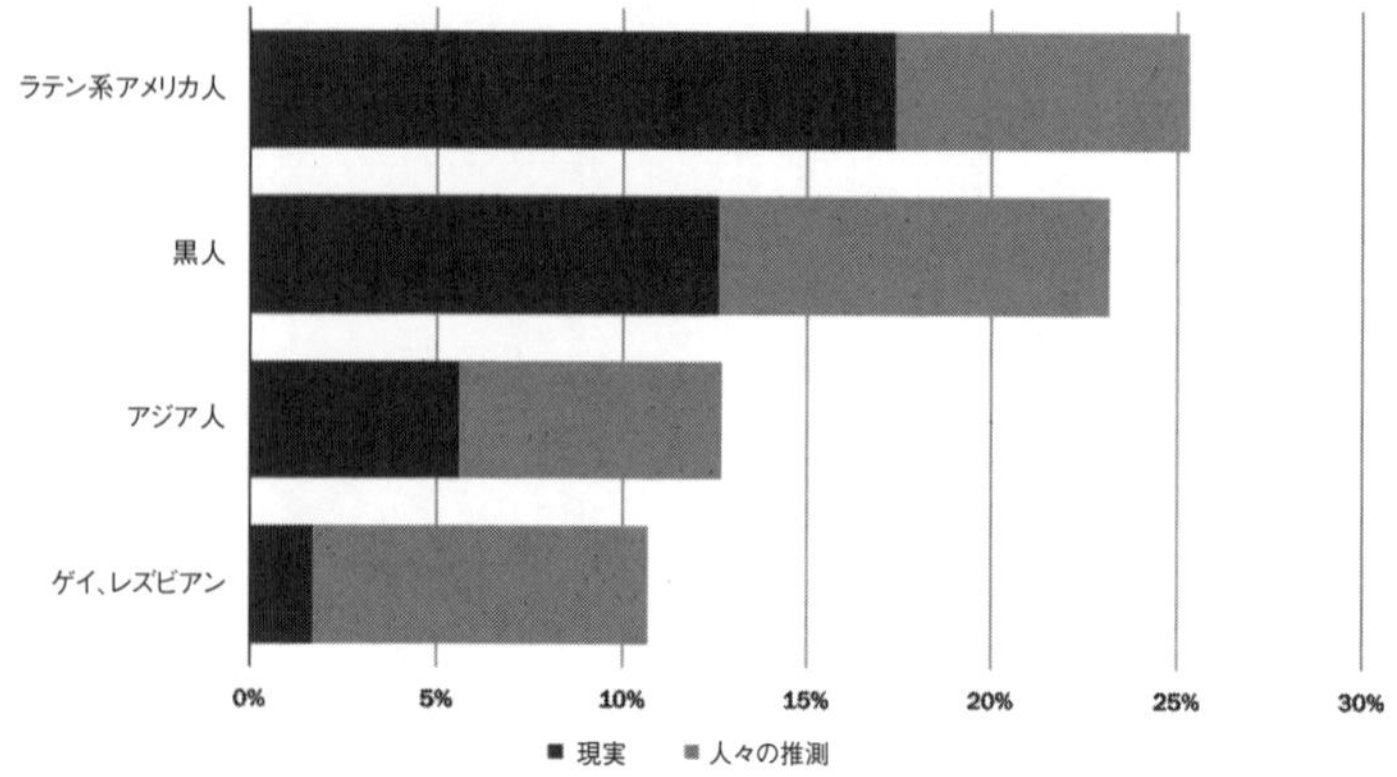

査局によると一二・六パーセント）。そして、ゲイあるいはレズビアンの数を一一パーセントとした。二〇一一年に、ＵＣＬＡ（カリフォルニア大学ロサンゼルス校）ロースクールが行なった調査によって、広く引用されている数字は、男女のホモセクシュアルは合わせて一・七パーセントだったという。一般のアメリカ人が見積もった数は大きく外れていて、実際の数の六倍にも達している。全体的に見て一般人は、アジア人やゲイをほぼ同等な数のマイノリティーと見なしている。しかし実際には、ゲイやレズビアン一人に対して、アジア人は約三人の割合で存在する。

　人によっては、「ゲイあるいはレズビアン」をニュースなどでしばしば使われている「ＬＧＢＴ」の意味に取っているかもしれない。これは十分に考えられる。私はまたＬＧＢＴ（レズビアン、ゲイ、バイセクシュアル、トランス・ジェンダー）の人数についても推定の調査を試みた。それは論理的に考えれば、ゲイあるいはレズビアンの数と等しいか、あるいはそれより多くなければならない。が、ＬＧＢＴの推定見積もりは、ゲイとレズビアンの数字にやや近い数になった。大衆のLGBTの推定は一五パーセント。それに対して、ゲイとレズビアンは一一パーセントだった。借金と赤字のように、ゲイとLGBTも一般人の頭の中では、本質的に同義語だということはありうる。

ミレニアル世代は一般人に比べて、さらにいっそう人数を多く見積もりすぎる。三〇歳以下の人々は、アメリカにおけるアジア人の比率を二一パーセントに、そしてゲイを一五パーセントに想定した。このように若年層は年長者に比べて、アジア人を二倍に、ゲイを一・五倍多めに考えている。が、ラテン・アメリカ系アメリカ人や黒人の人口については、年齢によって大した違いはなかった。

ここには少なくとも三つの謎がある。なぜ一般の人々は、マイノリティーの人数を多く見積もりすぎてしまうのだろう？　なぜ若い人々は、それよりさらにいっそう見積もる数が多くなるのだろう？　なぜマイノリティーが小さくなるほど、見積もりすぎの度合いが大きくなるのだろう？

後者の極端な例は、イプソス・モリの調査結果に見ることができる。調査で尋ねたのは、アメリカの人口におけるイスラム教徒（ムスリム）のパーセンテージだ。現実にはそれは一パーセント。調査結果を平均した推定値は一五パーセントだった[24]。

考えてもみてほしい。一般の人々の推定では、ラテン・アメリカ系アメリカ人、黒人、アジア人、ゲイ、イスラム教徒が、それぞれ人口の二五、二三、一三、一一、一五パーセントの割合で存在しているという。この数字を合算してみると、全部で八七パーセントになる。オーバーラップを考慮に入れても、このように目立ったマイノリティーは、アメリカの人口のおよそ三分の二を占める――あるいは、そんな風に平均的なアメリカ人は推測している。

このような思い込みはアメリカ人に限ったことではない。イプソス・モリの調査は一四の先進工業国の市民に、彼らの国におけるイスラムのマイノリティーの数を推測させた。ハンガリーでは、イスラム教徒は実際に少ない。人口の一パーセントの一〇分の一を占めているにすぎない。が、ハンガリー人は仲間のハンガリー人の七パーセントがイスラム教徒だと推測した。これは実に実際の人数の約七〇倍という、あまりに高い比率だ。

しかし、一般人がすべてを過大に見積もりすぎているわけではない。イプソス・モリはアメリカ人に、キリスト教徒がアメリカの人口で占めるパーセンテージを推測するように依頼した。その平均の回答が五六パーセント[25]だった。実際は、アメリカ人の七八パーセントがキリスト教徒だ。この質問におけるアメリカ人の認識のずれは最大である。が、キリスト教徒がマジョリティーの国では、そのほとんどがかなり大幅に、やはりキリスト教徒のパーセンテージを低く見積もっている（明らかな例外はドイツで、平均した推測は実際のパーセンテージにぴたりと合っていた――ドイツ人の五八パーセントがキリスト教徒）。これとは反対に、キリスト教徒がマイノリティーの日本や韓国では、一般人はキリスト教徒のパーセンテージを多く見積もりすぎている。ここで見られる法則は以下の通り。人々はマジョリティーの大きさを低く見積もり、マイノリティーの大きさは過大に見積もるということだ。

調査の結果、明らかになった妄想の人口統計は、もしそれが現実の考え方や政策に影響を及ぼすという事実がなければ、それはそれでおもしろいかもしれない。マイノリティー・グループが実際の数より、さらに多いという誤解は、同性愛者ではない白人で生粋のキリスト教徒が、絶滅危惧種だという物語へと流れ込んでいく可能性があるからだ――そしてそれゆえに、すべての「クリスマスおめでとう」のカードが、クリスマス論争の性質を帯びてくる。

同様の調査が明らかにしているのは、一〇代の母親や移民、高齢者、失業者などのパーセンテージについても、人々は大幅に多く見積もりすぎているということだ。[26] アメリカ人は同国人の三二パーセントが失業者だという途方もない数字を推測している。二〇一四年に調査した時点では、実際の失業者は六パーセントにすぎなかった。このように、アメリカの一般人は自国の失業率を五倍も多く見積もっていた。韓国ではこの失業率を、さらに八倍にも水増しして推測している。

この種の間違いはとくに危険である。なぜなら、政治家やジャーナリストが繰り返しわれわれに思い出させているように、有権者はしばしば政権を、この雇用者の数で判断をする――つまり雇用者数の「認識」によって判断するからだ。

このあやまちを除去することは難しい。それはイプソス・モリが、調査の際に対象者から得た回答で発見した通りだ。イプソス・モリは、移民のパーセンテージを二倍か、あるいはそれ以上に多く見積もっていたイギリス人にコンタクトを取った。そして彼らに、公式数字が一三パーセントであることを知らせた。さらに、なぜ彼らが二六パーセントかそれ以上の数字を推測したのか、その説明を訊いた。対象者たちが、妥当と思われる理由をたくさん挙げることは当然可能だった。が、ほとんどの者が「人々は不法にイギリスへ入ってくる。したがって、不法に侵入した者たちは勘定に入っていない」[27] という意見に同意した。また半数の者は「私はこのパーセンテージはもっと高いと思う」と言った。彼らは「地方で私が目にしたこと」「テレビで見た情報」「友だちや家族の経験」などを引き合いに出した。

移民についてはは、公式数字の正確さをあまりに信用しすぎるのは、賢明ではないだろう。が、その一方で、情報に精通していない者が、ただわずかな「経験」を思い出すことで、正確な数字に到達できると思い込むのも「常軌を逸している」。しかし、これが調査の対象者の多くによって使われる論理だ。わずかに三分の一の人々が「自分はただ推測をしていただけだ」と認めている。が、これはほとんど全員に当てはめるべき言葉だった。

誰もが正しい答えを知らなくても、大衆の知恵は成立する。それにデモクラシーは、さまざまな形で賢明な大衆が必要とする条件を満たすべきだ。有権者は選挙運動の中で、懸命になって理解を求める候補者やその政策から選択をする。彼らには多くの情報源があり、それを慎重に検討できるたくさんの時間がある。

が、しかし、あまりに多くの人々が、同じようなゆがんだ心象地図を共有すると、大衆は賢明ではなくなってしまう。あらゆる政策課題を合理的に判断するためには、有権者が何らかの人口統計を知っていて、一万、一億、一兆の差異を理解することが必要不可欠となる。それはジャーナリストのアンドルー・ロマーノが言っている通りだ。

毎回の世論調査で明らかになったことは、有権者には実際に予算がどのような状態なのか、それを知る手掛かりが何もないことだ。二〇一〇年の世界世論調査協会の調査では、対外支援をカットすることで、アメリカ人は赤字に立ち向かう意志のあることが分かった。それは現在のレベルと彼らが信じている赤字（予算の二七パーセント）から、より堅実な一三パーセントまで削減しようというのだ。が、実際の赤字は一パーセント以下だ。一方で、（二〇一一年）一月二五日のCNNの調査では、有権者の七一パーセントが小さな政府を望んでいるが、大多数はメディケア（高齢者向け医療保険制度）（八一パーセント）、社会保障制度（七八パーセント）、メディケイド（低所得向け医療費補助制度）（七〇パーセント）のカットには反対をしている。その代わりに彼らは、むだな支出を大幅に削減することを好む――二〇〇九年のギャラップ世論調査によると、彼らの空想の世界では、むだな支出が全支出の五〇パーセントを占めているという。言うまでもないことだが、このような人々の意見を聞くことで、連邦予算の帳尻を合わせることは不可能だ。が、政治家はともかく人々の意見に迎合する。そして彼らの誤解をむしろあおり立てることさえ行なう。[28]

ロマーノの説明から、どうしようもないほど明らかなように、「人々はつねに事実を調べるので、それを知っている必要がないという前提」――この前提につきまとう問題は、われわれは事実を調べないということだ。ほとんどの人々は、ウクライナの場所、アメリカでイスラム教徒の占める割合、連邦予算の額のような事実を、けっして検索してみようとしない。われわれはただ気にかけていないだけだ。知らなければならないと感じない。そしてわれわれは、自分の考え方や投票先や政策を形作ることになる誤解を胸に秘めて歩き回っている。

ゆがんだ心象地図

コロンビアを世界地図で見つけなさい。
合衆国政府の年間予算はいくら？
六五歳以上のアメリカ人は人口の何パーセント？

コロンビアの場所を言い当てることができたら、あなたの地図の知識は、一般のアメリカ人の約半数よりすぐれている。

予算の質問については、桁数だけでも正しければ、あなたはかなりすばらしい。二〇一五年の予算は一三桁。三兆九〇〇〇億ドルだ。調査では正解の一〇倍以内の数を言い当てたのは、三六パーセントだけだった。この質問に対する答えは、世帯の所得と重要な相関関係があった。正しい範囲を選んだ人々は、不正解の人々に比べて、年間で約二万一〇〇〇ドル多く稼いでいた。[29]

アメリカでは、六五歳以上の人は全人口の一四パーセントを占めている。イプソス・モリの調査によると、アメリカの一般人はこれを三六パーセントと推測した――これはおそらく、社会保障制度やメディケアへの財政支援の議論を、横目でながめたことによる誤解だろう。調査を行なったすべての国で、高齢者のパーセンテージは大幅に誇張されていて、それはしばしば二倍かそれ以上の数になっていた。

3 愚か者の歴史

「歴史は勝者たちによって書かれる」という格言をあなたは知っているだろうか？　しかし、かつての南部連合国では違った。テキサス州の教育委員会は教科書の中で、連合国の大統領だったジェファーソン・デイヴィスの就任演説を、リンカーンの演説と同等に記述するようにと要求している。[1]「ひとつの星の州」［テキサス州のニックネーム］の教科書はまた、アメリカ建国におけるトマス・ジェファーソンの役割を、できるかぎり小さく描くように指示される。トマスはジェファーソン・デイヴィスが、名をちなんだ人物だ。が、この第三代アメリカ大統領にして独立宣言の起草者は、教会と国家の分離を唱導した。これはテキサス州では触れづらい問題だった。

以上に挙げた問題は、テキサス州教育委員会の過激派が、ぜひとも実行に移したいと思った規則のほんの一部にすぎない。二〇一〇年には、教科書にバラク・オバマ大統領のミドルネーム（フセイン）をつねに記載すべきと提案した案件を、教育委員会は一時棚上げにした。

このようなルールが存在するのは、歴史についてその多くを知らない政治家たちが、それにもまして、歴史を知らない有権者たちから、票を獲得することができるからだ――そして、政治家たちが、歴史家や教育者に教科書の書き方を指示することで、ルールが成立する。そこには、一般人が直接教科書の編纂に携わることができない理由である、知識の粗雑さを証す十分な証拠がある。マリスト大学世論研究所が行なった、二〇一〇年の世論調査では、アメリカはどこの国から独立を勝ち取ったのか、という質問がなされた。[2] 回答者の四分の一は、分からないか間違った答えを出した。

二〇一一年のアネンバーグ・パブリック・ポリシー・センターが行なった調査で明らかになったのは、アメリカ人は最高裁判所の裁判官より、むしろ「アメリカン・アイドル」［テレビのアイドル・オーディション番組］に出てくる審査員の方を、うまく見分けることができるということだった。[3] 同じ年、『ニューズウィーク』は一〇〇〇人のアメリカ人に、市民権を申請する際、受けなければならないアメリカ市民権のテストを試みた。[4] が、三八パーセントの人々は不合格だった。大半の者が、第一次世界大戦時の大統領が誰だったのか答えることができなかった（これはウッドロウ・ウィルソンだ）。あるいはまた女性参政権獲得運動の活動家、スーザン・B・アンソニーの名前を挙げることができない。約四〇パーセントが、第二次世界大戦のときにどこの国と戦ったかを知らない（これは日本、ドイツ、イタリア）。三分の一の人が、独立宣言が採択された日（一七七六年七月四日）を言えなかった。六パーセントに至っては、カレンダー上で独立記念日に丸印を付けることができなかった。

このような発見は世論を動かした。二〇一四年、アリゾナ州知事のダグ・デュシーは、高校生が卒業するためには、市民権のテストに合格しなければならない、という法律にサインした。[5] シビック・エデュケーション・イニシアティブとして知られた団体は、同様の法律が他の五〇州すべての州で制定されることを望んだ。

だが、ここには重要なポイントがある。善意から発せられた命令に対する支持を呼び集めることは、現行の教育よりさらに効果的な教育法を考え出すことに比べると、たしかに簡単だ。公民はつねに、小学校及び高等学校教育の防波堤だった。が、教師は法律案が法律になるための思案に重きを置いて、読み書きや計算、それにコンピュータの操作の教育をおろそかにしていいものだろうか？　そんなことでは、大きく積もりに積もった無知の蓄えは、減らすことができないし、それを他のものに差し替えることなどできるはずがない。

回想された歴史の半分は、一九四八年以降

私が試みた調査で参加者たちに質問したのは、特定の時間枠《タイム・フレーム》で起こった「重要なニュースか、あるいは歴史的事件」を挙げてほしいというものだった。時間枠は紀元前三〇〇〇年から現在までで、各年単位、十年単位、世紀単位、千年紀単位というスパンだ。時間枠はそれぞれ、アトランダムに選ばれたグループに割り当てて提示されたので、質問が多すぎて困惑する者はいなかった。

調査が行なわれたのは二〇一四年五月だ。参加者の一八パーセントは、前年の二〇一三年に起きたニュースあるいは歴史的事件を、何一つ挙げることができなかった。また一一パーセントは間違った答えを出した。

二〇一二年に起きた事件についても、調査の対象者の回答は、ほぼ同じように寂しいものだった。もっとも多かった答えは、オバマ大統領の再選だ。四年の選挙サイクルが記憶に防護構造をもたらしている。私は思うのだが、この答えをした者の中には、二〇一二年に起きた報道価値のある出来事を、他に何一つ思い出すことができなかった者がいたのではないだろうか。

二〇一一年に関する記憶の再現率は激減して、三六パーセントが答えることができなかった。これは

納得がいく――調査年から三年前にさかのぼると、ほとんどの人が、その年に起きた重要事件を思い出すことができない。それは二〇一〇年についても同様の結果が出た。

スポーツ、天候、犯罪、有名人の失敗などが、回答のかなりの割合を占めていた。中には、ワールド・シリーズ、スーパーボウル［アメリカンフットボールの王座決定戦］の勝利、ハリケーンと洪水、人目を引く殺人、有名人の死とスキャンダルなどに言及する者もいた。

間違った回答には二種類のものがあった。数は少ないが「ニクソン大統領が弾劾された」というように、実際に起こっていない出来事を挙げた者がいた（ニクソンがやめたのは不名誉を忌避するためだった）。より多く見られたタイプの間違った回答は、実際にあった出来事を正しくない時代枠に割り当てたものだ。二〇一一年のウサマ・ビン・ラディンの死を、二〇一二年や二〇一〇年にしている者もいた。そこにはこまかな日付は記憶する必要がない、という一般的な合意がある。それは、グーグルで検索すればいいことだし、出来事の順序さえ心得ていれば、それで十分だという合意だ。しかし、私の調査では、多くの回答がそれに該当していなかった。コロンブスは一六〇〇年代にアメリカに渡ったと言う者もいれば、氷河時代が紀元一千年紀だったと答えた者もいた。

回答者の八八パーセントは、二〇〇〇年から二〇〇九年の一〇年間に起きた出来事を挙げることができた。もっとも多かった答えは二〇〇一年に起きた、テロリストによる世界貿易センターとペンタゴンへの攻撃だ。一九九〇年代、一九八〇年代、一九七〇年代になると、記憶の再現率はおよそ三分の二に激減した。

ハイになっていた一九六〇年代は、記憶も活況を呈した（八〇パーセント）。が、退屈な一九五〇年代になるとがっくりと下がる（七〇パーセント）。一九四〇年代はそのリバウンドがあった（八四パーセント）。多くの人々がヒトラー、パールハーバー、ホロコースト、ヒロシマなどを思い出すことができた。

そのあとは回想力が下降の傾向に入る。回答者の半分以上が、二〇世紀の最初の一〇年間（一九〇〇―〇九年）に起きた、重要な歴史的出来事を、その一つでさえ挙げることができなかった。

次は世紀について。一八〇〇年代に起きた何らかの事件を、七八パーセントの人が答えることができた（アメリカ南北戦争、奴隷制度の終焉はもっとも人気の高かった回答だ）。一七〇〇年代についても記憶力は一八〇〇年代と同じようによい（アメリカ革命戦争、独立宣言）。が、しかし、一六〇〇年代となると、ほとんどの人が一つの事件すら挙げることができなかった。

一七世紀にはたくさんの事件が起こっている。ピルグリム・ファーザーズのプリマスロックへの上陸。イングランド内戦（清教徒革命）やセーレムの魔女裁判もあった。それにシェイクスピアの死とバッハの誕生。望遠鏡の発明とガリレオ、ケプラー、ニュートンらによる近代科学のはじまり。半分以上の回答者にとってこのような出来事は記憶に残っていない。

一五世紀については、二、三の日付が教室の記憶として頭に焼き付いている。一つは一四九二年だ。それはこの世紀における、記憶の急上昇を生み出す十分な要因となる。一四〇〇年代の出来事を答えることができた人の、五人に四人はコロンブスの航海を挙げた。しかし、その前の中世後期の数世紀になると、ほとんどの人が回答用紙を完全な空白のままにした。

一〇〇〇年以前については、各千年紀で起こった出来事を質問するにとどめた。「紀元一千年紀」の

この10年間で起こった重大事件を少なくとも1つ
どれだけの人が挙げることができるか?

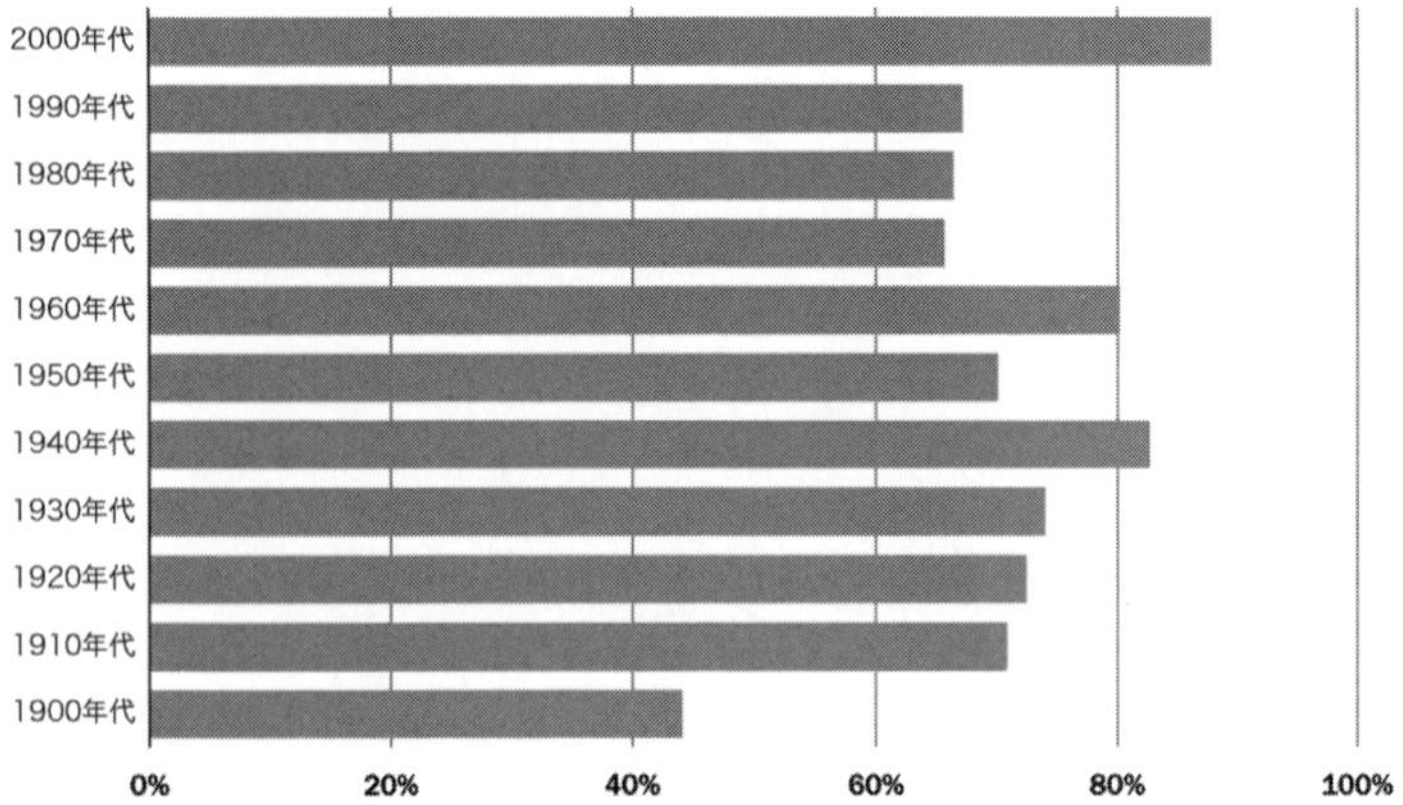

ような専門用語は紛らわしい。正直なところ私は、回答者たちがこれを理解しているとは思わなかった。そのために調査は「紀元一年から紀元九九九年までに起こった、重要な歴史的事件」について尋ねた。

質問の意味を理解した者が、紀元一千年紀の出来事(イエスの生涯や死、それにローマ帝国の衰亡)や紀元前一千年紀の出来事(古典期のギリシアやクレオパトラ)について、何も答えることができないというのは、ほとんどありえないとみなさんは思うかもしれない。だが、たいていの者が回答できなかった。

歴史家たちはイエスが生まれたのは、紀元前六年か四年だろうと推測している。だとすると、イエス誕生は紀元前一千年紀ということになる。これが何人かの回答者を迷わせることになり、まちがった答えのおもな原因となった。が、結果を大きく変えることにはならない。

紀元前一〇〇〇年以前は、地球上の大半は文字通り有史以前《プレヒストリック》だった。したがって、ほとんどの人が調査の問題に出された、最古の千年紀の歴史的出来事について、

この数世紀で起こった重大事件を少なくとも1つ
どれだけの人が挙げることができるか？

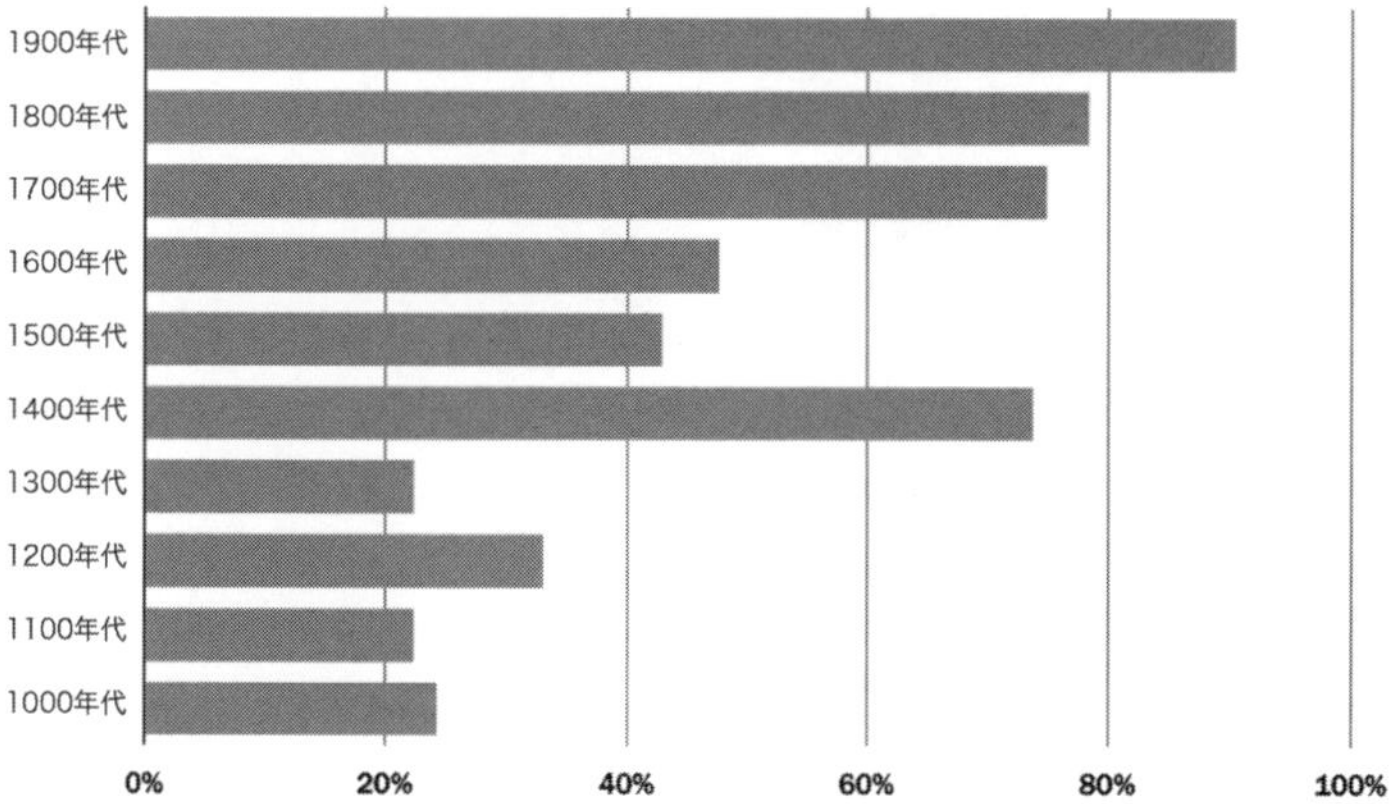

何一つ回答ができなかったのは驚くべきことではない。正解はエジプト（ピラミッド建設）、旧約聖書（ユダヤ人の出エジプト、ダヴィデ王のイスラエル統治）、それにストーンヘンジ関連の出来事だ。

調査に参加した者の中には、それぞれの時代枠にさまざまな事件を入れ込むことのできる者もいた。私は回想された事件をすべて順に並べ（間違った時代枠に割り当てられた事件も含めて）、そのデータを使って、被調査者の歴史年表をこしらえた。回想の歴史の中間点――それが表をちょうど半分に分ける――は一九四八年だ。非常に大雑把に言うと、人々はトルーマンの政権から文明のはじまりまでの間で思い出した事件と、同じほどたくさんの事件を、一九四八年以降で思い出しているように見える。これはもう一つのゆがめられた心象地図だ。ここに示した年表の物差しは、回想された事件の数によってグラデーションがかけられている。

個人的、あるいは集団的な意思決定をする際、われわ

この数千世紀で起こった重大事件を少なくとも1つ
どれだけの人が挙げることができるか？

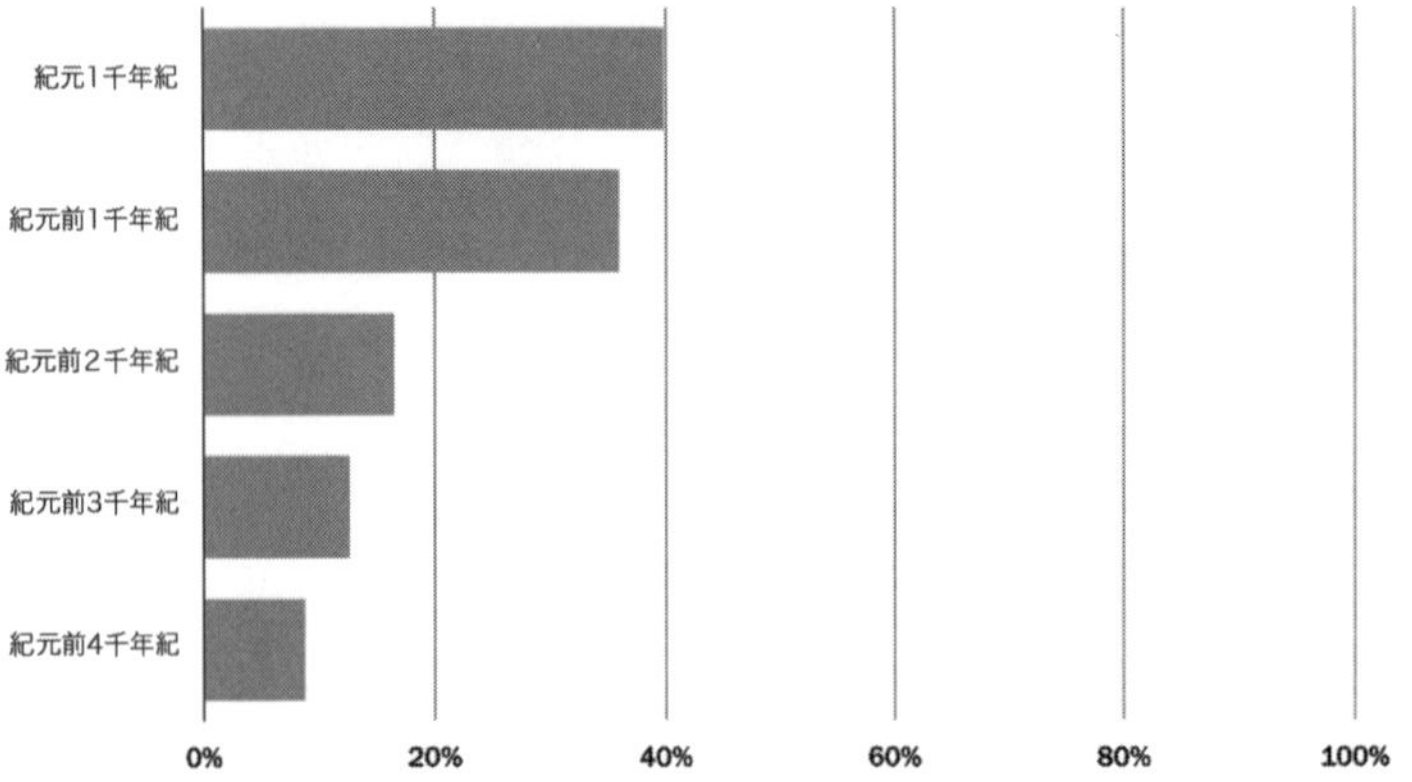

れはごく最近起こったことに対して、あまりに重きを置きすぎる。これは世界の悲惨な大惨事《カタストロフィー》に対する、人々の反応に見ることができる。大惨事とは銃乱射事件、戦争、地震、株式市場の暴落、テロリストの攻撃、経済不況、病気の流行などだ。このような恐ろしい出来事のあとには、必ず次に起こったときに備えて、十分に準備をし、覚悟を決めなくてはいけないという思いから、事件が強く記憶にとどめ置かれる。が、われわれは以前に何度も繰り返し起こった、予測可能な自然の挑戦や大惨事に対して、相変わらず準備をすることができない——とりわけ、これらが近年起きていない場合には。

大統領の名前が思い出せない

ヘンリー・ロディガー三世は、アメリカ人がどのようにして、大統領のことを忘れてしまうのか、その研究で人生の大半を費やした。彼がこの話題を思いついたのは偶然だった。何か心理学上の実験をしているときに、研究者たちが関心を持つ課題の間に、フィラー課題［注意

記憶された歴史の年表

2014年5月の調査で回想された歴史的事件の半分が、1948年以降のものだった

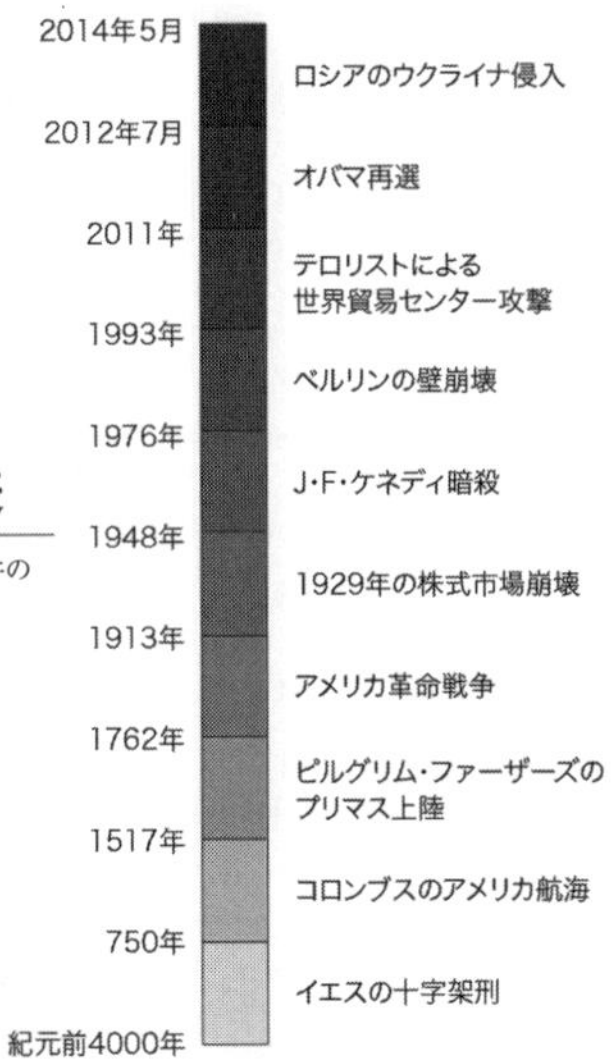

を逸らすために入れられる課題」を入れることは有効だ。ある実験をしているときに彼は、フィラー課題として、大学の学生たちに一つの試みをした。彼らに五分間の時間を与えるので、その間に思いつく大統領の名前をすべて書き出すようにと言った。その結果、彼が発見したことは、ごく普通のパデュー大学やイェール大学の学生たちが、わずかに一七人の大統領しか思い出せないことだった。課題を出した時点で、大統領職に就いた大統領の数は三六人か三七人だ。この研究が発表されたのが一九七六年なので、そのときにはさらにリチャード・ニクソンとジェラルド・フォードが加わっている。

　現在、セントルイス・ワシントン大学にいるロディガーは、大学生たちの文化的無知という、よくある話をしようとしていたわけではない。彼の関心は人間の記憶にあった。そして彼が見つけたのは、個々の大統領を認識する再現率には、大きな幅があるということである。ワシントンやリンカーンと、

ごく最近の大統領数人の名前は、ほとんどすべての学生たちが挙げた。しかし、ジョン・タイラー（第一〇代大統領）やチェスター・A・アーサー（第二一代大統領）のように、目立たない大統領の名前を思い出すことのできた者は少なく、二〇パーセントにも満たない。

もちろん、中にはより重要な大統領もいるし、それは他の大統領に比べて思い出す価値があると、みなさんは言うかもしれない。それは野球のプレーヤーについても同じことが言える。タイ・カッブやベーブ・ルース、それに現在活躍中の数多くのプレーヤーは思い出すことができるだろう——そして、それ以外は忘れてしまう。が、しかし、ロディガーは一枚の図を描いて、この見方に異議を唱えた。まず大統領を年代順に並べる（これをx軸に）。そしてその再現率を描く（これはゼロから一〇〇パーセントをy軸に）。ここで描かれる図は、大まかだがU字型のカーブになる。学生たちは最初の数人の大統領と、ごく最近の大統領数名の名前はよく記憶している。この二つの長く伸びるポールの間に、忘却の大きな下降線が描かれる。そこには大きな例外としてリンカーンがあり、それは非常に高い記憶の再現率を示す（そのためにU字型のカーブは、実際にはW型の形になる。その際、Wの二つの谷底は丸い形を帯びる）。

ロディガーとロバート・G・クローダーはこれを「系列位置効果」と見なした。リストを記憶するときに、人は最初の数項目と、最後の数項目をもっともはっきり憶える。が、リストの最初から半分を少しすぎたあたりになると、なかなか記憶ができなくなる。二〇一五年には、ラザフォード・B・ヘイズ、ジェイムズ・A・ガーフィールド、チェスター・A・アーサーなどが、この記憶の盲点という考え方を取るようになる。

もちろんどんなリストにでも、記憶しやすい項目が出てくるだろう。それはリスト内で、項目が置かれている位置には関係がない。リンカーン大統領はアメリカを二分し、そのあとで再結合させた戦争に勝利を収めた。さらに奴隷制度を廃止した。この行為は今なお人々を魅了し、人々の心に響く。彼のドラマチックな暗殺（劇場で起こった）の話は、アメリカのすべての子供たちに教えられる。リンカーンがなぜ系列位置効果の例外となっているのか、その理由はたやすく見てとれるところだ。それ以上に驚くべきは、リンカーンの前後の大統領たちもまた、他の大統領たちより強く記憶されることだ。これはリンカーンのハロー効果ともいうべきもので、とりわけ彼の後継者のアンドリュー・ジョンソンやユリシーズ・S・グラントに恩恵を施している。

ロディガーは以後四〇年にわたって、大統領の記憶実験を繰り返し、同じような結果を得た――ただし、最近の大統領は徐々に忘れ去られる傾向があるが。二〇一四年の実験では、ロディガーとK・A・ディソトは、あらゆる年齢層の成人に参加協力することを求めた。そして発見したのは、年齢が大きな違いをもたらすことだった。人々は、時代をともに生きた大統領の名前は、他の大統領に比べて、はるかに高い確率で名前を挙げることができる。が、X世代（Xジェネレーション）の参加者たち――一九六〇年代はじめから、一九八〇年代はじめに生まれた世代――で、アイゼンハワーの名前を挙げた者は、全体の四分の一に満たない数だった。これは彼らが、アイゼンハワーの名前を聞いたことがないというわけではない。アメリカの大統領を何とか努力して思い出そうとするのだが、アイゼンハワーの名前が思い浮かばないのだ。この事実がわれわれに教えてくれるのは、未来の世代がアイゼンハワーについて、どのような思いを抱くのか――あるいは彼についてまったく考えなくなってしまうのか、だ。

徐々に大統領を忘れ去ってしまうというのは、十分に予想できる。ロディガーが予測していることだが、二〇四〇年頃には、リンドン・ジョンソン、リチャード・ニクソン、ジミー・カーターを思い出すことのできる者は、全人口の四分の一に達しないほどになっているだろう。しかし中には、リンカーンのような例外的な大統領が何人かいるのではないか、と想像するかもしれない——が、いつも例外があるわけではない。ロディガーは彼の実験を、ウォーターゲート事件の起こった時期にはじめている。ニクソン大統領の辞任を受けて、大統領に昇格したジェラルド・フォードは、大統領選挙で選ばれることなく、歴史上、そして人々の記憶の中で、永遠の場所を確保した最初の大統領のように、ロディガーには思われた。しかし、この差異はほとんど何の役目も果たさなかった。フォードは予想通り無名の大統領群の中へとすべり込んでいった。ロディガーがこの事実をインタビューの中で話すと、ジェラルド・フォード大統領図書館の広報担当者が彼に会いにきて、図書館のあるミシガン州アナーバー市の公共施設では、訪れる人の数が下降線をたどっていると言った(6)——ロディガーは何かアドバイスを与えられたのだろうか？

レミニセンス・バンプ

ベロイト大学では、一九九八年からずっと毎年、「マインドセット・リスト」を発行している。それは大学の教授たちに、これからはじまる授業で、意味のない時代遅れの古くさい文化論を教えないようにと、穏やかに警告するものだった。ちなみに二〇一六年の授業は次のようにせよと言う。「彼らは飛行機の『チケット』など一度も見たことがない。……ロバート・デニーロは、グレッグ・フォッカー

「『ミート・ザ・ペアレンツ』の主人公」の辛抱強い義父と思われていて、けっして「『ゴッドファーザー』の」ヴィト・コルレオーネや「『グッドフェローズ』の」ジミー・コンウェイと思われていない[7]」

歴史を教えるのでさえ、若者の記憶力の悪さに合わせなくてはならない。何がはたして現実の問題に直結するのか、そして何を講義シラバスから落とせばよいのか、歴史は必死になってそれと格闘する。が、そこにはノスタルジア（懐旧の情）と文化史との間に、はっきりとした線が引かれていない。若者はいったいビリー・ホリデーを知るべきだったのだろうか？　グルーチョ・マルクスは？　アル・カポネは？

自分の人生の中で、われわれが思い出すことのできる記憶は、生涯を通じてけっして均等なものではない。その割り当ては不均衡で、一〇歳から三〇歳くらいの間、つまり青年期から成人早期に偏っている。この傾向は「レミニセンス・バンプ」と呼ばれていて、その時代の記憶には、思春期（高校や大学時代）の喜びや悲しみが含まれている。それは初恋だったり、はじめての仕事、最初の住まいの思い出だったりする。それとは反対で、幼少期や幼児期の思い出は、われわれにはほとんどない。中高年者も、三〇歳頃からごく最近までの間に、大きく口を開けた記憶の谷で起きた出来事を、しっかりと記憶している人は比較的少ない。こんな具合でわれわれは、自分の人生についてバイアスのかかった認識をしている。それはアドバタイザーが大切にしている人口動態《デモグラフィック》の中で過ごした、二〇年間によって支配された認識なのである。

デンマークの心理学者ジョナサン・コッペルとドルテ・ベルトセンは、レミニセンス・バンプが世界の出来事にも当てはまることを発見した[8]。人々は一〇歳から三〇歳の頃に起こったニュース・イベントを、よりいっそうはっきりと記憶する傾向にあるという。ウッドストックを憶えている人々がいなかった、というのは真実ではないかもしれない。このフェスティバルは間違いなく、それを記憶している人々が一〇歳から三〇歳のときに開催されているからだ。

私が行なった歴史調査に参加した人々は、二〇歳から七〇歳までの成人たちだ。二〇歳の人々はまさに記憶の全盛期の真ん中にいる。が、七〇歳の者たちにとって、その期間はすでに四〇年から六〇年も昔のことだ。そのために彼らに、比較的良好な記憶が期待できるのは、ぜいぜい六〇年も前にさかのぼった事件だ。実際、「人が思い出せる記憶」は人生のおよそ半分ほどで、その他の記憶に上らないすべてのことは、残りの半分に押し込められている。

歴史を教える授業の目標は、広い視野を与え、われわれの誕生以前に存在した、すばらしい世界へとわれわれを導くことだが、その達成には、記憶の現実性《リアリティー》と集中力の持続に対する厳しい戦いをともなう。

歴史上の三二の顔

歴史が意味しているのは、ただ名前と日付だけではない。シェイクスピア、ヴィクトリア女王、アインシュタインたちは今日でもなお、われわれにはいきいきとした存在だ。それはポートレートとして保存されている彼らの顔を、思い浮かべることができるからだ。そのポートレートはすでに、われわれの集合記憶の一部となっている。いったい歴史上の顔はどれくらい、一般の人々に知られているのだろう。ナポレオン、ワシントン、リンカーンの顔は、概ね誰もが知っている。が、一般の人々が知っている者の中には、驚いたことに、彼らのように名声を得た人物はほとんどいない。たいていの人々が耳にしたことがあるものの、顔写真では誰だか判断できない重要人物の数が、ナポレオンたちを上回っている。その上、さらにほとんど誰もが、歴史上の人物より、現在活躍中の芸能人やスポーツ選手の方を、はるかに敏速に認識することができる。したがって、広く認識された顔の数を、「歴史」から推測するためには、歴史上の人物と現代の有名人との間の、どこで線引きをするのか、その正確な場所を定めなくてはならない。

私は二〇一三年に、スティーヴン・スキーナーとチャールズ・B・ウォードによって発表された、歴史上の人物のリストから、トップ一〇〇の人物について顔認識のテストを試みた。スキーナーとウォードは歴史上の人物を、次のようにしてランク付けしたと言う。「グーグルのウェブページを決定するページランクのように、人物たちの名声に関する多様な調査結果を、単一のコンセンサス値に統合することによって⑼」行なった。方法としてはもっぱら、ウィキペディアの項目を利用した。項目の長さがどれくらいあるのか？　どれほど頻繁に項目が検索されているのか？　項目にどれくらい多くのリンクがあるのか？　この方法にはたしてどれだけの効果があるのか、いろいろな角度からあなたは考えるかもしれない。私にとっては、この調査が幅広い分野にわたっていることが重要だった。リストのトップ一〇には、イエス、ナポレオン、ムハンマド（マホメット）、シェイクスピア、リンカーン、ワシントン、ヒトラー、アリストテレス、アレクサンドロス大王、ジェファーソンが並ぶ（ウィキペディアの編集者のほとんどが男性のように、トップ一〇もすべて男性だ）。

私は調査に参加した者たちに、それぞれの人物の顔写真を見せて、それがいったい誰なのかを質問した。写真は一六〇画素の正方形で、きれいにトリミングされていた。できるだけ簡単に調査ができるように、人物の特徴を象徴していて、それと認識ができるポートレートを使用した。もちろん、歴史上でもっとも影響力の大きな人物の中には、顔の造作が記録に残っていない者もいる。しかし、人物の見分けがつくためには、必ずしもポートレートが本物である必要はない。例えばイエスを描いた絵は、完全な空想から生まれたものだ。それなのに、アメリカ人はかなり明確に、イエスはこんな風貌をしているはずだというイメージを持っている。ここには、もっとも象徴的とも言えるキリストのポートレートがある。それはキリスト画を描かなければ、まったく無名の画家だったにちがいない、二〇世紀の信仰心厚いイラストレーター、ワーナー・サルマンの絵だ。彼が描いた『キリストの顔』は一九四一年以来、プリント画やグリーティング・カードとして大量に印刷された。映画や『サウス・パーク』［ケーブルテレビチャンネルで放映された、大人向けアニメーション・ホームコメディー。のちに映画化される］などで見るイエスは、結局はすべてサルマンの画像に基づいて作られたものだ。私が調査をした対象者の一〇〇パーセントが、サルマンの『キリストの顔』をトリミングした写真を見て、キリストを識別した。

一〇〇人の名前——スキーナーとウォードのリストから選んだ——を調査するために、使用に適した全員の肖像画を見つけることはできたのだが、いくつか例外があった。それはムハンマド、ダヴィデ王、キリスト教初期の聖人たちだ。したがって、彼らは調査のテストからはずした。調査は多項選択方式で行なった。言葉の記憶を呼び起こすために選択リストの中に正解を入れた。それぞれの質問には、五つの選択項目の他に「分からない」を加えた。

最近のアメリカ大統領を除くと、アメリカ人の誰もが必ず識別できる人物が五人いる。イエス、ヒトラー、エイブラハム・リンカーン、アルベルト・アインシュタイン、ジョージ・ワシントン。広く認識されている人々の内、多数派を占めているのは国家元首たちだ。それに三人の作家（シェイクスピア、マーク・トウェイン、エドガー・アラン・ポー）、二人の科学者（アインシュタイン、ニュートン）、そして科学者・政治家・博識家のベンジャミン・フランクリンが加わる。

認知度はただ単に歴史上の重要性の問題ではない。他とは異なる並外れた容貌がそれを助ける。ヘンリー八世はひどく太っている。エイブラハム・リンカーンはげっそりとやせている。ヒトラーは気味の悪い口ひげを蓄えている。それとは対照的に、トマス・ジェファーソンは、そろってかつらを着けた、アメリカの創建者たちに混じると影が薄い。写真を見てジェファーソンを言い当てることができたのは、かろうじて五〇パーセントだった。彼の顔は一九三八年以来、アメリカの五セント白銅貨に刻印されているのだが、それでもこの数字なのである。

スキーナーとウォードのリストに並ぶ一〇〇人の内、わずかに三一人だけが、調査対象者の五〇パーセントによって認識された（が、一〇あまりのエラーバー［グラフで誤差範囲を示す棒］がその閾値《いきち》をまたいでいる）[10]。これは広く認識できる歴史上の人物の総数を、控えめに述べた数字だと思う。が、それはあまりに控えめというわけではない。

ここにその理由がある。スキーナーとウォードが挙げた一〇〇人はランキングリストだ。一〇〇人の中の最後の一〇人は以下の通り。

91　ヨハネ・パウロ二世
92　ルネ・デカルト

93　ニコラ・テスラ［アメリカの電磁気誘導の研究者］
94　ハリー・S・トルーマン
95　ジャンヌ・ダルク
96　ダンテ・アリギエリ
97　オットー・フォン・ビスマルク
98　グルーバー・クリーブランド［アメリカ第二二代及び第二四代大統領］
99　ジョン・カルバン
100　ジョン・ロック

言うまでもないことだが、ここで写真を見て、一般の人が認識できるのはただ一人、ハリー・S・トルーマンだけだろう（そして私の調査対象者で、トルーマンを識別できた者は五八パーセントにすぎなかった）。

スキーナーとウォードがリストに挙げた一〇〇人の内、私の被調査者の半分以上が認識できたのは、最初の五〇人の中の二三人だった。次の五〇人（No.51—No.100）ではそれがわずかに八人となる。そのあとも、この減少率で行くことを想定すると、リストをさらに伸ばしたと仮定して、三番目の五〇人（No.101—No.150）の中でおそらく識別できる人数は一人になってしまうだろう。これを手本にして収束級数の値を求めると、被調査者の半分以上の人々によって認識される、歴史上の人物の総数はおよそ三五人になる。

スキーナーとウォードのリストには、最近の大統領の名前が並んでいる。ロディガーの調査が示しているように、近年の大統領の名声はおそらく、いつしか消え去る束の間のものだろう。たしかにそれは、長期的な見地からすると一時的な例外にすぎない。そこでは、ジェラルド・フォードの顔もシェイクスピアやナポレオンと同じくらい、簡単に認識されてしまうのだから。

そこで私は、明らかに恣意的なものだが、自分の好みにまかせて歴史的人物を、次のように定義することにした。つまり彼の業績が、少なくとも調査の時期より五〇年以前に達成されていること。これが意味しているのは、ニクソン、レーガン、ジョージ・W・ブッシュたちは、あまりに近年にすぎるものとして、リストから落とさざるをえないことだ。その代わりとして、四人だけだが、誰もが知っていて、しかも、スキーナーとウォードのリストにはなかった人物を追加することができた。それはウォルト・ディズニー、ドワイト・アイゼンハワー、アンディ・ウォーホル、リンドン・ジョンソン（彼はどうにか五〇年をクリアしている）である。これで調査の問題となる人物は三二人となる。そこには古代や現代の顔があるが、アメリカの大統領のように、広く知られている顔はそれほど多くない。

一般の人々が目で識別したこの歴史は、まぎれもなくゆがんだ地図だ。認識された顔の五八パーセントは、アメリカ人の顔で、ここに掲げたリストには、女性がたった一人だけ（エリザベス一世）、それに非白人も一人だけだ（ガンジー）。歴史は偏見のないものだと言った者など誰一人いない。

アインシュタインと間違えて引用

調査は歴史に関する知識を綿密に測定する——どれくらいたくさんの人が、歴史上の人物の顔を認識

写真で識別された歴史上の人物はわずかに32人だけだった

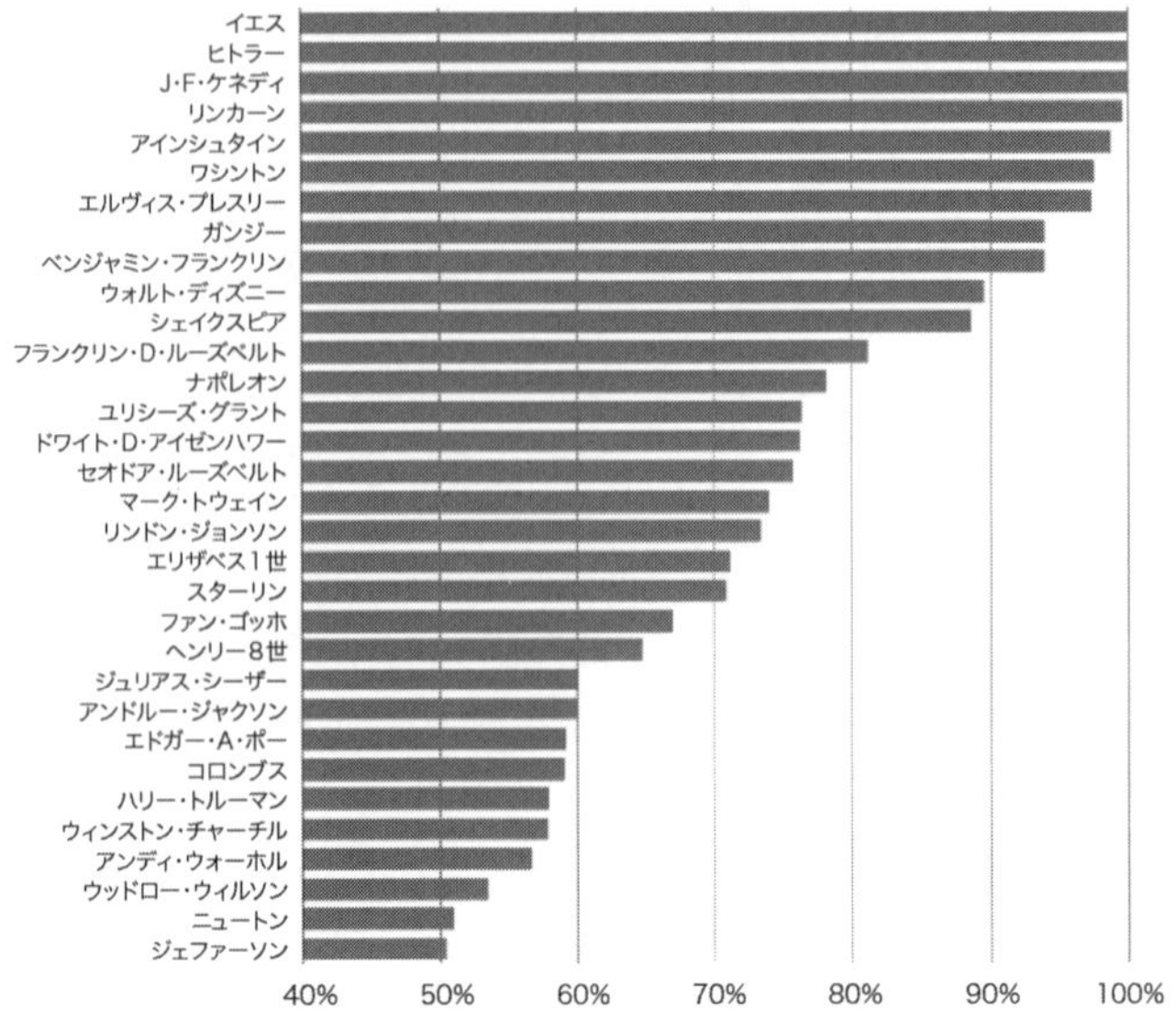

できるのか？　どれくらい多くの事実を知っているのか？　どれくらい多くの出来事について考えているのか？　そして事実同士のつながりも同じように重要だ。おそらくそれ以上に重要かもしれない。この本は教養のある女性の話からはじまった。彼女はシェイクスピアは知っていたし、『ハムレット』も知っていた。が、その間のつながりについてだけは知らなかった。この種の断片化した知識は普遍的なものだ。

　大学生を対象にしたある調査では、相対性理論を提唱した人物の名前はと質問されて、それに答えることができた者が三〇パーセントしかいなかった[11]。学生たちはたしかにアルベルト・アインシュタインの名前は知っていたし、彼の顔も識別できた。が、それなのに、質問はアインシュタインについてではなかった。それは相対性理論に対する質問だった。

他の歴史上の人物についても同じだが、アルベルト・アインシュタインは、雲のように自由に浮遊している。が、それは、彼の名前や顔につねにつながっているとはかぎらない、概念や連想やキャッチフレーズでできた雲だ。偉大な人物や大きな出来事は徐々に忘れ去られていくだけではなく、それはまた徐々に単純化されていく。生前のアインシュタインは、複雑で多面性を持っていた。そして、彼はいわば失敗した人物だった。大学では仕事に就くことができず、スイスの特許庁で働いた。第三帝国から逃れた一人のユダヤ人であり、アメリカにおける有名人でもあった。さらに公民権運動家でもあり、人種差別を「白人の病」[12]と呼んだ。が、このアインシュタインの物語が、だんだんと単純化されていって、しまいにはあまりにも単純化されすぎてしまった。曖昧な部分が歴史の編集室の床に取り残されている。

ある記憶の実験でロディガーと彼の仲間たちは、さまざまな年齢の人々に向かって問いかけた。アメリカ南北戦争、第二次世界大戦、イラク戦争など、それぞれの戦争期間中に起こった出来事をリストアップするようにと指示した。[13]南北戦争の期間中に起こったことについては、イラク戦争の期間中の出来事にくらべて、被験者の間でより多くの一致が見られた。戦争を生き延びた人々は、その戦争について個人的な、そして特有の記憶を抱いていた。が、戦争について、ただ単に学校や周囲の文化から学んだ人々は、戦争に対して、よりいっそう矛盾のない解釈をしていた。

このようにして過去は複雑な現実から退化し、「ダミーのための歴史」になる。その過程で物語はゆがんで不明瞭になった。私は調査に参加した人々に、次の発言をした作家は誰かと訊いてみた。

愚かさの定義は、同じことを繰り返して、なお違った結果を期待することだ。

このエピグラムは、インターネットで引用されるときには、概ねアインシュタインの言葉とされていて、政治家たちは好んでこれを引用する。アインシュタインを引用（誤って引用）することは、にわか仕立ての重々しさを身につける、もっとも安上がりのブランドだった。が、愚かさの引用文は、アインシュタインが刊行した書物や、受けたインタビューのどこにも出てこない。それは物理学者の死後数十年して生まれたようだ。わずかに変化をともなってはいたが、引用文は一九八三年に、ややジャンルの異なる二つの本の中で姿を見せた。一つは『ナルコティックス・アノニマス（匿名断薬会）の簡易テクスト』（が、これはアインシュタインが書いたものではない。彼はリハビリ中ではなかった）[14]。もう一つはリタ・メイ・ブラウンの『サドン・デス』。これは女性のテニスツアーについて書いた実話小説《ロマン・ア・クレ》（小説の中では、この言葉を口にしたのが実在しないキャラクターだとされている。架空の人物は女性で物理学者ではない）。これは「チャーチリアン・ドリフト」［文字通りは『チャーチルへの流れ』の意。誰が言ったか分からない格言を、とりあえずチャーチルの言葉としてしまう現象］の一例だ[15]。これによって、かろうじて有名な人による適切な引用文は、誰でもよし、さらに有名な人物（ウィンストン・チャーチルのように）の言った言葉になる。この現象は、インターネットよりさらに以前からあったのだが、詳細に吟味されることのない、たくさんの引用サイトがこうした現象を可能にした。

もうひとつのよく見られるあやまちは、$E=mc^2$と原爆の混同だった。一九六四年、『タイム』誌の表紙にアインシュタインが登場したが、その背景にはキノコ雲が描かれている。そして雲には$E=mc^2$と記されていた。それ以来、アメリカ人はその象徴的な方程式が、どういうわけだか、原爆の中核をなすものだと思い込んでしまった。$E=mc^2$が、アインシュタインの考えた方程式だというのも真実だし、彼が一九三九年に、フランクリン・D・ルーズヴェルトに共同で手紙を書き、ドイツが原爆を作るかもしれないと警告したのも真実だった。が、しかし、原爆は相対性理論とはまったく関係がないし、アインシュタインの理論がなくても、原爆を作ることはできた。それはたしかに、機密情報取扱い許可証を持たない、平和主義者のアインシュタインを抜きにして作られたのである。

私は調査サンプルに「原爆の父」と呼ばれている人物は誰かと尋ねた。この曖昧なフレーズは何人かの物理学者たちに該当する——が、物事がよく分かっている人にとっては、けっしてそれはアインシュタインではない。アインシュタインはにもかかわらず、もっとも多い回答で（四二パーセント）、J・ロバート・オッペンハイマー（八パーセント）やエドワ

アルベルト・アインシュタインって誰？

年を取った白髪姿のアインシュタインの写真だと、ほとんどの人が彼だと見分けることができる。が、1921年に撮影されたこの写真（42歳のとき）を見て、彼だと分かったのはわずかに68%だった

物理学者	48%が彼の仕事を言い当てた（「科学者」も正解）
ドイツ人	42%がアインシュタインの生まれた国を言い当てた
$E=mc^2$	66%がこの方程式を考えた人を知っている
相対性理論	30%が相対性理論を考案した人を知っている
知性	「アインシュタイン」は知性と同義だと98%が理解している
原子爆弾	アインシュタインが原爆を作り出したと42%が言う（が、これは間違い）
「愚かさの定義は、同じことを繰り返して、なお違った結果を期待することだ」	41%がこのフレーズをアインシュタインが言ったと信じているが、彼が発表した書物やインタビューにそれは現われてこない

ード・テラー（三パーセント）より多かった。

フリーダ・カーロは二〇世紀の画家の中では、人気で上位を占める。が、くわしく調べてみると、カーロの生涯や業績に対する人々の理解は、信じられないほどお粗末なものだ。彼女が画家であること、あるいは彼女がメキシコ人だということを、ほとんどのアメリカ人が知らない。彼女をシュルレアリスムや有名な自画像、あるいはカーロの夫、ディエゴ・リベラと結びつけることができる人は数少ない。彼女についてこんな重要なことさえ知らないと言うのなら、はたして、カーロに残されているものは他に何があるのだろう？　そ

フリーダ・カーロって誰？

このポートレートを見て
8％がカーロだと認識する

画家	53％がフリーダ・カーロの仕事を知っている
死	フリーダ・カーロが生きているのか死んでいるのか、44％が知らない。そして、彼女がまだ生きていると4％が思っている
メキシコ人	48％がカーロの国籍を知っている
シュルレアリスト	18％がカーロの芸術運動を言い当てることができる
ディエゴ・リベラ	9％が、カーロと結婚した有名な人物の名前を挙げることができる
ジョージア・オキーフではない	15％がカーロを「ニューメキシコに住んで、花や牛の頭蓋骨や砂漠の風景などのカラフルな絵を描いた女性画家」と間違えている
グラント・ウッドではない	5％がカーロをアメリカン・ゴシックの画家とみなしている

れはサンタクロースが実在している、というジョークと同じだ——ただそこにあるのは、痩せこけた男がフロリダのマイアミに住んでいて、ひどく子供たちを嫌っているということだけだ。

教科書戦争

二〇一四年の夏に、カレッジ・ボード［アメリカの大学入試で使われている大学進学適正試験（SAT）を主催する非営利団体］はアドバンス・プレースメント（飛び級）のために、アメリカ史の授業の新たな構想を発表した。それから数日して、いつも通り退屈な出来事として、それはニュースに載った。すると共和党の全国委員会が、この構想を次のように呼んだ。「アメリカ史に対する徹底した修正主義的な見方だ。それは国家の否定的側面を強調する一方で、肯定的な側面を削除するか極小化している」[16]。テキサス州の政府教育庁は、カレッジ・ボードの資料を回避し、テキサス州公認の資料を指示する計画を立案した。テキサス州の提案の背後にいたケン・マーサーは、次のような説明をしている。「子供たちが大学へ行くときになると、いつも私は彼らに、私に向かって言えと言った。彼らの学んだ『アメリカ史入門』は、実は『私が大嫌いなアメリカ入門』だと[17]」

二〇一四年の九月には、コロラド州の教育委員会が、ある政策を立案した[18]。それは通常の教育科目の指導を制限して、愛国心や自由市場システム、さらには権威への敬意を促進させようというものだった。二〇一五年、オクラホマ州の立法府委員会は、正式にカレッジ・ボードのアメリカ史の教育構想を禁止した[19]。それは上記の価値が、そこには欠けていることが明らかになったからだ。

が、なぜそれほどまでに、歴史のシラバスが神経に障ったのだろう？　スタンレー・クルツが『ナショナル・レビュー』誌で、カレッジ・ボードは歴史家たちのとりこになってしまっている、と不平を述べていた。歴史家たちの要求は以下の通りだと言う。「初期のアメリカ史では、ピルグリム・ファーザーズ、プリマス植民地、ジョン・ウィンスロップの演説『丘の上の町』などの記述を減らすべきだ。そしてその一方で、本来搾取的な国際資本主義が台頭しつつある中、プランテーション経済や奴隷貿易の役割について、さらに多くのページを割くべきだ[20]」

クルツ(彼の名字は、ジョセフ・コンラッドの『闇の奥』に出てくる、植民地化するアンチヒーローの名字と同じだ)は、親たちと歴史家たちとの断絶の正体を明かす。親はたいてい自分が学んだものと同じ歴史を、子供が学んでくれると幸せを感じる。それに対して専門の歴史家は、自然のなりゆきで思わず修正主義者となりがちだ。彼らは自分の研究分野で、これまでに理解してきたことを「修正すること」が自らの役割だと心得ている。教科書は徐々に新しい学問を取り込んでいき、その結果として、教科書は世代から世代へと変化を遂げていく。

われわれの教育システムが、学生たちにジョン・ウィンスロップについて教えることができなかった、というクルツの指摘は正しい。私は少し寛容に多項選択式で質問をしたのだが、ウィンスロップをマサチューセッツ湾植民地のピューリタン知事と認識した回答者は、わずかに四四パーセントにすぎなかった。が、はたしてウィンスロップの演説について知ることが、万人にとって本当に重要なことなのだろうか? ウィンスロップはアメリカ例外主義の模範として、保守派のヒーローになった。が、これはそれ自体がかなり最近の修正主義的な見方で、それはロナルド・レーガンが二つの演説の中で、この人物に言及したのがはじまりだった。

われわれの誰もがそうだが、ウィンスロップもまた矛盾の塊のような男だった。奴隷を所有していて、「より進歩した」人々はネイティブ・アメリカン（アメリカ先住民）から土地を取り上げる権限を持つ、と聖書を引き合いに出して主張した。[21]ウィンスロップを聖者と見るのか、あるいは罪人と見るのか、それはあなたが選んで見る事実に拠るだろう。一言で言えば、そこには歴史教科書の問題がある。

ニュージーランドのウェリントンにあるヴィクトリア大学、この大学の心理学者ジェイムズ・H・リューが、三〇カ国の歴史的知識の調査をまとめて、先の問題を完璧に説明している。調査は世界中のボランティアに、よかれあしかれ、ともかく世界の歴史にもっとも影響を与えた個人を挙げるようにと質問した。ある国で名前の挙がった、「世界の」歴史でもっとも重要な一〇人は以下の通り。

1 ガンジー
2 ヒトラー
3 ウサマ・ビン・ラディン
4 マザー・テレサ
5 バガット・シン［インド独立運動の闘士］
6 シヴァージー・ボーンスレー［一七世紀にデカン地方で存在したマラータ王国の建国者］
7 アインシュタイン
8 スバス・C・ボース［インドの独立運動家］
9 リンカーン

あなたはおそらく、このリストを作り出した国がどの国なのか、推測することができるだろう。が、あなたがもしアメリカ人だとしたら、ナンバー5、6、8が誰なのか、推測できないかもしれない。

問題はインド人が、自国の世界的な重要性について、誇張した考えを抱いているということではない。それはどこの国でも変わりがない。リューの調査はこの他に、もう一つ別の質問を参加者にしている。それは世界史の中で、彼らの国の相対的な重要性を評価して、ゼロから一〇〇まで、パーセンテージで示してほしいというものだった。

ヘンリー・ロディガーが手助けして、アメリカのデータを集めた。彼が私に言うには、アメリカの参加者たちのデータを見たときには、「身がすくむ」思いがしたという。[22] アメリカ人は世界史におよそ三〇パーセントの貢献をしていた。

カナダ人が自国の重要性を、やはりアメリカ人と同じくらいに見ていたことを知って、ロディガーは少し気分が楽になった。実際、およそ三〇パーセントという数字が、調査をした国々（リューが仲間を持ったのは、ほとんどが大きな産業国だ）の典型的な回答だということが判明した。各国の平均した評価をすべて加えると、およそ九〇〇パーセントになってしまう。論理的に考えると、数字は一〇〇パーセントを越えるはずがなかった。そして現実には、それは一〇〇パーセントより少なくなるはずだった。というのも、リューが調査をしたのは、世界一九六の主権国家の内、わずかに三〇カ国にすぎなかったからだ。

教科書を執筆することを選んだ歴史家は、好みのうるさい教育委員会の仕分けに対して、何とか書いたものを売り込まなければならない。このことは十分に理解している。したがって、好むと好まざるとにかかわらず、アメリカの歴史教科書は政治的な中立と、不快感を与えないスタイルを目指すことになる。より微妙な問題は、歴史家が教科書に含むべきこと、削除すべきこと、いくつかの出来事をどれくらい強調すればいいのか、どのような出来事の関連性を捉えればいいのかなど、何千という判断を下さなければならないことだ。こうした選択の累積的な影響が著者の世界観に反映する。クルツや彼の対抗者のリベラルな人々は、歴史のカリキュラム上で文化的な、そして政治的な課題《アジェンダ》を感じても、それにこだわりを持つことはない。むしろ問題は、どのような観点から歴史を書けば、受け入れられるのかという点だ。

アドルフ・ヒトラーに肯定的な（事実に基づいた）見方をする教科書を書くこともできるだろう――実際、ナチ時代のドイツでは歴史家はこの見方で書いた[23]。アメリカの歴史をマルクス主義的に、あるいは自由主義的に書くことも可能だろう。それも几帳面なほど正確に、しかも強引なレトリックを使わずに。だが、われわれの大半が同意するのは、このような歴史が、アメリカの小学校やハイスクールで、歴史を教える初等教科書としてふさわしくないことだ。理性的に考えてわれわれは、教科書が平均的なアメリカ人の政治的、文化的な価値を具体化していることを何よりも期待する――たとえ、それがわずかなものでも。

だが、この理性的な期待はますます追いつめられている。われわれが今生きているのは、没入型のナローキャスティング［特定の少数の人々に向けた放送］の時代だ。偏った二四時間体制のテレビネットワークは、リアルタイムでニュースに反応し、それがソーシャル・ネットワークへとあふれ出る。そしてそれは、古いタイプのキワ物雑誌とはまったく違う方法で、あらゆるものを包括するようになる。このようなニュース・ソースに常習的に接している親や政治家たちは、歴史の教科書もまたナローキャスト[限られた視聴者に対して放送する]するようなものにしてほしいと願う。しかもなお、フォックス・ニュースのモットー――「公平でバランスのとれた」――が、この新しく獲得した認識論的な権利を捕える。われわれが感じているのは、ただ単にわれわれの政治に適合した歴史ではなく、われわれの歴史が他に類を見ないほど客観的で、ニュートラルなものであるという信念を、われわれが得る資格を有しているということだ――他方では、あらゆるものにバイアスが掛かっているのに。

忘れ去られた白人男性

アメリカ人は、歴史の教科書に出てくるヨーロッパの男性が誰なのか、名前を言い当てることがそれほど得意ではない。二人の写真を言い当てたのはアメリカ人の約半分だけだ。

多項選択式の調査では、左の髭を生やした人物について次のような選択肢が与えられた。チャールズ・ダーウィン、アルフレッド・テニスン卿、カール・マルクス、チャールズ・ディケンズ、ヘンリー・ワーズワース・ロングフェロー。

右の男性の選択肢はサミュエル・ジョンソン、マルキ・ド・サド、ヨハン・セバスチャン・バッハ、ピョートル大帝、モリエール。

正解はダーウィンとバッハ。彼らの業績はその容貌とは関係がない。が、にもかかわらず、われわれはビジュアルな社会に生きていて、そこからビジュアル以上のものを受け取っている。教科書、伝記、ドキュメンタリー、博物館の展示には絵的なものが必ずある。が、一般人の半数はダーウィンもバッハも識別できない。このことが意味しているのは、二人が一般の人々の目に、それほど多くさらされていないということだ。

4　五人に一人の法則

五人に一人の法則にどうしても遭遇したいなら、わざわざ無知の世界を探険する必要はない。この法則が語るのは、およそ二〇パーセントの人々が信じているのは、……そう、調査する人があえて質問するばかげた質問についてだ。アメリカ人の五人に一人は今や、都市伝説の登場人物「フロリダ・マン」［二〇一三年に人気が出たインターネット・ミーム］と肩を並べている。二〇一〇年に「ハフィントン・ポスト」紙［リベラル系のインターネット新聞］が、最近行なわれた調査の以下のような報告を実例として取り上げていた(1)。

不十分な情報を持つ二〇パーセントの人々は――

- 魔女が実在すると信じている。
- 太陽が地球のまわりを回転すると信じている。
- エイリアンの誘拐を信じている。
- バラク・オバマはイスラム教徒だと思っている。
- 宝くじは有利な投資だと信じている。

五人に一人の法則は、はたして真剣に取り上げる価値があるものなのだろうか？　ばかげた質問をすれば、ばかげた答えが跳ね返ってくる。答えが意味ありげなものになるように、質問を工夫するのは調査をする人のさじ加減だ。

二〇一四年に、マレーシア航空の三七〇便が謎の失踪をとげた。そしてそれは、事実の完全な空白状態の中で、次々とニュースに取り上げられた。CNNの世論調査は人々に、なぜ航空機は姿を消したのか、その考えられる説明を尋ねた。テロリスト、自分勝手なパイロットなど。調査の最後のオプションには「宇宙人、タイム・トラベラー、異次元の生物」があった。三パーセントが、この最後の選択肢は「十分にありうる」と答え、六パーセントが「いくぶんありそうだ」と言った。九パーセントはその選択肢を信じた。

エイリアンやタイム・トラベラーについて尋ねることは、誘導尋問に属する。回答者の大半はその誘惑には乗らないが、少数の者たちは餌に食いつくだろう。このような突飛な考えも十分に「ありうる」ことだと見なす人々が、調査に先立って、すでにこんな風変わりな考え方をしていたかどうかについては、まったく分からない。調査質問のいくつかが、それ自体の狂気の過激派を生み出すのかもしれない。

もし調査が単純に「マレーシア航空の三七〇便に何が起こったのでしょう？」と質問したら、ボランティアの人々の中で、ばかげた回答をするものはほとんどいなかっただろう。教訓はこうだ。調査回答をそのまま「人々が考えていること」として受け取ると、間違いのもとになりかねない。彼らはそう思うと言った前には、おそらくそれについて、まったく考えていなかったかもしれない。そして調査のあとでは、もとに戻って、そうは思わない、それについては考えない、ということになるのかもしれない。

ぴたりと合った奇抜な質問に創意工夫を少々加えると、五人に一人の統計値を生み出すのは、さほど難しいことではない。

調査を行なう者たちは、できるかぎりニュートラルな質問を作成するようにと言われる。が、その処方箋にどのように従えばいいのか、その点についてはは必ずしもクリアではない。二〇一四年に名誉毀損防止組合（ＡＤＬ）によって実施された世論調査は、世界中の驚くほど多くのサンプル（被調査者）に、ホロコーストについて意見を訊いた（その数は一〇〇カ国五万三一〇〇人に及ぶ[2]）。そこから生み出されたのは、五人に一人という疑似事実［立証されていないのに事実と見なされている情報］だった。それはおよそ五人に一人のアメリカ人が標準の意見を、つまり、ホロコーストについて書かれている歴史書の説明を受け入れていなかった、といった類いのことだ。

調査の詳細が語る物語はさらに複雑だった。インタビュアーはまず参加者に、ホロコーストを耳にしたことがあるかと尋ねた。聞いたことがあると答えた者はさらに、ホロコーストについて彼らの意見を明らかにするように求められる。三つの選択肢は以下の通り。

- ホロコーストは神話で、実際に起こったことではない。
- ホロコーストは実際にあったことだが、それによって死んだユダヤ人の数は、歴史によってひどく誇張されてきた。
- ホロコーストは実際にあったことで、それによって死んだユダヤ人の数は、歴史によって正しく記載されてきた。

	ドイツ	アメリカ	中国	エジプト	ヨルダン川西岸及びガザ
ホロコーストを聞いたことがない	8%	10%	31%	71%	51%
ホロコーストは神話だ	0%	1%	2%	3%	5%
ホロコーストはひどく誇張されてきた	10%	5%	22%	15%	35%
ホロコーストは正しく記載されていた	79%	79%	42%	6%	4%
分からない	4%	4%	3%	6%	5%

「分からない」という意見は選択肢にはない。が、この答えを申し出た人々も表の中に組み入れられた。ここに挙げるのは国別にまとめた数カ国の結果だ。(3)

ホロコーストを否定する人々がいるという事実はショッキングだが、彼らはどこの国でもごく一部の少数派だ。その割合の幅はゼロパーセント（ドイツはゼロ。この国でホロコーストを否定するには、精神の鍛錬が必要となるだろう）から五パーセント（ヨルダン川西岸及びガザ）まで。

さらに驚くべきは、真ん中の選択肢を選んだ回答者の数だ。それはホロコーストはたしかに起こったが、殺されたユダヤ人の数は「ひどく誇張されている」というものだった。アメリカではこれは、テレビのインタビューで、いかにも「理にかなっている」ように言いつくろっている白人至上主義者の論点だ。ドイツ人の一〇パーセントと中国人の二二パーセントが、この意見を支持している。

ナチス・ドイツの死の収容所で殺された、ユダヤ人の数を正確に知ることはできない。したがって、犠牲者の数を「誇張されて」いるかもしれないと類推することは、明らかに間違いだ。ある者たちにとっては、この選択肢を選ぶことは、文化的なアイデンティティや政治文化を表現する一つの方法なのかもしれない。それはパレスチナ国家を支持する人々や、イスラエル人のヨルダン川西岸への移住をよしとしない人々にとっては、魅力のある意見だろう。実際、名誉毀損防止組合（ADL）の世論調査員たちは、ホロコーストの極小化が（その徹底的な否定と同様に）つねに、ユダヤ人に対する否定的な態度とともに語られている事実を見つけていた。

もっとも予想外だったのは、ホロコーストを今まで聞いたことがないと言った人の数だ。アメリカでは、知らないと答えたのはわずかに一〇パーセントだったが、エジプトではその数が七一パーセント、インドネシアでは九〇パーセントに上った。中近東では大多数の者が、イスラエル建国の動機となった集団虐殺《ジェノサイド》を聞いたことがないと答えている。これは現在もなお、この地方と政治的、軍事的な関係性を持つ出来事なのだが。

しかし無知はまた、不人気なあるいは議論を引き起こす意見を、覆い隠すことができる。例えばもし、ADLがホロコーストの質問をする前に、調査アンケートで、ユダヤ人に対する考え方について、一五問ほど尋ねていたとしよう。そうなれば、調査員たちがユダヤ人に対してある特殊な関心を抱いていることが、被調査員にははっきりと分かるに違いない。彼らに賛同しない者たちはいきおい、調査員がよしとしない答えを出すより、むしろ無知を主張する方が簡単だと感じるのではないだろうか。知識と意見の差異は調査においては、つねに絶対的なものではありえない。

あなたの脳の一〇パーセント

ホロコーストはなかったとする信念、そしてジェット旅客機を拉致するエイリアンをはっきりと示した調査は、他人の言うことをすぐに信じてしまう、だまされやすい一般人の性質を裏付けていた。ここでわれわれに必要とされるのは、より懐疑的な見方と、より批判的な思考、それにばかげたことを察知する能力だろう。こうしたものが懐疑運動のテーマとなる。が、しかし、無意味な言葉に対するわれわれの関係は、当初の見かけよりさらに複雑だ。

「ガソリンを買ったあとで、クリアボタンを押すのを忘れると、次の人は、あなたのクレジットカードでガソリンをチャージすることができる」。これはインターネットに投稿されて、広く知られた情報だ。が、それは明らかに真実ではない。私がそれを○×式（真偽判定）の調査に入れて質問したところ、八〇パーセントがはっきりと、それは嘘だと答えた。そして、それが真実だと言ったのはわずかに二パーセントにすぎない。残りは分からないと答えた。この二パーセントの人々が、せっせとフェイスブックに投稿していた。これは明らかなことだ。

概して一般の人は、偽りだが抵抗しがたい主張のあることを理解している。それは何度も繰り返されるために、真実として受け取られる。大衆はただそれを、この前耳にしたこととつねに関連づけているわけではない。われわれは懐疑的である方法は知っている。が、いつの時点で懐疑的でなければいけないのかを知らない。そして、全面的な懐疑は、全面的な信頼と同じようにひどく道を迷わせかねない。

○か×か――九・一一に攻撃を受けたとき、世界貿易センターの地下には金が備蓄されていた。

これは○。およそ二億三〇〇〇万ドルの金と銀の延べ棒が、攻撃を受けたあとの数週間の内に、センターの地下の貴金属保管所から回収された。私はこの言葉をテストに使った。それがまるで都市伝説のようだったからだ。すると案の定、七〇パーセントがそれは嘘だと言った。そして真実だと答えた者はわずかに九パーセントだった。一般の人は九・一一を何か陰謀説めいたものだと思っている。そのため、それに金塊の秘密の隠し場所を付け加えると、とたんに待ったがかかる。調査の回答は事実の知識より、むしろ安直で、直感的な懐疑心によって左右されてしまう。

○か×か——あなたは脳の一〇パーセントしか使っていない。

これは×。この長い間人気のある「統計値」は、神経科学者たちをイライラさせる。偽りであることを証明する証拠はいくつもある[4]——が、どういうわけなのか、それを見て確かめる必要のある大衆に、その証拠がなかなか届かない。私の調査でもサンプルの六六パーセントがこの言葉を真実だと答えていた。

なぜこれが、そんなに人気があるのだろう？　一〇パーセントの神話は、直感的で創造性に富み、霊的な人々の共感を呼ぶ傾向がある。メディテーションやヨガ、それに「心を解放させる」訓練などを褒めそやすときに、この言葉を使う者もいる。また他の者たちにとってそれは、テレパシーや予知能力、そして死後の世界などに信用を与える言葉だった。信奉者の中で、「一〇パーセント」を、乗り越えることのできない限界と解釈する者はほとんどいない。それはむしろ、人間が潜在能力の回復運動をはじめるとき、それがどんなものでも、その無限の可能性について、夢想にふけることを許してくれる免許状のようなものだった。

私は推測するのだが、この偽りの疑似事実は、けっして懐疑主義の旗を上げることはない。というのも、それは科学のニュートラルな表明のように聞こえるからだ。それは「空気の二〇パーセントは酸素」とほとんど違いがない。実際、一〇パーセントというフレーズはときに……他に誰がいるのだろう？　アルベルト・アインシュタインの言葉とされている。

アメリカ人の認識力の偏執的なスタイル

ダイアナ元皇太子妃が殺されたと信じている人々はまた、彼女が死んだふりをしたと信じ込む傾向が強い[5]。ウサマ・ビン・ラディンは、二〇一一年のアメリカ軍の急襲によって死んだ。が、その報告以前に、すでに彼は死んでいたと信じる人々はまた、彼がひそかに生きているとも信じがちだ——あるいは、そんな風に最近の学問は報告している。そして人々の中には、気質上、陰謀説を信じる傾向がより強い者がいることを裏付けた。彼らは通常、たくさんの陰謀説を信じていて、それはただ一つというわけではない。さらに論理的にはどう見ても相反すると思える説を、信じるとまで言い張りさえするかもしれない。

偏執症《パラノイア》が問題となるのは、それがわれわれに影響を及ぼす問題について意見を伝えるときだ。二〇一四年に心理学者のステファン・レヴァンドウスキー、ギレス・E・ギグナック、クラウス・オベラウアーなどが、いくつかの陰謀説を含む調査の結果を報告した。真実か偽りか。

- アポロ宇宙船の月面着陸は一度も実現しなかった。それはハリウッドの映画スタジオで演出され、撮影されたものにすぎない[6]。
- アメリカ政府は九・一一の攻撃が起こることを、はじめから認めていた。それは攻撃が、国外や国内の目標（例えばアフガニスタンやイラクの戦争、それにアメリカの市民的自由への攻撃）を達成する口実になるからだ。そしてそれは、九・一一の攻撃以前にすでに決定されていたことだった。

・間接喫煙と健康障害とのいわゆる因果関係は、偽の科学に基づいた主張で、買収された医療研究者たちのカルテルによる、理性的な科学を独断的な考えにすげ換える試みに他ならない。

・アメリカの政府諸機関が、意図的にエイズ・ウイルスを作り出し、それを一九七〇年代に、黒人や同性愛者たちに投与した。

被調査者たちはまた、以下の発言に対して同意か不同意かを尋ねられた。

・ワクチンの接種が子供たちを不具にしたり、殺したりする可能性は、その健康効果を上回る。

・人間は取るに足りないちっぽけな存在なので、地球の気温に対して、目に見えるほどの影響力など、とても与えることはできない。

・私は遺伝子組み換え食品がすでに、環境を破壊していると思う。

まったくの陰謀説を信じる人々はまた、上記の発言に同意する傾向が強い（最初の二つは間違っている。そして三番目は立証されていない）。典型的な陰謀説と違って、このような意見は日々の行動に影響を与える。それは投票ブースの内外で。自分の子供たちに、はたして予防接種をすべきなのだろうか？　環境にやさしいハイブリッド・カーは、追加料金を支払う価値があるのだろうか？　どのトマトを買えばいいのか？　五人に一人のアメリカ人が長い影を投げかけている。

5　情報に乏しい有権者

「大きな政治論争では、実際に、事実が議論のベースとなっているものを考えることは難しい」とリベラルな経済学者のポール・クルーグマンが、「ニューヨーク・タイムズ」紙で書いていた。「それは例外のない揺るぎない定説だ」[1]

「民主党の選挙はその大半が、現状では情報に乏しい有権者や、自分自身の政治的見解と相反するデータには、とても納得しそうもない人々によって支えられている」[2]と『ナショナル・レビュー』誌で語ったのは、価値観が保守的な学者のジェレミー・カールだ。

クルーグマンはさらにあらを探して責めたてる。「アメリカ国民のかなりの部分が」「現実の経験と完全に食い違った、そしてまったくそれに動じない意見を持っている。……もしこのような議論に巻き込まれたら、こうした人々がけっして『幸福な兵士』〔出典はワーズワースの詩『幸福な兵士の人格』〕ではないことを、あなたは知ることになる。彼らは顔を真っ赤にして怒り、お高くとまって、事実こそが自分を支えているのだと言う、知ったかぶりの人に向かって激しく怒るだろう」[3]

「リベラルな人の多くは、徹底したイデオロギー的な意見の持ち主だ」とカールは言う。「彼らの意見の中では、自らの道徳的な美徳を示すために、ほんのわずかな『真実』は取り入れられるにちがいない。が、その一方で、どうみても自分にとって不利な真実は無視される。……当然のことながら、狂信者と彼のファナティシズム（狂信）について、理性的な議論をすることは難しい(4)」

カールとクルーグマンが不満を漏らしているのは、まったく同じ問題だ。まず何よりも、ほとんどの有権者は情報に乏しい。そのために、あらかじめ考えていた意見を下支えするために、彼らは自分の気に入った証拠だけをつまみ食いする。保守もリベラルもともに飽きもせずに同じことをしゃべり続ける。それはリベラルや保守の大多数の人々が、どれほど見事に間抜けなのかという話だ。……実際、それは真実なのだから。

候補者名簿にダーツを投げる

一九九二年、広く尊敬を集めていたカリフォルニア州判事エイブラハム・アポンテ・カーンが、まったく無名で、ロサンゼルス郡法律家協会から「不適任」の判を押されていた挑戦者に選挙で破れた。挑戦者の名前はパトリック・マーフィー。彼が勝利したのは、マーフィーという名前がカーンにくらべて、より「外国色」が少なく感じられたからだった。生粋のアメリカ人判事マーフィーはのちに、マネーロンダリングと常習的欠勤を申し立てられて辞任した。

二〇〇六年には、法律協会から「きわめてすぐれた資格の持ち主」と評価されていた判事のヂントラ・ジャナヴスが、ハモサビーチでベーグル店を経営していたリン・ダイアン・オルソンに、選挙で負けた(5)。

「裁判官の選挙でもっともおそろしいのは何か知っていますか？」と、以前ロサンゼルスの市長アントニオ・ビヤライゴーサのもとで働いていた、コンサルタントのパーク・スケルトンが尋ねた。「実際には、八〇パーセントの人々が誰かを選ぶんです[6]」

スケルトンのようなコンサルタントたちは、有権者の無知をよく知っているにちがいない。彼らはマスコミが、判事の選挙戦を取材しないことを知っていた。判事の選挙戦は退屈だ。したがって、一握りの弁護士たちを除けば、誰も関心を持つ者がいない。そのために、もっとも情報に通じた有権者でさえ、候補者名簿に名を連ねた判事について、まったく知識がないに等しい。ほとんどの判事選は党派に関わりがない。そのために有権者たちは、選択の口実として支持政党を持ち出すことさえできない。彼らはほとんど、アトランダムに名前を選ばざるをえない。このような状況が候補者名簿を、本人も自覚しない偏見がそのまま現われる、きわめて有効な心理学実験の場に変えてしまう。それは法的な能力を持つ有能な判事を選ぶのに適したやり方とは言いがたい。

新聞業界の長い黄昏が、多くの有権者を、地元ニュースの情報源から遠ざけた状態にしている。ケーブル局やニュース・アグリゲーター［キュレーション・サイト］は、注目を集める国内の選挙戦に圧倒的な肩入れをした。むろんそちらの方がクリックを獲得できるからだ。大衆の目を札付きの候補者からそらすためには、けばけばしい候補者やスキャンダルを取り上げることが必要となる。が、しかし、典型的な候補者名簿を見てみると、そこには数十に及ぶ選挙戦のリストがあり、まともに報道されるのは、せいぜいその半分ほどだ――その他は推して知るべし。

私は成人のサンプル（「投票しそうな人」だけではない）に、一四人の選出公職者――国、州、地方の――の名前を挙げてほしいと質問を出した。調査はまた参加者に、リストに載っていない公職でも、思いついたものはどんなものでもいいので、その役職名を書き入れるようにと頼んだ。

典型的なアメリカ人は選出代表者を
6人だけ挙げることができる

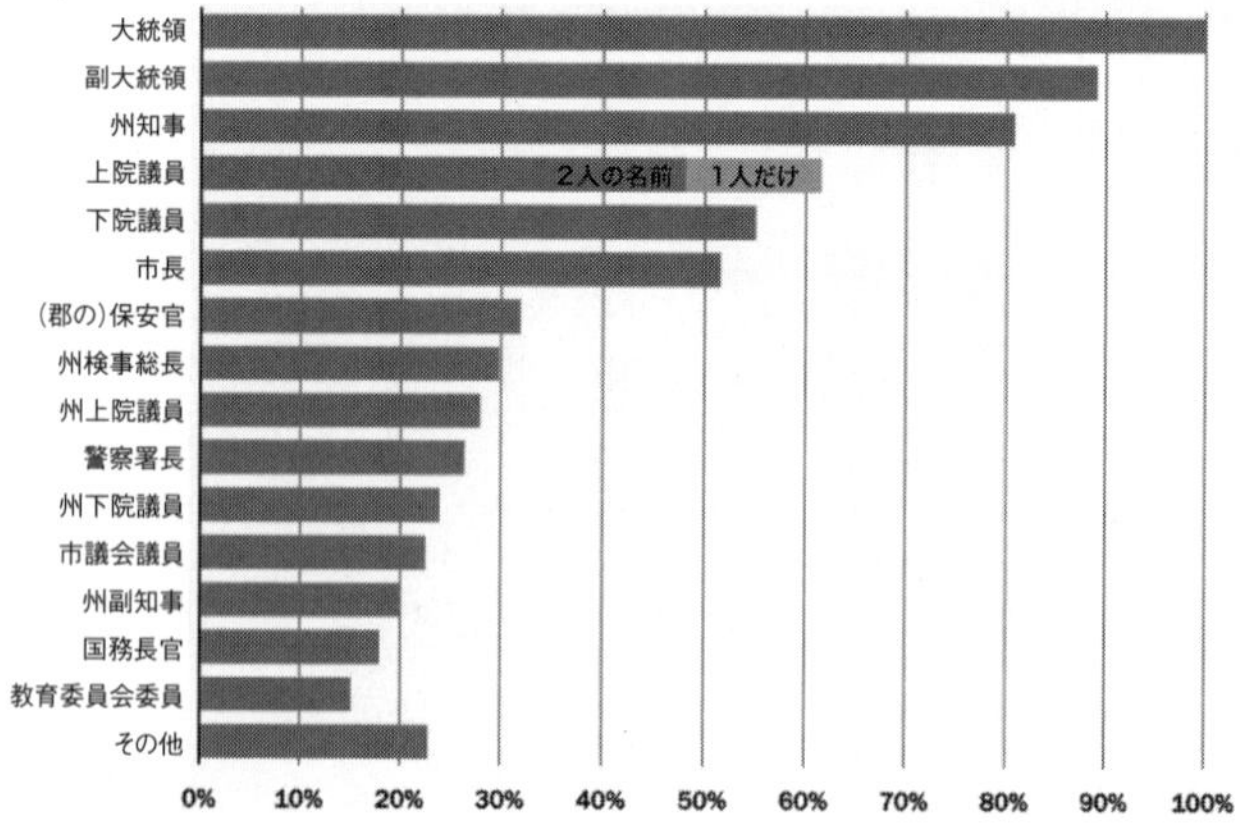

基本的に、誰もが挙げることができたのは大統領だ。そして八九パーセントが副大統領の名前を出した（いくつかの調査が報告しているより、このパーセンテージは高い）[7]。六二パーセントが上院議員の名前を、少なくとも一人は挙げることができた。半分よりやや少ない人数が、二人の名前を挙げている。五五パーセントが自分たちの地区の下院議員の名前を知っていた。もう一つ、簡単に名前が挙がったのが州知事だった。八一パーセントが自分たちの最高行政官を知っていた。彼らは地方自治体に住み、そこには市長や市政代行官がいると言ったが、その役人の名前を挙げることができなかった。このような六つの公職が、典型的な市民の知識の限界だった。回答者の三分の一でさえ、その他の公職を務める現行の公務員の名前を言うことができない。その中には、多くの政務が行なわれている州議会や市議会の代議員のすべてが含まれる。私はまた参加者たちに、それぞれが抱く政治上の好みについて、「非常に保守的」から「非常にリベラル」まで、五段

階の項目を示し、その内のいずれかを選ぶように頼んだ。そこでは選択回答と選出された公職者の名前を知っていることとの間に、何一つ相関関係を見つけることができなかった。

だが、知識と知的な意志決定との間には、一つのつながりがある。市長や州議会下院議員の名前を知らない有権者は、政治そのものに関して多くを知らないようだった。[8] 公職者が直面している諸問題やその業績、失敗、あるいは再選の骨折りに影響を与える刑事上の有罪判決などを、有権者は知らない。長いものには巻かれろ？（それで市庁舎と戦うことができるのか？）大半の人々はＧＰＳを使っても、市庁舎を見つけることなどできないだろう。

政治家が失言するとき

二〇一四年にアネンバーグ・パブリック・ポリシー・センターが行なった調査で、今ではおなじみとなった常套句が確認された。[9] それはアメリカ人が自国の政府の仕組みを理解していないというもの。調査は成人に、当然、彼らが公民の授業で学習していたはずの事実について質問した。

・アメリカ合衆国最高裁判所が、五対四のケースで裁決するという。これはいったいどういうことなのだろう？

二一パーセントが次のように答えた。「裁決は見直しのためにアメリカ連邦議会へ送り返される」。が、これは間違いだ。

・アメリカ議会の上院と下院が、大統領の拒否権をくつがえすためには、どれくらいの多数決が必要とされるのだろう？

正解はわずかに二七パーセントだけだった。三分の二が正しい。
・アメリカ政府の三つの部門を知っていますか？　三つの内で知っているものを挙げてください。
三つの部門（行政府、立法府、司法府）をすべて挙げたのはわずかに三六パーセントだった。


市民の特権や義務について理解が乏しいのは、普通のアメリカ人男女ばかりではない。二〇一四年に、連邦裁判所判事のアレンダ・ライト・アレンは、同性婚を禁止したバージニア州の法律を無効にした。その際、自分の意見を次のように書いた。「われわれの憲法はすべての人間は平等に創造されていると宣言している」[10]。うーん、そう言っているのはアメリカ独立宣言書だ。

「失言した」は政治においては、もっとも主観に影響された言葉だ。あなたが好きな政治家なら、彼は「失言している」だが、あなたの嫌いな政治家なら、彼は「自分の無知さ加減を暴露している」となる。前のテキサス州知事で、大統領選の共和党指名争いに名乗りを挙げていたリック・ペリーは、二〇一五年の演説の中で、偉大な愛国者を引き合いに出した。「トマス・ペインは書いていた。『愛国者の義務は政府から国を守ることだ』と」[11]。このフレーズは、バージニア州リッチモンドのマリオット・ホテルにいた聴衆から、やんやの喝采を得た。が、ファクトチェッカーたちから得たのはノーだった。この一文はペインの書物のどこを探しても出てこない。それが書かれているのは、極左の環境保護主義者エドワード・アビーの書物の中だった。

ペリーがペテンに引っ掛かったのは、インターネットの引用サイトや、「チャーチリアン・ドリフト」

（チャーチルへの流れ）を真に受けたからだ。これほどのことはないが、かつて、共和党の大統領予備選挙に出馬したことのあるミシェル・バックマンは、二〇一一年、ニューハンプシャー州ナシュアのサポーターたちに向かって言った。「あなた方がいるのは、レキシントンやコンコードであの『銃弾が世界に響き渡った』［一七七五年のアメリカ独立戦争の開始を指す］州だ[12]」。だが、この二つの町はいずれもマサチューセッツ州にある。

国の創建者たちが言ったこと（それは彼らが言おうとしたことではない）に関する混乱は、もはやアメリカに特有な風土性を呈している。一九九七年にアメリカ憲法センターが行なった世論調査では、アメリカ国民の八四パーセントが、「すべての人間は平等に創造されている」という言葉を、憲法に出てきた言葉と考えていたことが分かった。が、連邦裁判所の判事ならもちろんよく知っているし、自由世界のリーダーなら知らないはずはないと誰しもが思うだろう。次の引用はビル・クリントンが一九九六年の一〇月一六日に語った言葉だが、このとき彼はアメリカ大統領だった。「私が前に確認したときは、たしかに憲法には『人民の、人民による、人民のための』と書かれていた。これはアメリカ独立宣言書にあった言葉だ[13]」。彼はこの言葉が二つの偉大な文書に共通して含まれていると言うが、どちらの文書にもこのフレーズはない。「人民の、人民による、……」は、リンカーンがゲティスバーグで行なった演説の中の言葉だ。

クリントンが政治家であることは、どこから見ても事実だ。だが、彼はとびきり高い教育を受けた点で、同僚たちとは違っている。ローズ奨学生でロースクール（法科大学院）の教授だった。

だが、クリントンが知っていたことや、彼が知っていると思っていたこと、あるいは彼が知っていると言ったことなど、これらの問題はここではひとまず放棄する。そしてひたすら、彼の演説の録音に耳を傾けよう。大統領の失言のあと、支持者たちの大きな喝采と、「錯誤帰属」［自分に起きている感情や出来事の原因を勘違いすること］に対する称賛の拍手が鳴り止まない。

性格という神話

おそらくわれわれはブレイニースマーフ（聡明スマーフ）［スマーフはベルギーの漫画家ピエール・クリフォールの作品に登場する架空の種族。ブレイニースマーフは一〇〇人いるスマーフの一人］を大統領にしたいとは思わないだろう。そして、もう一つのアメリカ人の信条が、候補者を評価するときには「性格」で行なうべきで、けっして教育や重要問題に対する知識に重きを置いてはいけないというものだった。政治家は、知識人として認められることだけは、どうしても避けたかった。多くの政治家たちは、その正反対のイメージを人々に伝えることに抜きん出ている。

性格の礼賛の方がイデオロギーより、優位に立ちうるからだ。どんな選挙のときにでも、われわれの耳に入るのは次のような浮動票投票者の声だった。それは彼らが、性格や好ましさ、それに単にあの男や、あの女が仕事に「向いている」という感じに基づいて、イデオロギーがまったく異なる候補者の中から、自分の候補者を決めると言う声である。

カリフォルニア大学ロサンゼルス校の政治学者リン・ヴァヴレックは、分割投票者——複数の政党の候補の中から選んで投票する人——は一つの党の路線に沿って投票する人に比べて、知識が比較的少ないことを見つけている。ヴァヴレックは四万五〇〇〇人のアメリカ人という、驚くほど大きなサンプルに調査を試みた。そして彼らに、ナンシー・ペロシやジョン・ロバーツのような政治家の現職ポストについて、その名前を挙げるように尋ねた。彼女は調査の結果を投票パターンと比較した。政治知識について乏しい、下から三分の一の人々は、二〇一二年の選挙で、異なった政党の上院や大統領候補者に投票した可能性が一二パーセントに達している。が、知識に通じていた上位三分の一の人々では、分割投票の可能性はわずかに四パーセントにすぎなかった[14]。

情報量に乏しい有権者たちは、移民や同性婚や富裕層への増税など、議論を引き起こしそうな重大問題には、往々にして、自分の態度を未決定なままにしがちだ。これは「感傷的で態度が定まらない中間層」という見方と一致する。政治的な世論調査員たちは、自分を穏健派だと明かしている人の多くが、実際にはただ単に状況が「分からない」人々だと認識している。

われわれが望むのは、中庸の態度を示す有権者たちが、党派性に対してしっかりと真偽の確認をして、デモクラシー社会に必要な歩み寄りを、促進する手助けをしてくれることだ。もちろん有権者の中には、よく考え抜かれて、理路整然とした政治的な信条を保持していて、それがたまたま二つの政党の信条の間にある、というケースもないことはない。が、そうした有権者の数はそれほど多いとは思えない。

「上院の支配権のように重要なものが、有権者の手に委ねられていて、それがもっぱら選挙のたびに、候補者名簿から候補者を慎重に選び、投票する行為に依存していると考えたくなる。が、それはどうも実際には起こりそうもない」とヴァヴレックは書いている。「起こりうるのは、分割投票をする有権者が、候補者の現職の地位や最近の宣伝活動、それにニュースとして取り上げられたときの論調やその頻度など、風変わりな要素によって強く打ちのめされてしまうことだ[15]」

論説のライターたちは選挙戦の議論が、政策に対する脅しの策略や、捏造されたスキャンダルなどに集中することを嫌う。が、政治家たちはむしろ、このような選挙戦を好んで展開する。それはこうしたキャンペーンが効き目を発揮するからだ。情報に乏しい有権者は、もっとも低俗な趣味に訴えかける、政治的なプロパガンダに簡単に納得させられてしまう。そして彼らが、選挙投票の行方を往々にして左右しがちだ。選挙の結果は実際、簡単に左右されてしまう。

投票くじ

ロサンゼルスは、有権者の無知と無関心の中心地とも言うべき都市だ。よく分からない伝統にしたがって、この都市は奇数年の春に市会議員の選挙が行なわれる。二〇一三年は、アメリカで第二の大都市ロサンゼルスの市長にエリック・ガルセッティが選出されたが、投票場に現われた有権者の数は、市の記録によるとわずか二三パーセントだった[16]。二〇一四年に実施された、ロサンゼルスの教育委員会の選挙では、投票率八パーセントというとんでもない結果が出た[17]。

ロサンゼルスの絶望を指し示すものとして、二〇一四年に、市の倫理委員会が提案した「投票くじ」の設置がある。すべての投票者が自動的に、賞金の当たるくじに参加することになる。おそらくその金額は二万五〇〇〇ドルほどのものだったろう。このくじは「ヴォテリア」と名付けられた。そしてそれは、もしかすると投票率アップにつながるかもしれない。だが、市会議員の候補者や市の問題について、誰かが有権者たちに教育する方法を見つけ出さないかぎり、くじそのもののメリットは疑わしい。

経済学者たちはだいぶ前から、投票そのものが不合理な行動だと主張している。あなたが投じた一票

が、選挙を左右するチャンスはきわめて少ない。そしておそらくそのチャンスが、投票というい
面倒な行為を、正当化することはできないだろう。ましてやそれが、立候補者や現下の問題を、本当に理解するために必要とされる努力を、正当化することなど不可能だ。理性的な人々は、理性的に無知であるべきだと言われている（とりわけ、ディナーパーティーでも議論されない、あまり重要でない地方の選挙戦については）。

しかし、ともかく人々は投票に行く。経済学者たちは反論されるのがいやなので、この現象を「投票のパラドックス」と呼んでいる。それに関する一つの考え方は、デモクラシーがカジノと化しているというもの。デモクラシーは人間の非合理性を利用する。そしてそれ以上に、堅固な基盤はないと考えるようになる。そこには「非理性的な」投票者がいて、大衆の知恵が向かう水路を切り開いて、立候補者を選んでくれる。その候補者はと言えば、国民の感情に同調しているが、たいていは思ったほど悪くはない。

それでは、われわれがその知恵を頼りにしている大衆とは、いったいどれくらい大きな群衆なのだろう？　イプソス・モリの調査では、もっとも最近の選挙で、どれくらいのパーセンテージの市民が投票に出かけたか、それを推測してほしい、と世界中の人々に質問した[18]。ここにあるのはアメリカ人の特異で例外的な実例だ。それは調査の対象となった一四カ国の国民は、投票者のパーセンテージを著しく低く見積もった。が、その例外はアメリカだった。アメリカ人は平均して、五七パーセントの人々が投票に出かけたと推測した。これはほとんどその通りだった。

しかし、それではアメリカがトロフィーに値するのか、あるいはブービー賞に値するのか、それを言

うことは難しい。というのも、アメリカ人の投票者のパーセンテージ（実際は五八パーセント）は、調査対象の一四カ国の内、最後から二番目の低さだったからだ。ポーランドだけが、アメリカよりさらに低い投票率だった。

ということは、アメリカ人はおそらく、投票には行かないのだろう。が、少なくとも行かないことをしっかりと認識している。しかも、アメリカ人は投票に対して、強い倫理感を持っている。投票日が近づいてくると、アメリカ人は投票に行けという、さりげない、あるいはあからさまな指示に責め立てられる。もちろん政党は、自分たちに投票してくれそうな人々から票を何とかして絞り出そうと躍起になる。また、そこには、党派に関係のない愛国心にあふれた人々も、たくさんいると彼らは承知している。「投票する」。誰を支持したり、どれほどその人物を知っているかは重要ではない。……重要なのはただ投票することだ。

私は調査で人々に、彼らが選出した代議員の名前を尋ねた。が、その他にまた、最近の（二〇一二年）大統領選にあなたは投票したかどうかについても質問した。二〇一二年に投票した人々はよりいっそう情報に通じていた。彼らが名前を挙げられる州、及び地方の公職者の数は、投票に行かなかった人に比べると、ほぼ倍近い数だった。

ということは、投票に行かない人々を教育する何らかの方法がないかぎり、彼らを無理強いして投票へ行かせることは、おそらく得策でないにちがいない。このようなプレッシャーは、たくさんの気乗りしない投票者が、ロト・ナンバーを選ぶような調子で、立候補者を選択することを、ほとんど確かなものにしてしまう。それこそわれわれが希望しない投票くじだ。

代議員たちの名前を挙げよ

現在、以下の七つの役職についている代表者たちの名前を挙げてみてください。あなたの州のアメリカ合衆国上院議員を少なくとも二人、州知事、検事総長、州上院議員、郡保安官、市あるいは町の議会議員、教育委員会委員。中には地方の公務員の役職名が違っていたり、あるいは自治体によっては当てはまる役職がない場合もある。

平均的な成人は、七人の代議員の内、およそ三人だけは答えることができた。この質問は世帯の所得を予測する判断材料にもなる。(19) 七人全員の名前を挙げることができた人々は、それができなかった人々より、年間にして所得が四万三〇〇〇ドル多かった——それに彼らは、投票に出かける傾向が強かったようだ。

II 知識のプレミアム

6 事実に値札を付ける

ウィリアム・「バッド」・ポストは無職の路上生活者で、不渡りを出して有罪判決を受けたことがある。気が向くと、カーニバルの料理人やトラック運転手のような片手間仕事で現金を稼いでいた。一九八八年現在、彼の銀行預金の残高は二ドル四六セントだった。ポストはここで、人生の賭けに出て、金銭的に素晴らしいを一手を打った。指輪を質に入れて宝くじを何枚か買った。

その内の一枚が賞金を引き当てた――ペンシルベニアのロトで一六二〇万ドルという大金だ。[1] 続けてポストはさらに、次の素晴らしい一手を打った。賞金を一括払いで受け取るのではなく、二六年の分割払いで受け取ることを選んだ。

くじを引き当ててから二週間が経った頃、ポストは最初の小切手を受け取った――金額は四九万七九五三ドル四七セント。彼はすでにこの金のほとんどを使い果たしていた。自分のために自家用飛行機と酒類販売権を買った。そして兄弟たちのために、レストランと中古車展示用の駐車場を借りた。

最初の小切手を現金に換えてから三カ月後には、すでにポストは五〇万ドルの借金をしていた。

それから一年後、ポストは今こそ、夢にまで見た自分の家を購入するときだと思った。そしてこの夢は、ペンシルベニアのオイル・シティーにあった、ぼろぼろの豪邸を買うことで実現した。払った金は三六万五〇〇〇ドル。それからというもの、事態が複雑さを増してきた。兄弟の一人が殺し屋を雇って、ポストと彼の（六番目の）妻を殺そうとした。そして、遺産の相続をわが手にしたいと思った。殺し屋は仕損じて、兄弟は逮捕された。ポスト自身も妻に向けてライフルを撃ち、手形の取り立て人を狙い撃ちにした（その結果、禁止命令と暴行の有罪判決を受けた）。

以前ポストの大家だった女性が彼を訴えた。この女性は、ときに彼のガールフレンドでもあった。賞金の分け前をよこせというのだ。ポストのためにくじを買う金を工面した。彼女の話では、当たった賞金は山分けすることに、ポストは同意していたという。が、ポストはそんなことはないと強く否定した。裁判官は彼と彼女の言い分を聞いて、肩をすくめるとポストに向かって、手にした賞金の三分の一を原告へ手渡すようにと命じた。

ポストはもう金が手元にないと言った。彼の家は金食い虫だったし、何もかもみんなすっかり抵当に入ってしまっていた。裁判官はくじの賞金の支払いを凍結した。

ポストは家が荒れ果ててしまうと、所有していたものを安値で売り払いはじめた。「ワシントン・ポスト」紙は次のように報じている。

オイル・シティーにある、彼の倒壊しそうな豪邸を訪れた人々は、すぐに気づいたという。ベニア板で塞がれた窓、機能を果たしていないシャワー室、がらくたでいっぱいになっているプール、雑草だらけの裏庭には、ブロックの上に古い車が載っている。調子の悪いセキュリティー・システムは、一分毎に六回甲高い音を立てる。

だらしのない恰好をしたポスト氏が、入れ歯をはずしたままで（入れると頭が痛くなるのだ）、一六もある部屋の中をあっちへ行ったり、こっちへ来たり、ぶらぶらと歩き回っていた。

「無一文だったときの方が幸せだった」と、彼はうめくように言った。(2)

無一文といえば、ポストは破産を宣言した。夢にまで見て手に入れたあの豪邸も、一ドルあたり一六セントで売った（六万五〇〇〇ドル）。くじで当たった賞金の後払い金もオークションで売り渡した。それでも手元に残ったのは、二六五万ドルというかなりの大金だ。この物語の結末がどんなことになるのか、どなたかお分かりの方はいませんか？　挙手を願います。

ポストはなお手元に残った大金を浪費した。家を二軒、車を三台、ハーレー・ダビッドソンを二台、トラック、キャンピングカーを各一台、ヨットを一艘買った。釣り船のチャーター船として、このヨットを使い、メキシコ湾で商売をしたいと言っていた。

が、ポストは長年の暴行と脅迫の罪により、ヨット上で逮捕された。刑務所に入り、短い刑期を務め上げて出所したときには、ほとんど無一文の状態になっていた。二〇〇六年に死ぬまで、彼は政府から支給される、食料配給券《フードスタンプ》と月額四五〇ドルの障害者手当で何とか食いつないだ。

ウィリアム・ポストの悲しい物語は共感を呼ぶ。というのもわれわれは、愛や健康や幸福が、幸運や仕事や教育——そして中でもお金——の組み合わせによって実現することを固く信じているからだ。ポストはダニング＝クルーガー効果の典型だ、つまり彼は資金を割り当てて、不動産に投資することも知らなければ、ビジネスをはじめるイロハもまったく知らない男だった。その結果として、こんなことはしごく簡単だと思った。幸福は金では買えないことは真実かもしれない。が、無知もまたしばしば人を不幸へと導く。

以下の章で私は、知識（と無知）が個人の幸せとどのように関わっているのか、それを探っていくつもりだ。

このつながりはしばしばきわめて強い。例えば私は、四四五人のアメリカ人に、一〇の一般知識を並べたリストで調査を行なった。それは歴史、地理、公民、科学、文学、芸術、それに個人財源などに関する常識だった。この結果を用いて私（実際は統計ソフト）は、サンプルの中で、知識と所得に相関関係があるかどうかを調べてみた。相関関係はたしかにあった。より多くの種々雑多な知識を知る者は、たくさんの金を稼いでいた。これをさらに説明するために、統計学へと横道に逸れる必要がある（ただしこれは手短に行なうことを約束する）。

統計的有意性の重要さと無意味さ

統計データについて、ほとんどの人々が知っているのは、世論調査や一般の調査が完全に正確というわけではないことだ。そこではアトランダムに人々を選び、それが一般人口の代表だと考える。したがって、そこにはどうしても「誤差の範囲」が出る。

この誤差の範囲（限界）は、どのようにして決まるのだろう？　ここに一つ実例がある。私はトリビア・クイズの一つで、現在の下院議長の名前は何かという質問をした。その時点で正しい答えはジョン・ベイナーだったが、正解を出したのはサンプルの七〇・六パーセントだ。が、われわれが本当に気になっているのは、正解を出したと思われる者が占める、合衆国全人口の中のパーセンテージだ。が、それを知ることはできない。というのも、私は全国すべての人々に質問したわけではなく、質問したのは、無作為に選ばれてパネル調査に参加した、わずかに四四五人だけだったからだ。統計データがわれわれに告げているのは、アトランダムに選出された四四五人のサンプルだと、七〇・六パーセントの許容誤差は、プラスマイナス四・二パーセントになるということ。したがって現実の母集団値は、六六・四から七四・八パーセントの範囲内である可能性が高い。

これよりやや微妙な問題になるが、われわれはまた、データの相関関係にも関心がある。すでに述べたように、クイズの成績がいい人々は、どうやらよりたくさんのお金を稼ぐ傾向がある。これはとても興味深い発見になるかもしれない。が、ここでふたたび気になるのは、それがはたして、全人口の傾向を反映したものなのかどうか、その確信をどの程度まで持つことができるのか、ということだ。

アトランダムに一〇〇人のボランティアを調査したとしよう。その一人が億万長者だということが分かり、おまけに彼はトリビアの熱烈なマニアだった。となるとこれだけで、トリビアな知識と所得の相関関係を、むりやり押し進めることになるだろう。が、それはむしろ統計学上の「ノイズ」で、何一つ意味していないのかもしれない。

これは統計学者たちが大いに頭を悩ます問題だ。彼らはこの懸念をp値（確率値）で表わす。p値は平たく言えば、まったく偶然に起こる結果の可能性ということだ。それは誤検知［実際には非AなのにAと判断する「ミス」］の可能性のこと。われわれが好むのは意味のある結果で偽陽性（誤検出）ではない。p値が小さければ小さいほど、統計の正確度がよくなる。

慣例によって、p値が〇・〇五ほどだと、「統計的に有意」とされている。これを別な言い方にすると、調査の結果に何ら問題がないと自信をもって言うためには、少なくとも九五パーセントの値がほしいということになる。もちろん、あらゆる「統計的有意性」は、データの確率性がかなり高いという結論を支持している。が、五パーセントという閾値《いきち》には何ら魔法のようなものはない。それは真実を保証するものでもない。が、それは学術誌への発表へと道を開く、通例の入口（閾値）だった。発表されるか没となるか、そこに人を行動へと駆り立てるものがあるとすると、皮肉屋が言うように、p＝〇・〇五の閾値を獲得することは、二〇面を持つサイコロを転がすようなものかもしれない。調査を何度も何度も繰り返す。そして公表に堪えるものを手にするのだろう（この作業がpハッキングとして知られている）。〇・〇五のp値はまた広く（しかし一般的ではないが）、世論調査者やジャーナリストによって、調査結果を報告する際に採用されている。

トリビア・クイズに戻ろう。正解数と報告された世帯所得との相関関係は、有意水準〇・〇〇一のp値を持つ。これは疑陽性の可能性が一〇〇〇分の一以下ということだ。もうお分かりの通り、ただ単に低いp値はそれ自体が有意義な結果を証明するものではない。が、それが有意水準〇・〇〇一のときには、少なくともあなたは、p値がまったく申し分ないと言うことができる（p値について、もはやこれ以上言うことはやめよう。これに関心のある方々のために、本書では多くの調査のp値を原注に記す。報告された相関関係はすべてが有意なもので、そのほとんどは優に〇・〇五を超えている）。

そろそろ統計学のもう一つの重要な原則を持ち出すときだ。それは「相関関係は因果関係を証明しな

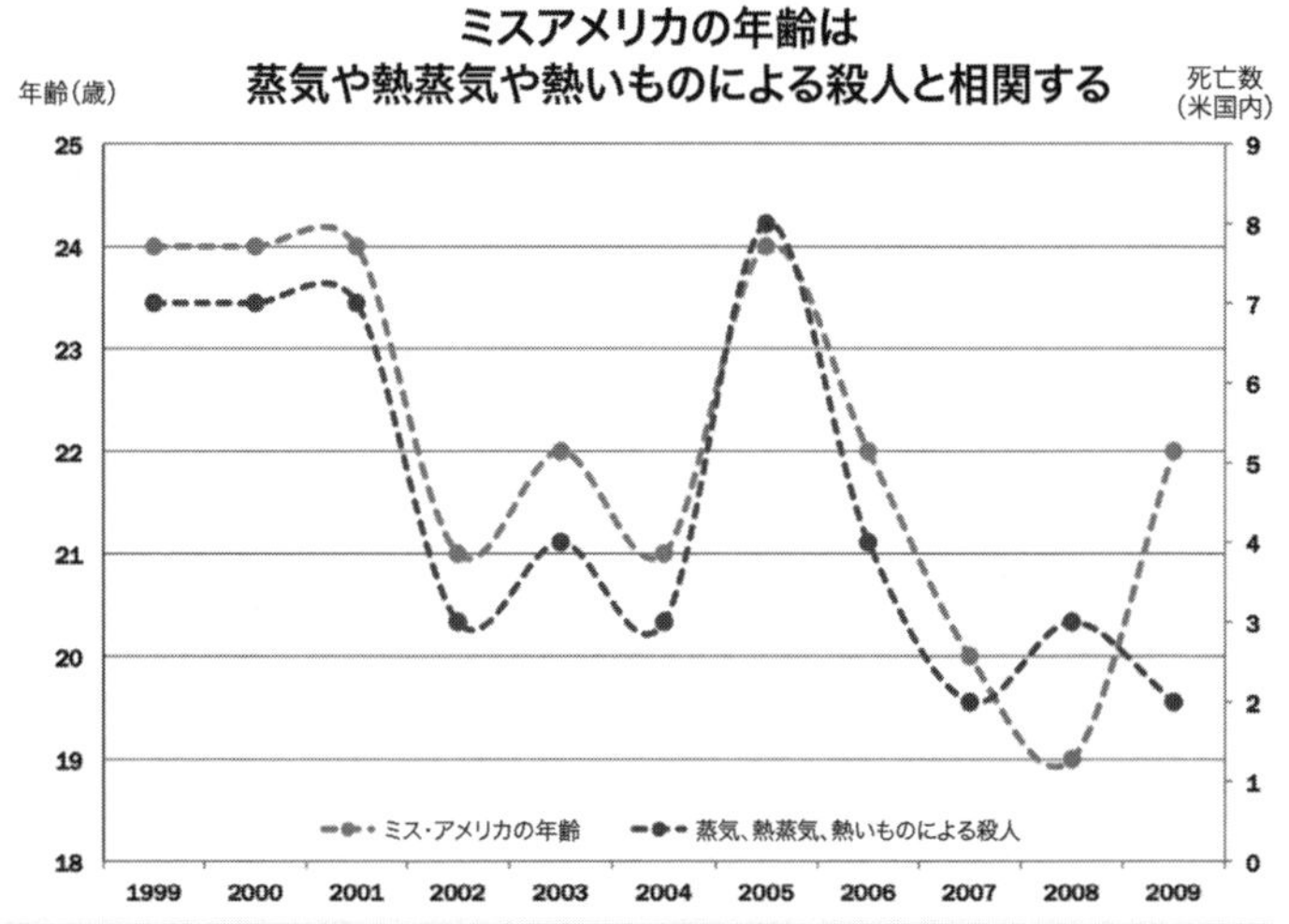

い」というもの。

これを証明する実物の説明として、私が気に入っているのは「疑似相関」のウェブサイトだ[3]。そこでは印象的な、まったく意味がないと言ってよい統計データが列記されている。例えば一九九九年から二〇〇九年までの間の、プールで溺死した人数と、封切りされたニコラス・ケイジの映画の数が相関関係を持っていた。同じ期間における、ミス・アメリカの優勝者の年齢と、蒸気や熱蒸気や熱いものによる殺人数が相互の関連を見せていた。

データの豊富なわれわれの時代には、このようなばかばかしい偶然の一致を見つけ出すのは簡単だ。が、統計的有意性のテストは必ずしも、このような一致を除去できるとはかぎらない。長い間辛抱強く探せば、誰にでも関連性を見つけることができるだろう。

これが「ある種の意味をなす相関関係」に焦点を当てるのがいいとする理由だ。知識と所得のつながりには、明らかに説明が存在する——それが教育。

たくさんの事実を知る者は、学校で多くの歳月を費やしたにちがいない。十分に教育を受けた者はたくさんのお金を稼ぐ。そしてそれは結局、学力検査（SAT）の訓練コースや奨学金のあからさまなセールストークなのである。アイビーリーグやマサチューセッツ工科大学（MIT）の学位は、結果として現金に変わる（それはこれまで延々と記録されてきたように[4]）。多くの立派な仕事にとって、BA（学士号）、MBA（経営修士号）、PhD（博士号）MD（医学博士）は実質的な労働組合の組合員証だった。

ここで問題となるのは、事実を知ることがはたして、所得の比類がないほどすばらしい予兆になるのか、あるいは単にそれは、人が多くの学校教育を受けた印にすぎないのかということだ（つまり、事実を知っていることが教育の「代理人」になるのかどうかだ）。

統計学者たちはしばしば、与えられた結果から、一つ以上の予測因子の効果を引き出したいと思う。そこで、もっとも広く使われている方法に「線形回帰」がある。名前は不可解だが、考え方はシンプルだ。食べたクロナッツの数と体重との間に、何かつながりがあると考えたとしよう。はたして体重を予測するために、口にしたクロナッツの数を使うことができるのだろうか？　それを見つけ出す方法の一つは、まず個人のデータを集めること。つまり一週間に食べたクロナッツの個数と体重だ。それからグラフ用紙に、データセットの個人データをすべて点で書き込む（散布図を作る）。各点の位置は当人のクロナッツ摂取を示していて（x軸上で）、同じ当人の体重も示している（y軸上で）。

もしそこに相関関係があるとすれば——たくさんのクロナッツを食べた者は、より体重が増える——散布図では、点の群れが左下から右上に、駆け上がっているのが見られるだろう。それが分かりやすいケースでは、点の群れを通して、定規でトレンドラインを引くことができる。このラインが線形回帰だ。このラインを使えば予測をすることが可能になる。例えばひと月に一四個のクロナッツを食べる人の、もっとも可能性の高い体重を知りたいと思えば、クロナッツの軸上の一四から上へ、それが斜めのトレンドラインへ交差するまで線を引く。そして、その交点で体重軸上の予測体重を読み取ればよい。

概念的にはこれが、統計ソフトウェアが線形回帰を作るときに行なうことだ。が、プログラムがこれをじっと見ているわけではない――それはデータにラインを合わせるために、正確な数学的方法で行なう。しかし根本的な考え方は、ほとんど今私が述べたことと変わりがない。

これに予測因子を一つ以上加えていっしょにすることで、いっそう結果は興味深いものとなる。被験者の性を考慮に入れると、体重の予測はさらに正確なものになるだろう。というのも、男性は通常女性より体重が重いからだ。このためには、グラフ紙上で取扱いがいくぶん面倒になるが、三次元の散布図を作成する必要がある。が、それは、統計ソフトウェアにとってはまったく問題がない。

いわゆる多変数回帰が、大きなデータを処理する主要なテクニックだ。yを買ってzの郵便番号の場所に住んでいる、ジェンダーがxの顧客は、aを買い、bをクリックして、cに投票する。このようなモデルが行なうことの一つは、それぞれの特定因子が予測にとってどれほど役に立つのか、それを正確に測定することだ。たくさんの因子を持つことで、われわれはしばしば因子の中で、使われていないものがあることを発見する。郵便番号を含むモデルは、また居住する州を組み入れる必要がない（というのも、郵便番号は州を教えるし、居住場所をさらに正確に説明する）。ソフトウェアはそれを認識することができる。

われわれはなぜ郵便番号が州に比べて情報量が多いのか、その理由を理解している。が、通常、因子間のオーバーラップは明確さが弱まるし、明白な理由を欠く。異なった因子がたくさんあると、それはわれわれに同じことを語るかもしれない。が、それぞれに因子はまた、独自の情報をもたらしてくれるかもしれない。このようなケースでは、モデルが多因子を含むことで予測力を獲得する。

　正規の教育を受けた年数と所得の間のつながりは、一般的には認められ、理解されている（とわれわれは考える）ために、それに所得を予測する何らかのモデルを加えることは有益だ。私はそれを、一〇の問いかけをして得た得点のモデルを、付け加えることで試みた。テストの点数は――所得の予測因子として統計的に有意だ――教育レベルがモデルに追加されたときでさえ、関連性を保っていた[5]。それは知識が、ただ単に教育レベルの代理人ではないことを意味している。

　もう一つの関連因子は年齢だ。中年層の人々は概して、若年層に比べるとたくさんのお金を稼ぐ――そしてまた事実に対しては、はるかに長い年月身をさらしてきた。これは知識と所得の明らかな相関関係を生み出すだろう。が、真実の物語は、仕事で年長者を打ちのめす人々が、さらに高い所得を得ているということかもしれない。

　そこで私は年齢、教育、それにテストの得点を因子にして回帰分析を試みた。知識はなお所得の高い有意性を持つ予測因子だった。知識の豊富な人々はたくさんのお金を稼ぐ。それは教育や年齢が一定に保たれたときでさえそうなのである[6]。

　知識がより豊富な者と、知識が乏しい者との所得差は印象的だ。これを具体化するために、仮定上の人物を設定する。基準として年齢は三五歳、四年間大学で教育を受けた。統計モデルが予想しているの

知識のプレミアム――トリビア・テストで満点を取った人は2倍の所得を得た

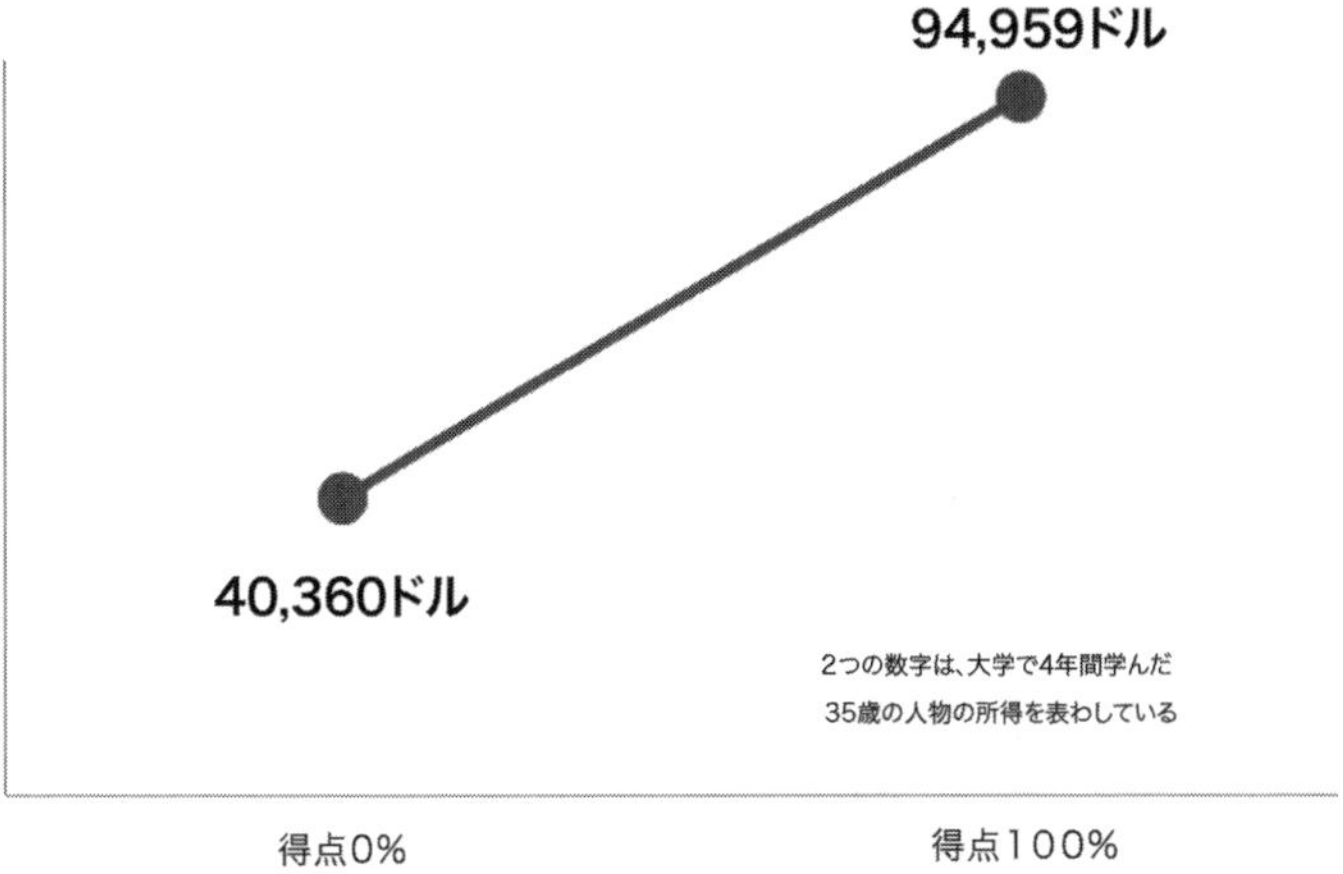

は、私のトリビア・テストの全問に、回答できなかったこのような人物は、平均で年間四万三六〇ドル稼ぐだろうということだ。一〇問すべてに正解をした、同年齢で教育も同レベルの人物は、年収が九万四九五九ドルに達すると予想する。ここには一年でほぼ五万五〇〇〇ドルの差が生じる――言ってよければ、これは二・三五倍もの差異だ。

が、私がここで説明しておくべきなのは以下のことである。実際には、全問不正解の者など一人もいなかったし――問題はかなりやさしかったから――、一〇〇パーセント正解した者も、ほんの数人だけだった。その中にぴったり三五歳で、大学でぴったり四年間学んだ者など一人もいなかった。統計ソフトウェアはすべてのデータ点を探索して、所得が三つの因子によって、どのように変化するかを推し量る。それを使ってソフトは、直線の回帰線形という方法で、与えられた因子に対してもっとも可能性の高い所得を予測する。

そこには知識に起因した大きな所得の格差がある。そしてそれは、教育や年齢に起因するものではない。これが世帯所得で、質問に答えた人が、世帯のおもな稼ぎ手ではないかもしれないために、なおさら格差が目立っている。それは知識と所得のつながりを弱めるものだろう。が、それでもなお、このつながりは検出が可能で大きなものだった。

原因と結果

さまざまな知識と所得が相関していることはわれわれも知っている。が、（ミス・アメリカと「熱いもの」による殺人のケースで、すでに学んだように）相関関係と因果関係はイコールではない。そこには三つの可能性がある。

A　一連の事実に関する幅広い知識が高所得をもたらす。
B　その逆。高所得が人々に幅広い知識を獲得させる。
C　知識と高所得はたがいに、共通の原因あるいは複数の原因を共有する。

可能性Aは、教育の経済的恩恵が学位の免状を、はるかに越えていることを打ち出している。大学院生は専門分野については、何でも知っていることが期待される。自分の仕事に必要な知識は、当然持っているにちがいない。が、それ以外にも、はるかに多くのことを知っているだろう。

ジャックとジェインは同じ学校に行って、同じ年に、同じ成績や同じ学位を取って卒業した。ジェインはメソポタミアについて、真剣な話し合いをしたことを憶えている。が、ジャックはとうの昔に、そんなことは忘れてしまっていた(その他、彼が教えられたたくさんのことも)。メソポタミアはジェインの職業にとって重要ではないが、彼女の知的な幅の広さは、仕事仲間に強い印象を与える。彼女はしばしば、同じような教育を受けた人々に囲まれる。そしてヴァージニア・ウルフやシュレーディンガーの猫について、みんなが語る冗談にも理解を示すはずだ。ジェインが聡明だと感じられるだけで、それは高い初任給へとつながっていくかもしれないし、成功への階段をすばやく、駆け上がっていくことになるかもしれない。

それればかりではない。ジェインの幅広い知識はまた、付加的な利点やさらに実質的な利点を持つ。部長は仕事の仲間とコミュニケーションをとるために、ジェイン自身の分野以外のことにも、十分な知識を持つ必要があるだろうし、マーケティングの担当者もまた、大衆文化を理解することを迫られる。知識の幅の広さは、管理職へと昇進する機会を逃さない者を、エンジニアにとどまってしまう技術者から識別する類いのものだ。冥王星が準惑星だと知らないことは、エンジニアたちから信頼を集めることのできない、先のとがった髪型のボスを象徴する目印だ。

これは知識がどんな風にして、高額な所得を生み出す(可能性がある)のか、それを描いたスケッチにすぎない。が、そこには他にも、たがいに排除し合うことのない可能性がいくつもある。頭の中にたくさんの事実を持つ人が、すばらしく創意工夫に富むケースは大いにありうる。知識のストックが彼らに、他の人が気がつかない類似性を見ることを可能にし、さまざまな問題に対して、クリエイティブな解決策を導き出させるからだ。

他にはこんな説明もある。たくさんの知識を学び、それを身につけた人はまた、お金の取扱いについてもたくさんのことを学び、身につけている。それはそのますぐれた予算の計上、貯蓄、投資などにつながっていくし、時間とともにひとりでに高額所得へと導かれる。しかし、他の説明として、知識の豊富な人々は、高い教育を受け、経済的にも安定した配偶者と結婚しがちだというのもある。

このようなシナリオは、可能性Aの実例となるだろう。が、おそらくわれわれは取り違えて、逆に理解していたかもしれない。つまり、高額な所得こそが広い知識をもたらすのではないか（可能性B）。裕福な者たちは余暇も十分にあり、ニュース報道に注目したり、本を読んだり、ポッドキャストを聞いたりする時間があったのかもしれない。一方で、その日その日を何とか生き抜いている人々は、不必要なものに費やすお金もなければ時間もない。副業をしている可能性が高いし、住み込みのベビーシッターを雇っている可能性は低い。したがって、自分で学習する時間も持てそうにない。

第三の可能性Cは、もう一つの因子あるいは複数の因子が、知識と高い所得の両方を生み出すというものだ。この第三の因子の候補を考えるのは、それほど難しいことではない。まずはじめに観察すべきは、富がある程度まで親譲りのものであること。裕福な子供たちは家庭教師につき、名門校に通うだろう。彼らは最初に住むアパートメントの家賃にしても、はじめて家を借りるときの頭金にしても、ともかく母親や父親の助成金という恩恵を受ける。それに親たちは、彼らが職業に就くときでさえコネによって手助けする。おまけに子供たちは、親の財産を相続するかもしれない。

このケースでは、原因因子は裕福な両親ということになるだろう。金持ちの母親や父親を（その当時）持っていたことが、（たった今の）富の原因となっているからだ。金銭的に豊かな両親はまた、家庭教師や学校という形で、幅広い知識をもたらす原因にもなる。これは容易に知識と所得の間の相関関係を生み出しうる。そしてその関係は、正規教育の年数や年齢という要素を取り除いてもなお存続する。というのも、裕福な子供たちは、家族が学習を勧めることで恩恵を受けたり、さらにすぐれた学校へ通っていたかもしれないからだ。

もう一つの可能性は、原因因子が単に記憶であるというものだ。生まれつきよい記憶力を持っている人は、たくさんの事実を身につける。記憶はまた多くの職業で役に立つことが十分にありうる。そしてそれは高いアベレージの所得を得るおもな原因ともなる。

また他にも認識因子が存在して、それはもしかすると関連があるかもしれない。成功した人々の多くは、好奇心を自らの成功の原因（因子）としている（これは謙虚を装った「インテリジェンス」の自慢？）。他には成功の原因を野望、根性、自己鍛錬だと言う人もいる。教育は子供が最初に遭遇する職業だ。成功への先天的な傾向を持つ人々は、この傾向を学業――事実を学ぶことも含まれる――で秀でることによって、表現するのかもしれない。同じ傾向は後年になって、学習に対する生涯の習慣とともに、高報酬の仕事へと導くことになるのだろう。

この問題については、あとで再検討をするつもりだ。私のベストな推測は、このような可能性のすべてには、何か真理があるということだ。知識は高所得を生み出し、それはまた高所得によって生み出される。そしてそれは高所得といくつかの因子を共有する。残念なことにわれわれは、自分の親がはたしてどれくらい裕福なのか、あるいはわれわれは生まれながらに、強大な精神力に恵まれているのかどうか、そのいずれをも知ることができない。が、ただわれわれはすべて、学ぶ努力をすることだけはできる。

お金と幸せ

所得の差異を見ることは、知識を「査定する」方法としてはやや軽率だ。が、そこにはいくつか利点がある。お金は量で測ることができる。所得を報告するようにと言われた被験者は、ただ数を記憶していればよい。だが、健康や幸せの状態を一から一〇の等級で示せと言われると、その数を自分で考案しなくてはならない。もちろん誰もがみんな金持ちになりたいと願うわけではない。が、貧乏になりたいと思う者はいないだろう。そんなわけで所得は、人生の目的をどれくらいよく成し遂げているのか、それを推し計るおおまかな測定基準となりうる。所得が幸福や健康や長寿と関連がある――少なくとも上流中産階級の所得水準に至るまで――ことを示す研究は広範囲に及んでいる。プリンストン大学の心理学者ダニエル・カーネマンと、経済学者のアンガス・ディートンは二〇一〇年に書いた論文で、当たり前のことだが、中産階級は貧乏な人々より幸福感が高いとしている。二人はまた、年収が七万五〇〇〇ドルのあたりに、変曲点ともいうべきものがあることを発見した。[7] 幸福度は七万五〇〇〇ドルまで、所得とともに上昇する。そしてその時点で、幸福度は水平状態になる。その変曲点をすぎると、人々はもはやより幸せではけっしてないと報告している。もし私が裕福だったらとわれわれは考える……が、ウィリアム・ポストが気づいたように、それは必ずしも裕福とはかぎらない。

が、ただし、幸福を推測することは難しい（これはカーネマン＝ディートンの論文が指摘している点の一つ）。今までのところ、どれくらい幸福なのか、それを明らかにするスマートウォッチもなければ脳スキャンもない。幸福を計るただ一つの実用的な方法は、どれくらい幸福を感じているのか、じかに人々に尋ねることだ。世論調査員や心理学者たちは、ずいぶん前からそれを行なってきた。普通の調査と同じように、この幸福感を尋ねた調査の結果はやはり、質問の一言一句によって大きく左右される。私の調査の中にも、幸福をテストするためによく使われる、おなじみの質問がある。

人々の中にはほとんどつねに、非常に幸せな人々がいる。彼らは現在の状況がどのようなものであろうと、いつも人生をエンジョイしている。あらゆるものから最大限のものを活用する。あなたはこんな生き方に、どの程度まで共感できますか?

この質問に対する答えは、評価のスケール上で示される。ここで使われている言いまわしは、被験者の率直さに働きかけるようだ。その回答が、幅のある心理学的評価と幸福を示す他の証拠をともなって現われてくるのが見られた。

私はこの質問を、今考察を重ねているトリビア・テストに入れた。そして知識が幸福と関わりのなかったことが分かった(8)。まあそこには、若干ではあるが正の相関はあった。が、それは統計学的な有意性とはほど遠いものだった。私はこの調査を何度か繰り返した。どうやら一般的知識は所得と堅固なつながりがあるようだが、幸福とはなさそうだ。それでは他に知識と関連のある、何か肯定的な人生の成果があるのだろうか? どんな知識が最大効果をもたらしてくれるのだろうか? 以下の各章で私は、このような質問を検討していくつもりだ。

トリビアが大事

所得を予測する力を持つ質問とは、いったいどんなものなのか、それをあなたは知りたいと思っているかもしれない。ここに挙げた実例は、私が検討をした調査からピックアップしたものだ。

- エミリー・ディキンソンは誰？――シェフ、詩人、歌手、哲学者、リアリティー番組のスター？
- 南北戦争とワーテルローの戦い、最初に起きたのはどちら？
- この絵を描いた画家は誰？（見せられた絵は、ピカソが一九二八年に描いた『画家とモデル』）
- キューバはどこ？（回答者は地図上でその場所を示した）

このような質問(9)は、われわれが漠然とトリビア（どうでもよいこと）と呼んでいるカテゴリーに属する。それはこの情報が取るに足りないからではなく、一見して、基本的な生命の維持や金儲けに、まったく関わりがないように見えるからだ。しかし、統計はそれが金儲けにたくさんの関わりを持っていると言う。

質問の答え――ディキンソンは詩人。ワーテルローの戦いの方が時代が早い。エミリー・ディキンソンの質問はもっとも簡単だった。九三パーセントが正解。他の質問の正解を知っていたのは、およそ七〇から七五パーセントの人々だった。

7　エレベーター・ピッチ・サイエンス

QVC［アメリカの民放テレビ局。テレビショッピングの専門チャンネル］の司会者ショーン・キリンジャーと、デザイナーのアイザック・ミズラヒは一瞬言葉に詰まってしまった。手にしたグリーンのブラウスが、あまりに趣味が悪かったために、それをどのような言葉で言い表したらいいのか、言うべき言葉がない。が、テレビショッピングでは、それを売り込まなくてはいけない。

キリンジャー　惑星の月から、さらに何兆億マイルも離れたところにいて、そこから地球を見ると、こんな色に見えるかもしれない。
ミズラヒ　うん、そう……惑星の月からね。
キリンジャー　月は恒星じゃなかったっけ？
ミズラヒ　いや、月は惑星だよ。
キリンジャー　太陽は恒星だろう。月はほんとに惑星なの？
ミズラヒ　月は惑星だよ。惑星だよね……。
キリンジャー　そんなに僕を見ないでよ。太陽は恒星だよ。太陽は恒星じゃなかったっけ？
ミズラヒ　太陽が何かは知らないよ。われわれには、太陽が何かなんて分からない……。グーグルで月を調べればいいじゃない。オーケー？　月が惑星かどうかなんて、もうどうでもいいよ。[1]

このやりとりはユーチューブに掲示され、またたく間に広がった。それはみんなのよく知る、おなじみのお話——一般の人は基礎科学について何にも知らない——にみごとにぴたりとはまってしまった。

科学に対してわれわれが抱いているのは、複雑な感情だ。親や政治家たちは、科学、技術、数学教育（ステム教育）を繁栄への道だと見なしている。そして、あらゆる経済問題——外部委託《アウトソーシング》から中産階級の賃金停滞まで——を解決する万能薬だと思っていた。ワシントン州からテキサス州まで、各州の知事たちも、子供たちがすべてプログラミングを学ぶことができるように、人文科学に大きな改訂を加えることを誓った。が、われわれの科学への愛情には限界がある。大人たちもその多くは、最近のテクノロジー機器の先にある、科学の発展ということになると、ほとんど注意を向けていない。自分の政策決定を科学的真理や、科学的な考え方に基づいて提案する政治家は、有権者の多くにとっては、受け入れるのが困難なものとなるだろう。二〇一五年はじめの時点では、合衆国議会の議員たち——上院と下院を合わせて五三五人いる——の中で、科学者として働いていた者はわずかに二人しかいなかった。[2]

全米科学財団（NSF）は定期的に調査をして、合衆国やヨーロッパやアジアで、基礎的な科学知識がどれくらい浸透しているのか、その跡を追っている。[3] 調査では一〇の質問が用意された。〇か×かで答える。地球の中心部は非常に高温だ……あらゆる放射能は人工的なものだ……赤ちゃんが男か女かを決定するのは父親の遺伝子だ……質問はかなりやさしい。そうでしょう？　次に掲げるのは調査の結果の一部。

	正解のパーセンテージ
地球の中心部は非常に高温だ(○)	78%
何百万年の間大陸は移動しつつあり、これから先も移動し続ける(○)	77%
あらゆる放射能は人工的なものだ(×)	73%
地球は太陽のまわりを回っているのか？ あるいは太陽が地球のまわりを回っているのか？ (地球が太陽のまわりを回っている)	71%
赤ちゃんが男か女かを決定するのは父親の遺伝子だ(○)	62%
抗生物質はバクテリアと同様にウイルスを殺す(×)	54%
電子は分子より小さい(○)	45%
人間は原始的な動物種から進化している(○)	44%
レーザー光線は音波を集めることで作用する(×)	42%
宇宙は巨大な爆発からはじまった(○)	35%

このグラスがまだ半分空なのか、あるいは半分満たされているのか、それを決める前にあるグループを想像してみてほしい。彼らは○×式のテストに手当たりしだい挑戦して、しかも、五〇パーセントの得点を取ることが期待できる。が、この五〇パーセントは実質的にはゼロに等しい。得点はまったくの無知と違わないからだ。最後の四つの質問に注目してほしい。その正解率はいずれも、アメリカ人の五〇パーセント以下だ。

この調査に参加したのは二〇一〇人だった。それが意味しているのは、いずれにしても、考えられる誤差は二パーセント程度ということだ。したがって、最後の四問の数字は一般集団にテストを試みても、予想されるのは五〇パーセント以下の正解だ。

大半のアメリカ人が、電子を分子より大きいと考えていたり、レーザー光線が音波を集めることで作用すると考えているのには、少々びっくりさせられる。携帯電話やフラットテレビには、必ず電子が使用されているからだ。レーザー・ポインターを目にした経験があるだろう——それがはたして対象を指し示すのは、音によってだろうか、それとも光線によってだろうか？

四つの質問の内、得点がもっとも低かった二つの質問は、進化とビッグバンの理解度をテストしたものだ。人間が原始的な動物種から進化したことに、同意を示したのがわずかに四四パーセント。さらにビッグバンという非公式の表記を真実だとした者も、三五パーセントにとどまった（物理学者たちはこの表記に反対して、「巨大な爆発」は、それでなくても誤解を招くビッグバン以上に、さらに誤解を招きかねない表記だと言っている。が、その他の結果が明らかにしていることだが、調査サンプルの中に物理学者はあまりいない）。

無知は地球規模

進化やビッグバンに関して言えば、アメリカ人の無知と彼らの信心深さを区別することは簡単ではない。アメリカ人の中には、このような科学的な考え方を、伝統的な信仰に対する挑戦と見なす者がいる。そのために科学的な概念は、文化的次元や政治的次元で対決を余儀なくされた。

ギャラップは一九八三年以来、進化に対する人々の考えについて世論調査を続けてきた。調査をはじめた頃からずっと、人間は神によって創造されたという信仰が、人々の間で広く人気があり、わずか二、三パーセントの人々によっては、とてもその信仰を覆すことなどできなかった。ギャラップは質問を多項選択式にして、三つの選択肢を用意した。その一つは「この一万年ばかりの間のある時点で、神は人間を、今とほとんど変わらない姿で創造した」[4]というもの。二〇一四年の調査では四二パーセントがこの意見に同意した。

三一パーセントは調査の第二の選択肢を選んでいる。それは次のようなものだ。「人間はあまり進化していない生命から、数百万年という歳月を経て進化してきた。が、そのプロセスを導いたのは神だった」。そしてわずか一九パーセントが、完全に非宗教的な立場を取った。それは人間は進化したが、「神はそのプロセスでいかなる役割も演じなかった」というものだ。

ギャラップが行なった調査の結果は、全米科学財団（NSF）の調査結果と矛盾するものではない。ただ両方の調査結果が明らかにしてみせるのは、言葉の言いまわしがいかに重要かということだ。ギャラップの質問は、普通の人々が進化について考えるときに、彼らの心に、よりすぐれた窓を準備するのかもしれない。ダーウィンの進化論を受け入れる人々の半数以上は、この理論を神意の代理を務めるものとして考えることを好む。そしてもちろんそこには、世界がまだ若くて、恐竜はノアの箱舟に乗り込むことができなかった、と考える人々がかなりいる。

このような結果が報告されるたびに、論説のライターたちは改めて、科学教育の現状を嘆き悲しむのだった。そしてそれは、いきなり次のような結論へと、ジャンプするのが慣習となっている。その結論とは、この国では知識が衰退の道をたどっていて、アメリカは世界の国々に遅れを取りつつあるというものだ。が、この二つの結論がなお持ちこたえていることは、まったく理解に苦しむ。

調査でしばしば明らかになるのは、科学に関するかぎり、若い人々の方が年長者よりよく知っていることだ。これは知識の他の分野で、しばしば見られるパターンを逆転させるもので、今どきの子供たちはまったく何も学ぼうとしない、という物議をかもす説にまっこうから異議を唱えている。NSFの調査はまた、科学に対するアメリカ人の理解力は、国際基準《グローバル・スタンダード》に照らしてみても、それほどひどいものではないことを示している。平均するとアメリカ人は、NSFの質問に五八パーセントの正解を出していた。同じテストは、海外のさらに多くのサンプルに試みられた。欧州連合（EU）と韓国（六一パーセント）は、アメリカを僅差で打ち負かした。アメリカ人は日本人（五一パーセント）より成績がよかったし、中国（三七パーセント）やロシア（三三パーセント）の参加者よりはいっそうよかった。ロシアはブービー賞を取った――圧倒的多数が、○か×かの項目のすべてで不正解を出した。

進化とビッグバンに関する質問で、アメリカが獲得した得点は、ロシアと同点だった（両方の国がともに、進化については四四パーセント、ビッグバンについては三五パーセント）。進化に関するかぎり、他の国々はこの両国より、はるかに正解率が高かった。得点はヨーロッパと中国が七〇パーセント、日本が七八パーセントだった。が、ビッグバンに関しては、中国はアメリカよりずっと得点が低く、正解を答えた者はわずかに一七パーセントにすぎなかった。

ギャラップの調査で判明したのは、アメリカで非宗教的なダーウィン説を信奉する人々の割合が、二〇〇〇年以降倍増したことだ。これはもちろん、もともとが小さな数字だったので、倍増が可能になったにすぎない。一九八二年から二〇〇〇年までは一〇パーセント前後だったのが、二〇一四年までの数年間で、一気に一九パーセントに急増した。この増加は、神の指揮による進化という、三つの内の真

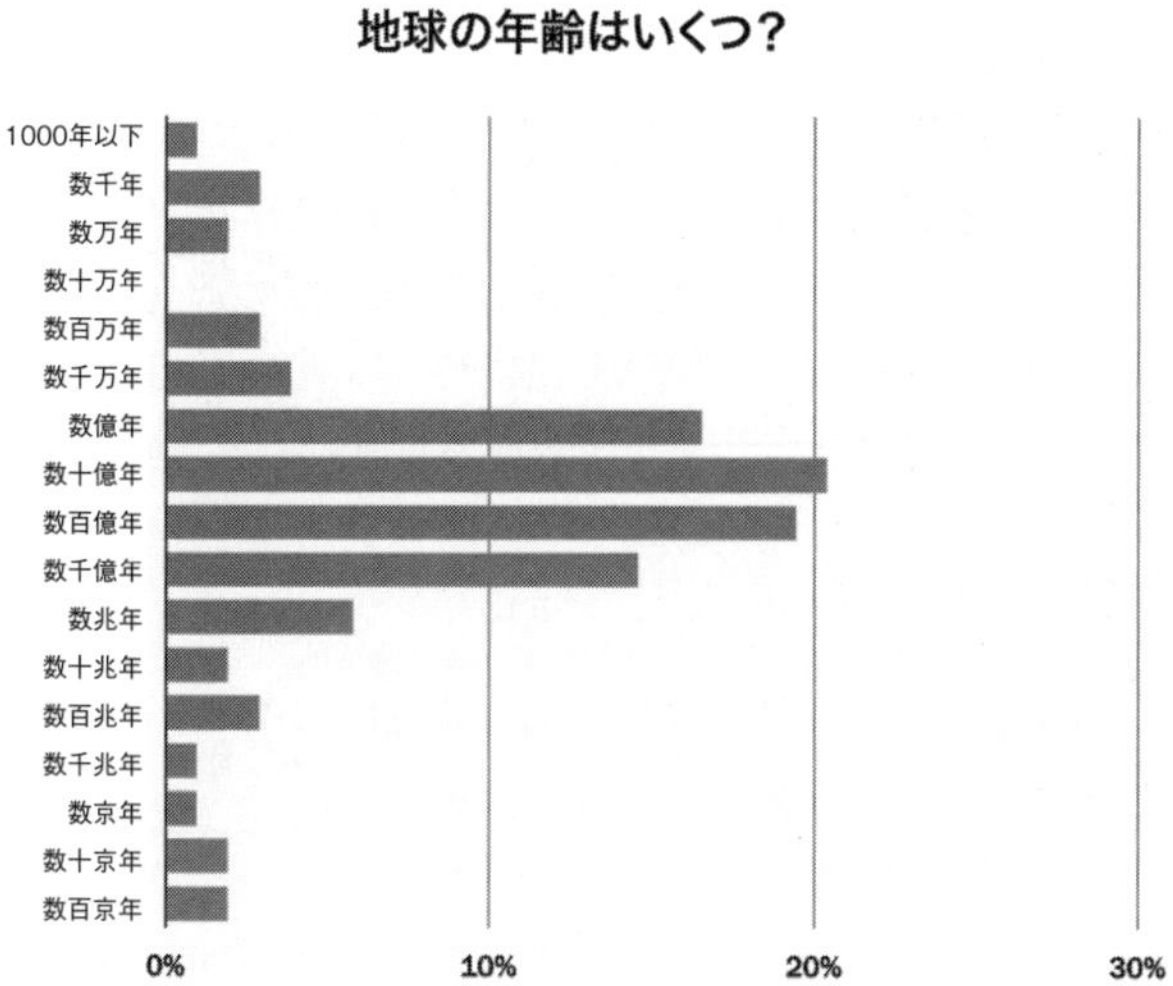

ん中の選択肢を選んだ人々のおかげだった。

二〇一三年にピュー・リサーチセンターは、進化論を信じる共和党員のパーセンテージが、ほんの五年間の間で一一パーセント減少した（四三パーセントになった）と報告している。これと同じ時期に、民主党員の進化論に対する信念は六七パーセントに増加したという。ピューはまた、アメリカ人はこの一〇年間で、「天地創造説」という言葉に対して、あまりなじみがなくなってきたことを明らかにしている。レッド・ステイト［共和党支持者の多い州］の教科書や天地創造説の博物館、それに、この類いの話をあざ笑うマスコミ報道などがあるのだが、にもかかわらず、天地創造説を信奉する人々の多くは、それをどう表現すればいいのか分からない。

私はすでに、人々がきわめて大きな数を理解するときに、生じる問題点について述べた。科学はしばしば、天文学的に大きな数を扱うこともあれば、きわめて微視的に小さな数を扱うこともある。私は被調査集団に

「地球の年齢はいくつだろう?」と尋ねた。答えはほぼ正確に知られている。それは地質学者によると四五億四〇〇〇万年だという。許容誤差はプラスマイナス一パーセントだ。私のした質問には正確な答えは必要ない。ただ「一〇億から九九億九九〇〇年」のような一〇の累乗の範囲で答えればよい。が、それは選択方式で正しい選択肢を選べばよかったのだが、正解を選んだ者はわずかに二〇パーセントにすぎなかった。

これは天地創造説の博物館を非難すべき問題ではない。そこには大司教ジェームズ・ウッサーの、世界は紀元前四〇〇四年に創造されたという結論(『欽定訳聖書』の研究に基づいたもの)を受け入れた人々がいる。これに関連した範囲——一〇〇〇年から九九九九年——が獲得した回答は三パーセント以下だった。正しい回答に数字が達しないより、むしろそれを飛び越えて、行きすぎた回答の方が多かった。人々の多くは、科学や聖書に基づく根拠などまったくなく、ほとんどアトランダムに大きな数を拾ったにちがいない。

詩人ならこんなことを考えるかもしれない——人間なら誰しも、物事の成り立ちの中で自分の位置を考えるだろう。そんな彼なら、地球の年齢のような根本的なものに興味を抱くにちがいないと。が、プラグマティスト(実用主義者)は、こんな事実に実用的重要性はまったくないと反論するかもしれない。宇宙のミステリーが万人に明らかにされ、しかもそれが万人から無視される。何て驚くべき時代なのだろう。

サイエンスとフィクション

二〇一五年、ネット・ユーモリストのジェイ・ブランスコムが、フェイスブックに一枚の写真を投稿した。それはスティーブン・スピルバーグが、死んだ古代恐竜のトリケラトプスの隣りで座っている写真だった――『ジュラシック・パーク』の宣伝用のイメージ写真だ。ブランスコムは写真のキャプションに、次のように書いていた。「気晴らしでトリケラトプスを殺したハンターが、獲物の隣りで笑っている恥ずべき写真。どうかシェアをお願いします。そうしてもらえば、この見下げはてた男の名前が世間に知れ渡り、彼に恥ずかしい思いをさせることができます[5]」

このメッセージは三万回以上シェアされ、何千の激怒したコメントが寄せられた。これはスピルバーグが恐竜を撃ち殺したことによる怒りだ。おそらく多くの人々は、ブランスコムの冗談といっしょにわざとコメント欄を荒らしては、それを楽しんだことだろう。が、しかし、怒りの多くは真剣なものだった、と私は自信を持って言える。その理由の一つは、すべての人が「トリケラトプス」という言葉を知っているわけではないし、それが本物そっくりなコンピュータの生成画像だとは、とても気づかないからだ。このような人々が見ていたのは、漠然とではあるが親しげに見えた（おそらく自然のドキュメンタリーによって）珍しい動物の死骸だった。私が試みた調査の一つでは、大衆の一五パーセントが、古代人と恐竜は共存していたと信じていた[6]。これはもちろん、古代人と恐竜がたった今、共存していると信じているわけではない。が、それでもそれは、驚くほど大きなグループによって抱かれていた、驚くほど間違った考えだ。

空で2番目に明るく輝く恒星は何?

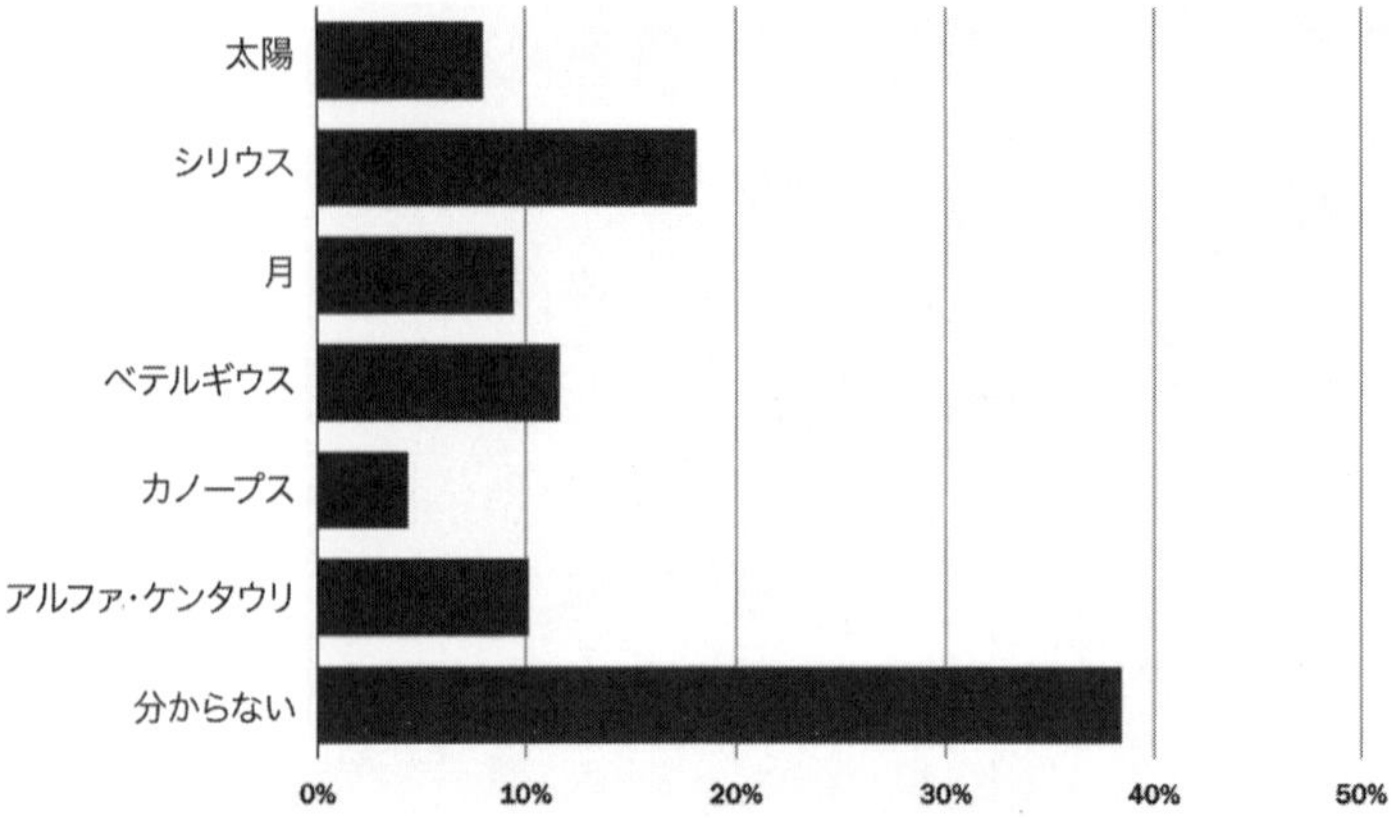

サイエンス・フィクションが、恐竜やクローニングやブラックホール、それに量子論などを、理解はできないけれど、身近でなじみのあるものにした。それはまた次のようなものに負うところが大きい。テレビ、ラジオ番組、ポッドキャスト、ブログ、それに科学的な事実を、おもしろく親しみやすい方法で提供する博物館の催しなど。多くの人々は科学に夢中になる。が、はたして彼らはそれを、どれくらいたくさん記憶しているのだろうか?

すべての人が知っているものに惑星の名前がある。私が調査した平均的な人では、太陽系の中で一般に認識されている八つの惑星の内、平均して六・九個の名前を挙げることができた[7]。たいてい、リストから落ちてしまうのは水星と海王星だった。あやまって冥王星の名前を挙げた者がおよそ二五パーセントいた。太陽を惑星だと名指ししたものは四パーセントだけだった。そして——民放テレビのQVCの視聴者なのかどうか——二パーセントの人だけが、月を惑星だと考えていた。

「天空の星の中で二番目に明るい恒星」について尋ねる

と、四分の一以下の人々が、これは仕方がない、と擁護できるような答えを出した。このような質問に答えるためには、何よりもまず、太陽が恒星だということを知っていなくてはならない。明らかに太陽は空で輝く星の中で、もっとも明るいものだ。さらにまた知っておく必要があるのは、シリウスがその他の天体の中では、もっとも明るいことだ。したがってシリウスが、この問いかけに対するベストアンサーだ。が、この正解を選んだ者はわずかに一八パーセントだけだった。

ほとんどの人は、太陽が恒星だなんて思っていないだろう、とあなたは異議を唱えるかもしれないが、(コモン・コア［全米統一の学力基準］も、こんなことは一年生で知っておくべきだと言っている)。太陽を除けば、二番目に明るく夜空で輝く星はカノープスだ(この星はアメリカのほとんどの場所から、すぐには見ることができない)。が、この答えを選んだのはわずかに四パーセントだけだった。

注目に値するのは、もはやまったく擁護のできない解答が、どれくらいあるのかということだ。月が恒星だと思っていた人が九パーセントいた。そして二番目に明るい恒星として、八パーセントの人が太陽を選んだ……ということは、その人たちは空のどこかに、太陽より明るい恒星があると考えているということだ。

「私たちは恒星と同じ材料でできている」(8)とカール・セーガンが言った。が、われわれの体や世界を形作る、恒星に起源を持つ原子について、われわれが深い理解をしているわけではない。現に私は調査のサンプルに、この世の中にはどれくらいの元素があるのかと尋ねた。答えのほとんどは四〇から一八〇の範囲内だった。調査の時点では一一八の元素が一般に認められていた。が、それに近い答えを出したのは三〇パーセントにすぎなかった。これとほぼ同じパーセントの人が「分からない」と解答している。

プラスチックは、われわれの時代が生み出した可塑性の物質だ。この物質は何からできているのだろう？　私は次のような選択肢を用意して、その中からベストアンサーを選ぶようにと求めた。

A　水素、炭素、不活性ガス
B　ケイ素、酸素、水素、窒素、
C　炭素、水素、酸素、窒素
D　天然ゴム、ビニル、セルロース
E　天然ガス、エチル・アルコール、
F　アミノ酸、リン、水、メチル・アルコール

Cがベストアンサー。Cを選んだのは一三パーセントだった。

ピュー・リサーチセンターが定期的に行なっている科学知識の世論調査で、もっとも難しい問題は「地球の大気圏の大半を占めているガスは何？」だった。これは多項選択式の質問として出される。選択肢は水素、窒素、二酸化酸素、酸素。毎年のことだが、正解（窒素）を選んだ被調査者は二〇パーセントにすぎない。酸素がもっとも多い答えだった。

非科学的方法

二〇一四年にオハイオ州議会は、コモン・コアを撤回する法案を検討した。この法案の条項では、科学教育は以来、「科学的事実を政治的あるいは宗教的解釈することは」避けて、「科学的プロセスよりむしろ、アカデミックな、そして科学的知識に集中する」[9] ことが要求されている。

そこでは、次のようなケースが述べられていた。つまり、公立学校の授業は、隣りのバーベキューや感謝祭のディナーのように、政治的な、そして宗教的な信念に楯突く場ではない。ここでびっくりさせられるのは、「科学的プロセス」を教えることが禁止されたことだ。学校は科学を科学的なプロセスを抜きにして、教えなければならないのだろうか？ うーん。

コモン・コア撤回の法案に賛同する者たちの一人、下院議員のアンディー・トンプソンは、この法案にまつわるミステリーをみごとに解決した。そして法案は、天地創造説をカリキュラムに取り入れるための、単なる方便にすぎないと説明する。「多くの地区で」と彼は言う。「彼ら（賛同者たち）は違った見方を持つかもしれない……そして、われわれが望むのも、ただ単に、信仰の問題や地球の誕生の様子についてだけではなく、地球の温暖化や議論を醸している話題についても、あらゆる視点から考えられる柔軟性を、彼らに提供することだ[10]」

あるジャーナリストが質問をした。これでは知的設計論《インテリジェント・デザイン》［知性のある存在が、生命や宇宙のシステムを設計したとする説］を教えることになるのではないのかと。「私は彼らが、信仰を持つ人々の見方を検討するのはいいことだと思う」とトンプソンは答えた。「とてもまっとうなことだから」

言い換えれば科学の授業とは、信仰を持つ人々が信じていることを教えることであり、科学者たちが信じていること、あるいはなぜ彼らがそれを信じるのかについて、教えることではないということだ。法案の賛同者たちは、科学的事実はオーケーだが、科学的思考は、政府や支配体制を転覆させるものだと思い込んでいた。

この点を考慮に入れて、私は次のような調査質問をした。

「新薬の効き目を見る一番いい方法は何か？」

A　試供品を発送して、ユーザーに感想をオンラインのフォームに書き入れてもらう。

B　ボランティア・グループの半分に薬を投与し、残りの半分に偽薬を投与する。そしてどちらのグループがよくなるかを見る。

C　薬を分析してその成分を見る。そしてそれが含む成分が、はたして病気を治す効果で知られているのか、あるいは病気を防ぐ効果で知られているのかを分析する。

D　薬をチンパンジーに投与してみる。もしそれがチンパンジーに効くのなら、おそらくそれは人間にも効果があるだろう。というのも、チンパンジーはわれわれのDNAの九九パーセントを共有しているからだ。

E　仮説を立てて、薬をボランティアのグループに投与する。もしそれがボランティアの大半に効果を示すなら、それはおそらく一般市民にも効き目があると思われる。

選択肢Bだけがただ一つ、科学的方法の中心をなす、きわめて重要な対照実験の概念——実際には批判的思考《クリティカル・シンキング》——について述べている。ここではこの選択肢がベストアンサーだ。そしてそれを選択したのは、五九パーセントというかなりの数だった。

この結果を、基本の科学的事実に対して示した、みじめなほど低い得点と比較してみることだ。科学的方法を理解する人々が、その方法によって明らかとなる、大半の基本的事実を理解する人々より多いことがわかる。基本的事実とは、われわれが呼吸する大気の大半を占めているガスの名前のようなものだ。

これはおそらく教育上の優先事項——事実ではなく、スキルや批判的思考を教えるようにという指令——を反映しているのだろう。科学的方法を教えることはきわめて重要だ（そしてそれこそが、オハイオ州の法案が見当違いのものだった理由だ）。が、しかし、事実もまた重要だ。それなしには、学生たちはうわべだけの思考を巡らすことになり、深く理解されていないキャッチフレーズばかりを、頻繁に使うことにもなりかねない。

そのことは物理学においてきわめてよく当てはまる。「次の中で、物理学で使われる『不確定性原理』の説明として、もっとも適切だと思われるものはどれか？」。私が調査質問として用意したのは以下の答えだ。

A　電子が正の電荷を持つか、負の電荷を持つかは不確実だ。

B　原子より小さいサイズの粒子（亜原子粒子）の瞬時位置と瞬時速度を、完全に確実な形で知る

「不確定性原理」の説明としてもっともふさわしいのはどれ？

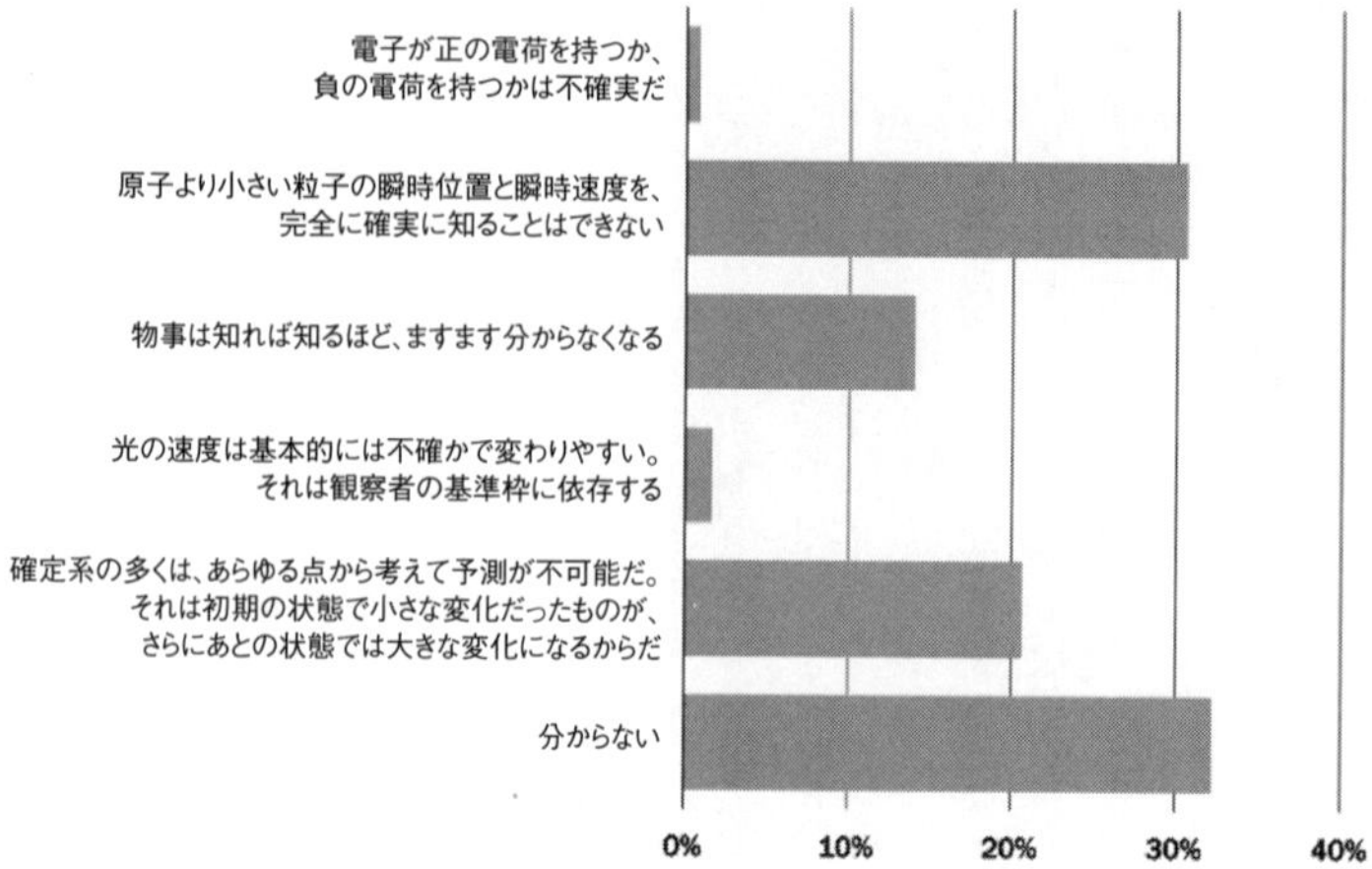

ことはできない。

C　物事は知れば知るほど、ますます分からなくなる。

D　光の速度は基本的には不確かで変わりやすい。それは観察者の基準枠に依存する。

E　確定系の多くは、あらゆる点から考えて予測が不可能だ。それは初期の状態で小さな変化だったものが、さらにあとの状態では大きな変化になるからだ。

「不確定性原理」は、キャッチコピーとしてかなり効き目がある。それは不確かな世界に対する、われわれの不安な心を表わしている。あるいは表わしているような感じがするからだ。しかし、選択肢Bだけが、物理学者がこの言葉を使うときの表現に近づいている。Bを選んだものは三一パーセントだった。

二一パーセントの人々が不確定性原理をカオス（選択肢Eの叙述）と混同している。両方はともに、有力なメ

「相対性理論」のもっともよい説明はどれ？

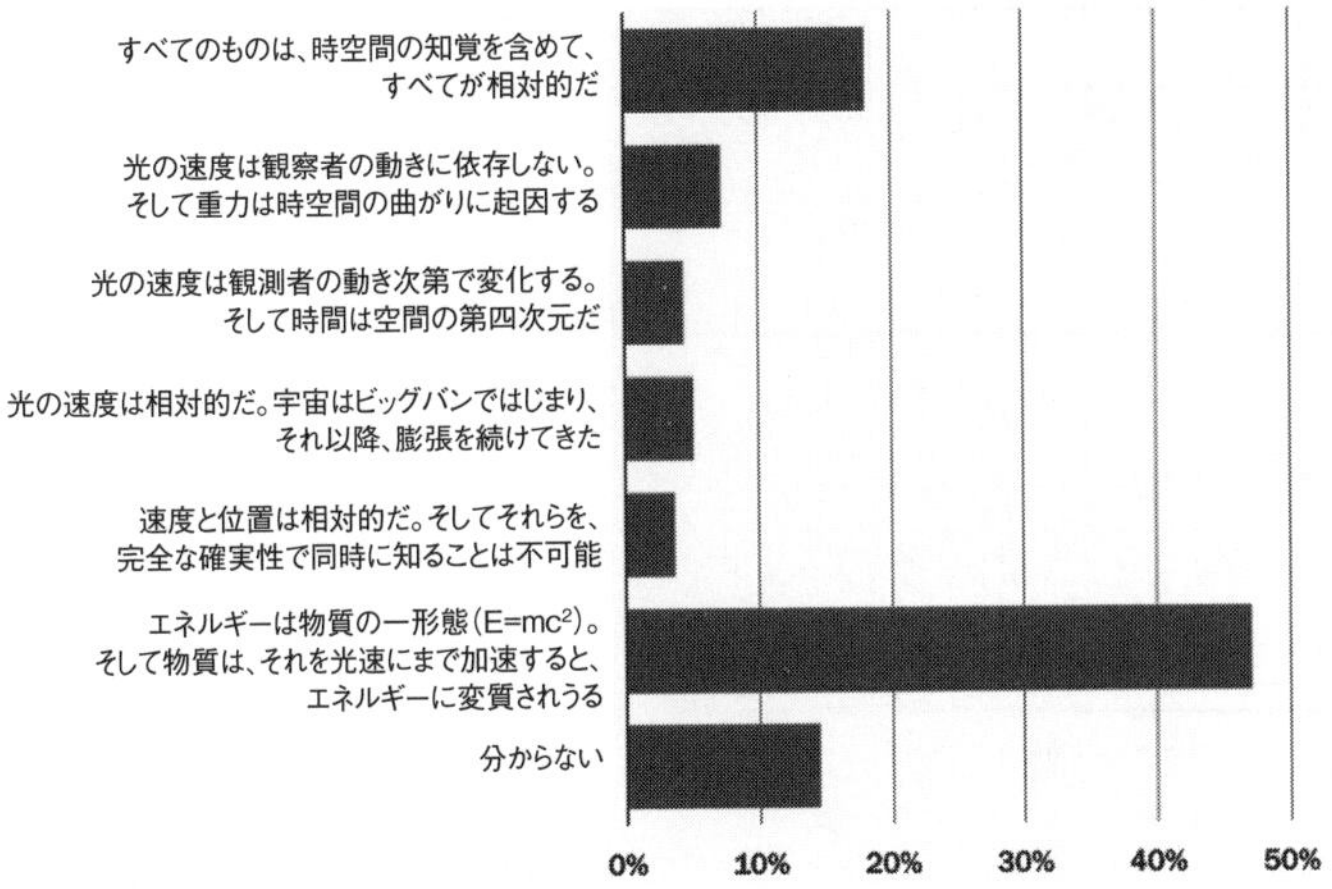

ディアで多くの脚光を浴びていた。それにこの二つは同じように簡潔な説明《エレベーター・ピッチ》——物事は予測が不可能だ——に要約されるのかもしれない。が、それぞれが主張しているのは、まったく異なった種類の不確実性だ。

人々には、「アルベルト・アインシュタインの相対性理論のもっとも簡潔な説明」を選んでほしいと頼んだ。その選択肢は以下のもの。

A　すべてのものは、時空間の知覚を含めて、すべてが相対的だ。

B　光の速度は観察者の動きに依存しない。そして重力は時空間の曲率に起因する。

C　光の速度は観測者の動き次第で変化する。そして時間は空間の第四次元だ。

D　光の速度は相対的だ。宇宙はビッグバンではじまり、それ以降、膨張を続けてきた。

E　速度と位置は相対的だ。そしてそれらを、完全な確実性で同時に知ることは不可能。

F　エネルギーは物質の一形態（$E=mc^2$）。そして物質は、それを光速にまで加速すると、エネルギーに変質されうる。

アインシュタインは「相対性」という言葉を、二つの非常に異なった理論に使用している。一つは、光速に近い速度に関する物理特性を論じたもの（一九〇五年の特殊相対性理論）、もう一つは、重力の性質を論じたもの（一九一五年の一般相対性理論）。選択肢Bは両方の理論の内容に対して、合理的で適切な説明をしている。が、これを選んだのは七パーセントにすぎなかった。

群を抜いて圧倒的に人気があった選択肢はFだ。私はここではっきりと書いておきたいのだが、この回答はまったく意味がない。それはまるで、劣悪なSF映画の中の説明部分のようだ。人々は$E=mc^2$という公式を見て、それにまつわるテクストを正しいにちがいないと思ってしまうらしい。

不確定性原理と相対性理論に関する質問には、ともに疑似哲学的な非嫡出子とでも呼べるような選択肢があった。「物事は知れば知るほど、ますます分からなくなる」「すべてのものは、時空間の知覚を含めて、すべてが相対的だ」。この二つはどちらもかなり人気のある回答で、それぞれ一四パーセントと一八パーセントの人々に選ばれた。

選択肢はその多くが相対性理論の要所をはずしている。それは光速がつねに一定で、観測者の動きに左右されないということだ。この事実はまったく予期していなかった（マイケルソン＝モーリーの実験における）発見で、これこそがアインシュタインを導いて、時間と空間が相対性な世界を想像させた。相対性理論の二つの選択肢CとDは、鍵であるこの前提と矛盾している。

たしかに認めざるをえないのは、相対性理論や量子論は非常に難しい話題だということだ。物理学者でもない人に、この話題を深く理解することは期待できないだろう――事実彼らは理解していない。人々は科学に対して簡潔な認識を持ち、それは誤解されたキャッチフレーズや、方程式の周辺で作り上げられる。

われわれの文化や教育システムは、女性を科学分野のキャリアから遠ざけるという者がいる。私は生物学、化学、物理学、天文学、それにコンピュータ・サイエンスなど一連の質問をそろえて、科学的リテラシーの調査をした。その結果は応答者の性ときわめて関係の深いものだった。[11] つまり男性の得点の方が高かったのだ。調査における男性の正解が平均で六六パーセントだったのに対して、女性は五五パーセントだった。

このような結果は典型的だ。が、それはさらに大規模な調査の文脈から見直される必要がある。ジョイス・アーリンガーとデビッド・ダニングが行なった実験では、より微妙な全体像が明らかにされた。[12] 彼らは男女に、自分の科学的な推論能力について評価をしてほしいと依頼した。概して女性は、男性にくらべて自分自身を低く値踏みしていた。そして実験に参加した人々には、科学的推論をテストする問題が与えられた――そのあとで彼らは、どれくらいうまくテストに答えることができたのか、自分で評価をするように求められた。全体として見ると、科学的推論のテストでは女性も男性と同じ得点を獲得している。が、彼らは男性に比べて、自分の出来具合に対して低い評価をしていた。そして最後に、実験者たちは男性と女性を招いて、賞品をかけた科学のコンテストをするので、それに参加してほしいと誘った。が、女性は参加したがらなかった。彼女たちの決心が相互に関連しているのは、自分がどれだけテストに答えることができたかではなく、どれだけうまくできたと彼女たちは思ったかだった。この実験は、われわれの教育システムの中で起きているかもしれないことと結びつけて考えるように考案された。その結果がそれとなくほのめかしているのは、男女間の「科学ギャップ」はただ単に、それが存在するとわれわれが思っているから存在するにすぎない、ということだった。

私の調査で分かったことは、科学知識と所得の間に、有意な相関関係がまったくないことだ[13]。もちろん、科学的な教育は大きな給与へ導いてくれる、という文化的な認知はある。だとしたら、なぜそこには、相関関係がないのだろう？　科学者やエンジニアが、アメリカの全人口の中で占める割合はおよそ四・八パーセントだ[14]。何を置いても重要なのはステム（ＳＴＥＭ）教育だと考える改革論者たちは、このことに気づくべきだろう。私の調査はおもに、科学知識の所得上の「価値」についてだった。調査の対象となったのは科学者ではない九五パーセントの人々だ。彼らにとって科学知識は、それほど重要なものではないのかもしれない。少なくとも金銭上の条件としては。

これは統計学の授業で教えられた、もう一つの原則を持ち出すよい機会かもしれない。それは「相関関係は因果関係を証明しない」という原則に比べると、ずっと認知度が低いが、この原則の裏返しで「相関関係の欠如は、因果関係が間違いであることを証明する」というものだった。

地球外の統計学者が地球にやってきて、人間に赤ちゃんをもたらすものは何か、その原因を見つけようとする。ＥＴは、セックスをすることと、赤ちゃんを持つことの間に、相関関係がほとんどないことを発見するかもしれない（予測のつかない生殖能力の変化や避妊を仮定して）。が、地球人はセックスこそが赤ちゃんをもたらす原因、その唯一の原因だと主張するだろう。ＥＴがそれと違った結論を下せば、それはもちろん彼が間違っていることになる。

調査報告書が、相関関係を示すことができなかった理由の一つは、サンプルサイズが十分に大きくなかったことが挙げられる。だが、いったいサンプルは、どれくらい大きくなければいけないのだろう？そう、それが問題なのだ――しかし、それは何とも言えない。私が行なった科学知識に関する調査は、非常に有意なジェンダー間の差異を示すのに十分なほど、大規模なものだった。もちろん、これより大きな調査がその上なお、所得との相関関係を見つけ出す可能性はたしかにあるだろう。が、それはまた発見できない可能性もあるということだ。

相関関係の欠如は、因果関係が間違いであることを証明する。が、それはもちろん、さらなる思考と調査が必要なことを知らせるものだ。最近、十分に計画を練った上で行なわれた、いくつかの人規模な調査は、卵を食べることと高いコレステロール値の間に、まったく相関関係がないことを示した。これはアメリカン・エッグボード（ＡＥＢ）や国中の大衆食堂で食事をする客には、グッドニュースとして受け止められた。この調査結果を、それは違うと否定することはほとんどできないだろう。現に相関関係を示した調査がないのだから。調査ではＡとＢの間に相関関係を見つけることができなかった、というのがわれわれの知るすべてだとしたら、そこには、ＡがＢの原因になっているという期待を、トーンダウンするもっともな理由があるということだ。

チューリング・テストで失敗

ここには科学に関する質問が二つある。私が驚いたのは、ボランティアたちが第一問をひどくやさしい問題に感じたこと、そして、第二問については、ひどく難しい問題だと感じたことだ。

$\pi = 3._4159\ldots$

1　πの二桁目（小数点の右一桁目）に入る数字は何？

2　チューリング・テストの説明でベストなものはどれ？

A　科学博士号の志願者に求められる伝統的な口頭試問。一七〇〇年代にケンブリッジ大学ではじめられた。

B　ミトコンドリアのDNA配列を一致させることで、二人の個人あるいは二つの種が、どれほど近い血縁関係にあるかを決定する一手段。

C　新薬の審査に使用される統計的検査で、新薬の効果を偽薬《プラセボ》と比較する。

D　人間が目に見えない存在に質問をして、それがコンピュータか人間の、どちらなのかを決定する実験。

正解は1とD。

七一パーセントの人がπの問題に正解した。同じように彼らはπの三桁目（七〇パーセントが4

だと知っていた）も当てることができた。この問題は所得との相関関係を示している。二桁目の数を知っていた人々は、それを知らなかった人々に比べて、年収で三万二〇〇〇ドル（世帯所得）多く稼いでいた[15]。

現代世界はアラン・チューリングが一九五〇年に行なった、先見の明のある思考実験にやっと追いついた[16]。そのバージョンはスパム・フィルターで使われている。またそれは「ディルバート」［アメリカの有名なコマ漫画］やSFの決まり文句でもある。そしてチューリング・テストのトーナメントでは、それほど賢くない機械が、人間をばかにするのが、予想外に得意なことが証明された。にもかかわらず、チューリング・テストを知っていた調査のサンプルは、わずか三〇パーセントにすぎなかった。

8　グラマー・ポリス、グラマー・ヒッピー

私が住んでいる近くに、CUBAN FOOD AT IT'S BEST!（最高のキューバ料理を！）という手書きの看板を掲げたレストランがある。

こうした「原文のママ」に遭遇したときに、どんな反応を見せるのか、それには二つの考え方がある——それをグラマー・ポリスの考え方とグラマー・ヒッピーの考え方と名付けよう。前者のグラマー・ポリスは、こんな文法なんて誰も気にしない時代には、スペリング辞書、ストランクとホワイトの的確なアドバイスこそ理想的なものだと考えている［ストランクとホワイトの『The Elements of Style』は文章参考書の古典として有名］。費用をかけた看板は、店にやってきた客に、店に対する印象を最初に与えるきっかけとなる。したがって、それは正しくなければならない。食品の調理は文法と同じように、一連の厳しいルールにしたがって行なわれる。ルールを無視しようものなら、ソースは固まってしまうし、クリームは酸っぱくなり、チキンはサルモネラ菌を添えて出てくることになりかねない。間違った位置に付けられたアポストロフィは、細かいことに気を使わないレストランの主人を象徴している。

グラマー・ヒッピーの見方は、文法というもの自体がクラウドソーシングによって生じた幻覚にすぎないというもの。言語は元来流動性を持っていて、日常の言葉はつねにエリート主義にまさっている。がたがたと揺れる地下鉄の座席で、キーボードから打ち出されるテキスト・メッセージ、ツイッター、

ステータス・アップデートなどは、スペリング（つづり）と文法の未来（大したものではないが）を指し示している。句読点にあやまりがあるからといって、レストランに入るのをやめる者など誰もいなくなる。

私には文字や表記のあやまちに、とてもがまんができないという友だちが何人かいる。彼らはディナーのテーブルについているときでさえ、こんな文法上の非道を厳しく並べ立てて、自警団に変身する空想にふける――真夜中だというのに、ペンキ用のはけを片手に表へ飛び出しあやまちをただす。文法の自警主義《ヴィジランティズム》は実際とヴァーチャルの両方の世界で存在する。ソフトウェアのエンジニア、ブライアン・ヘンダスンは、伝えられるところでは、四万七〇〇〇件以上のウィキペディアの編集に携わったという。そして個人的にムカッとくるものをすべて手直しした。例えば「――から成っている」を「comprised of」と書いていたら、それを「composed of」に直した。[1]

メニューと文法戦争

メニューは文法戦争の戦場だ。「レストランの人々はライターじゃないんだから[2]」とメニュー・コンサルタントのグレッグ・ラップは言う。「シェフにとって、メニューを作ることは学期末のレポートを書くようなものだ」。スペルミスや言葉の使用ミスがメニューに出てくる。というのも、チェーンに入っていないほとんどのレストランでは、メニューを自分でプリントするからだ。コピーを校正者を雇っている昔ながらの印刷屋に送る代わりに、店ではメニューをラップトップで打ち出す。

「私はシェフたちに、ライターになってほしいとは思わない。それは彼らが、パイ生地を作ることを私に期待しないのと同じだ」[3]と「ワシントン・ポスト」紙のジェイン・ブラックは書いている。「しかし、もしスペル・チェッカーがいたら（打ち出されたメニューは、冷凍のパイ生地といったところだろうか）、エラーの数は驚くべきものだろう」

問題は、どれだけ多くの客が気づくのかということだ。二〇一三年に、食品デリバリーサービスの「グラブハブ」が、ユーザーがメニューの項目を検索して、注文をしてくる料理名のスペルミスを調査した。[4]グラブハブの顧客の大半はモバイルアプリを使い、バーチャル・キーボードに取り組んでいたが、もっともよく見られるスペルミスは、キーストロークのミスでもなければ、オートコレクト機能のせいでもない。とりわけ、アメリカ人をまごつかせるのはイタリア料理の名前だ。

七〇パーセント以上が、フェットゥチーネ（fettuccine）を間違えている。大半の人が選んでいるのは fetucine と fettucini だ。オンラインのメニューやレシピ、それに腹をすかせた市民たちの検索では、スペルミスの料理名の方が、正しいスペリングのものより、むしろ多く見かけるが、それはさほど珍しいことではない。「グーグル・トレンド」によると、チャバッタ（ciabatta）のスペルミスの ciabbata は、正しいものの四倍もよく見かけるという。さらにオッソ・ブーコ（osso buco）のスペルミスの osso bucco は、それが二・五倍だという。

ピッツァ・マルゲリータ（Margherita）は、マルゲリータ女王にちなんで名付けられたという。[5]それを多くの人はテキーラ・カクテルの名前マルガリータ（Margarita）とつづる。サラダのシーザー（Caesar）は四〇パーセントの確率でスペルミスされる。ハーブを使ったサラダのメスクラン（mesclun）は驚くほど頻繁に幻覚剤のメスカリン（mescaline）となって現われる。[6]有名なシェフのガ

大半の人は「Fettuccine」と綴ることができない

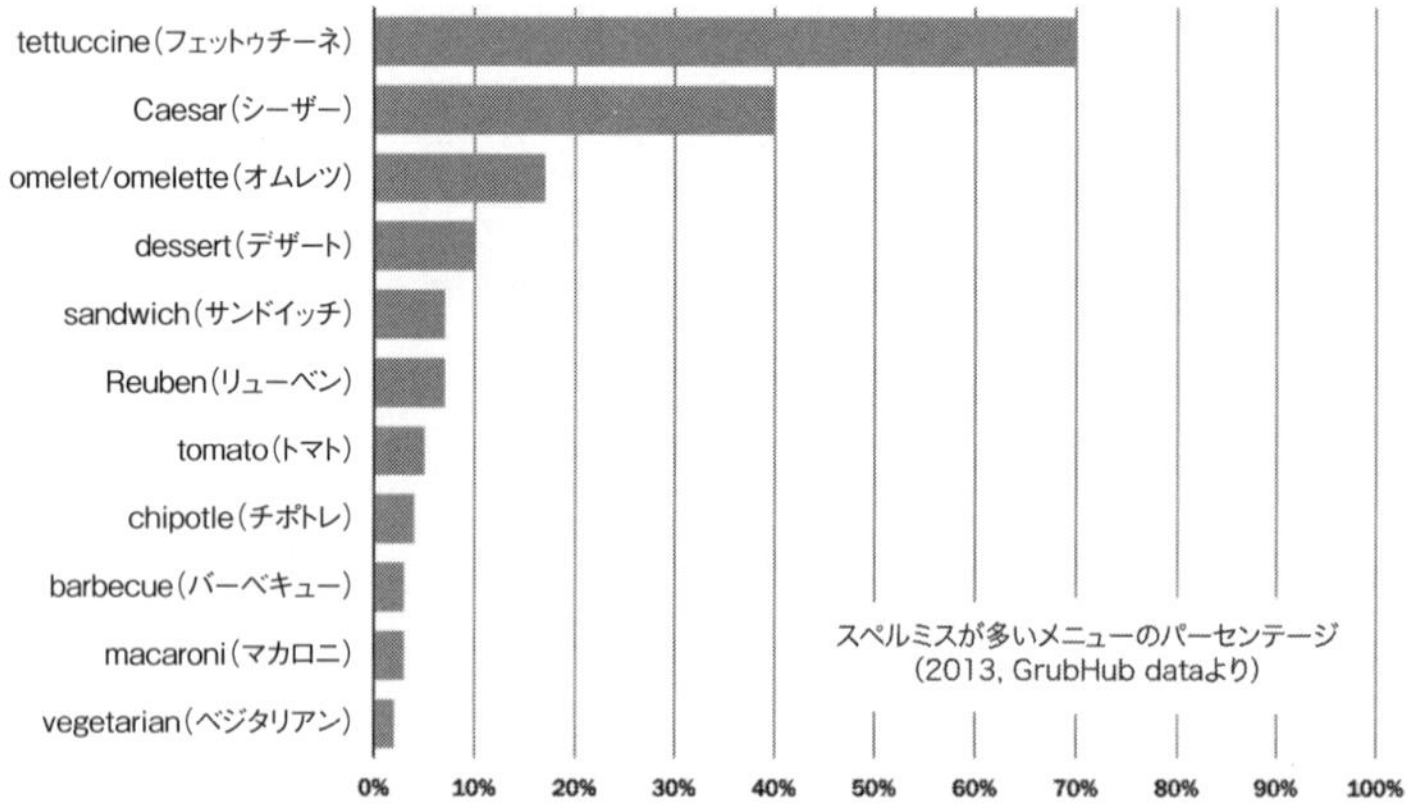

イ・フィエリはクリーム・チーズのマスカルポーネ(mascarpone)を「マルスカポーネ」と発音したことで知られる。この間違ったスペル(marscapone)は彼のフード・ネットワーク・ショーのタイトルとして登場した。[7]

私は以前二つの雑誌社で仕事をしたことがある。二つの雑誌社はともに、スペリングや文法に重きを置いているのかどうか、不安を抱かせた。というのも、ラインエディターや校正者の費用は付帯的なコストとして処理されていたからだ。スペルや文法上のエラーを少なくすることは、はたして雑誌の購買予約数を増やすこと、つまり雑誌の宣伝にいくぶんかでも貢献するのだろうか?

編集のスタッフとして、私はこれを重要視すべきだと感じた。もちろん私も出版社と同じような推測はしていた。読者は粗雑な編集作業などに、一切不平を漏らさないだろう、ということくらいは十分に分かっていたからだ。しかし、にもかかわらず、私がぼんやりと考えていたのは、スペリングや文法は雑誌を見た人々の意識下で、何らかの変

メニュー上のミスはレストランにとって大して重要ではない

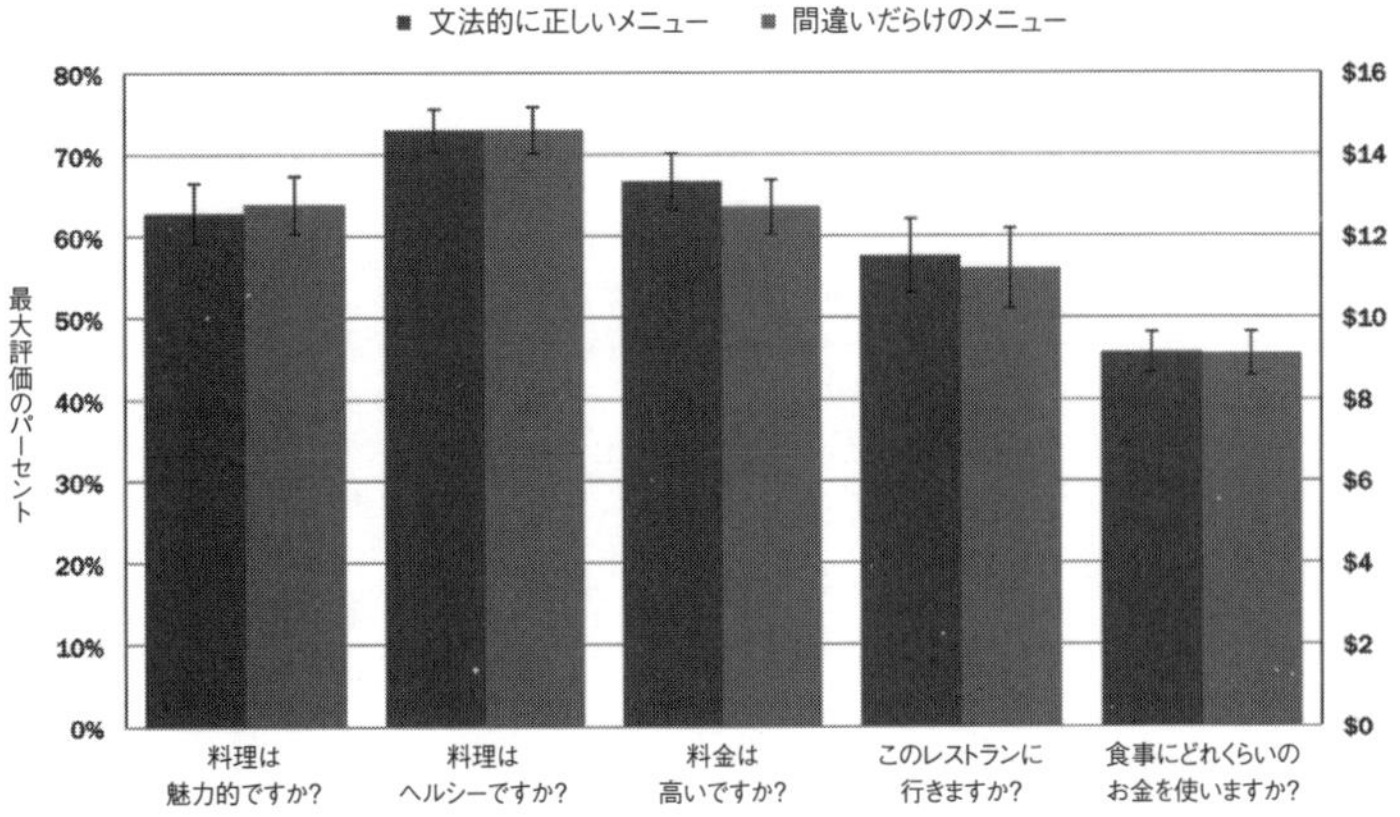

化をもたらすのではないかということだ。安いスーツや安い男性用のかつらは、遠くから見ているかぎり、それについて語ることはできない。スーツの仕立て方やヘアピースの具合を知る必要もないからだ。しかし、私は思うのだが、読者たちは編集作業の質をじかに感じ取るだろう。そしてそのことが、中身に関する彼らの意見を、形作ることになるにちがいない。

実際に正しいスペルと文法は、読者の判断や決定に何らかの影響を与えるのだろうか？ それを見るために、私は三つの調査を行ない、ビジネスの文脈上、スペリングや文法の価値がどれほどのものなのかテストを試みた。まず偽りのサンドイッチ店のメニューを提示して、人々にいくつかの質問に答えるように求めた。料理のセレクションに魅力がありますか？ この店へあなたは行こうと思いますか？ この店のランチに、いくらくらいなら払おうと思いますか？

メニューのバージョンを二つ作り、調査に参加した人々が気づかない内に、それぞれをアトランダムに、二つのメニューのどちらかへ振り分けた。二つの内の一つでは、スペリングや文法が几帳面に正しく校正されていた。そしてもう一つのメニューには、よく目にするスペルミスの単語を、できうるかぎりたくさん詰め込んだ。

私の調査は、スペリングについて問いかけるものではない。ただ間違ったスペリングが、サンドイッチ店の収支だけを問題にする考え方に——おそらくは無意識のものだろうが——どのような影響を及ぼすのか、それを見たいと思った。

が、それはなかった。どのような基準から見ても、スペルミスのあるメニューは、正しいつづりのメニューと比べても、まったく同じように評価されていた。(8) 違いがあっても、それは統計学的な誤差の範囲内だった。人々は同じようにしてサンドイッチ店へ出かけていくし、そこで出される料理も同じように健康によいと評価した。そして値段も手頃なものだと判断したようだ。

表はスペルミスのメニューのバーも示している。すべてのケースにおいて、二つのバーは広くオーバーラップしている。したがってそこには、エラーが何らかの差異を生じるという証拠は、ほんの少しも見られない。私が今語っているのは、sandwhichs（正しくは sandwichs）、barbaque（正しくは barbecue）、vegitarian（正しくは vegetarian）だ。が、スペリングや文法に関するかぎり、われわれはレストランをかなり大目に見ているようだ。

オートコレクト機能のせいにする

「信頼というのは、あなたが夫であろうと父であろうと、あるいは議員であろうと、ともかく私の知るかぎりでは、人から与えられる何かだ」[9]。これはルイジアナ州の連邦議会議員ヴァンス・マカリスターによって出されたプレスリリースの一節だ。彼はここで一つの罪（不倫）について謝罪しているが、もう一つあやまちを犯している（whether your a husband, ... の「your」は「you're」が正しい）。

オートコレクト機能は、このような文法上のエラーのスケープゴートになってしまった。われわれの心を些細なことから解放してくれるはずのソフトウェアが、今では、われわれに代わって誤りを犯している——そして、ときには都合のいい言い訳を提供してくれる。それでは平均的なアメリカ人は今日、どれくらいたくさんの文法上の知識を身につけているのだろう？　それを見つけ出すために、私は短い記事を書いた。そしてそこに、できるかぎりひどい文法上のあやまちを詰め込んだ。これがもう一つ別の調査のベースになった。この調査では、参加者が文法上のエラーを見つけることが求められた。それぞれの人は、今回、私が書いたエラーだらけの文章を見るのではなく、そこから抜き出し並べ替えたものを見る。そしてエラーのおよそ半分は、エラーを正したものと入れ替えた。参加者たちは、抜き出されたフレーズが正しいか正しくないか、それを質問された。

調査で取り上げられているのは、「your と you're」や「it と it's」や「there と they're」の取り違えだ。そこにはまた、次のようなエラーが含まれていた。

- 「Throws of passion」（「情熱の苦しみ」の throws は throes が正しい。throe は「苦しみ、苦闘」の意）
- 「Mother load」（「主脈」の load は lode が正しい。鉱脈の中心となるもの）

•「A complete 360-degree turn」（一般的には「a 180-degree turn」［一八〇度転換］が使われる。三八〇度は一回転のことで、方向転換を意味しない）
•「Daring-do」（derring-do が正しい。意味は「勇敢な行為」）
•「Bemused」（「誰かのまずいリアクションをおもしろがる」の同意語として使われているが、この言葉の正しい意味は「困惑した」）
•「Equity waver theater」（「エクイティ・ウェーバー・シアター」の waver は waiver が正しい。waiver は「権利の放棄」の意。語句の意味は「客席が九九席以下のこぢんまりとした劇場」）

一般人の三分の一が、its を it's として受け入れていることが分かった。there を they're と、そして your を you're と区別することは得意のようだ。間違いのバージョンにオーケーを出しているのはわずかに一五パーセントだった。

およそ三分の二の人々が、正しくは whom を使わなくてはいけない（とグラマー・ポリスは言う）構文で、who が正しいとしていた。これは whom が、すでに使われなくなっていることを示している。最近では、スピーチやディジタル世代のマスメディアで、この言葉が出てくることがほとんどなくなった（この点については私もグラマー・ヒッピーに与する）。

およそ半分あまりの人が「throws of passion」を正しいとしていた。ほぼそれと同数の人が、他にもよく目にする文法上のあやまちにだまされている。それでも英語教師がひと息入れて、心強く思うことができたのは、大多数のものが「taken for granite」（正しくは「taken for granted」で「当然のことと

文法上の間違いにどれだけ多くの人が気がつくか？

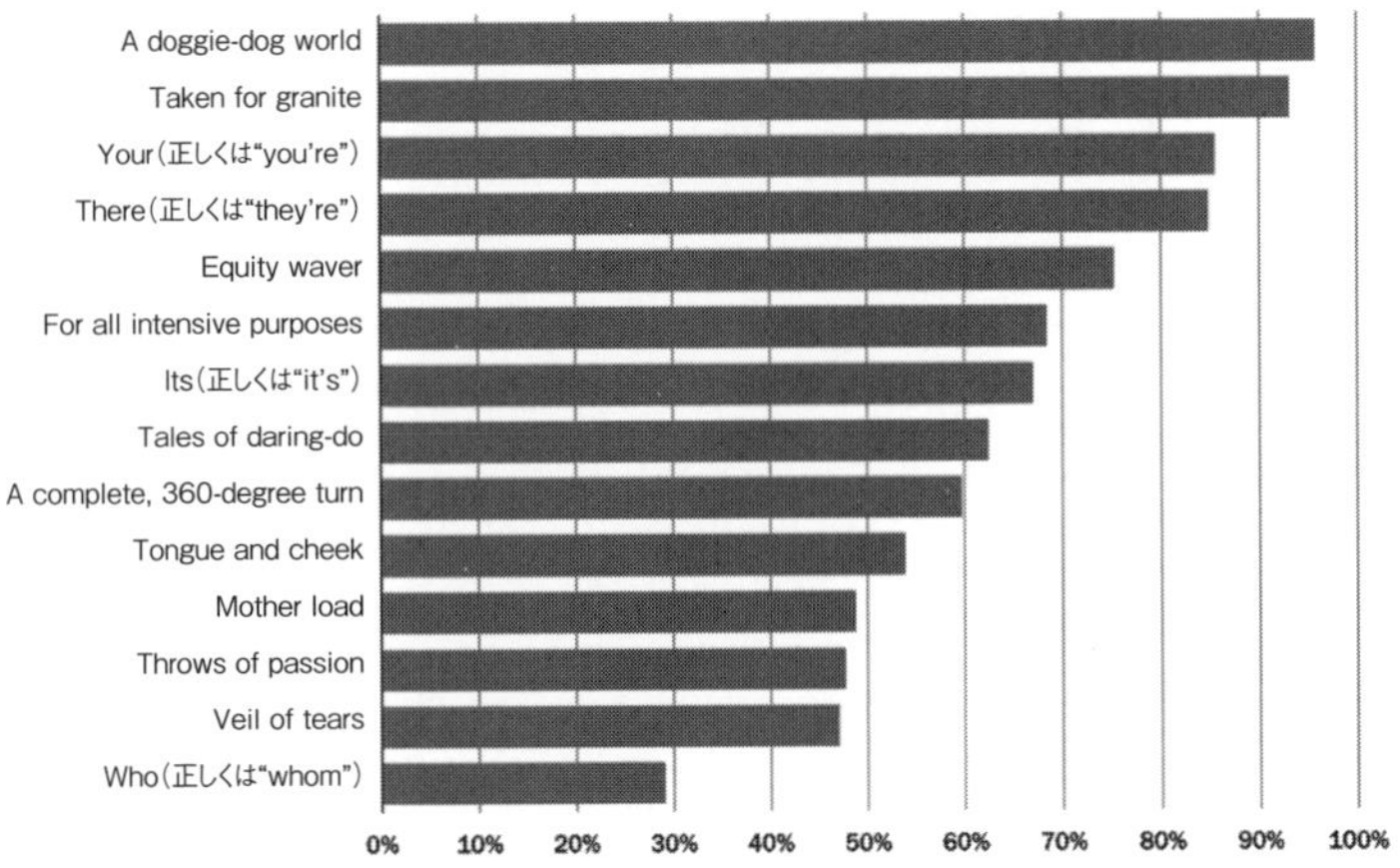

見なされる」の意）や「doggie-dog world」（正しくは「doggy-dog world」で「食うか食われるかの世の中」の意）の間違いに気づいたことだろう。［上記のチャートに出てくる「for all intensive purposes」は「for all intents and purposes」が正しい。意味は「どの点から見ても」。また「tongue and cheek」は「tongue in cheek」が正しく、意味は「冗談に」。さらに「veil of tears」は「vale of tears」が正しく、意味は「つらい世の中」］

「derring-do」（勇敢な行為）は、チョーサーにまで遡る時代遅れの言葉だ。「daring」（大胆な）によく似た発音のために、間違えてしまうのはむりもない。実際、「daring-do」は正しいバージョンに比べると、より正しいものに見えたようだ（比率は三八対二六パーセントだった）。各参加者は記事のバージョンを一つだけ選んでいて、「derring-do」と「daring-do」がともに正しいと言う自信は明らかになかった。

文法上の知識に自信がないことに、多くの人が悩まされている。これが調査で分かったことの一つだ。私は基準値を手に入れる目的で、きわめて議論の余地のない、正しい文法の使用例を二、三調査に投げ込んだ。その中の一つが「viral story」（口コミですばやく広がる）だったが、これでも正しいと判断した者は、六七パーセントにすぎなかった。おそらくこれは、ひっかけ問題を予想した（その通りには違いないが）ことの反映だろう。たとえそうだとしても、それがわれわれに語っているのは、多くの人々が文法について力不足だと感じていることだ。

しかし、力不足は仕方がないが、自分の書いたスペリングをダブルチェックするくらいはできるだろう。ビジネスは今日、昔に比べて、はるかに公的な、それとともにさらに内部のコミュニケーションを生み出している。それはソーシャル・ネットワーク・ストリーム、ウェブサイト、ビデオ、それにスライドショーなど、以前には考えられなかったような多くのメディアの登場で可能となった。が、スペルチェック機能があるにもかかわらず、ビジネス文書では以前と同様、スペルミスの言葉が目につく。スペルチェック機能から、もっとも恩恵を受けるべきライターたちが、しばしばもっともそれを使っていないようなのだ。たくさんのビジネス文書はワープロによって作られるより、むしろ、スライドショーやスプレッドシート、eメールなどにおいて作成されることが多い。そしてユーザーはつねに、スペルチェック機能を使っているわけではないし、もともとテクストに関わりのないプログラムにあった、その機能の使用法を知っているわけでもない。

私が全国的な調査を行なったのは、ビジネス文書でミスを犯しがちな言葉のスペリングについてだ。調査は最初から単語をつづるより、いくらか能力を試すには不十分だが、多項選択式を取ることにした。が、それでも、「embarrass」（狼狽させる）「consensus」（意見の一致）「prerogative」（特権）のよう

ビジネス文書でしばしばスペルミスされる言葉

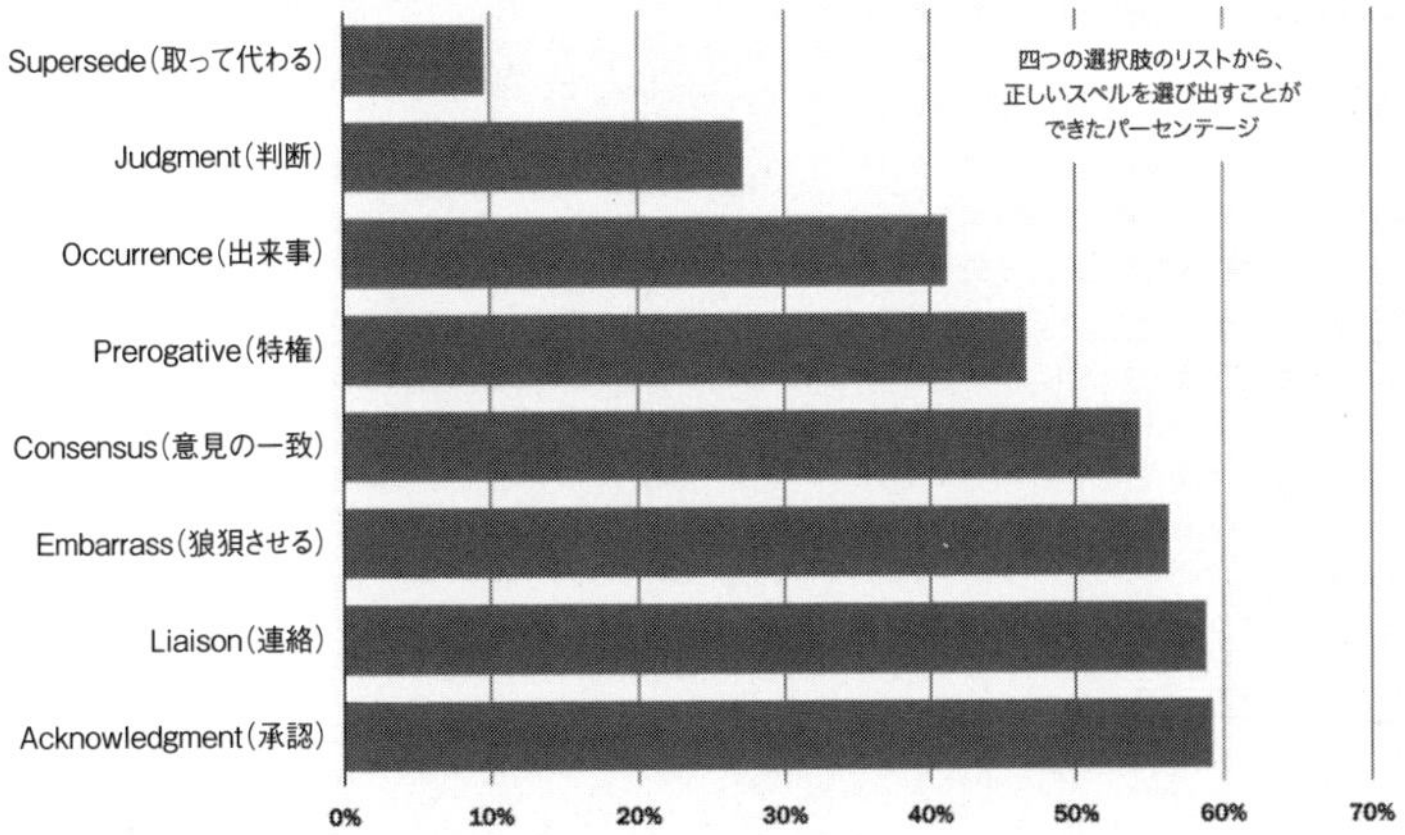

な単語の、正しいスペリングを選ぶことができたのは、サンプルのおよそ半分にすぎなかった。

アメリカ人に好まれている「judgment」というスペリングを選んだのは、わずかに二七パーセントだった。これは驚くべきことではないが、人気の高かった選択肢は「judgement」で、これを選んだ人は七二パーセントに達した。「judgement」は理にかなったスペリングだし、イギリスでは正しいものとされている――ただしそれは、司法判断について語られるときや、ことさらイギリス人がeを落として話すとき以外だ。ある不思議な理由のために、教養のあるアメリカ人たちは「judgment」を使うことに決めたようだ。それは「裁判官の判決」と「正当な結論に到達する能力」の意味で使うためだった。「supersede」を正しいと判断した者は少ない――かろうじて一〇パーセントだ。八三パーセントは「supercede」のつづりを選んだ。

ここで私が最初に提示した疑問に戻りたい。文法や正しい語彙の使用法、それにスペリングはもはや問題にしなくてもよいのだろうか？　そう、問題にしなくてもよい——というか、問題にできない。とりわけ、文法上の知識のない、人口の半数の人々に向かって話しかけたり、ものを書いたりする場合には。が、そんな人々に向かって、ただひたすら話しかけようと試みるコミュニケーターはほとんどいない。

私はスペリングや文法と年齢や所得、それに教育との間にさえ、相関関係を見つけることができなかった。[10] もちろん、データが語ることができるのは、私がテストをしたスペリングや、語彙の使用法に限られるわけで、それはほとんどが、大学出身者がいつもきまって間違えるスペリングや言葉の使用法だった。英語の授業では、「mother lode」や「equity waiver」のように、ぶざまに接続された言葉に、とくに注意をするための時間を見つけることはほとんどできていない。三〇歳以下の人々は、それ以上の人々と変わらないくらい、古めかしい言葉のエラーを見分けられた（つまり、下手だったということだ）。所得もまた、スペリングと意味のある相関関係を示すことができなかったが、誤字の少ない人は所得が多いという傾向は確かなようだ。[11]

ここに一つ問題となる例がある。「you're」の代わりに「your」を使うことだ。この使用をあやまちと気づく人は、気づかない人に比べて年収（世帯所得）で二万三〇〇〇ドルも多く稼いでいる。[12]「your-you're」の区別は日常的なものである。というのも、この問題を間違えた人は一五パーセントにすぎないからだ。そのことは、八五パーセントの大多数にとって、このエラーをかなり目立つまぶしいものにしている。

筋の通った結論はこんなことになる。つまり、明らかなエラーを避けることはもちろん重要だ。が、そこには微妙な使用法の機微を知る利点は、わずかしかないということだ。「daring-do」と「supercede」は所得と相関関係を持つことができない。

専門的なレポートで正しく言葉を使ったとして、それを正しく使ったことを知っている者は、誰もいないのではないだろうか？　それは明らかにレポートの受け手次第だ。博士論文や校正者の履歴書となると、基準はいっそう高いものになるだろう。また企業広報や政治コミュニケーションは、グラマー・ポリスがコメント・ボードに立てるスレッドを避けるためにも、几帳面なくらい正しくなければならない。が、われわれがすでに知っているように、料理店の主人は許可証を持っている。シェフにわれわれが期待するのはクネルの作り方で、その言葉のつづり方ではない。

いやというほど何度も経験ずみ

二〇一四年、FBIは、テキスト・メッセージやフェイスブック、それにマイスペースなどで使われた、頭字語《アクロニム》や略語二八〇〇語のリストを編集して失笑を買った。(13) 忘れやすい人のためには『アーバン・ディクショナリー』で調べることができ、料金は税金で支払われる。FBIのリストには、実際に使用されていて、（FBI捜査官を除けば）ほとんどの人に知られている略語も一握りほどあった。そしてそこには他に、FBI捜査官が何とかして探し出してきた、たくさんの不明瞭な、今は使われなくなった略語が並んでいる。「BTDTGTTSAWIO」（Been There Done That Got The T-shirt And Wore It Out）は「いやというほど何度も経験ずみ」という意味だという。

FBIの努力は二つの点を明らかにしている。まず一つは、オンラインで使われる略語やスラングは寿命が短いということ。もう一つは、「BTDTGTTSAWIO」のような略語を使う人々は、誰がそれを理解するかどうかについて、いっさい気にかけていないことだ。おそらく彼らは、誰かがその意味を聞いてくるのを期待しているのだろう。

私はいくつか典型的な頭字語、略語、スラング、それに流行語などの理解度を、それぞれの言葉に四つの選択肢をつけた、多項選択式のフォーマットを使って調査した。例えば「LOL」(「laughing out loud」大笑いすること)はほとんど全員が正解した。しかし、テクスト・メッセージやツイートでよく目にする頭字語については、誰もが分かったわけではない。「YOLO」(「you only live once」人生は一度きり)や「IMHO」(「in my humble opinion」私のつたない意見では)のような頭字語が理解できたのは、およそ二〇パーセントだった。また約四〇パーセントは<3(ハートマークで、「愛」を意味する)や「TLTR」(「too long to read」長すぎて読めない)を理解することはできなかった。「TLTR」はオンラインで反論を投稿するときに、ともかく前置きとして使われる。

これは予想通りだが、頭字語やスラングの知識と若者の間には、強い相関の関係があった。だが、その理解度は、三〇代以下の人々の間でさえ、ほぼ一定しているというわけではない。一見、あちらこちらで目にするように見える「NSFW」(「not safe for work」職場で開くとまずい)という語を定義できない人が、五〇〇〇人に一人の割合で存在する。そして大人はその半数以下しか、この頭字語の意味を取ることができなかった。(14)

陽気なジャーナリストたちは、新語をどんどん使い、その結果、新たな表現はプレスリリースによって、鳴り物入りで『オックスフォード・イングリッシュ・ディクショナリー』のオンラインに加えられ

どれだけ多くの人がスラング、略語、流行語を理解しているのか？

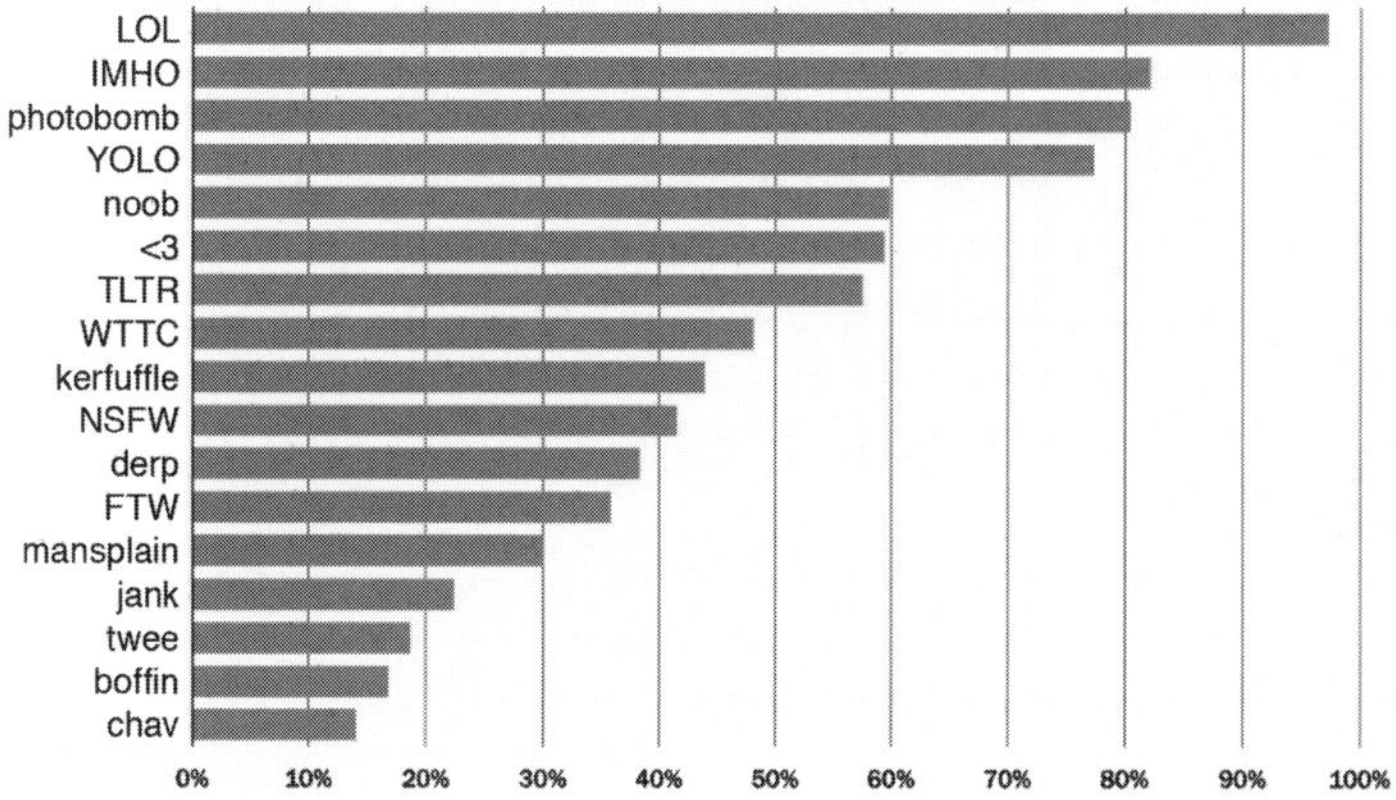

ていく。そのおかげで、私の調査でもいくつかの用語は広く理解されていた。その中には「photobomb」（フォトボム。撮影者が撮るつもりのない人や物が紛れ込んだ写真）（正解が八〇パーセント）、「noob」（知ったかぶりの初心者）（正解が六〇パーセント）などがあった。残念なのは、正真正銘役に立つ「mansplain」（男性が女性に上から目線で説明する）を認識できたのが、わずかに三〇パーセントしかいなかったことだ。

他のジャーナリストたちは、「kerfuffle」（騒動）や「twee」（気取った）のようなイギリスからの外来語の方を好む。私はつねに思うのだが、このような言葉を使うことは、蝶ネクタイを付けるようなものではないのだろうか——つまり、注意を引きたいという願望がそこにはある。いずれにしても、ほとんどの大衆はこんな言葉の意味など知らない。だが、イギリス英語特有の語の中では、「kerfuffle」は一番よく知られていて、四四パーセントが意味を理解していた。「twee」や「boffin」（［研究に没頭する］科学者）や「chav」（デザイナー・ブランドの服を着

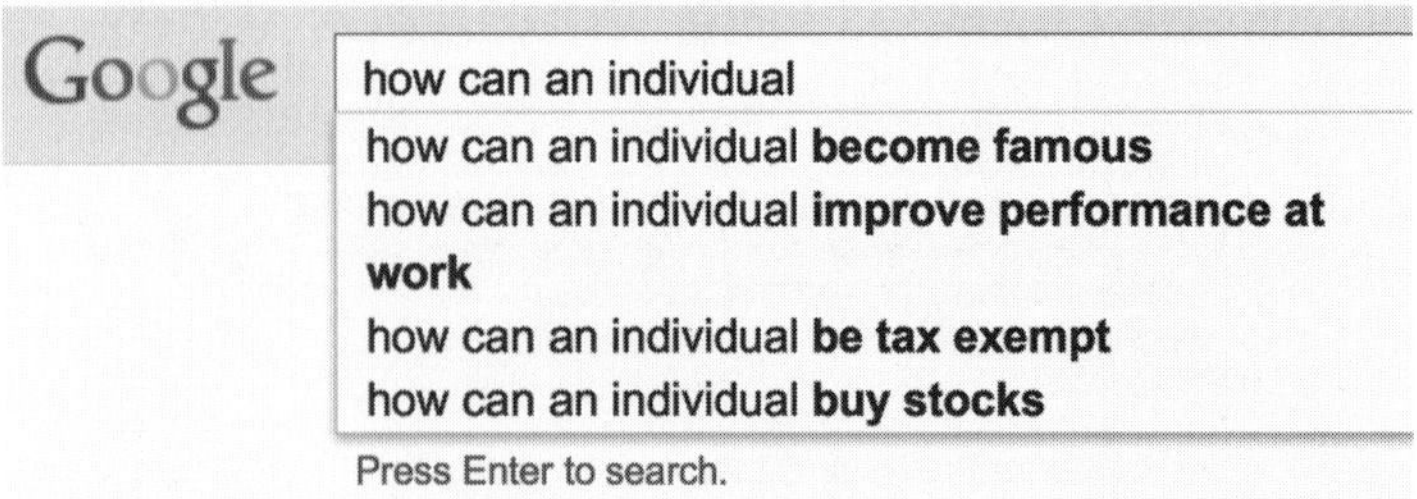

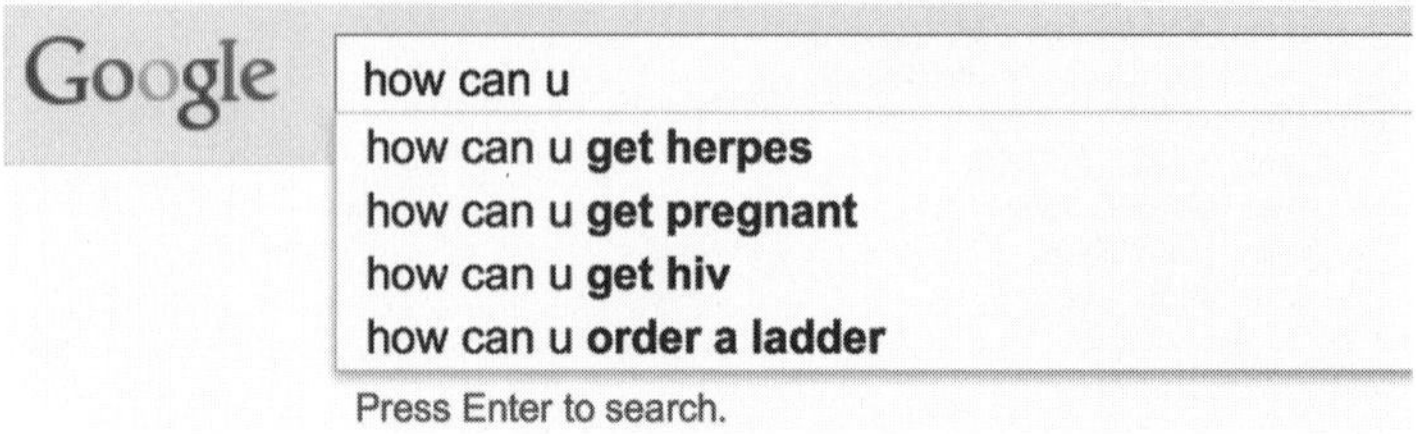

た乱暴者）などは、知る者が二〇パーセントにとどまった。スラングをよく知ることが、所得と相関関係を持つことはまったくなかった。[15]［チャートにある他の略語・俗語の意味は以下の通り。「WTTC」（「welcome to the club」私もあなたと同じ状況です）、「Derp」（ばかげたこと）、「FTW」（「for the win」）（絶対に）、「Jank」（価値のない）］

モバイル機器で使用されている非公式の書き文字が、やがては印刷文字に取って代わるのではないか、という議論がなされている。言語の選択が、言語自体の繊細なメッセージを運ぶことに疑問の余地はない。あなたの読者はそれに気づくほど十分に賢明だ——それにグーグルにはオートコンプリート（自動補完）機能がある。

GIFあるいはJIF？

それでは、言語に対する知識ははたして、財政的な見通しに影響を与えるのか、というメッセージはどうなのだろうか？　それはそれほど影響は与えない——が、しかし、一つだけ重要な例外を私は見つけた。

ビジネス会議では次のような言葉が間違えて発音されそうだ
4つの選択肢から正しい発音を選んだパーセンテージ

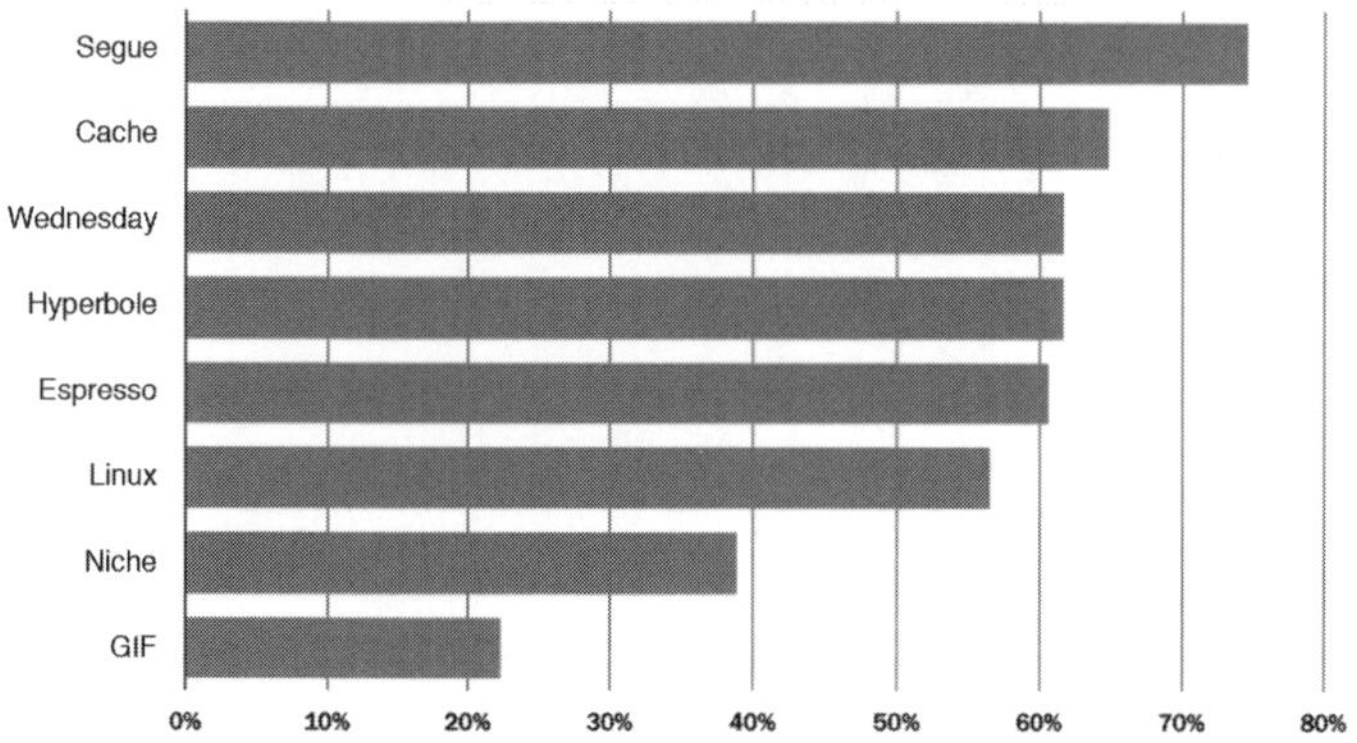

私がテストしたのは、ビジネス会議で間違った発音をしそうな言葉を選び、ボランティアの人々に、単語の読み方を示した四つの選択肢のリストを渡して、その中から、もっともスタンダードで正しい発音を選んでほしいと頼んだ。四分の一の人々が「segue」（「切れ目なく続く」の意味。発音は「セグウェイ」）が二音節の言葉だということを知らなかった。そして半分をいくらか越す人々が、「cache」（キャッシュメモリ）「Wednesday」（水曜日）「hyperbole」（誇張）「espresso」（エスプレッソ）「Linux」（リナックス）の発音の正しい選択肢を選んだ（発音はそれぞれ「**キャ**ッシュ」「**ウェン**ズデイ」「ハイ**パー**ボリー」「エスプ**レッ**ソ」「**リ**ナックス」［太字はアクセントの箇所］）。さらに半分以上の人々は、「niche」（裂け目）が「ニッチ」と発音されることを知らなかった。

「GIF」の発音は議論の的になっている。この言葉は「Graphics Interchange Format」（画像交換フォーマット）の頭字語。一九八〇年代のファイル構造で、その後、長持ちをしてショート・アニメーションの代名詞となった。ほとんどの人はこの言葉を（「graphic」のgのように）「ギフ」と発音する。が、情報通はそれは間違いだと言う。好ましい発音は、クリーミーなピーナッツバターの「JIF」のように「ジフ」だと言うのだ。

これはなぜなのか？　フォーマットの考案者スティーブ・ウィルハイトがそう言っているからだ。『オックスフォード・イングリッシュ・ディクショナリー』は両方の発音を載せている[16]と二〇一三年にウィルハイトは述べた。「これは間違いだ。音は柔らかな『G』で『ジフ』と発音する。これで話はおしまい」

「ジフ」が正しいと選んだ人は、私のサンプルの中ではわずかに一三パーセントだった。ちなみに「PNG」［GIFに代わる可逆圧縮画像形式］は「ピング」と発音される。

私が発見して驚いたのは、正しい発音が所得と相関していることだ。[17]その効果は大きい。調査の結果がベストとワーストの間では、世帯所得に年収で五万五〇〇〇ドルもの差があった。スペリングがさほど重要視されないのに、なぜ発音はこれほどまでに重要視されるのだろうか？　私の推測は以下の通り。正しい発音は教育を受けた人を知る手段なのだ。そして正しい発音こそ、ただ単に教育を受けただけよりいっそう近く所得とともに道をたどることになる。ここで重要なのは、あなたが何を知るかではなく、誰を知るかということだから。

現代語

正しいスペルを選ぶことができますか？——acomodate, accomodate, accommodate, acommodate（意味は「適合する」）

「WTTC」と「GTM」は何を意味していますか？

「mischievous」（いたずら好きな）の正しい発音はどれですか？—— miss-chive-us, miss-chee-vee-us, miss-chive-ee-us, miss-chuh-vus.

「accommodate」の正しいつづりを選んだのは、わずかに三二パーセントだった。

「WTTC」は「welcome to the club」で「私もあなたと同じ状況です」の意味。「GTM」は「giggling to myself」で「ひとり笑い」の意味。これを理解できたら、あなたのポップな略語の知識は、回答者の半分より上ということになる。

概してアメリカ人は「mischievous」から四つのシラブルを絞り出そうとする——「mischievous」(mis-chee-vee-us)。完全に想像上の i を加えて発音したがる（しばしばスペルにも、この方法が出てしまうことがしばしばある）。言語にうるさい人々はこの言葉の正しい発音は「mis-chuh-vus」（ミスチヴァス）だと考えている。

9　ナノフェイム

サンパウロでは機動隊を出動させた。このことから、ジェローム・ジャーを一目見ようとして待機している群衆が、どれくらい大きくて、ばか騒ぎをしていたかが分かる。遠方から何千という人々がジャーを見るために、アイスランド・モールまで足を運んできた。これは警備にあたる者たちに、何かテロリストの攻撃が進行中だと思わせるに十分だった。「ジャー氏の今の生活を述べようとすると、その一つの方法として考えられるのは、一九六〇年代のビートルズを思い返してみることだ。あのときはグループの姿だけでも見ようとして、女性の群衆が金切り声を上げていた」と書いているのは、「ニューヨーク・タイムズ」紙の記者ニック・ビルトンだ。「それはいかにも大げさな表現に聞こえるかもしれないが、私がジャー氏といっしょに、先週、ユニオン・スクエアのあたりを散歩していると、二、三歩前へ行くごとに、キャーと声を上げるティーンエイジャーたちに足をとめられた。彼女たちはこの六フィート三インチのフランス人に、いっしょに自撮り写真を撮らせてくれとしきりに頼んでいた。他の者たちも、ジャーの顔を一目見ただけで、『息が止まり』そうだったと言っていた」[1]

ジェローム・ジャーは「バイン」(Vine)の有名人だ。スマートフォンのアプリで見ることのできる、六秒動画で一躍有名になった。ジャーとビートルズの違いは、ビートルズはみんなが知っていて、彼らを知らない者などいないということだ。それに対してジャーは「ナノフェイム」(nanofame)の典型だった。ナノフェイムはほとんどがティーンエイジャーの、熱烈なファンを持つ。そしてもともとは、片方の性だけにアピールしていた。彼らは二五歳以上の人々には、ほとんど誰にも知られていない。大半の大人はバインがいったい何なのか、説明することさえできない。ましてやバインのセレブと言われても、名前を挙げることなどできるはずがない。

ナノフェイムの中にはエージェントを持ち、おそろしい額の金を稼いでいる者がいる。ジャーも最近、一〇〇万ドルの契約を断った。それは「健康によくない食品」を宣伝してくれという仕事だった[2]。ユーチューブのセレブにピューディーパイがいる。二〇代のスウェーデン人で、二七〇〇万人のチャンネル登録者を持ち、広告料で年間に四〇〇万ドルを稼ぐと報告されている[3]。選択肢を五つならべた多項選択方式の調査で、ピューディーパイがユーチューブ・シリーズの司会者だと分かった者は、わずか二三パーセントだけだった。

ナノフェイムはある連続体の一部だ。習慣の力でわれわれはいやおうなく、テレビのシリーズものに出ている人を「有名だ」と判断する。しかし、ケーブル・チャンネルは五〇〇あまりあり、そこでは何千という俳優やテレビ・シェフ、それにリアリティー番組のスターがいる。彼らの出ているショーを見ている、大衆のわずか一パーセントにとっては、彼らも大物有名人だが、その他の人々にとっては、まったく取るに足りない人々だ。『ゲーム・オブ・スローンズ』は、各メディアでさかんに取り上げられ報道された。が、そのシリーズのエピソードを一つでも見た人は、アメリカ人全体のわずか二パーセントにすぎない。『カリフォルニケイション』は一九年間にわたって続いた[4]。が、私はまだそれを見たという人に会ったことがない」とあるツイッターがジョークを飛ばしていた。

ケーブルテレビのスターたちは、実際のところ、今日の食物連鎖のトップ近くにいる。人気に終止符が打たれれば、ネットフリックス、アマゾン・スタジオズ、ヤフーなどの提供ものに登場する人々のように、予算を立てたオンライン・メディアの、一段劣る有名人になってしまう。ナノフェイムはもともとが、ゼロベース予算のアプリケーションに特有のものだ。バインには少なくとも、一〇〇万のフォロワーを持つ「セレブリティ」が二〇〇人以上いると言われている。(5) 将来は、あなたの聞いたことのないソーシャル・ネットワークで、誰もがみんな有名になることだろう。

アメリカはヒップホップに困惑している

「やあ、カニエ(6)」

巨大アートフェア「アート・バーゼル・マイアミビーチ」で開催中の、億万長者たちのスワップ・ミート（不要品交換会）で、有名なアートディーラーでキュレーターのジェフリー・ダイチが、ある名士に挨拶をしている。しかし、その名士はカニエ・ウェストではなかった。それはショーン・「ディディ」・コムズだった。このへまは世界的なニュースとなった。ダイチはこんな時代遅れのあやまちをどうしてしてしまったのか、そのわけを説明しなくてはならない。彼が言うには、自分はコムズとも友だちだったし、カニエとも友だちだったという。

カニエ・ウェストはけっして、脚光を浴びることに尻込みをしてきたわけではない。何のことはない、アメリカが注目をしてこなかったのだ。私は人々に顔写真を見せて、ヒップホップのスターたちの名前を当てさせる調査をした。(7) 回答者たち——必ずしもヒップホップのリスナーではない、あらゆる年齢の人々から選んだサンプルだ——は、パフォーマーがリアリティー・ショーを持っていたり、白人だったり、あるいはその両方だったりすると、その名前を簡単に当てることができた。七七パーセントがスヌープ・ドッグに気づいた。そして七二パーセントがエミネムを知っていた。さらに六〇パーセントがカニエ・ウェストを識別できた。それはピットブルを認識できた数（六二パーセント）より少し少ない。

調査は多項選択式で行なわれたが、ウェストについては「分からない」という項目を選ぶよりむしろ、かなりたくさんの回答者が間違った答えを出した。四パーセントがウェストをジェイ・Zだと思い、二パーセントが彼をクリス・ブラウンだと言った。この混同は典型的だ——黒人のヒップホップ・アーティストにとって。次のような結論から逃れるのは大変なことだ。つまり、大衆の多くにとってヒップホップ・アーティストは、多かれ少なかれ、どちらでも変わらない、取り替え可能な存在なのである。さらに少し例を挙げてみる。

- 七パーセントは、ケンドリック・ラマーがエイサップ・ロッキーだと思う。
- 四パーセントは、エイサップ・ロッキーがリル・ウェインだと思う。
- 一パーセントは、リル・ウェインがドレイクだと思う。
- 四パーセントは、ドレイクがクリス・ブラウンだと思う。
- 四パーセントは、クリス・ブラウンがケンドリック・ラマーだと思う。

ポピュラー・ミュージックの知識のあるなしが、結果的には年齢をテストすることになるのは、何ら驚くことではない。この調査の答えが強く年齢と相関関係を持つからだ――あるいはむしろ青年と強い関係があるからかもしれない。[8] ヒップホップの調査は、平均して、知識が増せば増すほど、お金の稼ぎが少なくなる、という結果をもたらした数少ない例だった。だがデータを解読すると、所得の差異がほぼ完全に、年齢効果の結果によるものだと分かった。[9]

ポピュラー・ミュージックにおいては、三三歳が境界線を成している。最近のスポティファイ［インターネットの音楽ストリーミング・サービス］のデータは、はっきりとこの点について語っている。[10] ほとんどの人々は、三〇代の早い時期のある時点で、新しいタイプの音楽を聞くことをやめてしまう。

スポティファイのミュージック・ストリーミングのデータを見てみると、一〇代の若者たちが現代のポピュラー・ミュージックを、ほぼ例外なく聞いていることが分かる。そしてリスナーが歳を取るにつれて、彼らのテイストは幅が広がっていく。彼らは無名のバンドや、アルバム中のヒットしていない曲に、多くの時間を費やすようになる。さらに年齢が上になると、中にはジャズやワールド・ミュージック、クラシックなどを聞く者が出てくる。が、三三歳あたりのどこかで、ほとんどの人が現代のヒット曲にまったく耳を傾けなくなる。この現象は名前さえ持っていて、それは「テイスト・フリーズ」[11]と呼ばれていた。影響は女性に比べると、男性の方が受けやすい。もう一つおもしろい情報を――親になると、あなたの「音楽とのつながり」は、一気に四年間、年月が経過するのに等しいと言われている。気がつくとあなたは、思わずスイッチを入れて、MTV・ビデオ・ミュージック・アワードを見ている。が、そこに出ている人が誰なのか、まったく分からなくなっているだろう。

業界ウォッチャーたちは、ストリーミングがミュージック・テイストの年齢分離を促進したと考えて

コーチェラ2015のパフォーマーたちはそのほとんどが、セーレン・キルケゴールほどには、一般の人々に知られていない

パフォーマーの名前を知っているパーセンテージ

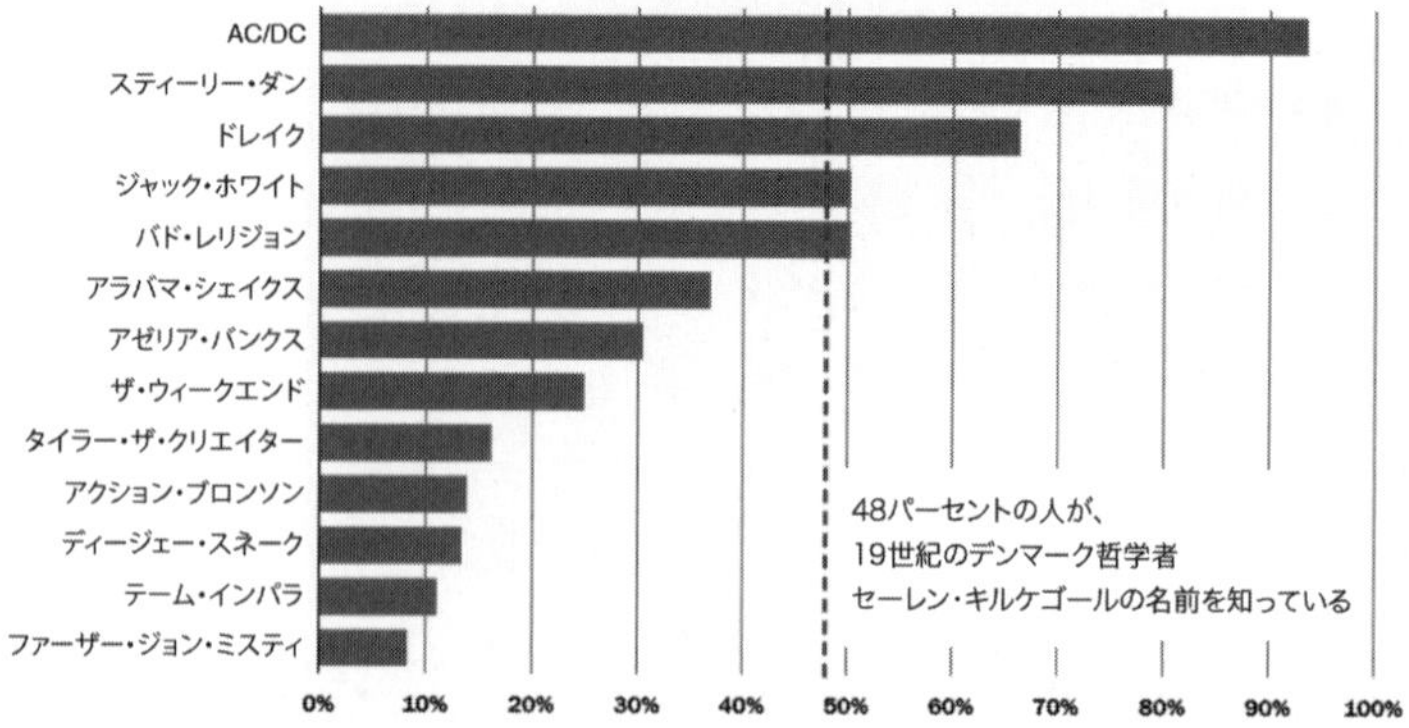

いる。その点で、われわれすべてがＤＪとなった今、ラジオの力は弱くなった。われわれはプレイ・リストを自分で作り、同じ年齢で、しかもまったく同じものを好む友だちとそれを共有する。

コーチェラ・ヴァレー・ミュージック・アンド・アーツ・フェスティバルは、ロックやインディー、ヒップホップ、エレクトロニック・ミュージックなどの、新人パフォーマーや大御所パフォーマーにとって、ことによると、もっとも影響力のあるショーケースかもしれない。コーチェラ２０１５の直後、私は調査を試みた。それはもっとも人気があり、広く各所で取り上げられているパフォーマーたちを、どれくらい多くの人々が耳にしたことがあるか、それを調べた。

その結果コーチェラ２０１５のパフォーマーの中で、わずかに三者だけが五〇パーセントの知名度を越えた。そして、この三者はアウトライアー（他の値から大きく外れた値）、いわば部外者たちだった——ベビーブーマー世代のオールディーズを歌う、オーストラリアのロックバンド

AC/DCとアメリカのバンド、スティーリー・ダン、それに驚異的なアルバムの売上げを誇るドレイクの三者。格好のいいコーチェラのパフォーマーたちも、例えばデンマークの哲学者セーレン・キルケゴールの知名度にはとてもかなわなかった（彼の知名度は四八パーセント）。成人アメリカ人の大半にとって「音楽とのつながり」は、取り立てて大きなものではないようだ。

契約アーティストを値踏みする

セレブの性質が変化することは、マーケティングの担当者にとっては大問題だった。目の玉が飛び出るほどの契約金を払い続けているからだ。少なくともアメリカのビジネス界にとって、ヒップホップのロイヤルカップルと言えば、ジェイ・Zとビヨンセの夫婦だ。ジェイ・Zはサムスン・ギャラクシーのヘッドホンのプロモーションで、二〇〇〇万ドルを稼いだ。一方、ビヨンセも二〇一三年に、ペプシと五〇〇〇万ドルで複数年契約を結んだ。しかし、こうした数字でさえ、スポーツ界の数字と比べると見劣りがする。そこでは億単位の金額がつねに報告されている。次々とスキャンダルに見舞われ、しかも成績が一向に上向きにならなかったタイガー・ウッズでさえ、なおナイキと一億ドルの契約を交わし、その他にも新たにコマーシャル契約を結んでいる。スポーツ界のスター、デイヴィッド・ベッカムは、アメリカではほとんど知られていないが、アディダスと生涯にわたって契約を交わしている。その額が一億五〇〇〇万ドル。それも、アルマーニ、ダイエット・コーク、H&M、サムソンといった、有名ブランドとのコマーシャル契約の一つにすぎない。ベッカムがコマーシャル契約だけで荒稼ぎをする金額は、年間で二〇〇〇万ドルに達すると推測されている。[12]

このような企業スポンサーはおそらく、セレブはなお共通語であることをやめないし、それは広告の氾濫を通り抜ける手段であることに変わりがない、と確信しているのだろう。しかし、数百万ドルの支払いが意味を持つのは、消費者がどれくらい多く、セレブのコマーシャル契約を認識するか、ひとえにその程度にかかっている。

私は巨額の契約を行なったアーティストを、メディア報道からできるかぎり見つけ出し、その顔写真を人々に見せて、認識できるかどうか調査を試みた。参加者たちは、セレブを知っているかどうかが問われる――この調査は空欄を埋める方式で行ない、スペリングは重要視しなかった。

回答者の五〇パーセント以上に認識された者は、わずかに四人のアーティストだけだった。タイガー・ウッズ、ブラッド・ピット、ジャスティン・ビーバー、ビヨンセの四人だ。九五パーセントの認識率を獲得したウッズは、二、三のアメリカ大統領や映画スターを除けば、誰よりも人々の認識度が高いということになる。ウッズは当然、さらに何千万ドルというコマーシャル契約が取り交わされ、その評判は、ゴルフファン以外の人々の間でも、さらに高まっていくにちがいない。

アーティストの間では、人々の認識度に大きな差異があった。オリンピックのランナー、ウサイン・ボルトを見分けることができたのはわずかに九パーセントだったし、50セント（フィフティーセント）の名前を挙げたのは二一パーセントにすぎない。ついでに言えば、ビタミン飲料のフォーミュラ50がコカ・コーラに売却され、50セントがフォーミュラ50の株を取得していたために、一躍、アーティストのトップリストに顔を出すことになった。

私はまたコマーシャルの契約金が、セレブが契約していることを認識するアメリカ人一〇〇万人の一

**写真を見てどれくらいの人が
セレブな契約アーティストを見分けることができるか？**

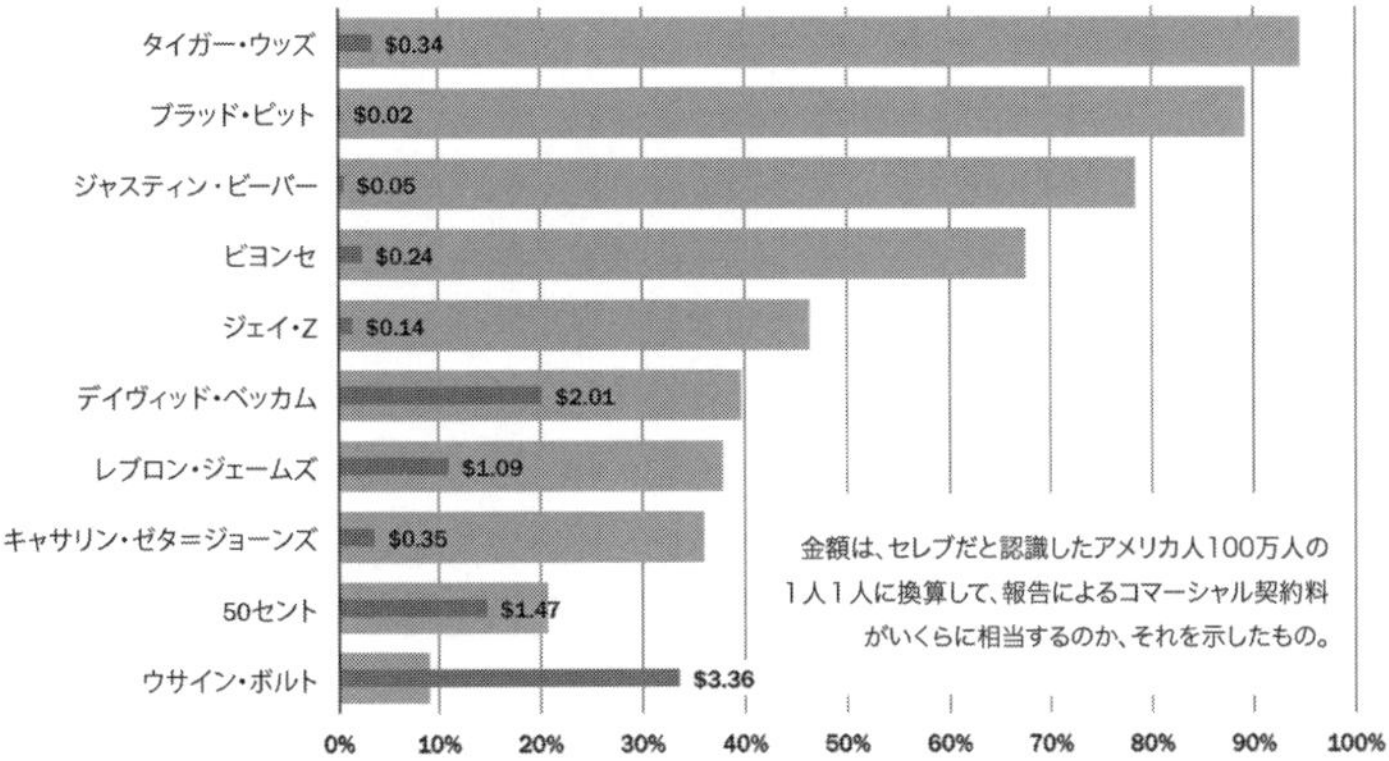

人一人に換算して、はたしてどれくらいの金額になるのか、それを推測してみた。Tモービルはコマーシャル料として、キャサリン・ゼタ＝ジョーンズにおよそ四〇〇〇ドルを支払ったという。そして約三六パーセントの人がゼタ＝ジョーンズを見分けることができる。おそらくその他の六四パーセントは、彼女をただの実在しないキャラクターにすぎないと考えているだろう。それはプログレッシブ・コーポレーションの、保険のコマーシャルに出てくるフロー［架空のセールスパーソン］のようなものだ。Tモービルがゼタ＝ジョーンズの契約に支払った費用は、認識した一〇〇万人について言うと、一人およそ三五セントになる。

この計算がもたらすのは、認識者一〇〇万人一人あたりのコストで、それは数セントから数ドルの間だ。このバリエーションには意味を持つものもある。ブラッド・ピットはダントツで一番安い（一〇〇万人の認識者一人あたり二セントだ）。これは彼のコマーシャル歴がただ一つの、それも大きな話題となった、シャネルの五番のコマーシャルに限られていたからだ。その契約金は六七〇万ドルだった。それは何も、レッドカーペットを歩くたびに、シャネルのキャップをかぶらなければいけないというものではない。

ウサイン・ボルトとデイヴィッド・ベッカムは、そこに並んだものの中ではもっともコストが高い（それぞれ三・三六ドルと二・〇一ドル）。二人はともに世界的なセレブリティだ。それに運動選手はつねにシューズや用具を、一般の人に比べて、はるかにプロスポーツのスターを認識しがちなファンに売り込んでいる。

他に見られる差異は、それほど簡単に説明をつけることができない。携帯電話や炭酸水のコマーシャルは、概ね誰にでもアピールすることが可能だ。なぜ、キャサリン・ゼタ゠ジョーンズの宣伝価値が、ジャスティン・ビーバーのそれの七倍なのだろうか？　なぜ、ビヨンセの価値は、ジェイ・Zのほとんど二倍になるのだろうか？　セレブリティによる宣伝の価値を計ることは、正確な科学ではない。企業の中には、あまりに多く払い過ぎているところもある。

10　エビはコーシャーか？

ウェインスティンの親たちが、腹を立てているのは知ってるよ、警察本部長。だけどあれはうその言い訳だと思うんだ。つまりでっち上げさ、「贖罪の日《ヨーム・キップール》」なんて。

——『ザ・シンプソンズ』のスキナー校長

連続ホームコメディーを見たり、仕事仲間といっしょにいたりして、あなたはおそらく、大半のアメリカ人はユダヤ文化について、基本的なことは理解しているだろうと思っているにちがいない。が、それは事実ではない。大半の人は、ユダヤ教の祝祭日ハヌカーで使用される本枝の燭台で、何本のロウソクが点けられるのか（九本）、また、ユダヤ教の大祭日がいつなのか（九月と一〇月）を言うことができない。さらに、安息日が何曜日にはじまるのか（金曜日）も知らない。エビがコーシャー［ユダヤ教の食事規定に従った食べ物］でないことを知っている人は、わずかに五〇パーセントにすぎない。が、しかし、無知はおたがいさまではないのだ。ユダヤ人はキリスト教の休日や習慣について、簡単な質問なら、キリスト教徒と同じように答えることができる。事実、二〇一〇年にピュー・リサーチセンターが行なった調査では、宗教知識に関する一般的な質問が三二問出されたが、ユダヤ人の得点がキリスト教徒の得点を上回ったと報告されている。(1) 宗教についてもっともよく知っていたのは、無神論者

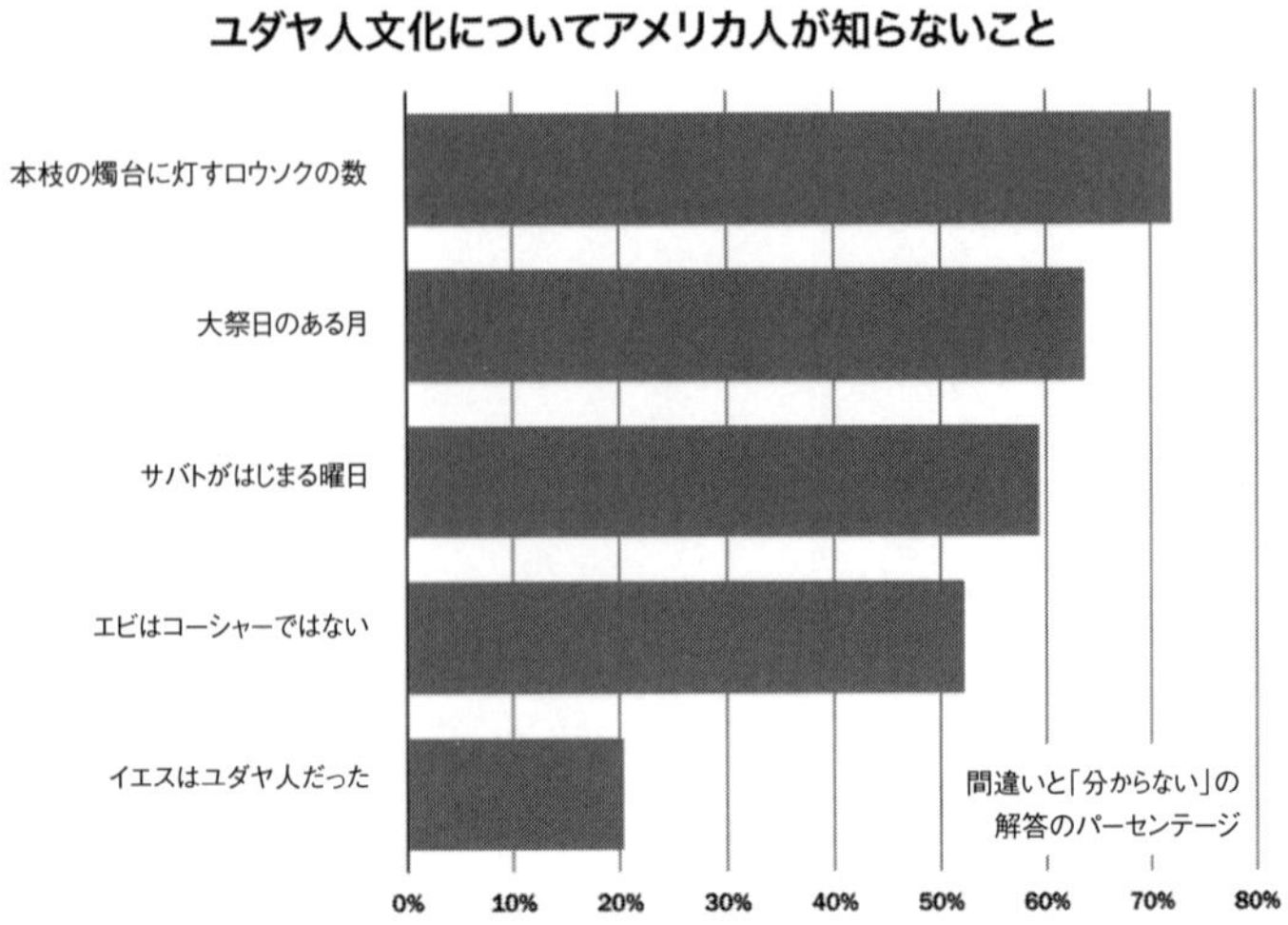

と不可知論者たちから成るグループだった。

この調査が取り上げていたのは、ユダヤ＝キリスト教の伝統だけではない。他にも世界のおもな宗教を扱っていた（ダライ・ラマは仏教なのか？　この問いに正しく答えることができたアメリカ人は、四七パーセントにとどまった）。世界の宗教については、キリスト教徒より、むしろ無神論者とユダヤ人の方がよく知っていた。そしてキリスト教徒は、ときに自分自身の信仰に関する質問に対してさえ、答えに窮することがあった。ここに挙げるのは調査の質問の一つだ。

聖体拝領で使われるパンとぶどう酒について、カトリックの教えを正しく示しているのは、次の文の内のどちら[2]？

A　パンとぶどう酒は実際に、イエス・キリストの肉と血になる。

B　パンとぶどう酒は、イエス・キリストの肉と血の象徴《シンボル》だ。

正解はAで、一五五一年のトレント公会議以来、カトリックの指導者によって繰り返し確認されてきた。全部で四〇パーセントがこれを正しいと答えた。選択の可能な答えが二つしかないことを考えると、この結果はやや寂しい。おそらく、多くの人はAの文を見て、これは頭のおかしい、とんでもない答えで、とても正解ではありえないと思ったのだろう。実際、カトリック教徒でも、これを正解と答えた者は五五パーセントにすぎない。そして、ヒスパニック系のカトリック教徒の正解は四七パーセントだった。

ボストン大学の宗教学科教授のスティーヴン・プロザロは、数年にわたって、人々の宗教知識について世論調査を行なってきた。彼がこの調査をはじめたのは、大学へ入学してくる学生があまりに知識がないのに気づいたからだ。例えば、プロザロが発見したのだが、ボストン大学の学生で「黄金律」の意味を言うことができた者は、六三パーセントしかいなかった［黄金律は、キリストが山上の垂訓で示したキリスト教の根本倫理。「人にしてもらいたいと思うことは何でも、あなたがたも人にしなさい」（「マタイによる福音書」七―一二）］。「十戒」についても、学生が挙げることのできた戒律の数は、平均で四・六にとどまった。(3) ボストン大学は歴史的に見ると、メソジスト派に関連した大学で、教授陣や卒業生の中には、七人のノーベル賞受賞者がいることを誇っていた。おそらくその学生たちも宗教については、他の大学の学生に比べて、一段とよく知っているにちがいない。

が、プロザロの調査によると――

・ほとんどのアメリカ人は、旧約聖書の第一書の名前を挙げることができない（創世記）。

・五〇パーセントの人が、四つの福音書の内、一つの福音書の名前さえ言うことができない。
・ティーンエイジャーの一五パーセントは、「世界の五大宗教」の一つさえ挙げることができない（五つの宗教名をすべて言えたのは、わずかに一〇パーセントだ）。そして、
・一〇人に一人は「ジャンヌ・ダルクがノアの妻だった」という意見に同意している。

「アメリカ人は深く宗教的であると同時に、宗教についてはひどく無知だ(4)」とプロザロは書いていた。「ヨーロッパには、イエスを愛する政治家がまれにしかいないのと同じように、アメリカには無神論者はまれだ。が、ここでは、信仰がまったくと言っていいほど中身を欠いている」

二〇〇〇年に、ジョージ・W・ブッシュが大統領に立候補したとき、自分がとりわけ深い思想家ではない、と世間で見られていることに抵抗した。ジャーナリストに好きな哲学者は誰ですかと聞かれると、ブッシュは「イエス・キリストだ」と答えた。

この答えに、皮肉たっぷりの否認声明文を送ったのはスーザン・ソンタグだった。「ブッシュはそんなつもりはなかったし、彼がそんなことを言っていると世間は思っていなかった。……彼の陣営が、イエスの述べた教えや社会プログラムによって、束縛を受けていると実際に感じることになるとは(5)」。しかしブッシュの答えは、おそらく正直なものだったし、政治的にも抜け目のないものだったろう。今日の多くの信者たちと同じように、ブッシュもまた、彼の信仰のリーダーを、一人の思想家に変えようとした。そしてその結果、昔風の宗教と、現代の世俗世界の間に広がる溝を軽視している。

ソンタグは書いていた。アメリカの宗教は、宗教そのものより、むしろ宗教の概念に関する要素が強

い。われわれがリーダーたちに期待するのは、信仰を持つ男や女だ。が、その信仰の中身はと言えば、まったく重要視されていない。アメリカ人のこの態度は、自分が投票する候補者について知ることより、むしろ、投票自体がより重要なことだという確信にとても似ている。

最近のピューの世論調査で分かったのだが、「神や普遍的精神」の存在を信じる人は圧倒的に多数で、アメリカ人のおよそ九二パーセントを占めている。(6) この発見は典型的だ。が、ピューの調査員が神の存在をどれくらい確信しているのかと問いかけると、その答えは典型的なものではなくなる。すでにお分かりのように、それを明らかにするには、疑念について尋ねた調査が役に立つ。この場合、神の存在は「絶対に確かだ」と答えた人は六九パーセントにすぎない（信仰のあるなしにかかわらず、すべての回答者の中で）。残りの人々が「かなり確か」「あまり確かではない」「まったく確かではない」「分からない」などの選択肢を選んで、自分の信仰状態を述べた。不可知論を表明した者が全体の二三パーセントを占めた。この数字は、最初に神が存在したかどうかは分からないと言った人が二パーセント、そして、神の存在を信じないと言った人が六パーセントと、質問を続けるにしたがって減っていく。不可知論の場合は、さらに質問を追加することが重要となる。

アメリカの子供たちが、なぜ数学のテストでひどい点をとるのか、あなたは不思議に思うかもしれない。だが、子供たちの宗教に関する無知さ加減については、何らそこにミステリーはない。公立学校では宗教について、ほとんど教えられないからだ。逆説的に聞こえるが、公立学校に通う子供たちは、つねにイスラム教や仏教やヒンドゥー教、それに古代の地中海沿岸地域で人々が信仰していて、今はすでに絶滅している宗教などには、歴史や社会学習のカリキュラムの一部として触れる機会がある。しかし、アメリカの公立学校の大半は、キリスト教やユダヤ教を教えることに尻込みをする。それは家庭や、日曜学校、ヘブライ語教室などで教えるべきものとされているからだ。そのような場所では、他の宗教について議論することさえほとんどない。

したがって、宗教的な問題に関する無知を証明することは簡単だ。さらに厳しく言えば、宗教的な問題がはたして重要なのかどうかということだった。モルモン教徒にとって、ヒンドゥー教について知ることが重要なのだろうか？　カトリック教徒は、化体説という教会の教説を知らなくても十分に幸せなのに、ことさら改めて、それについて知る必要があるのだろうか？「結果がどんなものであれ」と二〇一〇年のピュー調査はレポートしている。「われわれは人々に『A』や『F』や、あるいは他のどんな点数も付けるべきではないだろう。というのも、人々がどれくらい宗教について知っているのか、それを決定する客観的な方法をわれわれは手にしていないからだ」(7)

信仰を持つ方が持たないことに比べると幸福だ、という証拠を文学は提供してくれるだろう。が、私は宗教的知識と自己報告の幸せの間にある、相関関係を見つけることはできなかった。また宗教と所得、あるいは既婚や未婚などの交際状況との相関関係も、そこには存在しなかった。(8)

しかし、宗教的知識を獲得する理由は他にもある。プロザロ（彼はピュー調査のアドバイザーを務めていた）は二つの否定しようのない主張を持ち出している。最初の主張。宗教的リテラシーは文化的なリテラシー全体にとっても、絶対に必要で欠かすことができない。われわれが抱える政治的議論――堕胎から幹細胞の研究に至るまで――はすべて、宗教的議論として定義されているからだ。地球上で起きている紛争の多くは、ことごとくこの宗教上の争いだ。したがって、神を信じない人を含めて、すべての人々が宗教上の基礎知識を身につけていなければ、ニュースを理解しようにも途方に暮れてしまう。「アダムとイヴ」「メッカ」あるいは「禅のようなもの」を思い出せないようなら、大統領の演説やトークショーのおしゃべり、それにペットボトル入りティーのコマーシャルなどについていくのも一苦労となるだろう。

　このような指摘はどれも理にかなったもので、その通りだ。だが、問題は、ニュースや洗練された会話に遅れずについていくためには、実際のところ、どれくらい多くのことを知る必要があるのかということだ。その答えは「宗教的リテラシーの調査で、ときどき明らかにされるものより多く、しかも、それほど多すぎないほどの知識」だと私は思う。

　プロザロが提示した第二の主張は、宗教的知識がわれわれを文明化させることだ。それは本質的に好ましい影響をもたらし、その結果として、すぐれた、人間味のある決断へとわれわれを導いてくれる。宗教についてたくさんの知識を身につけた、（および／または、深い宗教的な信念を持った）思いやりのある人々を考えることは、それほど難しいことではない。そして、その明白な反対例として、スペインの異端審問官やＩＳＩＳの首切り人を思わないというのも難しい。

「啓蒙的な力としての宗教」について論ずることで、私が思い出したのは、高校時代のコーチたちが言った、フットボールをすることは「性格」を作り上げることだという言葉だ。この言葉には何か、それを立証する証拠でもあるのだろうか？　だいたい性格とは正確に何を指しているのだろう？　実際にコーチたちが言っていることは、フットボールが性格を作るということを、彼らが聞いたということだろう。おそらく他のコーチから。それはフットボールが現実に作り上げるもの――それは卒業してからプレーすることなどとてもできない、あなたのゲーム能力だ――より一段と響きがいいので、彼らが繰り返したかった主張の類いなのだ。

「宗教的知識はよき市民になるためには、必ずしも必要なものではない」とジャーナリストのマーク・オッペンハイマーが書いている。「それはもし教養人になりたいと思えば、必要とされるだけものだ。宗教的知識はたしかに、われわれの人生を豊かにする。そしてそれは、この上なくありがたいものだ[9]」。これはどんなものでも、知識と名のつくものの価値を見つめるすぐれた方法だ。

最後の晩餐に出席した客のリスト

最後の晩餐の席にいた人の名をすべて挙げなさい（あるいはできるだけ多く挙げなさい）
ゴータマ・ブッダの国籍はどこ？　中国人、インド人、日本人、朝鮮人、モンゴル人？[10]

最後の晩餐に出席していた客のリストは、四つの福音書のどれにも書かれていない。レオナルド・ダ・ヴィンチの壁画のような、ルネサンス期の絵画が、それはイエスと一二人の使徒たちだったと想像した。伝統的なリストには、イエス、ペテロ、アンデレ、大ヤコブ、小ヤコブ、ヨハネ、マタイ、フィリポ、トマス、バルトロマイ、イスカリオテのユダ、タダイのユダ、シモンの一三人が名を連ねている。私の調査では、この問いの答えとして挙げられた弟子の数は、平均でわずかに四人だけだった。ほぼ三分の一の人が主賓のイエスの名を落としていた。名前を一人も挙げられなかった者が一七パーセントいた。

ブッダはインド人。あるいは現代の言葉で言うとネパール人。これに正しく答えることができたら、調査に参加した六九パーセントの人より上ということになる。

11　哲学者とリアリティー番組のスター

「あらゆる芸術は役に立たない」[1]とオスカー・ワイルドは書いている。ヴィクトリア朝のブルジョワジーを挑発させようとして、ワイルドはふと、この文化リテラシーのパラドックスを思いついた。しかし、文化リテラシーの大切さが分からない人たちに対して、その価値を証明することは、ほとんど不可能に近い。今日、モバイル機器は、われわれがこれまでに学んで、記憶にとどめてきた、伝統的な人間性の姿を大きく変形させつつある。私は哲学、文学、芸術、映画などの知識を調査して、このような知識が、ブルジョワジーが理解できる物差し――それは高額の所得だ――から見て、けっして役に立たないものではない証拠を探してみた。

一連の調査では、「――は誰？」という簡単な問いかけをした。空欄には有名無名の差はあるが、文化人の名前が入る。それに加えて、「発案者」や「アーティスト」のような職業の選択肢を五つ用意した。参加者はその内の一つを、文化人のために選ばなくてはならない。

チャートで示したのは調査結果の一部で、そこでは西洋の哲学者と現代のリアリティー・ショーのスターたちを対峙させている。アリストテレスとプラトンは、もっとも有名な二人のカーダシアン（キムとクロエ）と肩を並べるほど人々に認識されている。二元論の提唱者ルネ・デカルトは調査参加者にとって、子供のビューティー・コンテストの出場者ハニー・ブー・ブーより、いくぶん親しみが薄い。

ニーチェはクロエ・カーダシアンほど有名ではない

人物の職業を言い当てた人々のパーセンテージ

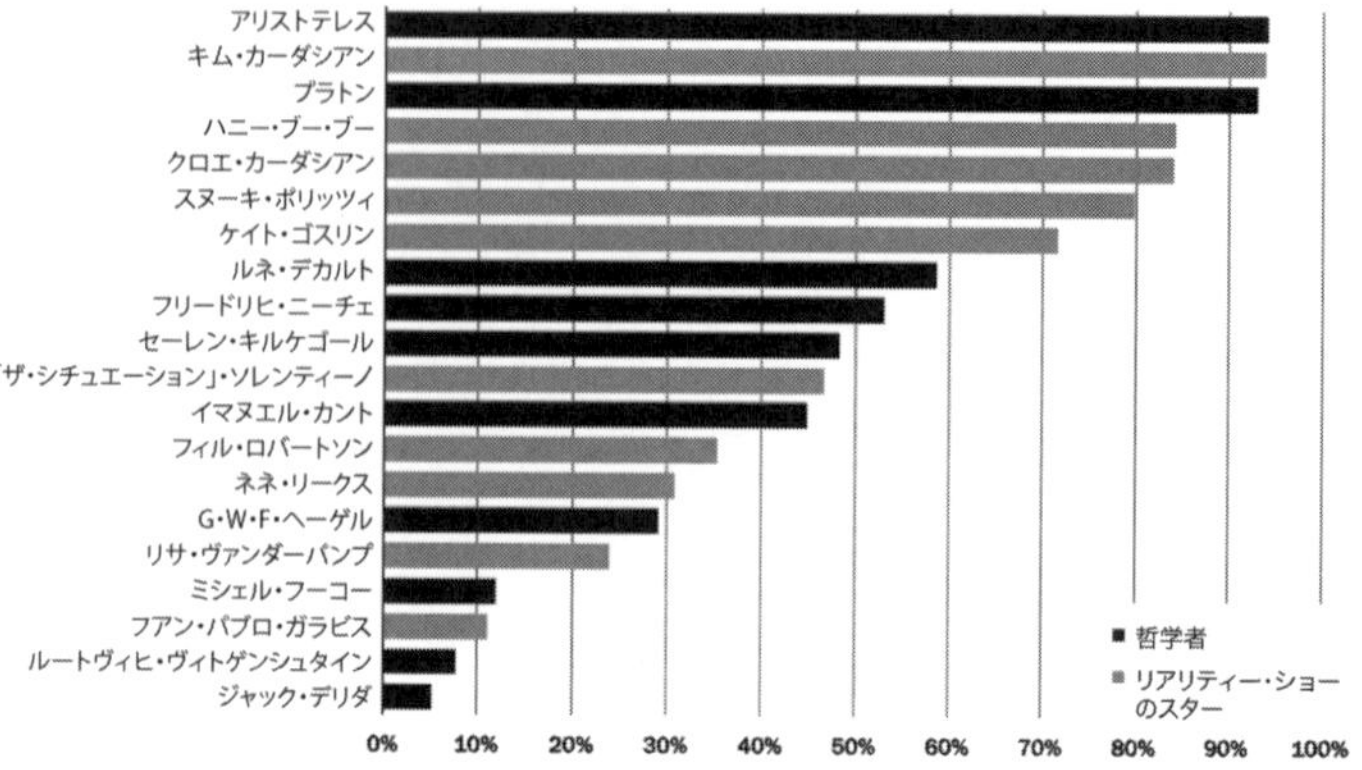

「神は死んだ」と言ったフリードリヒ・ニーチェは「ビーチはどこ？」と言ったスヌーキ・ポリッツィに負けている。リサ・ヴァンダーパンプ（『リアル・ハウスワイブス・オブ・ビバリーヒルズ』）の名前を知る人の数は、ルートヴィヒ・ヴィトゲンシュタイン（主著に『論理哲学論考』）を知る人の三倍に達している。その他にも、著名な哲学者が、『ジャージー・ショア』や『ダック・ダイナスティー』の出演者たちのあとを追っている。

カノン（規範）

教育者たちはこれまで長い間、人文のカノンを何とかして広げたいと模索してきた。彼らは今もなおそれを続けている。「ラテン・アメリカで生涯の大半を過ごした、画家、小説家、詩人、戯曲家、建築家、映画製作者の名前を挙げてください」。私はこんなシンプルな質問を、人口統計学的に見てバランスの取れたアメリカ人たちに投げかけた。これはラテン・アメリカのどこの国でもいい、ただ一人だけ、人物の名前を挙げてほしいというもので、その人物は

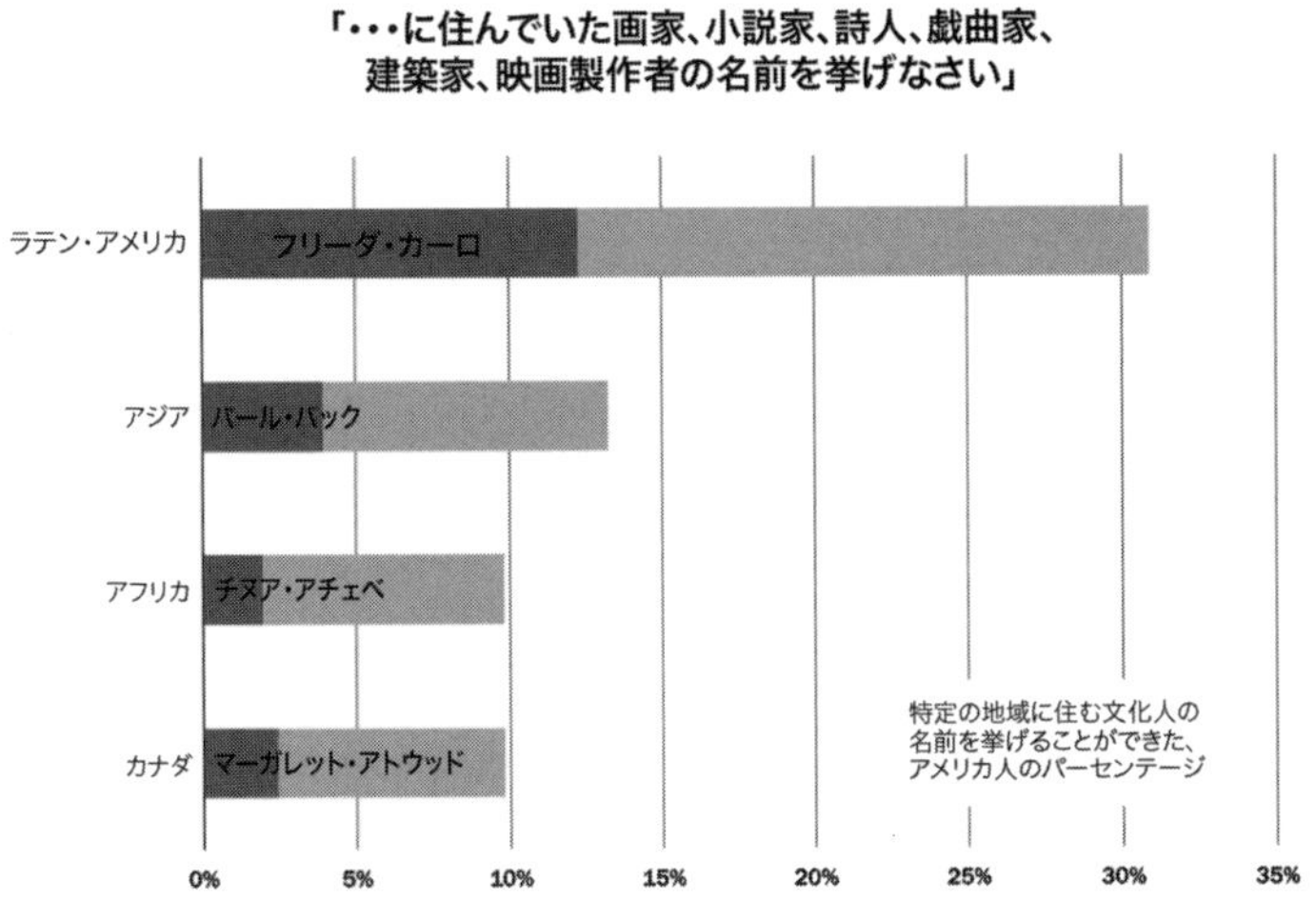

現代に生きている人でもいいし、過去に生きた人でもいい。

名前を言うことができたのは、わずかに三一パーセントだけだった。もっとも多かった正解はフリーダ・カーロで、回答者の一二パーセント。ガブリエル・ガルシア・マルケスが六パーセントを占めた。

私は同じ質問をアジアについても行なった。一三パーセントが正解を出すことができた。

もっとも多かった答えは……パール・S・バック。私はこれを正解と見なしたくはなかったが、そうせざるをえなかった。ウェストヴァージニア州で生まれた『大地』の作家は、八一歳にわたった彼女の生涯の四九年間を中国で過ごした。バックは正解のほぼ三分の一を占めていた。これに近づいたクリエイティブなアジア人は他には誰もいない。インド人や中東人の名前は、めったに上がってこなかった。中国人や日本人の名前を挙げた答えは、そのほとんどがヴィジュアル・アーティストだった。現代のアニメ映画製作者の宮崎駿、手塚治虫などが、黒澤明や葛飾北斎とほぼ同じ数の回答を獲得していた。

アフリカの画家や作家や他の文化人の名を挙げたのは、一〇パーセントにとどまった。そのほとんどがチヌア・アチェベだったが、これも調査のサンプル全体から見ると、二パーセントにすぎない。答えは南アフリカ生まれの白人や、ヨーロッパ、アメリカ、オーストラリアで生涯の大半を過ごした者たちに大きく傾いていた。

最後にカナダについて調査を試みた。カナダは大陸ではないが、アメリカとはユニークな関係を形作っている。非常に近い関係だが、文化的にはなかなかその関係が目に見えない。現にアメリカ人は、カナダのクリエイティブな人物の名前を挙げることが不得意だ。それはアフリカの文化人を、ピックアップするのが難しいのと同じだった。間違いの答えも他の地域と比べると、いっそう多かった。調査参加者の多くは、アメリカでキャリアを積んだカナダ生まれのエンタテイナーの名前を挙げた。それは例えば、マイク・マイヤーズ、ウィリアム・シャトナー、ローン・グリーンなど。質問が俳優を求めているわけではないので、このような答えは不正解と見なされる。もっとも名前が挙ったカナダの作家は、マーガレット・アトウッドとアリス・マンローだった。

が、だからと言って、アメリカ人が自国の繊細な散文の大家たちのことを知っていると推測してはいけない。私が究明できたかぎりでは、現存の知的で「まじめな」小説家、ショートストーリー作家、詩人たちはいずれも、アメリカ大衆の大多数にとっては、その名を知られていない存在だった。トニ・モリスンが作家であることを、サンプルの四七パーセントが知っていた。それは現存の作家た

ここに挙げた人々が誰なのかほとんどの人は知らない

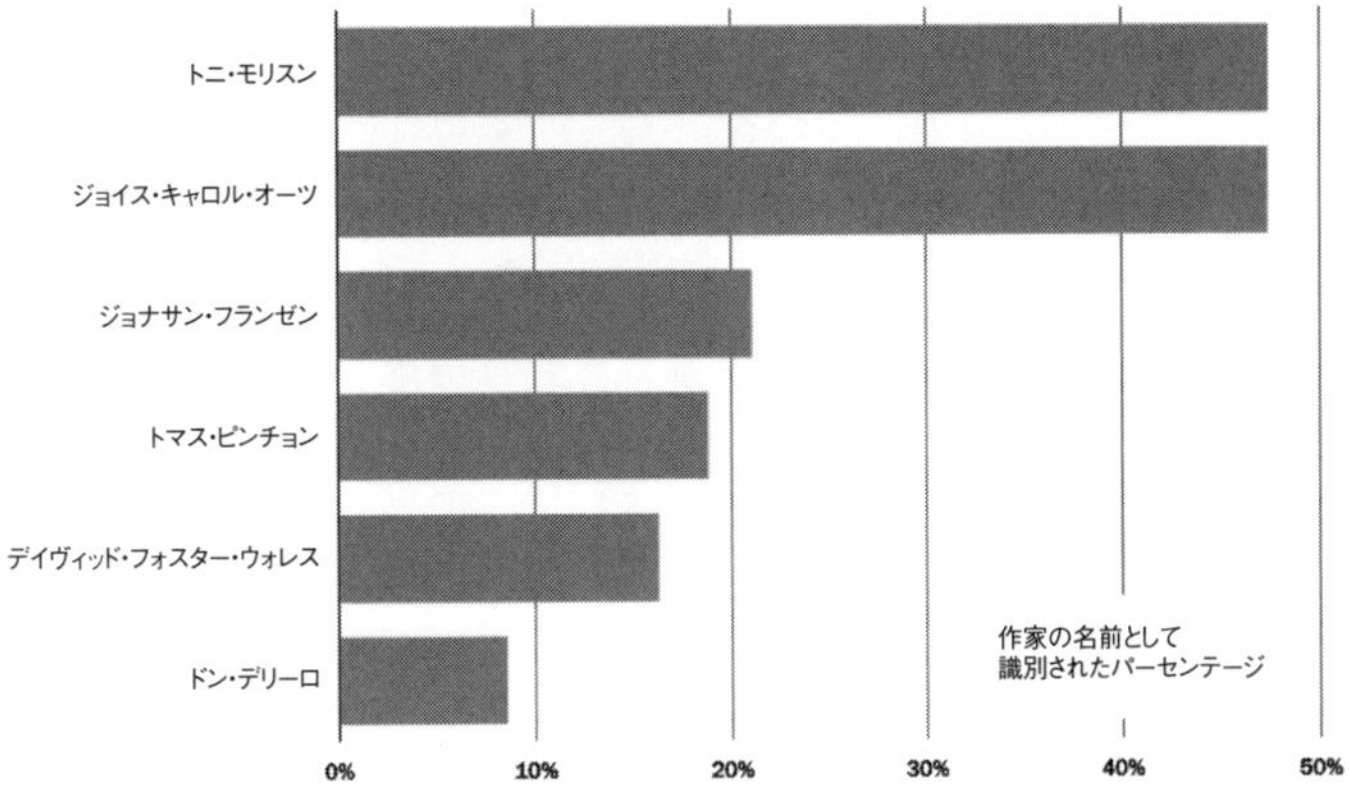

ちの間で、モリスンをロックスターにするには十分だった。ジョイス・キャロル・オーツがモリスンと同じ得点を獲得している。他の作家はすべて認知度が彼女たちより低かった。

もちろん広く認知されていて、大衆に人気の高い作家たちはいる（スティーヴン・キングやジョージ・R・R・マーティン）。彼らは、学校でその作品が教えられる作家で、すでに亡くなっている多くの作家たち（シェイクスピアからトルーマン・カポーティまで）と並んでよく知られている。私の調査ではカート・ヴォネガットが五三パーセントの認知度を獲得していた。しかし、現存で有名な――あるいは最近亡くなったばかりの――作家たちの中で、名前が挙がる者はめったにいないようだ。

現代の小説家にとって、大衆に向けた名声の頂点というべきものは、おそらく、『ザ・シンプソンズ』で自分自身を演じることなのだろう。それをしているのがジョナサン・フランゼンやトマス・ピンチョンだ。しかし、フランゼンが誰なのか、それを知っている者、あるいはそれを推

『ハックルベリー・フィンの冒険』について、人々は何を知っているのだろう？

マーク・トウェインの小説で起きた出来事のパーセンテージ

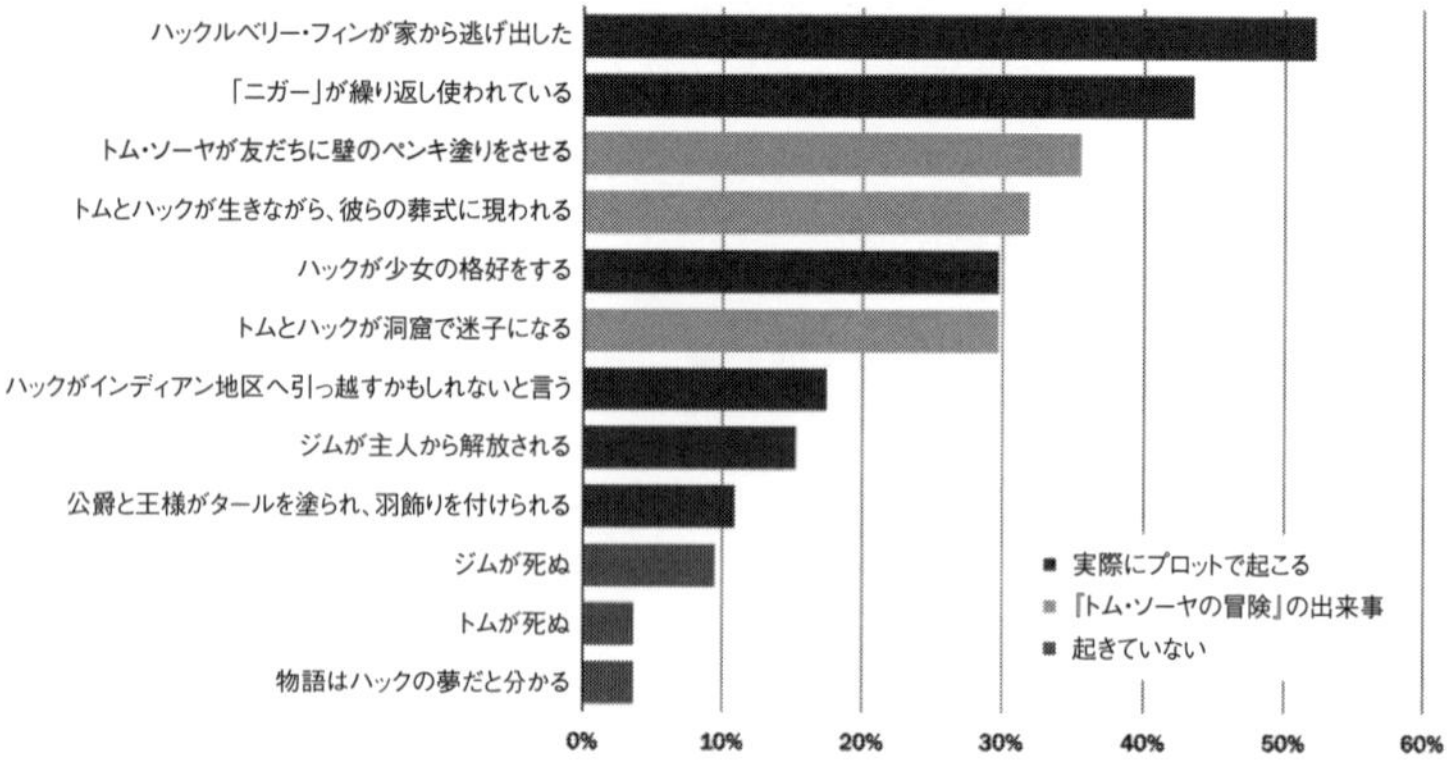

測した者はわずかに二一パーセントしかいない。ピンチョンについてもわずかに一九パーセントだ。

マーク・トウェインの『ハックルベリー・フィンの冒険』では、どんなことが起こっているのか？　私はこの質問を投げかけた。そして答えの選択肢として、いろいろなことを長いリストに書きならべた。正しいものもあれば、間違ったものもある。調査に参加した者は、小説で起こったすべてのことに、クリックをするよう指示されている。

大多数の人が、小説中の出来事に当てはまると答えたものは、二つの事実だけだった。ハックルベリーが家から逃げ出したこと、そして黒人に対する侮蔑的な表現とされる「ニガー」が、繰り返し何度も使われていること。

その他で広く記憶されていた一節は、トム・ソーヤが壁にペンキ塗りをしたこと、それにトムとハックが自分の葬式に参加したことだ。が、この二つは『トム・ソーヤの冒険』に出てくる逸話で、『ハックルベリー・フィンの冒険』ではない。

ほとんどの人は作品を見て、それを制作したアーティストの名前を言い当てることができない

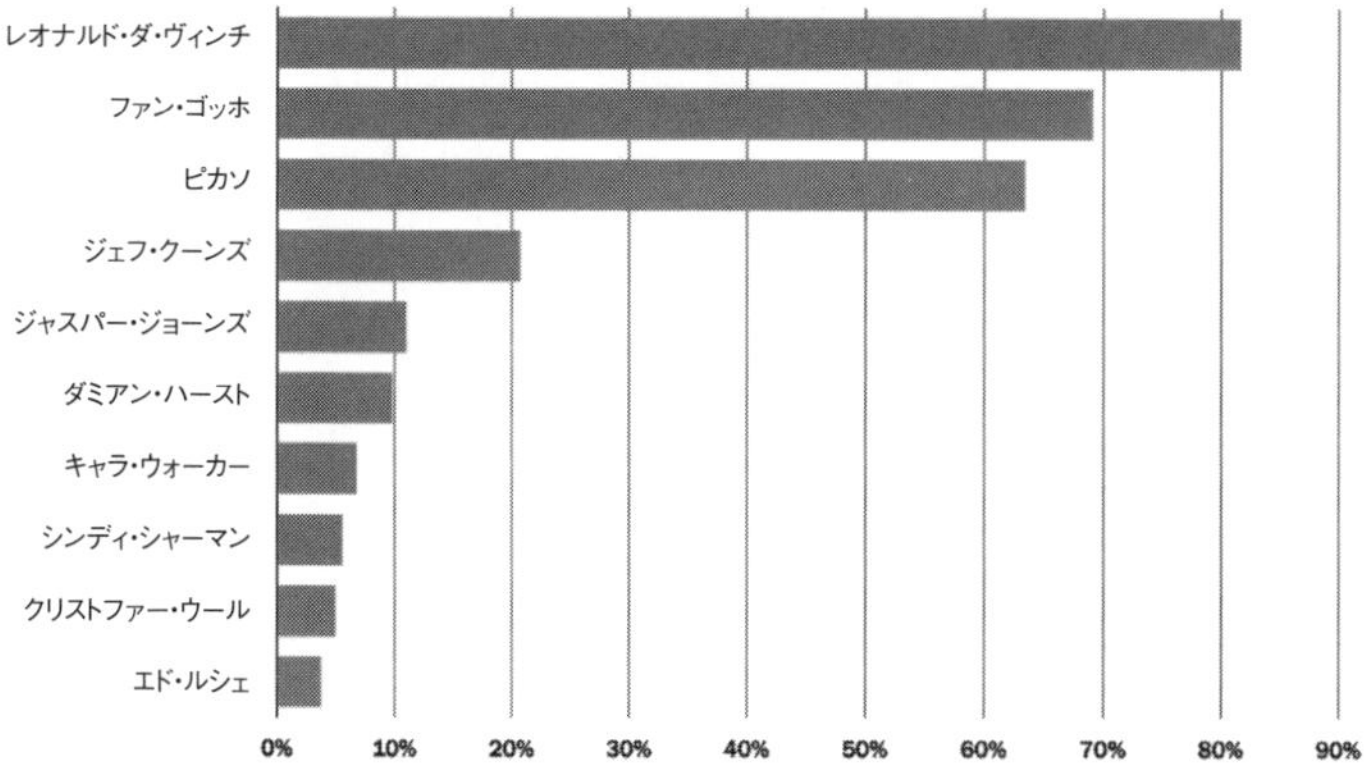

二八パーセントの人は、この小説――もっとも偉大なアメリカ小説とさえ言われる――で起きた出来事の一つさえ指摘できなかった。

アート・フェアや美術館の展示にやってくる入場者の数、それにオークションの値段などから判断すると、現代アートに対する関心はけっして大きなものではない。が、その関心のほとんどが、さらに一般の人々の間に行きわたることはなかった。ある調査では現代アートの象徴的な作品の写真を提示して、調査に参加した人々に、それらの作品を製作したアーティストの名前を尋ねた。一つ一つのケースで、もっとも多く選ばれた選択肢は「分からない」だった。

基準を得るために、私はまた『モナ・リザ』『星月夜』『ゲルニカ』のテストをした。ほとんどの人はそれぞれの作品を、レオナルド・ダ・ヴィンチ、ファン・ゴッホ、それにピカソへとつなげることができた。が、およそ五人に一人が『モナ・リザ』を描いた画家の名前を挙げることができなかった。これは考えるに値することだ。写真はなじみのあるものだったにちがいない。が、それを描いた人物

を知ることは別問題のようだ。

批評家たちは、ジェフ・クーンズやダミアン・ハーストに広報やお金が投入されない、といつも決まって嘆く。この二人は物思いに沈んだ支持者たちより、むしろ一般の人々や超大金持ちに人気があると言われているからだ。が、実際のところ、認識されることが人気のための前提条件だと仮定すれば、クーンズもハーストも、一般の人々に人気があるというわけではない。五人に一人しか、クーンズを『バルーン・ドッグ』のアーティストだと見なすことができなかったし、ハーストの『生者の心における死の物理的不可能性』――イタチザメをガラスケースの中に入れ、ホルムアルデヒドで保存した――をアーティストに結びつけることができたのは、ほんの一〇パーセントにすぎなかった。ほぼ四分の三の人々が、解答欄を「分からない」で埋めていた。

ジャスパー・ジョーンズの真剣さに、異議を唱える者はほとんどいない。しかし、もはや古典とされている『旗』を描いた画家が、ジョーンズだと識別できたのはわずかに一一パーセントだった。そこから、認識度は下降の一途をたどる。キャラ・ウォーカーのインスタレーション（『南部を通り抜けた私の旅をもとに、描かれた……黒人風景を提示する』）、シンディ・シャーマンの『無題のフィルム・スティル』シリーズからもっとも再製された写真の一つ、クリストファー・ウールの『アポカリプス・ナウ』（二〇一三年に二六〇〇万ドルでオークションにかけられた）[2]、エド・ルシェの『燃えるガソリンスタンド』などは、ほとんど人々に印象を残すこともなかった。このように著名な、現存のアーティストに見られる認識率の差異は、統計学的に有意なものではない[3]。

有意なのは間違った選択肢の中に、正しい選択肢よりいっそう頻繁に選ばれたものがあることだ。多くの人は『旗』の作者をジョーンズではなく、アンディ・ウォーホルだと信じる傾向があったし、アニー・リーボヴィッツ、ダイアン・アーバス、アンセル・アダムスなどはシャーマンの写真（彼女の作品はセルフ・ポートレートなのだが）の作者と間違えられ、ロイ・リキテンスタインがルシェの『燃えるガソリンスタンド』を作ったと考えがちだった。これは誰が言ったか分からない格言を、すべてチャーチルの言ったことにしてしまう「チャーチリアン・ドリフト」の視覚版といったものにちがいない。世人の心では、現代アートがことごとく、二、三のビッグネームの作品に帰されてしまう。

さらなる結論——大衆の知恵は現代アートには適合しないということだ。

私は前に、ビジネスの文脈では、発音が重要だということに注意を促した。同じ問題は文化的なものに対しても、一種のカースト制のようにのしかかっている。アンドレ・ジイドの姓（Gide）を「ジャイド」や「ガイド」と発音したら、その人の意見がどんなに理路整然としたものでも、真剣に受け取ってもらえないかもしれない（発音は「ジイド」が正しいが、それを知っていたアメリカ人はおよそ一一パーセントだけだった）。ジイドはいわば、ブロガーが使うような「特殊な合い言葉」の一例だ——「特権階級がその言葉によって、より劣った者たちを判断するための名前」(4)のようなもの。

たしかにそこには、大衆の大多数が正しく発音できないような名前を持つ、文化的な名士がたくさんいる。英語の名前ですら悩みの種になりかねないし、トラブルが起きかねない。四分の三以上の人が、ジョン・メイナード・ケインズの姓（Keynes）を「ケインズ」と発音することを知らない。

名前の中には間違った読み方が広まっていて、すでにそれが半公式な「アメリカの」発音になってい

**次の文化人の名前をもしかしたらあなたは
間違って発音しているかもしれない**

4つの選択肢から正しい発音を選んだパーセンテージ

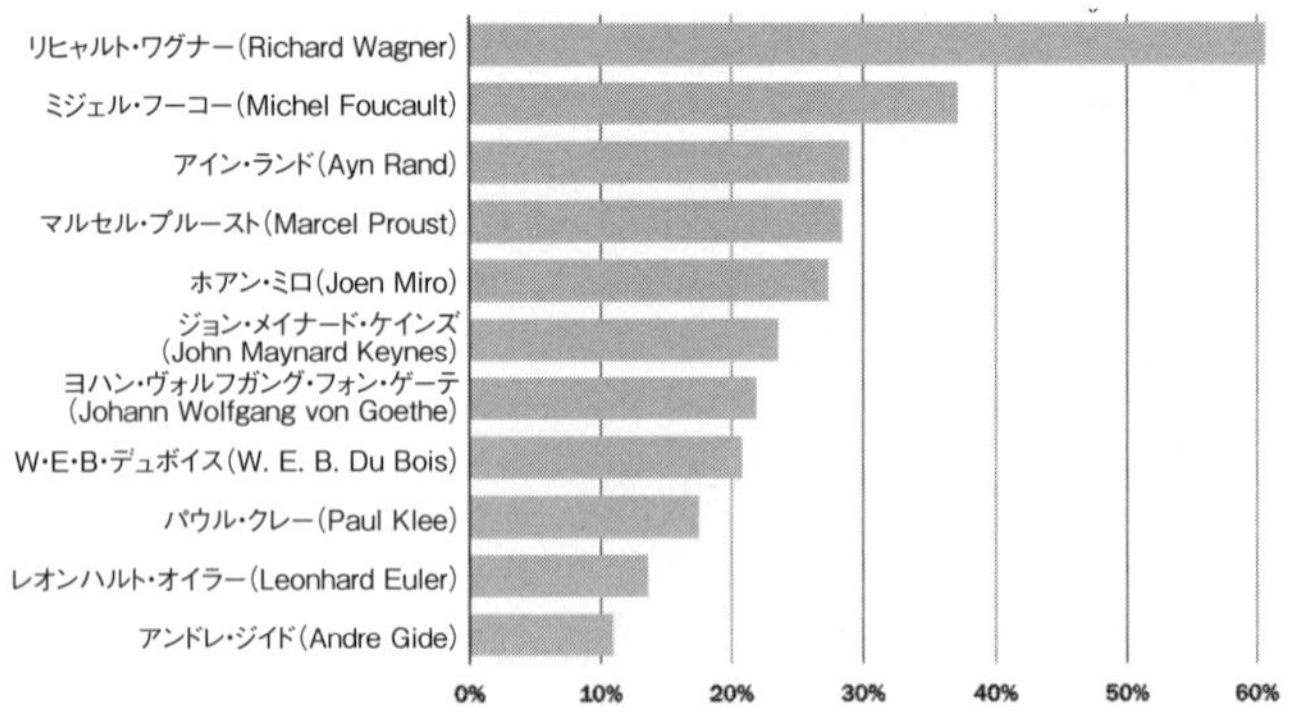

るものがある。厳密に言えばそれは、有名人のネイティヴ言語では正しくない。が、しかし、それはその人が、比較的よい教育を受けたアメリカ人であることを示すものかもしれない。一般に認められた、アメリカ人の発音の中には次のようなものがある。リヒャルト・ワグナー（Richard VOG-ner）、ミシェル・フーコー（Michel Foo-COE）、アイン・ランド（Ine Rand）、マルセル・プルースト（Marcel Proost）、ヨハン・ヴォルフガング・フォン・ゲーテ（YO-han Wolfgang von Ger-tuh）、W・E・B・デュボイス（W. E. B. Duh-BOYZ）、パウル・クレー（Paul Clay）、レオンハルト・オイラー（Leonhard OY-ler）。

このような言葉の発音を知ることは、営業会議で使う用語を正しく発音するのと同じように、所得と強く相関している[5]。正しい発音はまた、マックのオペレーティング・システムを使っているかとも関係しているが[6]、年齢や性別とは相関関係がない。

※以下ネタバレ注意

もちろん、文化リテラシーで「いかさま」を行なうことはそれほど難しいことではない。が、映画やテレビ・ショーのケースを考えてみてほしい。テレビを繰り返し見たり、映画を簡単にダウンロードできたりすることは、ネタばらしをする人（スポイラー）の概念や、映画やショーで経験するつもりだったことを複雑なものにしている。

私の調査に参加した人の大半は、『サイコ』の連続犯が、死んだ母親の服を着たノーマン・ベイツであることを知っていた。また以下のネタバレも彼らは知っている。『猿の惑星』が実は地球だったこと。ダース・ベイダーがルーク・スカイウォーカーの父であること。『シックス・センス』の中で、ブルース・ウィリスの役柄（マルコム・クロウ）は終始死んでいたことなど。ほぼ四〇パーセントの人が、『ファイト・クラブ』でブラッド・ピットが演じた役（タイラー・ダーデン）が、実はエドワード・ノートンの当てにならないナレーターの、多重人格が投影された人物だったことを知っていた。三分の一、あるはそれ以下の人が、『市民ケーン』でケーンが死の間際につぶやいた「バラのつぼみ」が、そりに書かれた文字だったこと、『クライング・ゲーム』の主演女優が、実は性転換をした男性だったこと、『ユージュアル・サスペクツ』のケヴィン・スペイシーがカイザー・ソゼであること、オリジナルの『13日の金曜日』が、切り裂き魔（スラッシャー）をジェイソンではなく、彼の母親にすることで、『サイコ』を反転させていることなどを知っていた。

『メメント』で起きていることを誰も知らない証拠としては、以下のことを承認した者が、一三パー

映画の結末をどれくらい知っているか

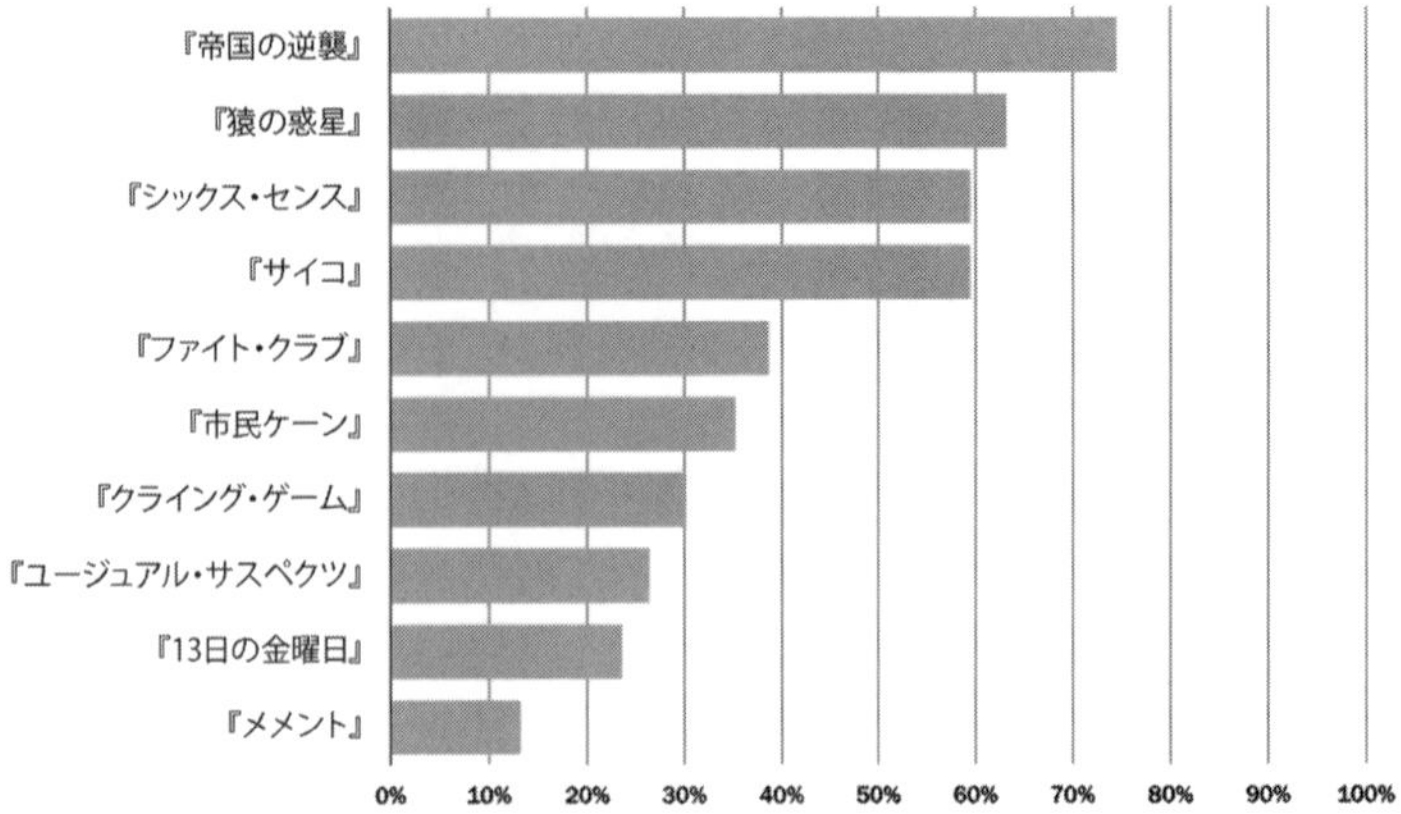

セントしかいなかったことだ。それは映画ファンには広く受け入れられている解釈だが、記憶喪失に陥ったレナードが、彼の妻を強姦して殺した者を、すでに殺害していたことである。

ここに挙げた数字はどれも一見、低いもののように見えるが、それは、われわれが見せかけの文化リテラシーに対して、いかに精通するようになったかを如実に示している。興行面での数字に基づいた大雑把な推測では、およそ一〇パーセントのアメリカ人が『帝国の逆襲』を、二パーセントが『クライング・ゲーム』を、一・二パーセントが『ファイト・クラブ』を見たことが分かる。[7] ビデオやテレビの鑑賞が、その比率をさらにアップさせるだろう。一方で、ファンによる繰り返しの鑑賞が、その比率を調整してくれるにちがいない。いずれにしても、私の調査に正しく答えてくれた人々の大半は、必ずしも映画を見たわけではないし、そのことはほとんど否定しがたい。ネタばらしをする人は映画館の外で、文化的な空気の中で呼吸をしている。彼らは情報の収集可能な、ソフトドリンクのカップや、T

Vのパロディー、コメント・ボード、さらには第二、第三、……第いくつかの情報源の近くにいる。現代メディアの破片の山から、種類の差はあれ、ともかく文化を何とか理解しようとする能力は、価値のある技術かもしれない。いずれにしてもそれは、現在、われわれが獲得しつつある技量にちがいない。小説家のカール・タロウ・グリーンフェルドは次のように書いている。

私の妻は数週間毎に、読書クラブで読んでいる最新刊の本について話してくれる。そしてそれがどんな本でも、また、それを読んでいようといまいと、私はその本について意見を言う。意見はもっぱら、……では、正確にはいったい、何に基づいたものなのだろう？　こうしたものについては、レビューを読んだこともないし、それについて書かれたエッセーを読んだこともない。が、私はシェリル・ストレイドの壮大さや、エドウィージ・ダンティカの感情を抑えた表現について、勝手気ままに熱弁をふるう。このようなデータは明らかに大気の中から——さらに現実的なレベルで言えば、さまざまなソーシャル・メディアの番組から——拾い集めたものだ。

ビヨンセの妹のソランジュ・ノウルズが、エレベーターの中でジェイ・Zを襲ったというのは、いったい何のことだろう？　私はTMZで流れた防犯カメラのビデオも見ていない——それもおそらくだらだらと長いものだろう。が、私はチャッター［チャットアプリ］をスクロールして、ソランジュが彼女のインスタグラムから、姉のビヨンセの写真を外したのを知った。この『ゲーム・オブ・スローンズ』のエピソードは何なのだろう？　地下室で起こった無理強いのセックス？　が、私はヴァルチャー・コムでざっと要約に目を通した。そしてこれはひどいけんかの話だ……と言うつもりでいた。

それにしても、実際には何一つ知らないのに、大げさに知ったかぶりをするのは、それほど簡単なことではない。(8)

この話からは、文化リテラシーがあるふりをすることが、はたしていいことなのかどうか、そんな問いが生まれる。一連の考え方や書物、それに芸術作品や映画など、われわれの文化によって重要と判断されたものについて、深い理解を持つことが今なお重要なことなのだろうか？伝統的なハイ・カルチャーは、共有する注目度という点では、それが過去に占めていたものより、シェアはより小さなものになりつつある。われわれは必ずしも、教育のレベルを下げているわけではない。それはただ、注意を払うに足る文化表現のモードが、以前に比べてより多くなっているというだけなのだ。これはたしかに、調査で明らかになったような、伝統的な文化知識のレベルが低くなった一要因ではある。

文化リテラシーは、教育レベルを推しはかるためのすぐれた予測因子だ。が、しかし、驚くべきことに、文化的知識と所得の間にはほとんど相関関係はない。これは「英文学専攻の影響」なのかもしれない。文化リテラシーが高くなればなるほど、文学や芸術を専攻する学生の数が多くなるようだ。このような学科を専攻した人々は、同じ教育レベルの人々に比べると稼ぎが少ない傾向にある。

もちろんここでは、お金が唯一の基準でも最善の基準でもない。文学、芸術、映画上の大作を経験することの価値は、それを鑑賞できる心の持ち主にとっては言うまでもない。変わりつつあることは、誰も同じ偉大な作品を経験しなければいけないという考え方。もはやカノン（規範）は消滅しつつあり、文化の運命の予測は立ちがたい。洗練された教養は昔に比べて、よりいっそう多様なものとなっている。教養のない者にとっては、クラウド・コンピューティングからコピーした、表面的なリテラシーだけでも、何とかこの世の中を生きていくことはできるのである――今は、ことさら知ったかぶりをするのをやめにする時期だ。

ウラジーミル・ナボコフって誰？

ナボコフは運動選手、作家、実業家、あるいは哲学者？

わずかに三〇パーセントが『ロリータ』や『青白い炎』を書いた作家だと分かった。これは教育レベルの予測因子にはなったが、所得の予測にはならなかった。(9)

12　セックスと不条理

ミシシッピー州の教師たちはペパーミント・パティという、一風変わったものを使っている。このチョコレート・キャンディは視覚教材だという。包み紙をとって、教室中の生徒たちの手から手へと渡される。それは（ミシシッピー州の親たちが言うには）「女の子はセックスをしてしまえば、あとはクリーンではなくなるし、何の価値もなくなる」[1]ことを証明するためだという。

アメリカのディープサウスこそ、性教育が歓迎されるべきで、ミシシッピーは全米で、一〇代の妊娠率がもっとも高い州の一つだ。生徒の親たちも、何らかの性教育が行なわれることを期待している。が、主張の強いグループは、教室ではもっぱら節制を教えるべきだと要求する。この現象はけっして、ミシシッピー州だけではない。サンフランシスコ州立大学に、セクシュアリティを研究する学科を創設したギルバート・ハートは、次のような報告をしている。連邦政府はこれまでに、ほぼ一〇億ドルという大金を、学校の教育プログラムに費やしたが、プログラムは節制にのみ限られたものだった[2]。こうした教育のプログラムは、セックスや避妊や性行為感染症（ＳＴＤ）に関する知識を、ただ減らしているばかりだ。その証拠がありながら、政府はなおプログラムを変えようとしない。

問題はホルモンに満ちあふれた、一〇代の子供たちに節制を強いるのに、文字通り日常茶飯事の知識では、まったく不十分だということだ。そこで、とりわけ南部の学校では、事実を補うために、小さな嘘や都市伝説、あるいは真っ赤な嘘などを取り入れている。ある親が言うには、ミシシッピー州のカリキュラムは詰まるところ「セックスをしたら、エイズに感染して、死ぬことになる」[3]だった。

テキサス州の学校で実施されている、性教育のプログラムについて、最近行なわれた調査で明らかになったのは、「カリキュラムの二つには、事実が一つも含まれていなかった」[4]ことだ。学校ではもっぱら節制を称える疑似事実が教えられているが、その中には「他の者の性器に触れると妊娠する」や「ティーンエイジャーの男性の同性愛者は、その半数がエイズの検査で陽性反応を示した」などがある。

母親であり、以前、ノースウエスタン大学で医療人間学や生命倫理学の臨床教授をしていたアリス・ドレガーは、最近、ひたすら節制を教える息子の性教育のクラスへ出席して、その常軌を逸した授業をツイッターで実況中継した。

ここで教えられているすべては、ただ「セックスがひどく不快なライフスタイルの一部」だということです。ドラッグや失業や学校を中途でやめること――セックスはそんな最悪の事態の一部なのです。

今、教師はコンドームのパッケージについて話をしています。箱の中の**コンドームはすべて穴があいていた**という。

「これからサイコロを八回転がします。みなさんのナンバーが出たらそのたびに、……コンドームが役に立たなかったふりをしてください。そして、紙の赤ちゃんを手に取ってください」。なんてこった！

結局、紙の赤ちゃんは**すべての生徒**の手に渡ります。彼らの**コンドームは、すべて役に立たなかったので、クラスの全員が妊娠しています。**[5]

われわれの学校ではその多くが、子供たちにセクシュアリティ（性行動）――ついでに言えば、ダイエット、エクササイズ、健康、薬についても――を教えることに失敗している。これは明らかなことだ。この状況に平衡をもたらすものとして、インターネットがしつこく勧められている。インターネットは、何ら状況を判断することなく機能して、毎日二四時間、どんなときにでもセックスや健康の情報を与えてくれる。若者たちはスマートフォンから生活の事実を学び、親たちは、今の状況がはたして医者に行く必要があるのかどうか、それを決めるのにグーグルを使う。ここには、記憶が情報をクラウドに外注する典型的な例がある。が、はたしてこれでうまくいくのだろうか？

われわれの調査では、一八歳から二五歳までの若い人々に、性の健康や避妊について訊いた。男性に比べると女性の方が情報に通じていた。ほとんどの女性（九六パーセント）が、「性感染症や妊娠を防ぐ避妊方法」がコンドームであることを認識できた。が、男性で、この簡単な問いかけに正しく答えた者は八七パーセントにとどまった。それに彼らはともすると、「産児制限」や「ピル（経口避妊薬）」のような明らかに間違った答えを選ぶ傾向が強かった。

男性はともかく危険をかえりみない。彼らは非常にしばしば、コンドームの「まああの代用品」として風船やラップなどが使えると考えていた（この危険な回答を選んだ者の七一パーセントは男性だった）。

○か×か？——妊娠を防ぐために女性は、セックスするたびに、そのつどＩＵＤ（避妊リング）を挿入しなければならない。女性の一四パーセントと男性の二七パーセントが、これは正しいと答えた（正解は×）。

性に関する無知については、何もこと新しいテーマではない。一九五〇年代に、性感染症の疫病研究を行なっていた医師たちは、しばしば男性患者に質問表を渡して、それに包皮を切除する手術を受けたことがあるかどうか、それを書き込むように指示した。二人の外科医エイブラハム・リリエンフェルトとサクソン・グラハムは、この質問表に記入される答えが、はたしてどれほど正確なものだろうと思った[6]。それを見るために、男性たちに質問表に書き入れさせると、彼らのパンツを下げて、包皮の切除の状態を確かめた。それで分かったのは、包皮切除の手術を受けていた者の三四パーセントが、手術を受けたこと自体を知らなかったことだ。男たちが言うには、手術を受けた覚えはないという。が、実際、彼らは受けていた。

これは性がなお抑圧されていた、キンゼイ報告の時代の作り話ではない。私はある調査で男性と女性に、包皮を切り取る手術を受けたアメリカ人は、どれくらいのパーセンテージか推測してほしいと尋ねた。これは誰もが正確に知っていることを、期待できるような統計ではない。しかし、期待できるとすればそれは、アメリカ人の大半が包皮切除の手術を受けていた、と若者たちが観察し推測していたことだろう（ある調査によると七九パーセント[7]）。

調査による推測は男女の全域に及んでいて、男女の間に何らかの意味のある知識の格差は見られなかった。無理のない妥当な推測としては、男も女も包皮切除の手術が施されたペニスが、実際にどのよう

何パーセントのアメリカ人が包皮切除の手術を受けたか?

推測のパーセンテージ(左)とそれを選んだ、被調査者のパーセンテージ(下)

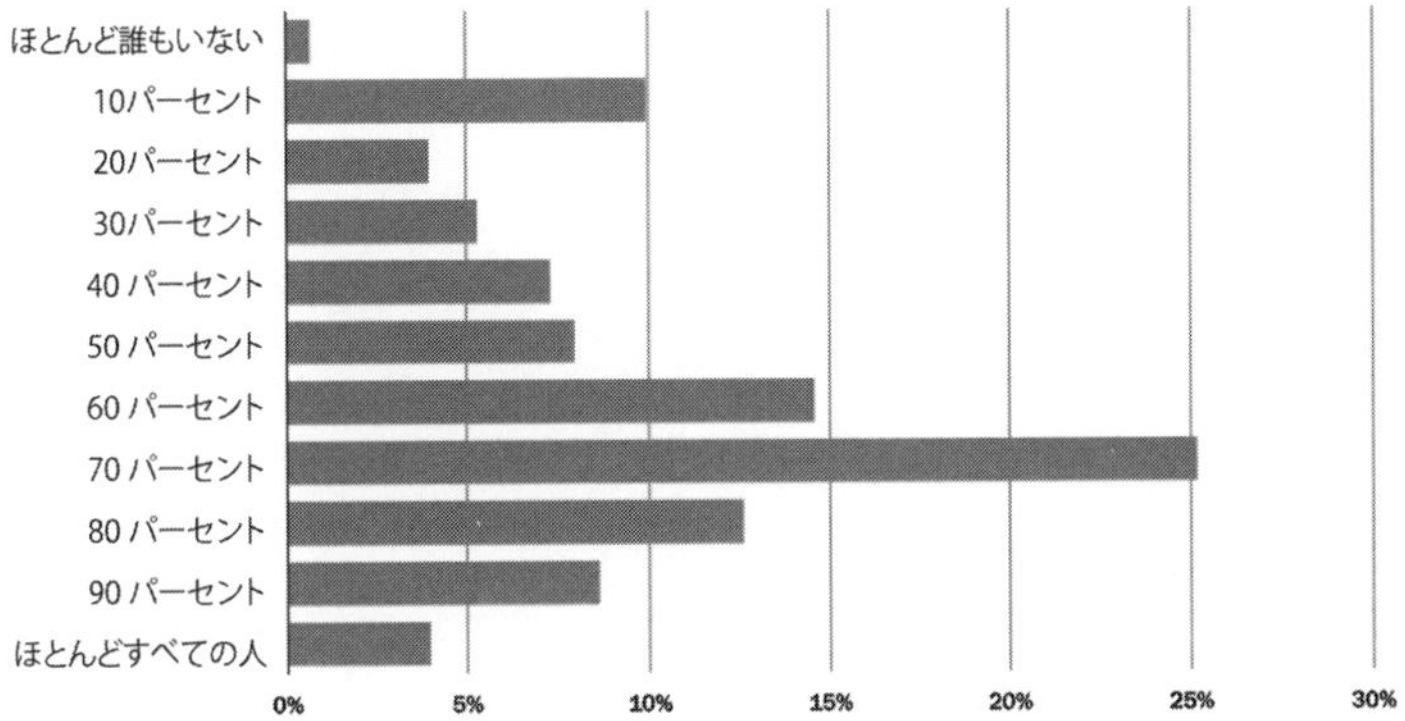

なものなのか、はっきりとしたイメージを持っていないことだ。

が、しかし女性の体の構造に関する知識は、さらに大雑把なものだ。「女性の学生の圧倒的多数は、自分のクリトリスがどれくらい大きいのか、あるいは平均的なクリトリスがどのくらいの大きさなのか、また、女性によって、クリトリスのタイプがどれほどたくさんあるのか、そのことについてはいっさい知らない[8]」と述べているのは、ペンシルベニア州立大学で、セクシュアリティについて講座を持っているナンシー・トゥアナだ。「これを次のような事実と比べてみるとよい。つまり、男性の生徒のほとんどは、自分のペニスが萎えているときと勃起したときに、どれくらいの長さになるのか、その半径はどれくらいなのかを言うことができる。が、勃起したペニスの平均的な長さについて、彼らの知っている知識はときに驚くほど誇張されている——これは思うに、ポルノ映画に出てくる男性の、勃起したペニスの大きさが影響しているのだろう」

インターネットは事実の自動販売機《ディスペンサー》としてより、むしろポルノのそれとして実際には使われている。それがある期待感に歯止めをかけている理由で、その期待感というのは、性教育の最終手段として、ディジタル領域の価値に対するそれだった。しかしディジタルの領域は、その役割をたしかに果たしている。二〇〇六年にサンフランシスコがはじめたプログラムは、一〇代の者たちがセックスに関する質問のメールを匿名で出すと、それに対する返事をヘルスケアの専門家がするというもの。(9) このようなプログラムは、以来、南部の各州で頼みの綱となった。

代替医療

あなたは「アジェンダ21」という言葉を耳にしたことがありますか？　それはトップ・シークレットのプログラムで、ロックフェラー財団やフォード財団が資金を提供し、人口過剰に立ち向かうために企てられたもの。両財団は巨大バイオ企業のモンサントに金を出して、遺伝子操作による食品を開発させ、それを食べた人々をゆっくり殺そうと計画している。

前の段落で書かれたすべてのことは、まったくの嘘だ。が、しかしアジェンダ21は、陰謀史観者の間では、人気を誇っている嘘である。二〇一四年に、J・エリック・オリバーとトマス・ウッドによって行なわれた調査――その結果は『JAMAインターナル・メディシン』という医学雑誌で発表された――では、アジェンダ21について述べられていて、それがはたして本当なのかどうか、と人々に尋ねている。

一二パーセントの人がそれは真実だと考えていて、四六パーセントが未決定だった。未決定の人を真実だと信じた人々に加えてみる。すると半分以上の人が、次のような主張に何らかの信用を置いていることが分かった。その主張というのは、アメリカでもっとも著名な慈善活動を行なう二つの財団が、大量殺戮に携わっているというもので、それを手助けしているのがモンサントだった。モンサントは、ディズニーのテーマパークにある、六つのアトラクションのスポンサーになっていた。

ディズニーランドについて言うと、この地上でもっとも楽しい場所が、二〇一五年のはじめに、突如、はしかのホットゾーンになってしまった。それもアメリカの親たちに根強く残る「ワクチンへの不信」が原因だった。オリバーとウッドは、五人に一人のアメリカ人が「ワクチンと自閉症の伝説」（ワクチンが原因で自閉症になる）を本当だと信じていて、それが嘘だと拒絶する人は四四パーセントしかいないことに気づいた。

二人はまた、三七パーセントが、食品医薬品局がガンの自然療法をやめさせている、と信じていたと報告している。そして二〇パーセント——完全に「五人に一人」だ——は、次のことを信じているという。「衛生当局の職員たちは、携帯電話がガンの原因になっていることを知っているのだが、それをやめさせる手だてを何一つ打たない。それも大企業が彼らにそれをさせないからだ」

オリバーとウッドの報告には次のようなものがあった。健康や薬に関連した陰謀説を支持する人々は、ハーブ系サプリメントや無農薬野菜、それに代替医療（オルタナティブ・メディシン）を採用する傾向が強い。さらに彼らは、年一回の健康診断や日焼け止めローションを、そしてインフルエンザ予防を忌避する傾向も強い。『JAMAインターナル・メディシン』の中に、おもしろい言いまわしがあった。オリバーとウッドは、このような相関関係は、「社会経済的状態、パラノイア（被害妄想）、一般的な社会離反」などが抑制され制御されたあとでも、なお根強く残ると結論づけている。[10]

メタポリティックスとグルテン

「グルテンフリー」のラベルを使うことは、お金を印刷するようなものだ。ラベルは実際には、何か——何かはさておき、けっしてグルテンの含まれていない食品が中に入っている——に無造作に貼り付けられる。が、誰一人まばたきする者などいない。今さら、グルテンフリーのライフスタイルがもたらすメリット(あるいは、FDA［食品医薬品局］に精査してほしいという要求)を、しつこく勧める必要などないからだ。一般の人はすでにグルテンについて知っているし、その作用についても考えている。最近、アメリカの消費者団体「コンシューマー・レポーツ・ナショナル・リサーチ・センター」は、一般アメリカ人の三分の一が努力して、グルテンの量を減らしたり、それを取り除くことを試みていることを発見した。[11] 六三パーセントは、グルテンフリーのダイエットが、「心身の健康を改善してくれる」と信じていた。あまり科学的とは言いがたいジミー・キンメルの調査では、グルテンを避けている人の多くは、実際にグルテンがどのようなものなのか、それを理解していないことが分かった。[12]

ドクター・オズ(メフメト・オズ)は、薬やダイエットに偏執的に執着しすぎた者たちに、メガホンを手渡したことで批判を浴びた。が、全権を手にしているオズはグルテンに一線を引いて、グルテンフリーの食品を、大半の人々には不必要な「詐欺[13]」まがいの品だと呼んだ。

彼は正しい。グルテンフリーはマーケティングの勝利で、医学の勝利ではない。日常の食べ物から、グルテンを取り除かなくてはならないセリアック病［グルテンに対する免疫反応が引き金となって起こる自己免疫疾患］や真性のグルテン過敏性は、一般人の七パーセント以下だと医師たちは理解している。

それなら、グルテンを摂取しなくても問題はないのだろうか？　おそらくそれは問題だろう。グルテンフリーの食品はしばしば、小麦粉のかわりに米粉を使う。これは摂取者を、ますますヒ素に身をさらさせることになる。ヒ素はゆっくりと効いてくる毒薬だけではなく、発がん性物質でもある。研究者の中には、グルテンフリーによるダイエットを、体重の増加や極端な肥満につながると指摘する者もある。

グルテンフリーの食品が、健康に及ぼす影響がどんなものであっても、グルテンフリーを続けていくことが、あなたの財産にとって、危険なものとなりうることは疑問の余地がない。グルテンフリーのラベルが貼られた食品は、通常の食品に比べて五〇パーセントか、あるいはそれ以上高い価格が設定されている。「感じ方こそ現実だ」[14]と言っているのは食品のマーケット・コンサルタント、リチャード・ジョージだ。「そして消費者がグルテンフリーの食物を、よりすぐれたものと信じ込んでいるのなら、もはやここでは論理は重要なものではない」

グルテンフリーのラベルが貼られたスナックで、もっとも人気が高いものと言えば、それはポテトチップだ。ポテトチップはポテトから作られていて――これは分かり切ったことだ――、グルテンは含まれていない。含まれているのは小麦と大麦だ。しかし、グルテンフリーのラベルがなければ、消費者はポテトチップが健康食品……だとは分からない？

私は一八歳から二五歳までの若い人々に尋ねた。[15]「グルテンを一言で言うと何だろう？」。答えの選択肢として、プロテイン（タンパク質）、炭水化物、糖類、添加物、脂肪を用意した。正解の「プロテイン」を選んだのはわずかに三〇パーセントだった。回答者はそのほとんどが、間違っている答えにひどく自信を持っていた。というのも、「分からない」を選んだ者は七パーセントにすぎなかったからだ。

もっとも人気のあった答えは炭水化物だった（三六パーセント）。もし私が、炭水化物の（あるはプロテインや脂肪の）化学的な定義を尋ねたらどうだったのだろう？　私は確信しているが、ほとんどの者は、なかなか答えることができなかったのではないだろうか。しかし、ほとんど誰もが、プロテインは安全だと知っているにちがいない。その一方で、炭水化物は、まったくの命取りになる悪者と認識されている。ノーカーボ（無炭水化物）やローカーボ（低炭水化物）の食品はどこにでも出回っている。が、誰もノープロテインのダイエットを行なってはいない。それに「良質のプロテイン源」として宣伝されている食品を目にするだろう。もしグルテンが大半の人々にとって悪いものだとすると――二三パーセントの人々がこれに同意を示している――、それはむしろ炭水化物である可能性が高い。あるいはそんな風に推測して、炭水化物と答えた者がいたのかもしれない。

グルテンは、豊富な媒体を持つわれわれの時代の、いわば知識と無知のパラダイムだ。人々はグルテンについて、実際、多くのことを知っている――が、しかし、それはグルテンの化学についてではなく、それが果たす文化のシニフィアン（記号表現）としての役割についてだ。ほとんどの人は次のことを理解している。

- グルテンフリーの品物は、ヒップスターたちが来るコーヒーショップや、パン職人がいるベーカリーや、ホールフーズマーケットのようなストアで売られている。
- グルテンフリーのクッキーやケーキは、グルテンが入ったものと、ほとんど変わらない味でおいしい。

・グルテンフリーの食品は、グルテンが含まれているものに比べると値段が高い。
・グルテンフリーは高所得者向けだ。
・グルテンを受け入れるか否かは、文化的な分水嶺だ――グルテンを健康によくないと考える人々は、だいたいがダイエット志向で健康志向。そしてたえず環境を意識している。さらに、
・グルテンフリーの食品を求めるあなたは、さまざまな状況に置かれても、つねに「気遣い」を忘れない人と言うことができる。

ここに書かれているのは、グルテンに関する現代の社会学と政治学上の事実だ。われわれはこの種の情報を、ほとんど何の痛みも感じないで吸収する。そして、ローグルテン・ダイエットの臨床効果に関する事実に比べて、はるかにすばやく受け入れる。

が、「グルテン」の真の定義とは、いったいこのどちらなのだろう？

「現実とは、われわれがそれを信じることをやめたときに、なお姿を消さないもののことだ(16)」とSF作家のフィリップ・K・ディックが言った。彼の機知に富んだ言葉は、とりわけ現代的なものだ。人間の文化や信仰システムと、関わりなく存在する客観的事実は比較的新しい。この数世紀に至るまで、われわれ周囲の人々が信じていたものは一次的な現実だった。しかし、噂は何ひとつ情報がないことに比べると、真理へ導いてくれるすぐれた案内人だ。あなたの旧石器時代の祖先は、ブドウの木を通して、ある種の果実が毒を持つことを知った。そしてそのことは、毒性の実を避ける十分な理由となった。社会通念や常識には、間違いがあるかもしれない。しかし、いちかばちか試すのも考えものだろう。

今日のわれわれは、地球規模の科学的文化のいわば後継者だ。その文化の経験的事実は、どんなモバイル機器からでもアクセスできる。が、しかしわれわれはなお、当然のようにして、知識の社会的側面に親しみを感じる。「ソーシャル・ネットワーク」の人気を目の当たりにしている。われわれが学んで身につけるのは、人々がどちらに問いかけ、どちらを信じ、どちらを頼りにするかということだ。これはかなりうまく働いている。グルテンの場合でもその通りだ。グルテンがプロテインだと知らない人々は、にもかかわらず、それが体に悪いと考える人々がいることを知っている。ゆっくりと研究をすることなどできない人々、あるいはあまりに忙しすぎて、それができない人々の観点から見ると、これはそれ自体、得るところの多い情報だ――クラウドソーシングの一形式。大半の人々が信じていることが、つねに正確だというわけではない。が、大衆の意見は、十分な知識が与えられていない意見に比べれば、つねに有益だ。

健康やダイエットに関する、あなたの理解がどんなものであっても、一般的知識と良好な健康状態とのつながりには、たしかに何らかの証拠となるものがある。いくつか行なった調査で私は、参加した人々に、自分の健康を一から一〇の尺度で評価するようにと頼んだ。さらに私は次のようなことを尋ねた。友だちは何人いるのか？　セックスライフに満足しているのか？　運動はどれくらいしているか？　独身か、結婚しているのか、長年つき合っている人はいるか、離婚しているのか、夫か妻を亡くしているのか？　一般知識とのつながりは、健康と婚姻関係を除くとほとんど見当たらなかった。

二、三の調査で明らかになったのは、もっとも知識が豊富な人は、結婚している可能性がもっとも高かったことだ。[17] 他の人といっしょに暮らし、子供たちを育てることが、そのまま教育そのものになる。こんな風にして結婚は、知識を促進するのかもしれない。その一方で一人でいることは、知識を限られたものしてしまうのかもしれない。

健康に関する質問は次のようなものだった。「同じ歳の人と比べると、私の健康状態はいい。この表現は、どれくらいあなたの状態を表わしていますか?」。トリビアな質問にほとんど正解をした人々は、自分をすこぶる健康だと報告している。

ある調査では、統計モデルが次のことを予測したという。四年間大学に通った三五歳の人がいて、質問にはまったく正解することができなかった。その人が自分の健康に下した評価は一〇の内の六・三二だった。一方、同じような教育を受けた三五歳の人がいて、この人は一五問のトリビアな問題に全問正解した。そして、彼が下した評価が六・九六だった。そこには一〇パーセントの差がある。これがどんな意味を持つのか、私には定かに言うことができない。が、この差異は統計学的に見ると有意だということは言える。[18]

おそらくこのことは、私がはじめに出した疑問に、新たな視点をもたらすものだろう。インターネットははたして、健康情報の収集に役立つのだろうか? 答えはよい情報と悪い情報を選り分ける、ユーザーの識別能力に多くを負っている。幼い子供ではそれはむりだろう。そして大人でも、その多くはだめかもしれない。ネットリサーチをする者は、検索ボックスに打ち込むためにも、ある程度の医学用語を知らなくてはならない。が、それだけではだめで、検索の結果として画面に出たウェブサイトの、信頼性や隠された意図などもまた評価できなくてはならない。そこには、それをするための処方箋は簡単なものさえない。ユーザーは探偵となり、スペリングや文法のような鍵となるもの（宣伝屋のサイトではしばしばこれが不完全だ）、科学的推論の事実のあやまちや虚偽の記載、二次的な業界用語、呪術思考や恐怖に訴えかける言葉、それにウェブデザイン（それはサイトの主催者や、サイトの対象となる視聴者に多くを語るものだ）ですらも、探ってみなければならない。知識の幅広いスペクトラムは、たしかに現実の問題に直結するかもしれない。そしてそれこそが、なぜ事実を知ることが健康と相関しているのか、それを説明する（たくさんある）理由の一つかもしれない。

トリビアが最良の薬？

最高裁判所には何人の裁判官がいるのか？
「われ思う、ゆえにわれあり」という言葉は誰を連想させるのか？
太陽系で一番大きなものは何？——地球、月、太陽、火星、木星

このような質問は健康とはまったく関係がないが、それは健康の予測因子でもある。(19) 正解した者は、正解できなかった者より健康だった。

およそ五一パーセントが、最高裁判所に九人の裁判官がいることを知っていた。三八パーセントが「われ思う、ゆえにわれあり」をルネ・デカルトに結びつけた。七一パーセントが、太陽系で一番大きなものが太陽であることを知っていた。

13 ゴールポストを動かす

クイズ番組『ジェパディ!』で、少し前に出された問題のヒントにブレイク・グリフィンの写真があった。出場者は三人いたが、誰も早押しボタンを押す者がいない。彼らはどうしたものかと思い悩んでいる。スポーツファンはソーシャル・ネットワークで、クリッパーズのパワー・フォワードで、NBAのルーキーだった男を知らない者なんて、いったいいるのだろうかと問いかけていた[1]。が、クイズ・ショーをいつも見ている人にはなじみのパターンに、出場者たちははまり込んでしまった。『ジェパディ!』に出るような人は、州都やクラシック音楽や語源には熟知している。が、スポーツはそれほどでもない。出場者たちはしばしば、スポーツのカテゴリーをなるべく最後まで選ばない。そして、選ばざるをえないときにはいつも、早押しボタンはしばし沈黙してしまうのだった。

ただし、それは彼らだけの話ではない。かなりの数の一般人がやはり、簡単なスポーツの質問に答えることができない。三分の二以上の人がサッカーチームのプレーヤーの数(一一人)を知らない。大まかに五人に一人の割合で、スタンリーカップがどのスポーツの優勝チームに授与されるのか分からない(これはアイスホッケーだ)。また「グランドスラム」という言葉が何のスポーツの用語なのか、これも知らない(野球の用語で「満塁ホームラン」)。

スポーツの知識(あるいはその欠如)は性別によって得意不得意があると、誰しも推測するかもしれ

多くの人が簡単なスポーツの問題に答えられない

正解のパーセンテージ

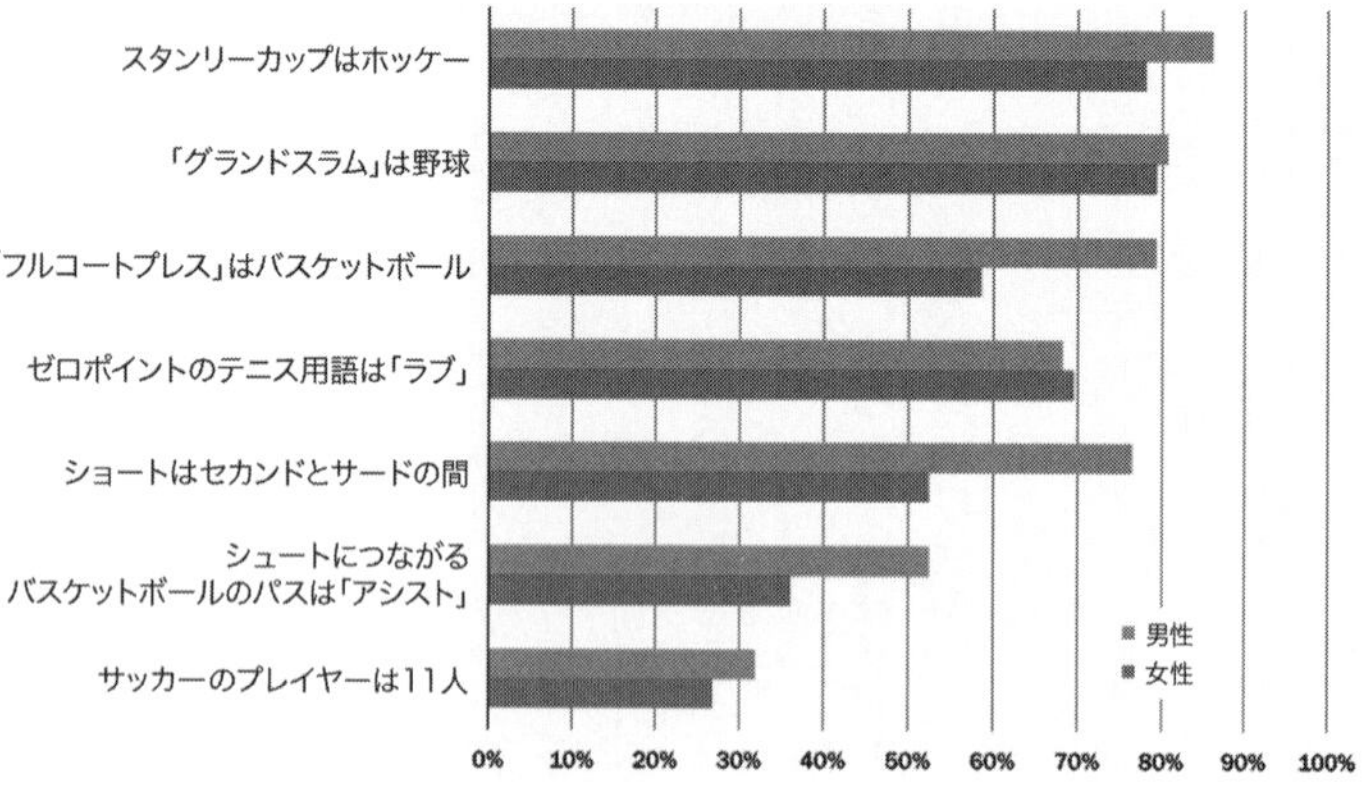

ない。が、実際は、それほど大きな違いはない。ショートがどこを守っているのか、あるいはバスケットボールで、フルコートプレスはどんなときに起こるのかについては、女性に比べて男性の方がよく知っている可能性はある。が、私が問いかけた質問では、そのほとんどに、男女の間で何らかの意味を持つ差異は見られなかった。

スポーツの比喩は、身近なコミュニケーションツールだと考えられている。組織の合併や税金の支払い、あるいはひも理論などについて説明するときには、国を挙げて人気の高い娯楽の言葉を使って、内容を表現した方がいいよとアドバイスされる。「ときどきだが、ピッチャーの球がホームベースに入ってくることがあるんだ。そんなときには、ホームランをかっとばすことができる」と、二〇一四年にオバマ大統領が言った（これはアメリカの外交政策について語ったもの）。「しかし、投げた球をすべて打つことはしない」[2]。おそらく、何人かの有権者が理解したのは、「ときどき……」という内容だけだっただろう。

もちろんスポーツに疎い人でも、正確な意味はわからな

スポーツのトリビアな情報を知る人は高所得者

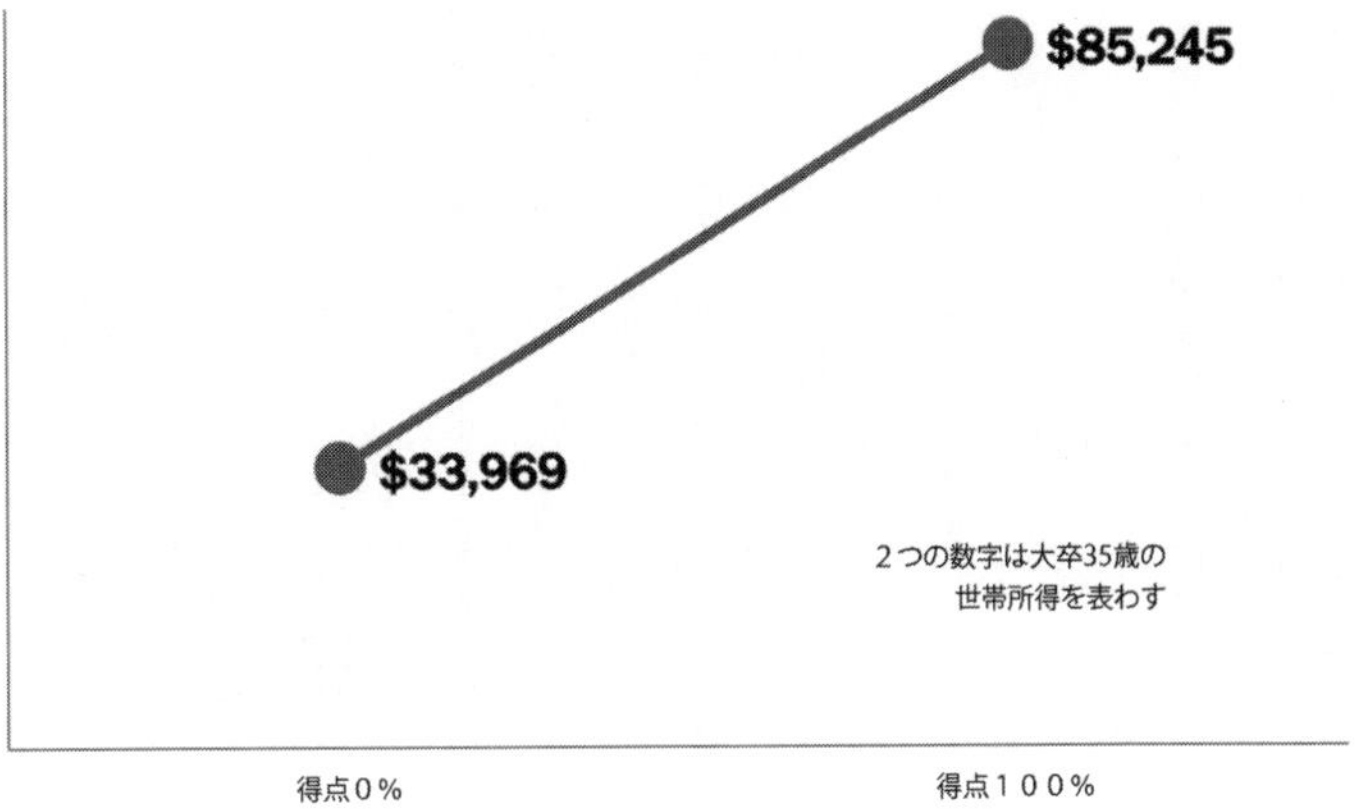

くても、次のような表現の要点だけは理解できるかもしれない。例えば「ヘイルメアリー・パス」［アメリカン・フットボールの用語。ゲーム終盤で、最後の賭けとして得点を狙うために投げるロングパス］、「ムービング・ザ・ゴールポスツ」［あとから決定を覆すこと］、「セイビング・バイ・ザ・ベル」［ボクサーが、ラウンド終了のゴングでノックアウトを免れること。土壇場で救われること］など。しかし、ここにはスポーツに精通する理由となりうるものがある。私はスポーツの知識が所得と相互に関係があることを見つけた[3]。少なくともスポーツのトリビアな知識が所得と関係を持つ。線形回帰のモデルが予測しているのは、スポーツの質問にまったく答えることのできなかった人々の平均世帯所得は、年間で三万三九六九ドルだった。一方、質問に一〇〇パーセント正解した人々は、年間で八万五二四五ドル稼いでいる。

　これは私がこれまでに見てきたパターンでは、例外のように見える。今までは、一般的な知識は所得と強い相関関係を持っていたが、科学や言葉のスペリングといった特殊な分野の知識では、このような関係は見られなかったし、見えてもほんの弱々しいものだった。

スポーツをそれほどまでに、特殊なものにしているのは何なのだろう？　一つ考えられるのは、われわれが目にしている性のギャップだ。アメリカでは男性と同じ仕事に就いている女性は、男性に比べると、その八〇パーセントの所得しか得ていない。(4) もしグループとしての女性が、スポーツについて知識が少ないとすると、当然、それは所得の差を説明するものとなるだろう。

つまり、スポーツについて知らないことで、二〇パーセント減の所得の説明となりうる。が、しかしこれでは、ここで見られるような一五〇パーセントの所得差を説明することにはならない。それに私がすでに述べたように、スポーツの知識においては、男女のギャップはそれほど大きなものではなかった。

私はともかく、統計モデルに性別を加えてみた。その結果示されたのは、ジェンダーが所得に及ぼす影響は、ほんの小さなものだということだ。そしてこの影響は有意なものではなかった。(5) 主要な予測因子はやはりスポーツの知識だったのである。

もしこの調査が個人所得より、むしろ世帯所得を考慮に入れたものだとすると、結婚している人々――とくに女性――が独身者に比べて、スポーツについてよく知っているということは、十分に考えられる。結婚とスポーツの知識との関係はとりわけ強い。ショートが守っている場所は、セカンドベースとサードベースの間だと知っている者たちは、その多くが結婚しているケースが多い。これは配偶者や子供たちが野球を見ているために、つい自分もそれにくわしくなってしまうことを暗示する。

結婚している家庭の多くは、稼ぎ手が二人いるわけで、これが所得の差になっていることは当然考えられる。が、ここでふたたび言うが、データはそれをことさら大きいものとして示していない。

もう一つの仮説として考えられるのは、われわれの文化にスポーツが深く浸透していて、私の出した（簡単な）質問が、特殊な知識というより、むしろ一般的な知識をテストするものになってしまったということだ。職場の休憩場所で話されたことに、ことさら注意を傾けて、文法や量子力学を学ぶことはしないだろう。スポーツについてはこんな具合で、オフィス内のうわさ話のようにして学ぶことができる。

この点について、私は第二の、さらに難しいスポーツの問題を用意した。それはハードなファンに向けて作られた、インターネットの問題から採用したものだ。質問は野球、フットボール、バスケットボール（これだけだが）、それにすぐれたプロのプレーヤー、そしてルールのデリケートな問題をカバーしていた。例として以下のものを挙げる。

- NBAのロゴシルエットにデザインされている選手は誰？（ジュリアス・アービング、ジェリー・ウェスト、マジック・ジョンソン、ティム・ダンカン、ウェス・アンセルド）
- 殿堂入りした選手の中で、一度もピッチャーの経験がない選手は誰？（サイ・ヤング、ベーブ・ルース、ドン・ラーセン、トニー・グウィン、キャットフィッシュ・ハンター）
- 次の選手の中で、「スネーク」のニックネームを持つ者は誰？（ドン・ビービ、ジェリー・ストーバル、ケニー・ステイブラー、プレストン・デナード、リック・マイアー）

ここに挙げた事実は、ファンでもない人にとっては、とても少しずつ憶えていくような種類のものではないと思う（正解はジェリー・ウェスト、トニー・グウィン、ケニー・ステイブラー）。

この難しい問題の答えにもまた、所得との相関関係を見いだすことはできなかった。[6] そして、最初の結果が偶然のものでなかったことを確認させただけだった。私は「やさしい」スポーツの問題を、アトランダムに前とは違ったものを選んで、ふたたびやり直した。[7] そしてまた、得点と所得の間に相関関係があることを見いだした。この二度目の調査には、幸福度を尋ねる質問を加えたのだが、そこでもまた強い相関関係が示された。[8] スポーツの簡単な問題に最高の得点を取った人々は、最悪の得点の人々に比べて自分自身を、ゼロから一〇までの評価で、およそ五〇パーセント多く、より幸福だと評価していた。

やさしい問題はただ単に、よりやさしいだけではない。それはまたより広い範囲の問題で、さらに追加したスポーツ（ホッケー、テニス、サッカー）について尋ねることで、知識の深さとは対照的な知識の広さが、所得の最上の予測因子となることを確認した。

しかし、スポーツのファンがファンでない人に比べて、より健康だったり、あるいは運動により多くの時間を費やしている、という証拠を見つけることはできなかった。スポーツに熱中するファンの多くは、スポーツへの没頭をソファに座りながらはじめて、ソファに寝そべって終わるようだ。

「史上もっとも偉大な打者」

これは私が訊きたいと思っているやさしいスポーツの質問だが、四年毎に開かれるものは次の内のどれか？——スーパー・ボール、NCAA（カレッジ・バスケットボール）トーナメントのプレイオフ、ゴルフのマスターズ・トーナメント、オリンピック、ワールドシリーズ。

およそ九パーセントの人が答えを知らなかった(正解はもちろんオリンピック[9])

大統領の名前と同様、われわれはときにもっとも偉大なスポーツ選手でさえ、その名前を忘れてしまう。テッド・ウィリアムズは誰だろう?——スポーツ選手、作家、実業家、政治家[10]。五九パーセントの人が、彼がスポーツ選手であることを知っていた(ボストン・レッドソックスに所属し、アメリカ野球の殿堂入りを果した「史上もっとも偉大な打者」)。五九パーセントの人は、ウィリアムズを知らなかった人に比べると、年間で平均二万三〇〇〇ドル多く稼いでいた。しかし、六〇歳以上の人々が、正解者の半分を占めていて、所得差の多くは彼らに起因する。三〇歳以下の人々では、わずかに二三パーセントだけが、ウィリアムズを知っているか、あるいはうまく推測することができた。

14　マシュマロ・テスト

フロリダ州に住む八四歳の女性、グロリア・C・マッケンジーは、二〇一三年のパワーボール［数字選択式の宝くじ］で五億九〇〇〇ドルの賞金を引き当てた。[1]まさにその通り——五億ドルを超える大金だ。経済学者なら、五億九〇〇〇万ドルの一括払いはばかげていると言うかもしれない——一〇〇〇万ドルずつ、五九回に分けて賞を与えた方が理にかなっているのではないか。しかし、経済学者は宝くじで遊ぶことが、それほど好きではないのだ。宝くじの理事会は賞金の支払い方法を考える際に、何とかしてチケットを買う人に訴えかけたい。そこで彼らが思いついたのは、とんでもない高額な賞金が、宝くじの販売を促進するということだった。くじの当たる確率を上げても、それは販売促進にはつながらない。

ファンタジーが今日の宝くじ販売を活性化させた、と言っているのは、テネシー州宝くじの社長レベッカ・ポール・ハーグローブだ。『いったい、何が私を楽しませたのだろう？』……あなたは一ドルを支払い、それから三日間のあいだ、こんな質問について考えることができる。私が義理の兄弟と分ち合おうとする？　いやそれはしない。だって、私は義理の兄弟がきらいだから。が、しかし、私は隣人の甥っ子とは分ち合うつもりだ」[2]。賞金を当てた人は、すばらしいバケーションを楽しむことができるだろうという文句は、宝くじの広告としては十分ではない。宝くじ会社は賞金を獲得した人々が、ジェッ

大半の人々はパワーボールの賞金が当たる確率を知らない

推測（左）と調査サンプルがその推測を選んだパーセンテージ（下）
実際の確立は1:175,223,510

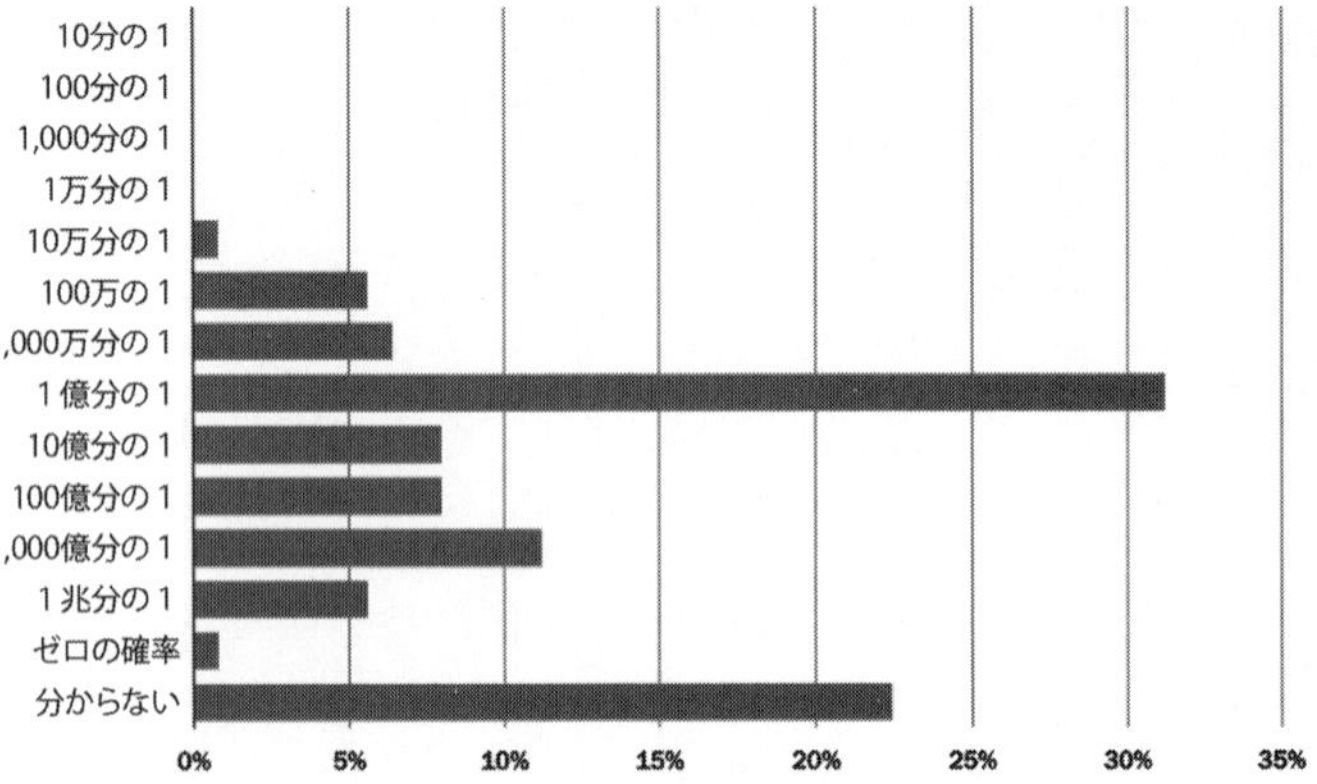

ト機か飛行機、あるいは島か城を買う姿を示す。賞金を引き当てる確率は、宣伝文句の一部にはならないからだ。

私は調査対象者たちに、自分が手に入れたチケットで、パワーボールの賞金を引き当てるチャンスがどれくらいあるのか、それを推測してほしいと頼んだ。パワーボールはチケットが四三州で売られていて（宣伝もさかんにされている）、かなりなじみのあるものになっている。調査の質問は一〇の累乗の数字を並べた多項選択式の問題だった。

ここでは、ナイーヴな楽観主義を発見できると、私は何となく思っていた。非現実的なほどバラ色の勝算がなければ、どうして人々は宝くじなどに興ずることができるのだろう？ が、チケットの裏側に印刷されているパワーボールの確率を見ると、そこには1：175,223,510という数字がある。そのために、調査によって出てくる答えは「一億分の一」がもっとも多い。が、それよりさらに多くの回答は、現実の悲観主義的な側面に遭遇した。そのためにそこにはつねに、一〇〇万分の一から一兆分の一の確率という、幅広い回答が見られた。それはくじの確率が、現実のものより高いと大衆が考えているわけではない。彼らの頭に、賞金の支払いというファンタジーが広がっている可能性の方が強い。現実の確率は、チケットを買う人々が思いを巡らすものでは、すでになくなっているのだ。

くじに興じる人々は、確率を推測することについても、一般の人々と違っているということはありうる。しかし、一九九九年に行なわれたギャラップの調査では、アメリカ人の五七パーセントが、直近の一二カ月にくじのチケットを購入していたことが分かった。[3] ということは、「くじに興じる人」と「一般人」との間にはそれほど大きな差がないということだ。

どんな種類の専門知識でも、所得と相関関係があるのならば、パーソナル・ファイナンス（個人ファイナンス）の知識も、ひょっとして、所得と相関関係があるかもしれないと思うだろう。実際それは正しい。私は働く人々や倹約家などに関連する、複利やインフレーションや税金の問題を六つ作った。年齢や教育のレベルに関わりなく、ほとんどの質問に正解した人々は、もっとも高い所得を得ていて、もっとも多くの貯金をしていた。[4]

大卒で三五歳の人の世帯所得は、クイズの得点の多寡によって、およそ年間一万八〇〇〇ドルの差異がある。この差異は、スポーツや一般的な知識について、われわれが見たものよりかなり小さいが、なお印象的であることに変わりはない。

が、もしお金が幸福を成し遂げる手段でないとしたら、それはいったい何なのだろう？　金銭上のリ

金銭上のリテラシーに関する問題の得点が所得を予測する

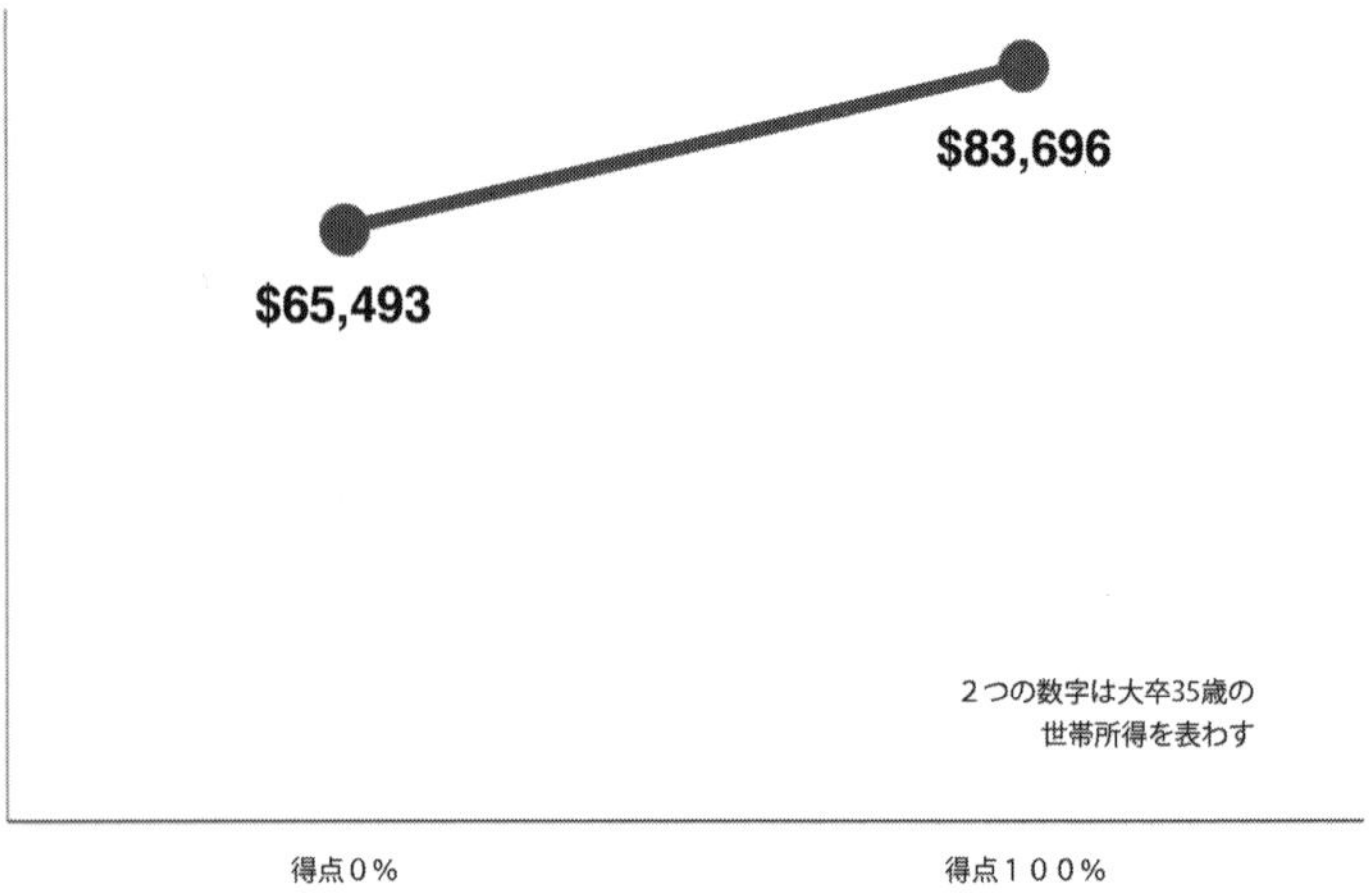

テラシーは幸福とも相関している。最高点をとった者の自己評価は、最低点の者に比べると、一から一〇の段階で四ポイント、パーセンテージにして二四パーセント高い[5]。

お金に関するリテラシーがはたして富の原因となるのか、あるいはその逆はありうるのだろうか？　裕福な人々が住宅ローンや税金、それに企業年金制度（401k）に上乗せする企業側の拠出額のようなテーマについて、自分で学ぶのは当然のことだろう——これは他の者にとってはかなり退屈な話題だが。そして、上に述べた意味から言っても、富が金銭上のリテラシーをもたらす原因になる、ということは言えるだろう。

しかし、金銭上の知識はただ裕福な人々のためだけではない。インフレーションは勤労者にとっても、給料がはたして、物価の上昇についていくことができるのかなど、心配のタネになる。また定収入で生活している年金生活者にとっても、それは心配のもとだ。マーケットへ行くたびに、あるいは車のガソリンタンクを満タンにするたびに、彼らはその問題に直面する。ここに調査で使われた問題が一つある。

定収入で生活する者にとっては、どちらがいいか？——三パーセントのインフレ率と七パーセントのインフレ率。

A　三パーセントの方がいい。
B　七パーセントの方がいい。
C　今の状況では、インフレ率は問題にならない。

インフレーションの問題としては、これ以上ないくらいやさしい。七五パーセントが正解（A）だった。残りの二五パーセントには、自分のお金を管理する知識を、よりたくさん身に付けてくれることを願うばかりだ。

二〇〇七年から二〇〇九年のサブプライム住宅ローン危機は、左から右へ、責任を指摘し合うことにつながっていった。保守系の人々は、とても払う余裕がないのに住宅ローンを借りる、住宅購入者に責任感がないのだと言った。進歩主義者（リベラル）は、貸し手の側が安易に住宅ローンを勧めすぎる、それはあまりに搾取的だと言われても仕方がないと言う。しかし、ときに見落とされているのは、多くの借り手が、正しい判断に必要な基本的知識を持っていないことだ。アトランタ州の連邦準備銀行（FRB）が、二〇一〇年に行なった調査で立証されたのは、数に関するスキル（これは簡単な質問に答える能力によって推測できる）と、貧しい者たちやローンの支払い能力のなさとに、相関があることだった。[6]簡単な金銭上の計算問題で、もっとも得点の悪かった借り手は、他の回答者に比べて、しばしば支払いがより遅れてしまうことがあったり、債務を履行しなかったり、担保を差し押さえられたりする可能性がより高い。これは所得や民族性、それに他の人口統計学的要因にかかわらずそうなのである。

連邦銀行の問題は私が出した問題より、はるかに簡単だった。ここにあるのはその一つ。

バーゲンセールで、店はすべての品物を半値で売っている。セールの前には、ソファーが三〇〇ドルで売られていた。それではセールの期間中、それはいくらになるでしょう？[7]

こんな質問に答えられない者が、バルーン・ペイメント［期限満了時に一括弁済する返済方式］やネガティブ・アモチゼーション［毎月の返済額が利息の額より少ないために、残高が増えていく負債］の一部始終を理解できないのは、驚くべきことではない。この観点から考えると、「責任感がない」や「搾取的」のような道徳的な判断は、ややピントがずれているのかもしれない。基本的な計算技術がないのに、金銭上の責任と言われても、それは中身のない意見になってしまう。

ウォートン・スクールのオリビア・ミッチェルと、ジョージ・ワシントン大学ビジネススクールのアンナマリア・ルサルディは、金銭上のリテラシーと富との相関関係について、しばらくの間研究を続けていた。二人が推測しているのは、アメリカの富の不公平はその三分の一が「金銭上の知識のギャップ」[8]に原因があるというものだった。知識がより豊富な者は、知識の乏しい者に比べて、より多くの貯蓄をしているし、より賢明な投資を行なっている。

「この世でもっとも強い力」

私の調査で質問した問題の一つは、所得や富や幸福の予測因子としては注目すべきものだった。それはまず一〇〇〇ドルを金融機関に年利七パーセントで預金するとするとして（ただしこれらは非課税とする）、投資金が二倍の二〇〇〇ドルになるには、どれくらいの年数がかかるのか？

A　ゼロ年から五年の間
B　五年から一五年の間
C　一五年から四五年の間
D　四五年以上

これは一見数学の問題のように見える。が、しかし、実際はそうではない。答えの計算方法を知る必要はないし、「72の法則」［元本が二倍になるような、年利と年数を簡単に求められる法則(9)］を知る必要もない。選択肢のリストを一目見れば、必要とされているのがおおよその数字であることが分かる。これは代数の問題でもなく、むしろ複利を直感的に、そして実用的に理解できるかどうかを試す問題だ。このような知識を持つ者なら、元金を現実的な利回り（七パーセントはおおよそ現実的と見てよいだろう）で二倍にするには、非常に大まかに見て一〇年の歳月が必要だということを知るだろう。そう考えると選択肢Bが正しい答えだと分かる。

「この世でもっとも強い力は複利だ」。インターネットはときおり、この言葉をアルベルト・アインシュタインのものだとしているが、他にはそれをビル・ゲイツの言葉だとするものもある。二人の内のどちらが言った言葉なのか、私には断言することができない。が、この知恵は理にかなったものだ。人間の努力が成し遂げることは、等差級数に従っている。一、二、三、四、五、六……楽ではなかったが、とりあえず今日は終わったという感じ。しかし、借金や投資となるとこれとは違う。それは等比級数的に増えていく。一、二、四、八、一六、三二……。それが意味しているのは、複利が単調な労働よりまさっていることだ。富は複利を自分にとってプラスになるように、有効に使う者の所へ流れていく。

経済学者のトマ・ピケティの分析によると、所得不均衡のベースには複利があるという。金持ちは投資によって、ますます金持ちになり、一般の人々の賃金では、これに追いつけない。「複利のパワー」はまた、現実世界における大半の財務アドバイスの、根底に横たわる自明の原理でもある。

われわれのクレジットだらけの社会では、金に困っている者たちは、ペイデイ（給料日）ローンや自動車ローンを、法外なレートで組んだり、クレジットカードを限界まで使い切ったり、学生ローンに苦しんだり、あまりに高い住宅ローンを組んだりする。複利は貧しい者たちをさらに貧しくする。それはまた、ファイナンシャル・プランナーが、早い時期に貯蓄をはじめることが重要だと言う理由だ。二〇歳のときに貯蓄をスタートすれば、投資した金に対する利益が、生涯賃金の総計よりさらに多い金額になる可能性がある。複利こそが、真に莫大な財産を築くベースになるものだ。成功した企業家は、他のすべての者より一万倍も長く、あるいは一生懸命に働くことなどしない。その代わりに彼は、自分のビジネスを幾何級数的に——わずか数年の間で——成長させる方策を見つける。

私のサンプルの五九パーセントは、複利の問題に正しい答えを出した。その数は地図上で、ベネズエラを見つけ出すことのできた者より多いし、カニエ・ウェストの写真を見て、誰だか言い当てた人の数とほぼ同じだ。しかし、正解を出した者と出せなかった者との差異は大きい。正解を出したグループは、個人の年収が三万二〇〇〇ドル多いし、貯蓄も二倍以上多く、幸福度の自己評価も一五パーセント上回ったと報告していた。(10)

調査の中には、お金と幸福の相関関係を説明するのは、経済的な安定——お金を稼ぐことや、費やすことよりむしろ——だと暗に伝えるものもある。高所得はそれ自体、安定をもたらすことはできない。自分が手に入れたお金であらゆるものを買い、なお、それがすべて失われてしまうのではないかと心配する(ウィリアム・「バッド」・ポストを思い出していただきたい)。ここにいるのは、つましい生活をする学校の先生や警察官だ。彼らは、経済的苦境をやわらげるためのクッションとなる貯蓄をしている。それが彼らに、不安定な世界を安全に生きていく方便を与えていた。金銭上の行為はまた性格の傾向に影響を及ぼし、幸福を組み入れようとするかもしれない。出費を控え、お金を将来のために取っておくことのできる人々はまた、賢明な判断を下すのに必要となる自制心を持っている可能性が高い。

あなたはおそらく、「マシュマロ・テスト」で有名な、心理学者のウォルター・ミシェルの名前を聞いたことがあるだろう。ミシェルは、四歳から六歳の子供たちに悪魔のような選択を示した。子供は一つだけマシュマロを持つことができる。それをすぐに食べてもいいし、一五分間、それを食べずにがまんができたら、ごほうびとしてもう一つマシュマロがもらえる。一つ目のマシュマロは拷問のような一五分の間、目の前にあり、手を伸ばせば取ることができる。

子供たちの中には、すぐにマシュマロを口の中に詰め込んでしまう者もいた。他の子供はハムレットのように、決断できない状態になる。お下げ髪をひっぱったり、イライラしてそこらを蹴飛ばしたりした。さらに他の子供は、「オデュッセウスとマシュマロ」を演じている。目を閉じて、何とか甘いセイレーンの歌声から逃れようとしていた。

ミシェルはストップウォッチで、子供たちのタイムを計っている。誘惑に降伏するまでの平均時間は六分間だった。

ミシェルの娘たちが通っていた学校でも、何度かマシュマロ・テストが行なわれた。何年か過ぎた頃に彼女たちは、マシュマロをすぐに食べてしまった子供と、待っていた子供との間に差異の出たことに気づいた。食べずにがまんしていた子供たちは、以後の人生で成功を収めている例がしばしばあった。この子供たちは成績もよく、すぐれた学校へ進学した。彼らは幸せそうに見えたし、トラブルも少ないように見えた。

他のグループ、つまり一五分間がまんができずに、マシュマロを食べてしまった子供たちは、概して学校の成績も悪く、友だち関係もうまくいかなかった。彼らはアルコールやドラッグなどでたくさんの問題を抱えていた。

ミシェルと仲間たちは、最初にマシュマロ・テストを行なったクラスのその後を、引き続き追って調査しはじめた。彼らが発見したのは、印象的な相関関係だ。それはどれくらい長い時間、子供はマシュマロを食べずにがまんができるか（何分間、あるいは何秒間）ということと、SAT（大学進学適性試験）のような、後年の成功の定量的尺度との関係だ。おやつを早々に食べてしまった子供たちのグループは、病的な肥満や境界性パーソナリティー障害（BPD）、さらにはクラック・コカインや離婚などという、トラブルを抱えた大人になっていった[11]。

人生はマシュマロ・テストの連続だ。ダイエットをする人は、今は甘いものを食べたときの興奮を避けている。それは数分後に手に入る、ケチな二つ目のおやつのためではない。よりスリムに、より健康的に、より魅力的になる長期的な見通しのためだった。やりくり上手な人は、新しい車の購入や子供の教育に備えてお金を貯めるために、今日の軽薄な衝動買いは避ける。健康志向の人は、ありあまるほどの欠乏といらだちのもとをがまんする（ジョギングやデンタルフロスで歯間の掃除をしたり、サラダを食べたり、コンドームを使ったり、ジムのメンバーシップを継続したりして。健康診断を定期的に受け、薬を飲むことも忘れない）。それもこれから先、何カ月も何十年も心地のよい生活を過ごすためだ。

自分の満足を先延ばしすべきだ、とあなたに言っている者は誰もいない。民衆の知恵の豊かな金脈もそれを教えてはくれない――「人生は一度だけ」「手中の一羽はやぶの中の二羽に値する（明日の百より今日の五十）」「火曜日にはきっと返すから、ハンバーガーをおごってくれ」。重要な点は、バランスを取ることができるということだろう。なぜある者が他の者に比べて、衝動を制御することや、長期の計画を立てることが得意なのか、その理由ははっきりとしていない。しかし、このような技術をマスターしようとする人々は、関連のある事実を率先して学び、記憶し、心に深く刻み込む傾向がある。お金は複利でどれくらい早く増えるのか、それを大まかでも知っていることは、このような事実の一つだ。

それは物理学における光の速度のように、財政上の世界ではもっとも基礎を成す一つだ。それはただ単に、すでにお金のある者が、自ら進んで知ろうとするようなものではなく、何はさておき、人々に刺激を与えて、借金を減らし、財産を作る意欲を起こさせる類いの情報だった。

明らかに直接関係のない事実を学ぶことが、マシュマロ・テストだった。それが要求するのは、不確かで、つねに遅れに遅れる給料の支払い日のための、わずかな自己抑制だ。それをする人は金銭上の問題についても、すぐれた長期のプランナーとなる可能性が高いのかもしれない。

エグジット・インタビュー

パーソナル・ファイナンスの要素としては、実用的な知恵がもっとも重要だ。これは情報に乏しい者が「正解」をただ調べればよい、といった分野の情報ではない。オンラインでは、たくさんのすぐれたファイナンス情報があふれているが、すぐれた情報は往々にして、偽物が宣伝する売り口上の海の中で、分からなくなってしまう。そして、クレジットカードの金利であまりに買い物をしすぎた者は、しすぎたことが問題だということを、必ずしも認識しているわけではない。グーグルで破産弁護士を検索して、はじめて金を使いすぎたことを知る。

セックスについては学校が、少なくとも子供たちに、教える努力だけはしている。が、お金については、わざわざ子供たちに教えているわけではない。しかし今日、個人はそれぞれが、一昔前の世代以上に、複雑な金銭上の決断を自分で下すことが求められる。「教養に乏しい個人は、クレジットカードや学生ローンに取り囲まれ、住宅ローンに近づく機会も多い。そんなときの彼は、何の訓練もしないまま車の運転をしている人のようで、自分自身はもちろん、彼が住むコミュニティーにとっても、きわめて危険な人物になりうる[12]」と書いているのは、「ファイナンシャル・リテラシー・センター」の所長ジョン・ペルティエだ。

サブプライム住宅ローン危機は、学校でパーソナル・ファイナンスを教えるべきだという声を、さらに励ますことになった。同じ危機が国庫を一文なしにし、議会議員には、新たな取り組みに資金を提供することをしぶらせた。二〇一三年のレポートでは、わずかに七つの州だけが、高校生たちにパーソナル・ファイナンスを教えて、そのテストをするように指令を出したと報告されていた[13]。学校の中には、金銭上のリテラシー教育を、独自に単独ではじめたところもあった。ただしそのテーマはしばしば、幸福度の高かった時代に起こった住宅ローン危機に限られていて、そのときには教師も、否応なく共通テスト対策の授業をせざるをえなかった。

大学も高校と変わりがない。あるレポートは手厳しく意見を述べている。「大学における金銭上のリテラシーは、しばしば、やめていく者に話を聞く『エグジット・インタビュー』で姿を見せる……そしてそのとき、学生たちにローン（連邦政府による学資援助）の払い戻しを思い出させる。二〇一一年のローンは平均で二万六六〇〇ドルだった[14]」

そう、だったら、われわれが必要とするのは、やはり学校で金銭上のリテラシーを教えることだ——そうではないだろうか？　すぐれた研究の中には、すでにこの考えに冷水を浴びせたものもある[15]。

経営学教授のルイス・マンデルとリンダ・シュミット・クラインは、中西部の高校に通う生徒たちのあとを追った[16]。彼らはフルセメスター［二学期制の学期］の選択科目として、高く評価されているパーソナル・ファイナンスの授業を取った。そののち、一年おきから四年おきにテストを試みたが、生徒たちは、パーソナル・ファイナンスのコースを選択しなかったクラスメートより、むしろファイナンスの問題にうまく答えることができなかった。

しかし、ここまで読んできた者にとって、これはそれほどショックには感じられないだろう。他の生徒たちはみんな地理や歴史や英語を選択しているのだから——その結果が出ているのだと誰しも思うだろう。

マンデルとクラインは、高校を卒業した生徒に、大人になった自分の金銭上の行動について、自己評価をしてもらった。彼らには、不渡りを出したことがあるかどうか、また、クレジットカードの決済を、期日までに行なっているかどうかも尋ねた。そして、五点満点で、自分の倹約のレベルを評価してほしいと頼んだ。その結果、ファイナンスの科目を選んだ者と選ばなかった者に、統計学的な差異は見られなかった。

ハーバード大学経営大学院（ハーバード・ビジネス・スクール）のショーン・コールと、バージニア大学のガウリ・カルティーニ・シャストリーによって行なわれた調査は、創意に富んだもので、三〇年に及ぶ調査のデータを掘り起こした。その期間中、州の中には金銭上のリテラシーを教えるクラスを設けるように、強制的に義務化させたところもあり、それが二人に財務知識に関して、何百万という参加者の自然実験を行なわせることになった。「長文式」の調査が毎年、無作為に選ばれた世帯に送られ、投資所得について質問をする。そしてそれは、貯蓄や有効な投資判断を知る指針として役に立った。研究者たちは、金銭上のリテラシーを教えるようにと指示した州が、指示を出していない州に比べて、はたして投資収益を増やしていたのかどうか疑問に思った。

二人が見つけたのは、まったく相関関係がなかったということだ。[17] 高校のファイナンスを選択したクラスの卒業生が、より賢明な投資を進めているわけではなかった。が、だからと言ってコールとシャストリーは、高校ではもはやパーソナル・ファイナンスを教えることは断念すべきだ、とまでは言わない。だが、一つのメッセージだけは明らかだ——奇跡は期待できない。

ティーンエイジャーにとって、クレジットカードや住宅ローン、企業年金制度（401k）に関する議論は、遠く離れたもののように感じられる。言うまでもないことだが、それを考えるだけでも、頭が麻痺してうんざりしてしまう。おそらくそこには、大人になれば知恵がついて、何とか前向きの結果が得られるだろう、という期待があるのかもしれない。クレジットカードの問題があったり、破産を申し立てたり、リバース・モーゲージ（逆住宅ローン）を申請したりする人々は、よい決断を下すためには助言が必要だと言われ、しばしばカウンセリングを受けるようにと勧められる。だが、このように、すでに深刻なあやまちを犯している人々のケースは別にして、ほとんどの成人はパーソナル・ファイナンスの教育を受けていない。教育がもっとも必要とされる人々が、オンラインやその他の場所で、もっとも助言を見つけられないのかもしれない。

自由社会ではわれわれのように、それぞれがお金のことで頭をいっぱいにしていても、パーソナル・ファイナンスについて、成人の誰もが教育される見通しはほとんどない。自分から積極的に学ぶかどうかは個人次第だ——だが、これが利益をもたらす成人教育の一形式であることは間違いない。

生まれてはじめて当たった宝くじ

宝くじで一万ドルが当たったので、そのお金を投資してみようと思う。(18) 投資の方法としては、どの選択がもっとも安全だろう?

A すべてのお金を一つの株につぎ込む。

B お金を二つの株に分けてつぎ込む。

C アメリカ最大の企業五社の株に投資する、インデックス型ミューチュアル・ファンド[オープンエンド型の投資信託]にすべてのお金をつぎ込む。

お金をIRA(個人退職年金)や401k(企業年金制度)のような年金口座に投資するとき……

A 積立金を投資する前か、あるいは定年後に引き出すときか、そのどちらかで課税される。が、両方で課税されることはない。

B 積立金を投資する前と、定年後に引き出すときの両方で課税される。

C 一年に一度、四月一五日かその前に課税される。

D 六五歳になったときに課税される。

平均的な労働者にとって、大きなチャンスのある唯一の「宝くじ」といえば、それは株式市場だろう——とりわけ課税が繰り延べされるＩＲＡや401kで可能な株式投資。数十年かけて貯蓄を複利で、非課税にして、しかも株式市場で運用することは、金融上の保証のためには現実的で必須の条件だ。しかし、株式市場は危険に満ちている。危険をいくらかでも軽減するおもな方法としては、多様化がある。七三パーセントの人が最初の質問に、正しい答え（Ｃ）を出した。この質問はきわめて強く貯蓄と相関関係がある。間違った答えを出した人々は、世帯の貯蓄額が平均で五万ドルだと報告されている。それに対して、正しく答えた人々は、平均で三五万一〇〇〇ドルの貯金があり、これはちょうど七倍の金額だ。

第二問は税理士が出題したような、細かいことにうるさすぎて、世間ではあまり重要性のない問題だ。が、興味深いことに、それは幸福の予測因子だった。六一パーセントが（Ａ）を選んでいる。現下のアメリカの税法ではこれが正解。ＩＲＡや401kには、実際にその口座を開くまでは、誰もそれに多くの注意を払わない。が、これは貯蓄が心の満足と相関関係を持つ、もう一つのケースのように思われる。正しく答えた人々は、年収（個人所得）で二万ドル多く稼ぎ、自己評価においても、四ポイントのスケールで一三パーセントより幸福だとした。[19]

15　浅学の価値

さて、このあたりでひと息ついて、少しうしろへ身を引いてみる時期だ。知識の実用的価値について、われわれはどんなものを学んできたのだろう？　私の調査で明らかになった、所得と金銭上のリテラシーとのつながりは理解できる。が、私が共有した他の結果の中には、一見好みに任せたような、不可解なものがあるかもしれない。所得と一般的知識テストにおける得点との間に、私は強い相関関係を見つけた。また、所得と特殊分野の知識との間にも相関があった。特殊分野の中にはスポーツや正しい発音などがあった。この本のはじめで述べた二つの話題もまた、所得の推測因子だった。それは地図のテストと選出された代議員の名前を挙げることだ。しかし、科学、歴史、有名人、スペリングなどの結果は曖昧なものだった。所得と文法、俗語、セックスあるいは宗教などとのつながりについても、そのすべてで兆候を見つけることができなかった。

われわれは形式張らない、知識のヒエラルキーを考えることには慣れている。それは地図やスポーツのトリビアな知識の機械的な暗記が、おそらくは一番下近くに、ランクされるような序列の仕方だ。歴史や文学の知識は、すぐれた教育の、そしてつねにすぐれた仕事の印とされている。科学や技術や数学を専攻した学生は、高収入を手に入れる。われわれの社会は、スペシャリストにはいくらでも報酬を支払うが、ゼネラリストにはそれをしない。

しかし、今までテストされたほとんどすべての知識の分野が、正規の教育の年数と相関を持っていたが、刺激的な発見は、専門的ではない事実的な知識が、所得を予測するという点では、教育レベルを越えて、それ以上に影響を及ぼすということだ。

それを説明する考え方はたくさんある。一つは調査によって出た成績が、教育の質を反映していること。スタンフォード大学を出た者と、あまり有名ではない大学を出た者とでは、そこに差異がある。有名大学の卒業生が、たくさんの金を稼ぐ傾向のあることを、われわれは知っている。もし彼らがより多くのことを知っているとすれば、教育の年数が同じだとしても、それは知識と所得の相関関係を説明することになるだろう。しかし、ここで注意しなくてはならないことがある。それは有名大学の卒業生が手にする高給は、もしかすると、卒業した大学が実業界で得ている名声によるものかもしれないし、さらに、学生が在学中に作り上げた社会的なつながり、あるいは、そもそも最初の段階で、スタンフォード大学に入ることを可能にさせた、お金やコネのある家族に属していたことに起因するかもしれない。とすると、あまり有名でない大学の卒業生より、たくさんの事実を知っていることは、スタンフォード大学とはほとんど関わりがないのかもしれない。

もう一つの考え方としては、相関関係は学生の質を反映しているというもの。学生の中には学習に真剣に取り組んでいる者もいれば、自分で努力もせずに、楽に学生生活を送っている者もいる。調査の結果は、参加者が在学中、そして卒業後に、どれくらい身を入れて勉強しているのかを反映するというものだった。そしてもしそれが真実だとすると、調査結果はたしかに次の点をほのめかしている。懸命に学習し、学習したものを身につけていれば、それがよい結果をもたらすということだ。

生涯にわたって学習していこうという態度は、おそらく重要な因子となるだろう。実際、データ・クランチング［データから意味のある情報に加工する技術］が提示する質問にはこんなものがある。同じ教育のレベルで、低額所得の人々が知らないのに、高額所得の人々が知っていることとはいったい何か？答えは、カリキュラムにないネタかもしれない。パーソナル・ファイナンスやスポーツのトリビアは学校では強調されない。学校教育は卒業後も、末永く大人を助けてくれるわけではない。選出された現在の代議員の名前を挙げることや、最近、誕生したばかりの国々の場所を言い当てるのに、学校で習ったことは役に立たない。

地図のテストは地理の教科書と同じくらい、現在起こっている出来事について問いかけている。基本的に、テキサス州やロシア、それにオーストラリアなどは、誰もが見つけることができる。調査の得点に差異が出るのはおもに、地理の授業で強調されなかった、新しい国々や曖昧な国々についてだ。地図はニュース放送、インフォグラフィック（コンピュータの解説画像）、歴史書、アプリ、航空会社の宣伝など至る所にある。地図のテストは注意を測る物差しだ――詩人のジョン・チャーディが言っているように、「われわれ（の存在）は、自分の注意を処理するものそのものだ[1]」

「注意を払うこと」という言葉は、収入との相関関係を述べる格好の表現だ。それは一般的知識（難しすぎず、かと言ってやさしすぎない）を試す各種の問題によって、もっとも確実に推し測ることができる。一般知識の質問で低い得点しか取れなかった者は、おそらく、外界に対してあまり多くの注意を向けていないのだろう。それに対して、高い得点を獲得した者は、外の世界から多くのものを吸収していたにちがいない。その結果が、幅広い（たとえ表面的なものであっても）文脈的知識につながったの

「やさしい」事実は所得のよりすぐれた予測因子だ

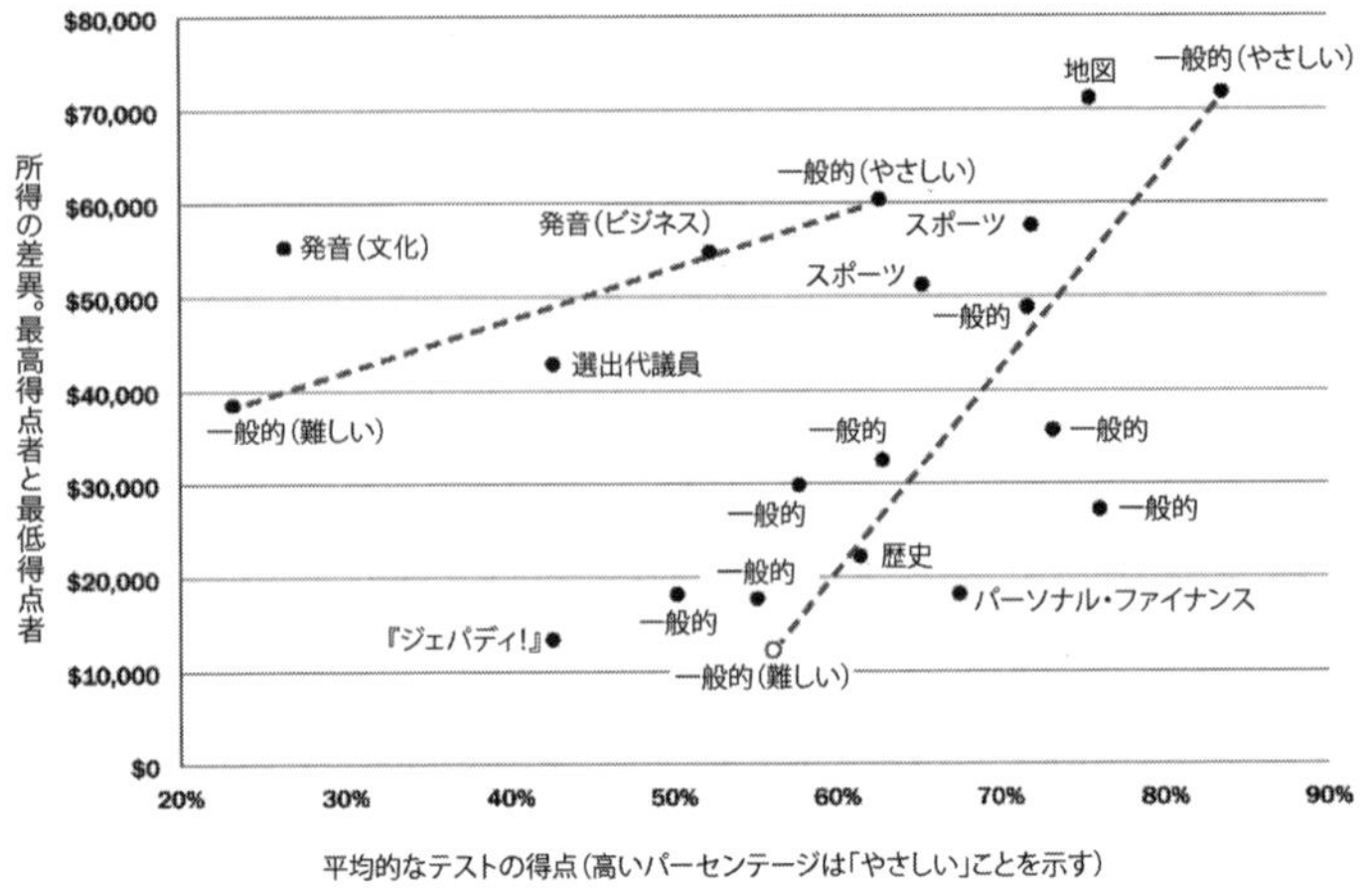

だろう。

例えば、スペリングを尋ねる一連の質問は、それほど得る所の多いものではないようだ。「prerogative」（特権を持つ）のスペルを知っていることは、たしかに「consensus」（意見の一致）や「supersede」（取って代わる）のスペルを知ることと強い相関関係を持つ[2]。それは基本的に、頻繁にスペルミスが起こる同じグループに属しているからだ。しかし、もちろんそこには、このような言葉のスペリングを正しくできなくても、なお聡明な人々がたくさんいる。それに他の点では、驚くほど百科事典的な知識を持つ者もいる。それゆえに、このように焦点を小さく絞った、一連の質問――スペリングや他の狭い話題はどれも――が、所得の予測因子として統計学的な有意性を持つ可能性は少ない。

簡単な質問の方が難しい質問より、よりすぐれた推測因子になるようだ。散布図を作って、一般的知識と特殊な知識のテストの成績を示してみた。黒点はそれぞれの調査を表わしている。水平軸は調査がどれくらい難しいかを示していて、それは、質問に正しく答えることのできた平均のパーセンテージで計測されたもの。垂直軸は、最高点をとった者と最低点をとった者との所得差を示している。いつものようにわれわれが見ているのは、三五歳大卒者で、すべての質問に正解を出した者と、同じく三五歳大卒者ですべての問題に不正解を出した者との、予測される所得差だ。

例えば、比較的簡単に同定ができるロシア、日本、トルコなどの国々を含む地図のテストは、平均で七六パーセントの正解率だった（上部右の点）。このテストの得点は所得のよい予測因子だった(3)。高得点者は世帯所得で、低得点者より約七万一〇〇〇ドル多かったと報告されている

地図の下方部分、左の中央にあるのは、テレビのクイズ番組『ジェパディ！』から取った、一〇のかなり難しい問題とその調査だ（私はその問題を、質問を求める答えとしてではなく、質問そのものに書き直した）。『ジェパディ！』の問題は難しい――正解の平均はわずかに四三パーセントだった。そして所得差は少なく、年間で一万三〇〇〇ドルだった。

難問と所得差のつながりは、たしかに派手で目立つ。が、点の群れは概して、下方左から上方右へと走っている。それは問題がやさしくなればなるほど、所得とのつながりがますます強くなることを示していた。

この考えを確かめるために、私はいくつかつながりのある調査を発送した。無作為に選ばれたグループの誰もが、各種話題を取り合わせた、しかし同一の、「やさしい」質問や「難しい」質問に回答を寄せた。この方法では所得や教育、それにサンプル内にたえずある、他の人口統計学データの分布などといった、ほとんどの変数が取り除かれている。ただ一つだけ変数としてあったのは、質問の難解さだけ

だった。図の破線は同じ一連の参加者を共有する調査を結んでいる。二つの破線は上方へ傾斜する。任意に選ばれた二つの各グループにとって、やさしい一連の質問は、難しい質問に比べると大きな所得の差異に関連している（下部中央の難しい調査は、中が空洞の白いドットで示されているが、それは統計学的に見て有意ではなかったからだ[4]。やさしい調査の二つと別の難しい調査は、有意性が高かった[5]）。

クイズのショーでは難しい、トリビアな質問に答えることは、やさしい問題に回答を出すより、金銭的には価値がある。が、実生活ではそれは難しいようだ。大衆が知っていることを知ることに、真の価値があるからだ。が、そこにはまた「収獲逓減」［所与の状況で、ある生産要素を増加させると、生産量全体は増加するが、その増加分は次第に小さくなる］ということがある。

それについてはもう一つ別の考え方がある。それは、広く知られている事実を知らないことには、所得の報いがあるということだ。スプートニクやヘミングウェイ（一般的知識の調査で出題された「やさしい」問題の中の二つ）が分からなかった大学生は、彼が受けた教育から多くを学ぶことをせず、同世代の大半の学生が身につけている、文化リテラシーのレベルを欠いている。

が、しかし、自分の仕事と無関係な、ほとんど誰もが知らないような事実を知っていても、それは何ら賞に値するものではない。私は何かのエキスパートであることの価値を疑っている。もちろん、すべてのプロフェッショナルは、エキスパートでなくてはならない。が、それは私の調査が正確に測定しようとしているものではないし、測定できるものでもない。その代わりに、私の調査が指摘するのは、広い意味での「リベラルな教育の価値」——とりわけ「注意することの価値」だ。

チェスの名人とバードウォッチャー

知識と所得のつながりは、「何が何の原因となる」という問題を生起させる。知識が知能を高めることが、はたしてありうるのだろうか？　この疑問はチェス・ゲームと関連して研究されてきた。有名な映画監督のスタンリー・キューブリックは、数年間、ニューヨークの公園でチェスハスラーとして働いていた。一日の内一二時間、チェスをして過ごした。そして週に二〇ドルほどの金を稼いだ。後年、キューブリックは次のように語っている。

チェスは一種のアナロジーだ。それは一度に一歩しか進めない一続きのステップだ。そしてそれは、問題に立ち向かったときに、リソース（資源）のバランスを取る。チェスで言えばそれが時間で、映画ではそれが時間と金だ……。ボードを前にして座ると、突然、心臓がドキドキしはじめる。駒を取り上げて動かそうとすると、手はぶるぶる震える。しかしチェスが教えてくれるのは、まず心静かに座って、それが本当にいい手なのか、他にそれよりいい手はないのか、考えなければならないことだ。(6)

キューブリック監督の映画には、チェスの場面が出てくるものがいくつかある。『２００１年宇宙の旅』では、宇宙飛行士と人工知能の殺人コンピュータＨＡＬ（ハル）との間でチェス・ゲームが行なわれる。が、これは一九一〇年にハンブルグで行なわれた、オットー・レーシュとウィリー・シュラークのゲームから採用されたものだ。宇宙飛行士はゲームを投了し、ハルに捨て台詞を投げかけて去る。「とても楽しいゲームをありがとう」

人工知能の歴史で、チェスは重要な役割を演じている。コンピュータ時代の幕開け以来、チェスは人間の専門知識のモデルとして使われてきた。チェスは難しいゲームだが、ルールは簡単だ。このルールは簡単にコード化されるが、専門知識はそう簡単にはいかない。ルールを知っているからと言って、それが人間を（ましてやアルゴリズムを）すぐれたチェス・プレーヤーにするわけではない。もちろん、チェスの歴史やチェスのトリビアな知識や、有名なチェスの試合を記憶してみても、結果は同じことだ。それでは、すぐれたチェス・プレーヤーは、下手なプレーヤーの知らない、どんなことを知っているのだろう？　チェスの能力は持って生まれた才能なのだろうか？　あるいは、長い練習を通して獲得される技量なのだろうか？　この疑問はチェスのゲームがはじまってから、終始、チェス・プレーヤーの関心を引き続けていた――そして同様に、心理学者やコンピュータ科学者の関心も。

オランダのチェスの名人、アドリアーン・デ・フロートは、オランダを代表してチェス・オリンピアードに参加した。彼はまた心理学者でもある。デ・フロートはチェスの熟練者や初心者に、自分の思考過程を記録してほしいと依頼した。そして驚いたことに、エキスパートと初心者の間には目立った違いがなかった。おそらくあなたは、名人のプレーヤーは何手も先を読んだり、初心者よりもはるかに多く、見込みのある手を判断しているにちがいないと思うだろう。が、彼らはそれをしていない。その代わりにエキスパートのプレーヤーが持っているのは、すぐれた生まれながらの才能だった。彼らが時間を使うのは、前途有望な手を分析するためであって、下手な手を分析するためには使わない。初心者はまったくこの反対だった。偉大なチェス・プレーヤーの心には効率的なコードがたくさんあるだけで、高速のプロセッサがあるわけではない。

デ・フロートは、すぐれた実験をしたことで注目を集めた。彼はプレーヤーたちに、現実に行なわれたゲームの、駒の配置をそのままにしたチェス盤を五秒間見せた。わずかの時間、駒の並びを見たプレーヤーたちは、記憶をたどってチェス盤の配置を再現するように求められた。

名人のプレーヤーたちは、信じられないくらいこの作業が得意だった。彼らは個々の駒の正確な並びを再現した。それも一〇〇パーセント間違いなく。あまり上手ではないプレーヤーたちは、まったくのお手上げで、正確さは二〇パーセントかそれ以下だった。

デ・フロートは次に、かなり有効な追加実験を試みた。プレーヤーたちに、アトランダムにセットしたチェス盤を見せた――それは駒を無作為に並べたもので、おそらく実際のゲームでは、とても現われてこないような盤面だったろう。このときには名人たちも、初心者と変わらない反応を見せた。全員が駒の位置を必死になって思い出そうとしたが、せいぜい思い出せたのは六つほどの駒だけだった。

すぐれたプレーヤーがうまく思い出せるのは、実際の盤面だけなのである。彼らはこれを、以前、目にしたことのあるパターンによって認識する――序盤の打ちはじめの手、捨て駒、それに戦略。人工頭脳のパイオニア、ハーバート・アレクサンダー・サイモンは、フロートの実験を繰り返し行なった。そして、すぐれたプレーヤーは、チェス盤の図柄を記憶しやすいように、「大きな塊」に分類していると主張した。(7)

この戦略は必ずしもチェスに限定されない。バードウォッチャーの初心者は、鳥の色や羽をただ漠然と見るだけで、はっきりと鮮明に見ることができない。したがって、目にした鳥を分類することができないのだ。鳥の容貌の中で、どれがその鳥にとって特徴的なものなのか、どれが無関係なものなのか、それが分からない。初心者はその鳥について、フィールドガイド（野外観察図鑑）を調べるために、すべてのことを記憶しようとする——これはとても不可能なことだ。バードウォッチャーのエキスパートは、その鳥がアメリカカケスの雌の若鳥だとすぐに認識する。彼が記憶する必要があるのは、その分類だけなのだ。大まかに言うと、この分析はわれわれが熟考し、審議を重ねるときや、想像力を働かせるときに、どのようなものに対しても適用することができる——事業を営むときやマラソンを走るとき、あるいはアプリや結婚式をデザインするとき、さらには、おびえた子供やTEDトークを理解するときなど。なじみのあるパターンを認識することで、われわれは複雑な全体の意味を解明することができる。

チェスの棋譜を記憶する能力こそが、名人のプレーヤーを他の者たちと識別する唯一の特徴だ、とは誰も言っていない。たしかにこの能力は必要だが、これだけでは十分とは言えない。キューブリックが言っていたように、チェスは「機会費用」「利益を上げるチャンスがあるのに、何もしないために生じる損失」のゲームだ。この一手こそがすばらしい、と結論を出すだけでは十分ではない。名人のプレーヤーはつねに、はたしてこれよりいい手がないかどうか、問い続けていなくてはならない。批判的思考《クリティカル・シンキング》は最優先のものだ。が、その土台を築いているのは記憶だ。今並んでいる駒の位置が、はたして以前のパターンのどれに相当するのか、それを思い出すために、プレーヤーはたえず、過去の盤面を振り返り続けていなければならない。それは、次の一手の選択という重みをつねに背負う、厳しい立場に彼を置くことになるだろう。

長い間の修練によって習得した、チェス盤の棋譜を分類し、記憶する能力を構成する要素は、はたして「知識」や「技能」あるいは「才能」の内のどれなのだろう? この問いかけは自然なものだ。おそらくこの問いに対するベストの答えは、問いかけ自体が間違っているということだろう。「知識」「技能」「才能」はともにわれわれが、自分自身でも深く理解していない思考プロセスを表現するために、作り出したラベルにすぎない。それはどれもが、事実的な知識に基づいたグラウンド・トルス[地勢に関する空中探査の結果を補うために、直接地上の調査から得た情報]とは、あまり関係がないかもしれない。

チェスは論理の典型として、一般に広く戯画化されている。その結果として、コンピュータ・チェスの「ディープ・ソート」やHALのような魂のない実在物の領域に属するものとされた。しかしゲームをプレーするのは人間だ。したがって、チェスはまさしく、直感力と無意識の訓練と言っていいだろう。すぐれたプレーヤーは、ゲーム中に出現した棋譜を認識する能力を身につけている。論理はこれとはまったく関係がない。それはむしろ群衆の中から、見知った顔を見分ける能力によく似ている。生まれたときから、表に出ていない、チェスの隠れた意味を知っているものなど誰もいない。チェスの名人は、たくさんの「事実」を学ぶことによって、また、その事実が全体として、どのように組み合わさっていくのか、それを知ることによって、自分の直感力を獲得していく。事実を学ぶことは、われわれが直感力を築き上げる一つの方法で、事実はいわゆる技術や才能の基礎をなすものだ。

ピンときた瞬間

一九五〇年代のはじめ、離婚してシングルマザーのベット・ネスミス・グラハムは、テキサス・バンク&トラストで秘書として働いていた。[8] 銀行はちょうど事務所に、ＩＢＭ・セレクトリック・タイプライターを数台入れたばかりだった。が、このタイプライターには大きな難点があった。セレクトリックでは、消すことのできないクリスプ・タイプのカーボンフィルム・リボンを使用していた。ということは、一度タイプミスをすると、全部のページを打ち直さなくてはならない。

銀行の上司たちは男性で、そんなことにはいっさいお構いなしで、女性の労働は安価なものに見なされていた。あまりに給料が安いためにグラハムは、銀行のウインドウにクリスマスの飾りを描く仕事をして、乏しい収入を補った。が、この作業がかつて学んだあることを思い出させた。それは画家たちが絵筆を間違えて使ったときに、彼らはそれを消すのではなく、その上から描き直すということだった。

そしてそれが、グラハムを「ピンときた瞬間」へと導くことになる。タイプミスをしたときには、それを消すのではなく、その上から打ち直せばいい、ということに彼女は気づいた。白いテンペラ絵の具を家に持ち帰ると、彼女はそれを料理用のミキサーに入れて混ぜ合わせ、小さなビンに詰めた。そしてタイプミスをしたときには、いつでも白い液をブラシにつけて、ミスした文字を消し去った。数秒間待つと液は乾くので、その上からタイプを打ち直した。「リキッド・ペーパー」（文字修正液）として市場で売り出されると、この発明はまたたく間に、アナログ時代末期のオフィス用品のベストセラーとなった。一九七九年、グラハムは自分の会社をジレットに四七五〇万ドルで売り渡した。

「想像力は知識より重要だ」[9] とアルベルト・アインシュタインは一九三一年に書いていた。しかし、後者が前者を補強していることもまた真実だ。われわれが想像力と呼ぶものは、しばしば、二つの事実を結びつけて考えることを、不可欠なものとして含む――画家の解決法が、タイプライターの問題につながっていたように。アインシュタインは、何ら実用的価値を持たない数学の一分野――ベルンハルト・リーマンの非ユークリッド幾何学――に興味を持った。たいがいの物理学者はリーマンを学ばない。リーマンの仕事は物理学とつながりがないからだ。が、アインシュタインのこの上なく偉大な「ピンときた瞬間」は、リーマンの幾何学が新しい重力論――この理論では、物質が空間と時間をゆがませる――の基礎になりうることに気づいたときだった。

このようなケースでは、知識と想像力はともに手を携えて進む。そこには、新たな重力論に基づいて仕事をする世代がいて、こちらにはリーマンの仕事を知った数学者たちの、小さなグループがいる。そしてアインシュタイン――おそらく他の誰でもない彼――がそのベン図［複数の集合の関係や、集合の範囲を視覚的に図式化したもの］の交差点にいた。

他にもこのような現象の実例はたくさんある。[10] チャールズ・ダーウィンとアルフレッド・ウォレスはともに、種の起源に興味を抱いた。二人はそれぞれが困窮の起源について、トマス・マルサスが書いた『人口論』を読んでいた。そしてダーウィンとウォレスは自然淘汰という、よく似た理論に同じようにつながって、同じようにそれを思いついた。

アーロン・コープランドはアメリカのフォーク音楽とともに、シェーンベルクの一二音技法も知っていた。ピカソは古典的な訓練を積んだ画家の中で、はじめてアフリカ彫刻を学んだ画家だ。マーク・ザッカーバーグはプログラムする方法を知っていたが、彼はまたハーバード大の学生たちがどれほど多く、学生名簿（通称フェイス・ブック）を使っているかも知っていた。

われわれは誰しも、生活の中で、また一生を通じて、多くの問題に直面する。その対処の方法に大小の差はあるが、ともかく「無関係」と思われる知識が、アナロジーやインスピレーション、それに問題解決の源になりうることは確かだ。

学習は単に思考習慣を変えるだけではない。脳の構造をも変化させる。ロンドンのタクシードライバーたちは、他の職業に従事している人に比べると、はるかに細々とした事実を学習すると推測されている。このことがドライバーたちを、神経科学者に推薦することになった。科学者たちのレポートによると、背側海馬[11]——新しい長期記憶が作られる脳の部位——は、ドライバーたちが知識試験のために勉強をしはじめると、そのプロセスの間に大きくなるという。そして、ロンドンのタクシードライバーではない人々のそれより、海馬は大きなままにとどまっていると報告した。

二〇一五年の『ネイチャー・ニューロサイエンス』誌による報告では、十分な教育を受け、金銭的にも豊かな両親に育てられた子供は、それとは反対に、無教養で豊かでない両親の子供に比べて、大脳の皮質領域がより大きいという。皮質領域の差異はとりわけ、言語や読書や意思決定に関わりのある脳の領域で際立っていた。その理由の解明に取り組むまでには、研究も至っていないが、説明を見つけることはそれほど困難なことではない。「お金があれば、さらにすぐれた教育を手に入れることができるし、高速道路からはるかに離れた所に家を持つこともできる」と言っているのは、研究チームのリーダー、エリザベス・ソーウェルだ。「お金でギターのレッスンだって買うことができる。放課後の講習も受けることができる」[12]。たとえプロのギター奏者になろうと思わない人にとっても、ギターを習うことは、脳をより活性化させるだろうし、他の利点もある。

広い知識と所得との相関関係について、ひとつ考えられる説明は、学習が認識能力を改善するということだ。この能力はほとんどどんな仕事——一生従事する職業も含めて——にも役に立つ。学習はすぐれた脳の機能を生み出し、より高い所得をもたらす。

ライドシェア・アプリ（相乗りアプリ）やセグウェイが、歩くことをもはや時代遅れのものしてしまった。が、これを誰も言葉に出して言う者がいない。人間の身体が機能するためには、運動がどうしても必要となる。A点からB点へ到達するためには、運動が必要ではないのか、という話は的が外れている。われわれの脳に必要なのは、学習のプロセスが最高に機能していることだ。事実はどこでも検索できるということが、それを変えることはまずありえない。

Ⅲ　文化を知らない世界

16　知的レベルの低下が厳しいとき

われわれはダニング＝クルーガー効果の世界に住んでいる。大衆が自己の無知さ加減を知らないことは、日常よく見かけることで、これは厳然とした事実だ。したがってそのことは、デザイナーやマーケター、それにコミュニケーターたちは、十分に考慮に入れておく必要がある。ハンバーガーのアイコンを考えてみよう。このマークは見たことがあるだろう。それは丸みを帯びたバー（ハンバーガーのパテ）を三つ、積み重ねたものだ。これは一見、ハンバーガー大学が製作したビッグマックの調理図式のように見える。ハンバーガーのマークは、メニューやナビゲーション・バーを呼び出すアイコンだった。初期のスマートフォンの窮屈なスクリーンに対応して作られたのだが、今では至る所で見かけるようになり、デスクトップのスクリーンにも出現するようになった。もはや世界的なスタンダードだ――が、多くの人々にとっては、ハンバーガーはなお「怪しげな肉[1]」だ、とウェブ・デザイナーのエリック・W・モブリーは言う。新米のユーザーは、ハンバーガーをアイコンとしてさえ認識できないかもしれない。その何となく古典的なシンメトリ

ーは、装飾的な処理をした銃弾のようにも見える。

ハンバーガーは、現実世界《リアル・ワールド》と仮想世界《バーチャル・ワールド》を満たして、なお進化しつつある視覚的言語の一つだ。この言語はルーツを、二〇世紀のデザイン学校のユートピア的理想主義に持つ。美しい現代的な図柄が、多文化的でビジュアル指向の来るべき世界では、言語に取って代わるだろうというのがその主張だ。

この考えを実証しようとして、アメリカ・グラフィックアート協会（ＡＩＧＡ）とアメリカ合衆国運輸省（ＤＯＴ）が、一九七四年に、空港や鉄道の駅用にデザインした一連のアイコンを発表した。そこには、われわれにはなじみの禁煙記号や、まん丸頭に図案化された、男子用と女子用トイレのシンボルマークもある。ＡＩＧＡが発表したアイコンは、その提喩《シネクドキ》のコンセプトを理解できていれば、明快さのモデルとなる（ハンガーではなく手荷物一時預かり所。マティーニではなくバー）。

ＡＩＧＡの試みと時を同じくして、ゼロックス・パロアルト研究所のエンジニアたちが、はじめてコンピュータ・インターフェースを開発した。それはコマンドを入力する代わりに、アイコンを使用したものだった。ゼロックスのデザイナーたちは、ユーザーが言葉より、むしろ絵に親しみを感じるという人間工学研究に影響を受けた。この考えは一九八〇年代には、商業ベースでアップル・マッキントッシュによって採用されることになる。

空港のアイコンはどれくらい識別されるか？

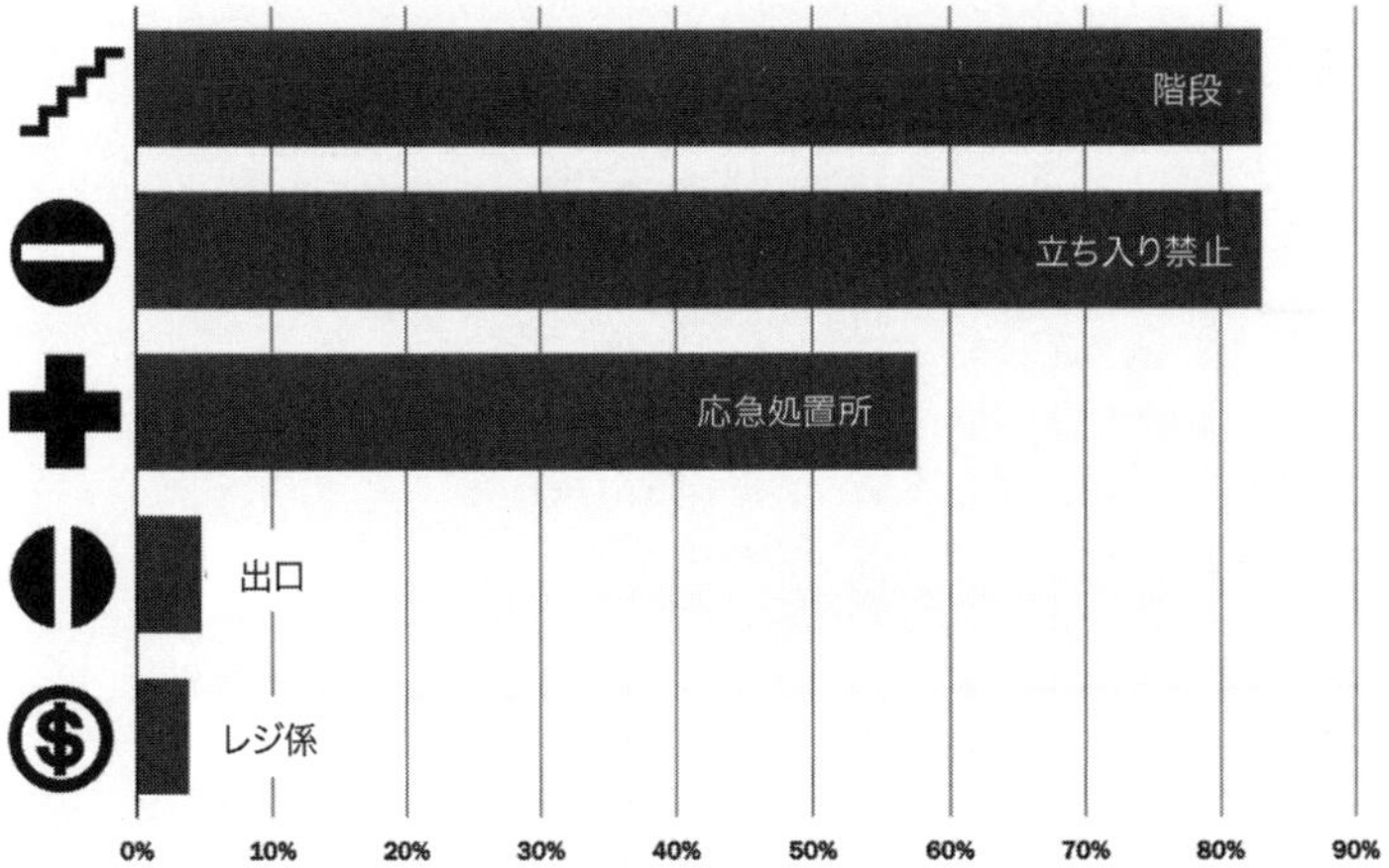

今日の小さなスクリーンの世界では、凝ったアイコンを並べるスペースがない。それにアプリのデザイナーたちは、シンプルで、ときには謎めいた感じの絵文字を好む。この考え方は、アイコンがどんな働きをするのか、それをユーザーたちが試しに学習してくれることを、当然のように見なしていた。

私はスタンダードなアイコンをいくつか再現して、どれくらい多くの人々がそれを認識できるかを見た。ハンバーガーがおそらく、少数の人々を面食らわせるだろうと思った。そして、それは実際その通りだった。空港用のアイコンについては、認識できた人があまりにわずかだったが、それは予想外のことだった。

AIGAが作ったシンボルの「出口」を正しく言い当てたのは、わずかに五パーセントにすぎなかった。そして、「レジ係」のサインとして、輪の中にドルのマークが入ったシンボルに正解を出したのは、四パーセント以下だった。このアイコンに対する選択肢としては、「現金自動預け払い機」「銀行」「両替」「高額」

モバイル機器のアイコンはどれくらい識別されるか?

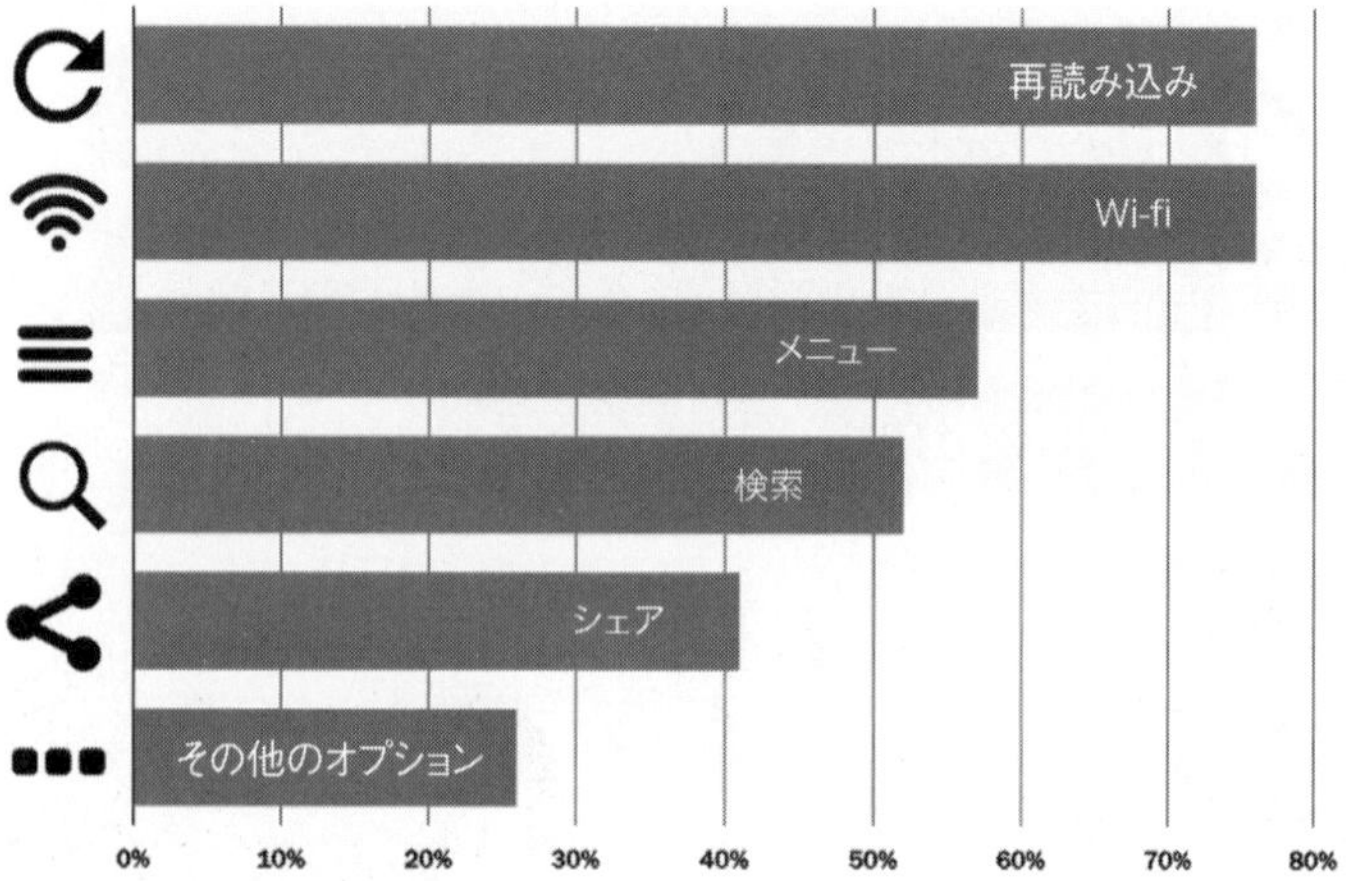

などがある。もっとも人気の高かった回答は「両替」だった(三五パーセントが選択した)。

私のサンプルはまた、ウェブ・デザイナーたちが、広く一般に理解されていると推測していたアイコンを、認識することができなかった。回答者の四分の一は、ワイ・ファイ(Wi-Fi)のシンボルが分からない。ハンバーガーはほとんど半数の人が理解できなかった(いつものように、私のサンプルは全員がコンピュータやインターネットのユーザーだった。ひょっとするとその点については、彼らはアメリカ人全体に比べると、それでもなお、いくらかディジタル通だったのかもしれない)。

「検索」を意味した拡大鏡(ルーペ)のアイコンもまた、芳しくない点数を取っていた(認識できたのは五二パーセント)。これはアーサー・コナン・ドイルのシャーロック・ホームズにとっては、文学の隠喩ともなりうるアイコンだ。映画やテレビでさかんに放映されているにもかかわらず、スマートフォンのユーザーたちは、その多くが、この登場人物にあまり親しみを感じていないようだった。もう一つの問題は、拡大鏡のアイコンがまたグラフィック・ソフトで、「ズーム・イン」や「ズーム・アウト」を指示するものとして、使われていることが挙げられる。この曖昧さがここでは大きな要因となる。というのも、「拡大する」という選択肢が二番目に人気のある選択肢だったからだ(三六パーセント)。

すべてのアイコンの中で、もっとも識別されなかったのは省略記号だ——三つの点が並んでいて、「その他のオプションは、ここをクリックせよ」という意味。正しい意味を選択できたのは、かろうじて四分の一の人々だった。実際のところ、省略記号はしばしばハンバーガーのアイコンと交互に使われていて、どちらを使っても変わりがない。少なくとも、ハンバーガーの方は、何かアイテムのリストのように見える。それに対して省略記号は、本来中断を意味するもので、生粋のディジタル先住民というわけにはいかない。

アイコンは、ユーザーがしたいと思うことを手助けする道具だ。それを人々が理解できないときに、落第点をつけられるのはデザイナーの方で、ユーザーではない。デザイナーはユーザーが知っていないことを知る必要がある(たとえユーザー自身がそれを知らないとしても)。そしてそのことを、彼らが作るデザインに組み入れなくてはならない。アプリの制作者には、現実世界の記号を作る者に比べると、いくらか改善策はある。アプリはユーザーが新米か熟練者かを知ることができるからだ。アプリはまたユーザーの年齢も知ることができる。私の調査では、予測されたことだが、若者の方が年長者に比べると、はるかにアイコンを認識することができた。[2] アプリはアイコンに、ユーザーが必要とするのなら、テクストを示すラベルを付けることができる。そしてそのラベルは、ユーザーが経験を積んだあとで外すことが可能だった。

ラベルを読む

食品会社や製薬会社もまた、大衆の無知さ加減に注意を払うべきだ。『アナルズ・オブ・インターナル・メディシン』誌は、二〇〇六年に行なった調査で、成人の参加者たちに対して、処方された五つの薬をラベル通りにどんな風にして服用したのか、その様子を述べるようにと依頼した。(3) そこには、深刻なあやまちが多々見られた。彼らはしばしば、ダニング＝クルーガー効果のバラエティーに富んだ実例を見せてくれた。ラベルを誤解した人々は、自分はそれを完全に理解していると考えていた。間違いはほとんど二つのことからきている。簡単な計算のやり損ないと、測定単位をいっしょくたにしてしまうことだ。

Nutrition Facts	
Serving Size	½ cup
Servings per container	4
Amount per serving	
Calories 250	Fat Cal 120
	%DV
Total Fat 13g	20%
Sat Fat 9g	40%
Cholesterol 28mg	12%
Sodium 55mg	2%
Total Carbohydrate 30g	12%
Dietary Fiber 2g	
Sugars 23g	
Protein 4g	8%

*Percentage Daily Values (DV) are based on a 2,000 calorie diet. Your daily values may be higher or lower depending on your calorie needs.

Ingredients: Cream, Skim Milk, Liquid Sugar, Water, Egg Yolks, Brown Sugar, Milkfat, Peanut Oil, Sugar, Butter, Salt, Carrageenan, Vanilla Extract.

「一日に三回、ティースプーンで一杯服用」という指示を説明してほしいと依頼された人は、その多くが「ティースプーン」を「テーブルスプーン」と間違えていた。この混同はすべての間違いの、ちょうど半分を占めている。

「一日に二回、二錠服用」という指示のラベルを口に出して、一語一語間違いなく復唱できる人々でさえ、その三分の一は一日に服用するように言われていた錠剤の数（四錠）を、正しく計算することができなかった。

私は大衆がどれくらいラベルを理解しているのか、それを調査でテストしてみた。その中にアイスクリームの栄養ラベル（三一四ページ）がある。大多数の者は「g」が「グラム」を、そして「Sat Fat」が「saturated fat」（飽和脂肪）――これは体によくない――を意味することを知っている。しかし、これを応用して考えることには難渋をしていた。算数や論理的推論の問題となると、得点は下がった。

ラベルに書かれている数字で、もっとも重要なものは内容量が「何人前」かということだろう。ベン&ジェリーズのアイスクリームは、一パイント入りの容器に入っている。ハーゲンダッツのアイスクリームも同量だったが、二〇〇九年に一四オンスに減量した。多くの人々にとって、これらのアイスクリームは事実上、一人前の容量だろう。ラベルは半カップで一人前と書いている、そして容器には四人分が入っているという。

アメリカ合衆国は未来に向けて、食品ラベルの規制を進めようと、より現実的な一人分の量を探っている。が、言葉で言うのはたやすいことだが、それを実行に移すのは難しい。容器がどれほど大きくても、誘惑に負けて、それを一人でがつがつ食べることもありうるからだ。ハーゲンダッツがパイント容器を小さくしたのも、おそらく消費者の便宜を図ろうとしたのだろう。

アイスクリームの栄養ラベルについて、私が調査で質問したものに次の問いがあった。「もし容器の中身すべてを食べたとしたら、どれくらいのカロリーを採ることになりますか?」。一六パーセントの人が間違った答えを返した。そして間違いのほとんどが、大きく外れていた。もう一つの質問は「低炭水化物ダイエットをしていて、スナックは、一五グラムの炭水化物のものしか食べてはいけないとしましょう。それでは、このアイスクリームを食べると、どれくらいの糖質を採ったことになりますか？」。三分の一の回答者が間違った答えを出した。「あなたにはペニシリン、ゴム手袋、ピーナッツ、ハチの針にアレルギーがあるとしましょう。それでは、このアイスクリームは食べても安全でしょうか？」。答えは「ノー」。ラベルのリストに、含有物としてピーナッツ・オイルがあるからだ。回答者の一一パーセントが間違えていた。

私は彼らに薬のラベルについて尋ねた。そこにはよく見る警告「アルコールを控えること」と書かれている。この簡潔な指示は「どんなアルコールでも、この薬を服用中は飲んではいけない」という意味だ。一一パーセントの人が、「アルコールを控えること」という警告には、なおいくぶんの自由を許す余地があると感じた。つまりそれは、彼らが警告の意味を「車を運転したり、機械を操作していないかぎりは、ちょっと一杯飲むくらいは大丈夫」か、「薬の服用時は過度の飲酒をしない」とあやまって解釈したか、あるいは、薬の指示が理解できなかったことを自ら認めたか、のどれかだ。

副作用のリストが、もう一つの混乱の地雷原だった。われわれは誰もが、処方薬のコマーシャルを見たことがあるだろう――幸せそうなカップルがビーチにいて、子供たちや犬と遊び戯れている。が、その一方で、テレビ画面には映っていないナレーターの声が、ぞっとするようなことをだらだらと話している。薬に添付された文書はこのナレーターと同じように、薬の服用によって起こるかもしれない副作用について暴露する。

薬のパッケージに入っている能書きは法的文書で、医療文書ではない[4]。消費者の保護という名目で、アメリカの法律は製薬会社に、新薬のテスト中に生じる「一次的な随伴症状」は、それがどんなものでも、報告するようにと要請している。これが意味しているのは、薬を服用中あるいは服用直後に、誰の身にも何かが起こりうるということだ。副作用はたとえ、被験薬の代わりにプラセボ（偽薬）を服用した対照群の報告が、被験薬の報告と同じくらい、あるいはそれより数が多い場合にも、リストに挙げなければならない。

こうして法律は相関関係、因果関係、常識などを見捨てることになる。これについては論理的根拠があった。新薬の臨床実験には大きな金が賭けられているのを、法律はきっちりと認めている。医師や製薬会社は奨励金を手にして、平気で副作用を重要視しない。そのために、起こりうるすべての副作用を公表することは、透明性へ向かって一歩踏み出すことになる。

しかし、透明性もまたそれ自体に副作用を持っている。公表が価値を持つのは、一般の人々がそれを、よりよい決断をするために使用できる範囲でのみ可能となる。残念なことだが、人間の意思決定は、正確に推測しがたい、恐ろしい結果の危険性に直面すると、それがどんなに小さなものでもひるんで、ためらいがちになる。副作用のリストに自殺の文字があるために、必要とされる抗鬱剤の服用を拒否する人々がいる。詳細な情報を得た上で決断を下すためには、まず何よりも確率を知る必要があるだろう。自殺の確率が一〇分の一……なのか、あるいは一億分の一なのか？　自殺は実際に薬によるものなのか、あるいは薬の副作用ではないのか？　現に自殺率はプラセボを服用したグループの方が高いからだ。薬のラベルはこのような情報を与えてくれない。

薬の添付文書は、反ワクチン運動をあおり促進するのに一役買った。ワクチンの接種に反対する人々は、子供の親たちに、MMR（はしか、おたふく風邪、風疹）のワクチンに添付された能書きをよく見るようにと言う。そこには実際、起こりうる副作用の中に自閉症が書かれている。が、それは活動家たちが主張する理由のためではない。ワクチン接種の推奨年齢が、たまたま自閉症がもっとも多く診断される年齢と一致している。それが自閉症を、まったく因果関係のない「一時的な随伴症状」としていた。はしかによって、今もなお、年間でおよそ一四万五〇〇〇人が死んでいる。[5]が、この事実はラベルには書かれていない。死者のほとんどは、子供たちがワクチン接種を受けていない発展途上国の人々だ。

「五個の部品を作るのに、五台の機械を五分間動かさなければならないとしたら、一〇〇台の機械で一〇〇個の部品を作るためにはどれくらいの時間が必要か？[6]」

これは認知反射テストに出てくる難問で、当時MITでマーケティングの教授をしていたシェーン・フレデリックが、二〇〇五年に発表したテストの一つだ。このテストでフレデリックが発見したのは、一流大学の学生を含めて、ほとんどの人が間違えた答えを出していたことだ。それは普通に考えれば、いかなる意味においても難しい問題ではない。フレデリックが出したこの問題や他の問題で面倒なのは、それが衝動的な答えを引き出すように誘いかけてくることだ。質問に含まれている似たような言いまわしが、回答者の頭にやすやすと「一〇〇分間」という答えを浮かばせてしまう。多くの人は最初の衝動のままに答えを出す……この場合、それはあきらかに間違っている。正しい答えは五分間。一台の機械が一個の部品を作るのに五分間かかる。これは、より多くの機械はより多くの部品を作るということだ

――だが、時間は相変わらず五分しかかからない。

薬についているラベルも同じような混乱をもたらす。「一日に二回、二錠服用」と言い、それでは「一日に何錠飲めばいいのですか?」と問いかけられる。帰ってくる答えは「二錠」。これは調査の段階で往々にして起きる間違いだった。

フレデリックの調査は、教育さえよければ解決される問題だ、という希望をほとんど抱かせない。MITの学生は、二学期にわたって微積分の授業がある、すぐれた教育を受けている(7)……が、その彼らの多くが部品の計算でへまをしてしまう。ただ一つの現実的な救済策は、認知的困難を押しつける薬品の指示書を忌避することだ。これは次のような簡単なガイドラインによって、成し遂げることができる。

・要求をできうるかぎり簡単な算術に極小化する。実用のときにはいつも、薬の一回分は錠剤一個というように簡略化して考えるべきだ。

・曖昧さを避ける。イギリスでは「アルコールを控えること」という言葉は、「この薬を服用している間は、アルコールを飲んではいけない」という表現に置き換えられている(8)。これだと理屈をこねた言いがかりの入り込む余地がない。

ただし書き

『ジャーナル・オブ・ヘルス・エコノミックス』の調査で明らかになったのは、保険証書で使われている専門用語の多くが、一般人の理解のレベルを超えていたことだ。私が言っているのは専門家にしか分からない、政策文書に出てくる法律用語についてではない(これは誰にだって分からない)。そうではなくて、「控除免責金」(deductible) のような、ごく普通の重要な用語だ。

ジョージ・レーベンシュタインをリーダーとする研究者たちは、「控除免責金」、「自己負担金」(copayment)、「共同保険」(coinsurance)、「自己負担の上限額」(maximum out-of-pocket limit) のような専門用語の知識について調査した。その理解率は七八パーセント (控除免責金) から三四パーセント (共同保険) までと幅があった。[9]

この四つの用語は、きちんとオイルを差した、操作の複雑怪奇な機械のようにしっかりと組み合わさっている。四つの用語をすべて理解していないかぎり、医者の来診や治療にいくら支払えばいいのか、皆目見当がつかない。他の調査で使われた質問でも、そのことははっきりと示されている。そこでは、参加者に普通の診断について、その自己負担費を計算してみてほしいと依頼した。それも簡略化された保険証書の用語を使って。すぐ目先には入院費や保険期間などがあるのだが、とりあえず、救急外来受診の費用を正しく決定できたのは、わずかに四〇パーセントだけだった。

消費者が健康保険の専門用語について理解できるのは、保険業者が支払いをせずにすむように、わざと意味の曖昧な言葉を使っているのだろう、というくらいがせいぜいだ。が、ぼんやりとした皮肉では、自分自身の健康について決断を下す助けにはならない。緊急治療室より外来治療施設を使う方が、あるいはみんなが勧めるネットワーク外の医者より、ネットワークに参加している医師を使う方がどれほど重要なのか、それを決定するためには、何としても費用を知る必要があるだろう。

ダニング＝クルーガー効果はここでもまた頭をもたげる。九三パーセントの人が、「自己負担の上限額」の意味を理解していると言った。が、それに関連する質問に正しく答えたのは、わずかに五五パーセントにすぎなかった（そこにはまた、まぐれ当たりも含まれていたにちがいない）。

二〇〇八年に、オンラインの保険会社eヘルスが報告しているところによると、医療関連の頭字語の識別となると、一般人の能力はさらに低くなるという。HMO（保険維持機構）が何の略語か、それが言えた者はちょうど三六パーセントだった。そしてPPO（優先医療給付機構）やHSA（医療貯蓄口座）となると、さらに理解率が低くなる（それぞれ二〇パーセントと一一パーセント）。eヘルスの調査では、月々に支払う保険料を知っていたのは、一般人のわずかに半数だけだったことが分かった。

「控除免責金」や「自己負担金」のような概念は、クォークやレプトン――これらは分かりにくいが、何と言ってもわれわれの宇宙の根本をなすものだ――とは違う。それは保険会社によって作り上げられた訳のわからない言葉だ。が、この専門用語は二つの目的に役立っている。一つは保険というシステムの、舵を取るために必要とされる動機を提供すること。入会者に費用の一部を負担させることは、不必要な医師の往診や治療を思いとどまらせる。が、これは明らかに、保険の掛け金としてすべての人に跳ね返ってくる。

専門用語が使われるもう一つの理由は、消費者にあちらこちらの保険会社へ行って、調べまわることをやめさせるためだ。保険会社はどこも、価格やサービスで、他の会社と競争することを歓迎しない。健康保険の複雑にからみ合った言語は、一般の消費者が費用を計算したり、他社とこちらでは、どちらの契約がすぐれているか、それを決定することを困難にさせる。それが医療費負担適性化法によって、医療保険取引所が設立された一つの誘因だった。しかし、小難しい言葉はそのままにされ、金額に関してあまりにも曖昧だったので、消費者はますます、これまで付き合いのあった保険会社がどんなものでも、それに依存していて離れないようになってしまった。

行動主義経済学者が言うには、保険の加入者のもっともよく見かけるあやまちは、あまりに安い控除免責金を選んでいることだという[10]。消費者は控除免責金を好まない。それは保険の補償がはじまる前に、消費者が自腹を切って金を支払わなくてはならないからだ。しかし、彼らの嫌い方はきわめて非合理なものだった。調査で明らかになったのは、保険の控除免責金を二五〇ドル減らすために、進んで二五〇ドル以上の割り増し保険料を支払う者がいることだ。これでは、新しいブランドの電化製品以上に金のかかる、保証延長サービスを買うようなものだ。

こんなことをする必要はない。保険業者も、わざわざ曖昧にした用語を使わずにすませることができる。そして——適度に高い保険料のために——バンドエイドやアスピリンだけでなく、すべての医療費を一〇〇パーセントカバーすることができる。これは必ずしも実行が不可能なことではない。現にそれをしている民間健康保険がある。

こんな具合に、レーベンシュタインのグループは、巧妙なまでにシンプルな代替手段を提案している。医療費の自己負担金に関する保険について考えてみよう。自己負担金は、個々の特殊な診察、治療、処方に対して、控除免責金にかかわりなく、消費者が支払う固定料金だ。調査では一〇〇パーセントの人が、自己負担金が何であるのかについて、理解をしていると言っていた。そして——驚いたことには——七二パーセントというかなりの数の人が、実際にそれを理解していた。

現下のシステムでは、自己負担金は通常ささやかなものだ。それは消費者がまた、共同保険の支払い（請求された費用の一定額）もしていて、もし控除免責金で対応しきれなかったときには、全額を支払っているかもしれないからだ。自己負担金だけのシステムだと、自己負担金は現行の額より高くならざるをえない。が、消費者はすべてにかかる費用を正確に知っている。例えば、緊急治療室へ行けば、自己負担金は三〇〇ドルとなるが、普通の医師の診察を受ければ五〇ドルですむ。それは緊急治療室へ行くかどうかについて、知的な判定を可能にする。

保険会社の中には、保険証書を根本的に簡素化しようとして、すでに検討しはじめているところもある。実際、レーベンシュタインの調査のスポンサーとなったのは、医療保険会社のヒューマーナだった。このような会社が、最終的に理解したと思われるのは以下のことだ。つまり、消費者の不完全な知識に製品を合わせる方が、大々的に教育のキャンペーンを展開するより簡単だということ（いずれにしても、消費者の無知に目立った変化をもたらすことは不可能だ）。

不器用な者たちの国

ダニング＝クルーガー効果の好例としては、料理や家事などの実用的知識を挙げることができる。この手の知識を、われわれはほとんど身につけていない。そして、本当に知識のない者は、自分がどれくらい間違った情報を持っているのか、それに気づいていないようだ。私は調査の対象者たちに、大きな卵を固ゆでにするためには、どれくらいの時間が必要かと尋ねた。三分の二以上の答えが、おおよその範囲（九分から一三分）にさえ達していなかった。

もちろんその答えは、卵を冷たい水に入れるか、あるいはすでに沸騰した湯に入れるかによって異なる。いずれにしても、卵黄の中まで十分に熱が通るためには、沸騰してから一一分ほどはかかるだろう。

固ゆで卵を作るのにどれくらいの時間がかかるか？

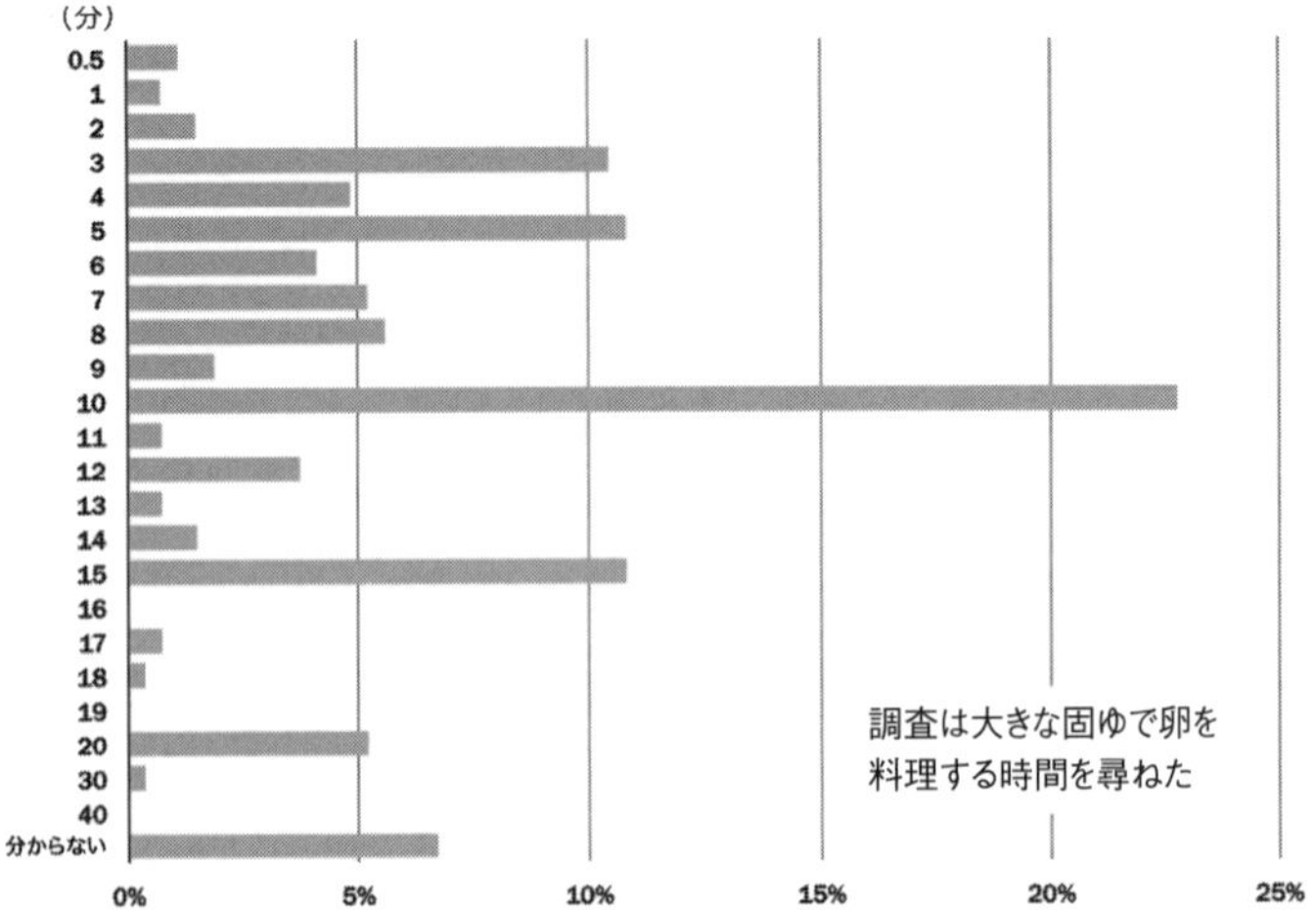

卵を冷たい水の中に入れ、それが沸騰するまでの時間を測る者は、二〇分というような数字を考え出すことも可能だった。しかしサンプルの三分の一は、六分あるいはそれ以下で、固ゆで卵を作ることができると信じていた。

もう一つの質問は、厚さ一インチのステーキの裏表を、ミディアムの焼き具合でグリルするのに、どれくらいの時間がかかるかというもの。[11] 五分間が妥当な答えだろう。ここでもふたたび、大多数の人がとてつもない答えを出した。卵と同じでステーキについても、妥当な答えを通りすぎるより、むしろ多くの答えはそこに届かない――おそらく電子レンジの経験が、この推測に影響を与えているのではないか？

パンの成分を挙げてもらう質問。[12] 一一の選択肢がある。この中には小麦粉、水、イースト菌――これなしには、どんなパンを作るにしても、それは挑戦になるだろう――などもある。八パーセントが小麦なしで、パンを作ることができると考えた。同じ数の人がイー

ステーキをグリルで焼くのにどれくらいの時間がかかるか？

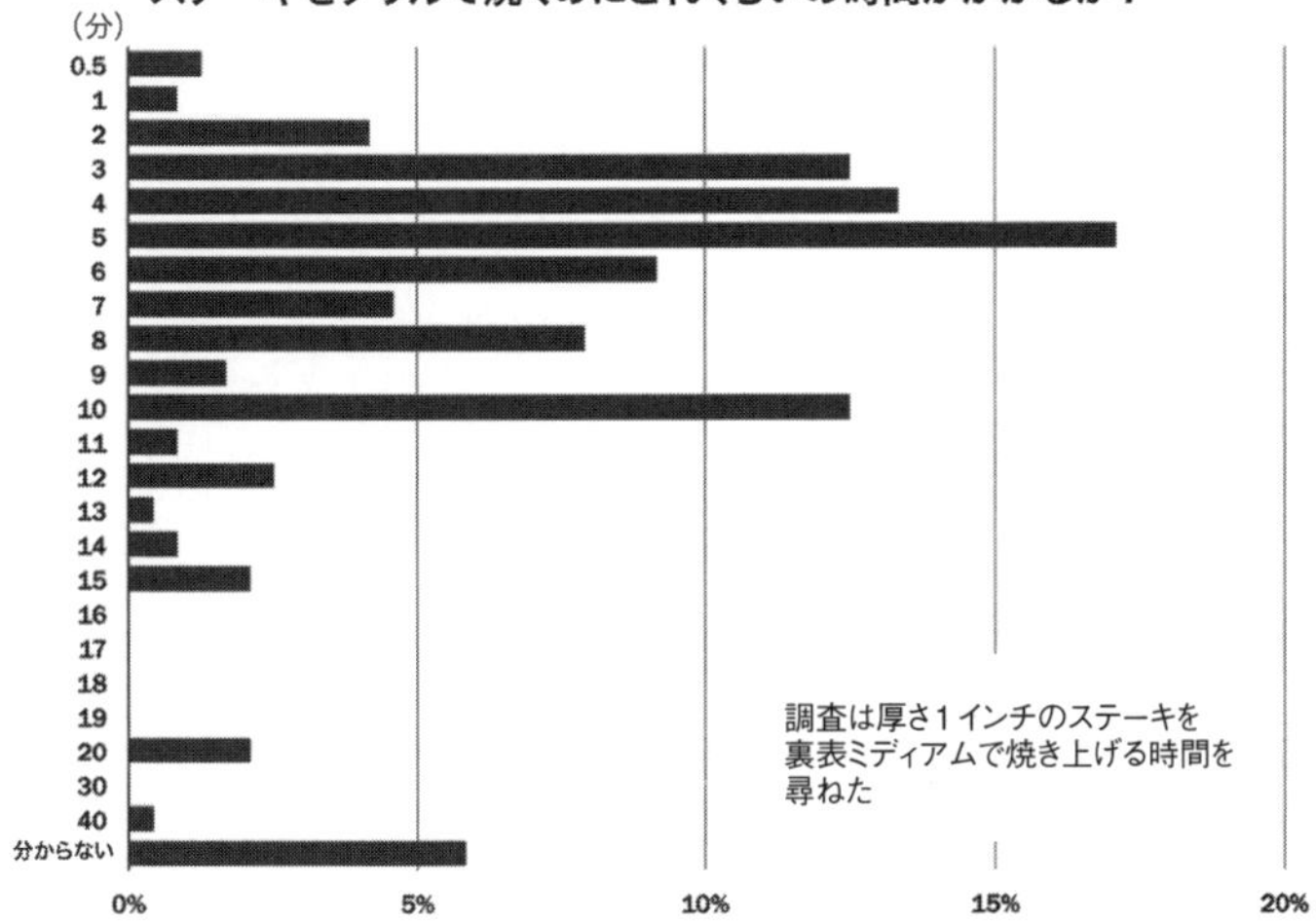

スト菌を落としている。そして二六パーセントが水を成分から除外した。

誰もが耳にしているのは、語尾に「R」がついている月だけに、牡蠣を食べるべきだという話だが、もしかすると、それは「R」のつかない月なのだろうか？

これについてはほとんど半数の人が知らなかった。そしてわずかに三〇パーセントが正しい答え（「R」のついていない月）を選んだ。ごく大まかな判別法だが、一年の内でも暖かい四カ月（五月から八月まで）には、牡蠣が赤潮から毒素を集めて体内に蓄積するかもしれないという。

牡蠣などを食べるのは金持ち連中だ。「R」のことを知っている者と知らない者とでは、所得差が二万四〇〇〇ドルあった。[13]

アメリカ人の料理人が、けっしてメートル法を採用しないとは、よく言われることだ。というのも、彼らはグラムとミリリットルの差が分からないから。想像できますか？　ティースプーンとテーブルスプーンの差も分からない。
私は各国のサンプルに、テーブルスプーンはティースプーンの何杯分に当たるのか訊いてみた。正しい答え（三杯分）を返したのは、辛うじて半分（四九パーセント）だけだった。[14]
さらに私は、一液量オンスはテーブルスプーンで、何杯分に当たるのかと質問した。これには、二四パーセントが正しい答え（二テーブルスプーン＝一オンス）を出した。この知識は性別、年齢、教育、所得とは相関関係がなかった。
自分は誓って、レシピ通りに料理を作っていると言う、「とんでもない」料理人たちをわれわれは知っている。料理の失敗の内、はたしてどれくらいの数が、このスプーンによる計量の混乱に起因しているのだろう？

ツーバイフォーの木材はどれくらの大きさなのか？　調査の参加者たちに、このなじみのある木材のサイズを尋ねた。実際にも二×四インチなのか？　あるいは、それより小さいのか？　あるいは、それより大きいのか？　木材の近くにいる者は誰でも、それが言われている寸法より、厚さが薄くて幅が狭いことを知っているだろう（実寸は一・五×三・五インチ）。
サンプルの四三パーセントが、この質問を「グラント将軍の墓には誰が葬られているのか？」と同じ類いだと受け止めた。彼らはツーバイフォーの大きさを、そのままの二×四インチだと言った。「それより小さい」と答えた者はわずかに三八パーセント。「それより大きい」と言ったのは一四パーセントだった。

室内照明下の修繕作業で使う道具について質問したが、回答者のできはよかった。ねじの写真を見せられたときに、九一パーセントの人が、十字ドライバーが必要なタイプのねじだと答えた（プラスのねじ頭）。六八パーセントが右の写真を、アジャスタブル・スパナ（モンキー・レンチ）だと答えた[15]。

車について私は二つの質問をした。一つはスティック・シフトの車のスタートの仕方。今やマニュアル車は絶滅寸前だ。アメリカ全土で売られているマニュアル車は、五パーセントを占めているにすぎない[16]。そのために、六一パーセントの人が「イグニッションキーを回して、クラッチ・ペダルを切る」を選択して、質問に正しく答えたのは印象的だった。

もう一つ、さらにやさしいと思う車の質問がある。「どれくらいの頻度で、車のオイル交換をしますか？」。これは多項選択式の質問で、「五〇〇〇マイル毎」から「二〇万マイル毎」に至るまで答えが用意されている。圧倒的に多かった答えは「三〇〇〇マイル毎」で、三八パーセントの人がこれを選んだ[17]。

以前は経験から言っても、オイル交換は三〇〇〇マイル毎くらいだった。それはまた、すべてのコンピュータが、二台のフロッピー・ディスク・ドライバーを必要とする時代だった。しかし、この三〇年の間に、モータ

どれくらいの頻度で車のオイル交換をするか？

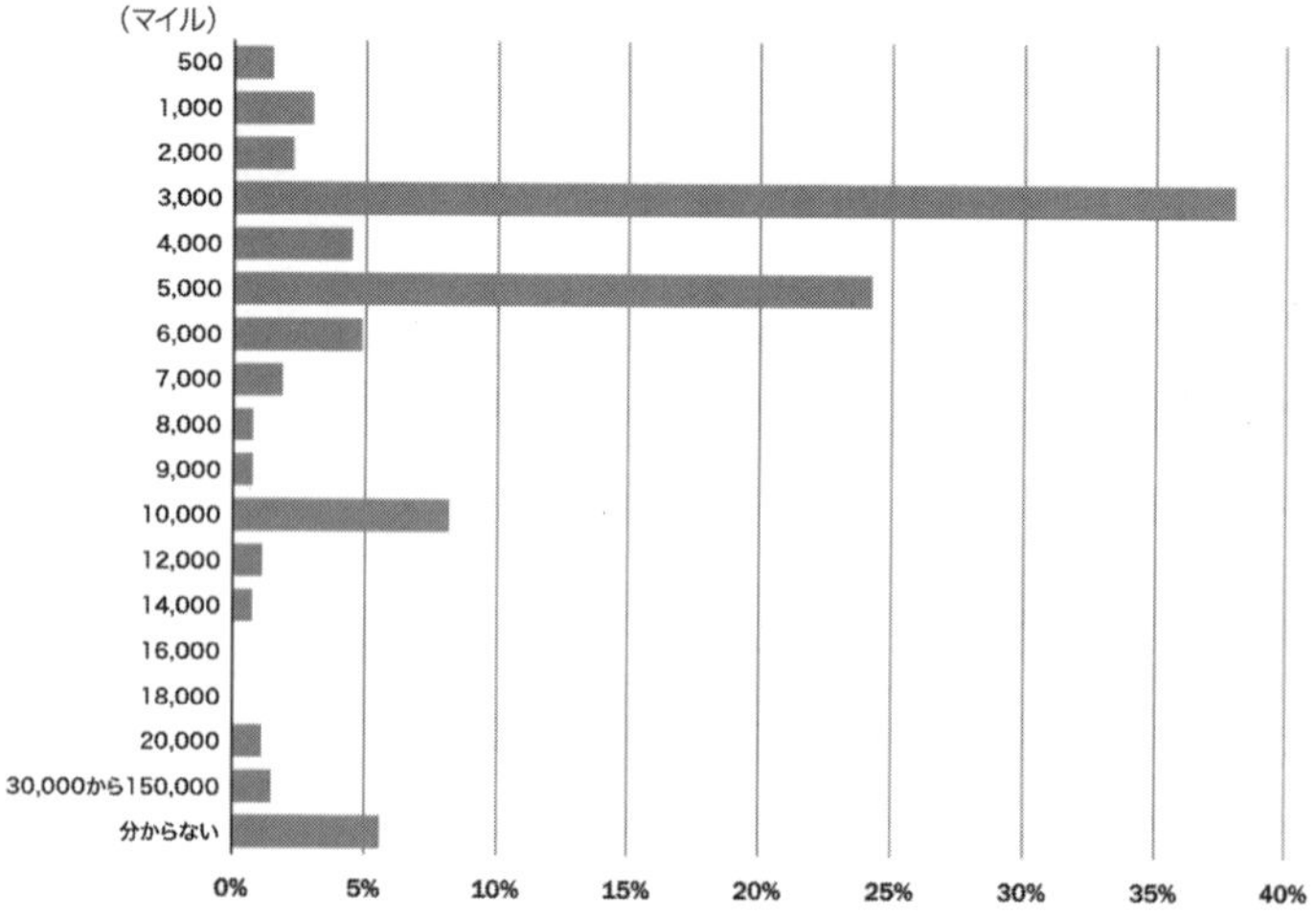

ー・オイルやモーター自体も改良が重ねられて、オイル交換の間隔も大幅に伸びた。ほとんどの自動車メーカーはオイル交換を、七五〇〇マイル、あるいは一万マイル毎にするようにと勧めている（あるいは、走行距離に基づいて望ましい交換時期を計算する、車に搭載されたモニタリング・システムの意見に従ったマイル毎に）[18]。もっとも人気の高いモーター・オイルの一つ、モービルワン・エクステンディッド・パフォーマンスは、一万四〇〇〇マイルを保証している。

調査の結果が行動の何らかの指針だとすると、消費者は今現在、必要とされる回数の二倍から三倍の頻度で、オイル交換をしていることになる。これは何十億ドルという金を、むだにするだけではない。それはまた数トンのオイルをむだにして、河川や野生動物に不必要な負担をかけている。

無知はただ単に起きているだけではない。ときにそれは作り出される。三〇〇〇マイルと信じ込ませることは、利益をもたらす悪徳商法でもある。このことは業界では、すでに公然の秘密となっていた。ジフィー・ルーブやバルボリンの直売店《アウトレット》を見てみるとよい。今、誰もが、三〇〇〇マイルではなく、一万マイル毎に車のオイル交換をすればよい、と知ったらどうなるのか。三分の二のオイル交換所が消滅してしまうだろう。

業界誌の『ナショナル・オイル＆ルーブ・ニュース』には、消費者になるべく早く、そして、なるべく頻繁にオイル交換をするよう勧める助言があふれている。「多くの人々は……前にオイル交換をいつしたのか、その時期は覚えている。が、それにあまり注意をしていない。窓にステッカーを貼るシステムを、うまく活用してみてはどうだろう。そうすれば、ほんの数カ月もすれば、消費者もまた、自分のやり方に戻ることができるだろう」。つまり、オイル交換を一万マイル毎にすることを知る少数者でさえ、最後に交換した時期を覚えていないかもしれない。そのためにも、窓に貼ったステッカーやメール・リマインダーの指示に、従ってはどうかと勧めている。

広報は最近、このように窓に貼るステッカーを推奨するメッセージを出した。

あのね、ちょっと……これは君のエンジンが話してるんだ。私のオイルを交換してください。信号が変わるのを待っていないで、今、すぐにオイルを交換してください。
今、オイル交換をすれば、あとでエンジンを新しく買い替えるより、ずっと安上がりですよ。
あなたの奥さんも叫んでいたでしょう……今日中に、オイル交換することを忘れないでねって。
おむつと政治家は頻繁に取り替えなくては……理由は同じです。(19)

以前、自動車サービスのアドバイザーをしていたデイヴィッド・ラングネスは、三〇〇〇マイルのルールを「ディーラーがあなたを修理工場へ、定期的に追いやるために使うマーケティング戦術[20]」だと呼んだ。「もし、週末毎にあなたがドラッグストリップへでも行かないかぎり、そのルールは必要のないものだ」

オイル交換について、真実を学ぶことはそれほど難しいことではない。あなたの車のマニュアルを見ればいいことだ。他にも「私の車のオイルは、どれくらいの頻度でオイル交換すればよいのか？」とグーグルで打ち込んで検索すればいい。たくさんのすぐれた情報や、ウィキペディアの「三〇〇〇マイルの神話」というタイトルがついたエントリーさえ、見つけることができるだろう――もちろん、プロパガンダもいっしょについてくるが。要するに、答えを知らないことをまず知っていなければ、あなたは質問することさえしないということだ。私の調査では、六パーセント以下の人が「分からない」という選択肢を選んでいる――卵のゆで方やステーキの焼き方を問う質問に対して、自分の無知を告白した人の数は微々たるものなのである。

あまり賢くない家庭

電球のジョークではない――電球を回して取り付ける方法を知ってますか？　一五パーセントの人が分からないと答えた。質問はさらに、電球をソケットにはめ込むのに、どちら側に回せばいいのかと尋ねた（正しい答えは時計［右］回り）。

17　キュレーションの知識

あなたはきっと「ジ・オニオン」というパロディーのニュース・サイトを耳にしたことがあるだろう。「ジ・オニオン」は才能のある作家たちに金を支払って、でたらめのニュースを製作させている。そしてときに、才気にあふれた作品ができあがる。しかし、次にあげるサイトは、おそらく聞いたことがないかもしれない。「ザ・デイリー・カラント」「グローバル・アソシエイティッド・ニュース」「メディアマス」「ナショナル・レポート」。すべてこれはオニオンをまねたものだ。パロディー・サイトの商売として知られているが、どのサイトもそれぞれに異なったビジネス・プランを持っている。彼らのコンテンツは概ねユーザー生成で、ただおもしろいというものではない。だが、不満足ではあるが、まじめくさったコンセプチュアルな悪ふざけ、といったレッテルに甘んじている。このようなサイトが絶え間なく吐き続けているのが偽のニュースで、それは皮肉だとすぐには判別がつかない。パロディー・サイト（スプーフ・サイト）の記事は、定期的にフェイスブックに投稿される。そしてときどき、一つの記事が何千というリポストを獲得することがある。それは、読者が記事をおもしろいと思うからではなく、彼らはそれがまさしく真実だと思うからだ。

「本日、俳優のアダム・サンドラーが、スノーボードの事故を起こし、直後に亡くなったとの報が入っている[1]」は、最新の「グローバル・アソシエイティッド・ニュース」が伝えたストーリーだ。「ジ・

オニオン」がジャーナリズムの決まりきった陳腐な文句を、もののみごとにひっくり返すのに対して、「グローバル・アソシエイティッド・ニュース」は、みんなが共有可能な嘘をカモフラージュする手段として、新聞の口調をただ単に使っているにすぎない。「事故が起こったとき、俳優はヘルメットをかぶっていたし、ドラッグやアルコールが事故の引き金ではなかったようだ」と記事は結んでいる。サンドラーの偽って報じられた死は、四七六六回ツイートされ、フェイスブックでは七万七〇〇〇回「いいね」ボタンが押された。これがおそらく、故意に行なわれたジョークのオチだったのだろう。

「グローバル・アソシエイティッド・ニュース」は、セレブの死の偽報を専門に扱う。残酷性において、そのパートナーとなっているのが「メディアマス」だ。このサイトは重要人物の本物の死亡記事を、でっち上げの作り話だったと反論することで知られていた。

このようなサイトがけんかを仕掛けるのは、ジャーナリズムの根本原理で、その原理とは、ほどほどに有名な人物は、死んだかどうか即断することが、ほとんど不可能に近いというものだ。エイリアンがホワイトハウスの芝生に着陸したと言っても、誰一人それを報道する者などいない。それが真っ赤な嘘だと分かっているからだ。が、ある情報源が、一九九〇年代に放映された連続ホームコメディーのスターが、ついさっき死んだと言えば、たとえそのニュースが大きな、より信頼のおける情報源からきたものでなくても、往々にして信用されてしまう。

インターネットが「真実の決定をいっそう困難で、より難しいものにしているようだ(2)」と言っているのは、ニューヨーク州立大学ストーニーブルック校にある、ニュース・リテラシー・センターの元所長ディーン・ミラーだ。これは一見人騒がせな発言のように聞こえる。サイトで読む記事がすべて信用できないことくらい、われわれはつねに承知しているからだ。だが、しかし、ミラーは読者の気質を考慮に入れている。インターネットはうさんくさい記事を、簡単に調査することを可能にする。が、本人が疑いを持たないかぎり、それをチェックすることはできない。そこで必要とされるのは、若干の懐疑主義と、文脈的知識、それにリサーチの技術だ。このような技量をほとんど持ち合わせていない人々にかぎって、自分は記事の真偽を見分けるのが、かなり得意だと信じ込んでいる。そこで、捏造されたニュースを、早々とリンクに貼り付け、他の者にリポストさせる、そんな人々こそが彼らなのである。ダニング＝クルーガー効果はインターネットで急速に伝播していく。

メディアの予言者の宣伝文句は、つねにディジタルの情報サイトが、ニュースのクオリティーと妥当性を改良し続けるというものだった。地方紙やテレビ局の狭い目隠しによって規制されるのではなく、われわれは全国や世界から、記事を自由にサンプリングすることができる。が、ただ一つの難点は、オンラインの記事が、効率的に文脈を剥ぎ取られてしまっていることだ――そして、ときにはこの文脈が重要なこともある。それは、誰かが澄まし顔で言うジョークを、われわれが思いがけず見つけて、自分たちがその標的になっていることに気がつかないようなときだ。

それではいったいわれわれは、どこへ向かっているのだろう？　実験の結果は、インターネットがわれわれを、忘れやすく、自信過剰で、無関心にしつつあるのかもしれないと言う。未来学者やオピニオン・リーダーたちの中には、調査を紡いで終末論的なシナリオにする者もいる。私が話をした心理学者たちは、彼らに比べるといくぶん慎重だった。大統領を忘却するアメリカ人の研究をしていたヘンリー・ロディガー三世は、ディジタル機器が人間の記憶や精神を変化させつつある状況について、しばしばコメントを求められる。彼の率直な返答は、(a)誰も本当のことは分からない。そして(b)未来といっても、今と「それほど変わっていないかもしれない」[3]

ロディガーにとって、真の新規性とは新しさそれ自体のことだった。そこには今日、処理すべき新しい情報が、以前にもましてたくさんある、と彼は意見を述べている。その結果、今までに例のない認知的な負荷が生じた。[4] この数世代の間に、われわれは三つのテレビチャンネルの世界から、五〇〇のチャンネルの世界へと、そして日刊新聞から、刻々と最新情報を更新する、多重のソーシャル・ネットワークへとやってきた。もはやそれは単に記憶や忘却の問題ではない。われわれは、処理すべきあまりに多くの情報を手にしている。

ニュースを収集するビジネスは、われわれとともに進化しつつある。「私はパリにいて、ロイター通信社で働いていた。そのときに（一九七九年）ソニア・ドローネが死んだ」とジャーナリストのブライアン・カスカートは回想している。「私はこれまでに一度も、ドローネについて耳にしたことがなかったし、彼女が死んだときは真夜中だった。私は二つだけパラグラフを書いた。朝になって、ドローネのことをよく知っている同僚が引き継いでくれ、きちんとした死亡記事を書き上げることができた。ポイントは次の点だ。ソニア・ドローネがいったい誰なのか、当時の私は、それを知ることを期待されていなかった。だが、現在は二〇分もあれば、ソニア・ドローネについて何百もの事実を見つけ出すことができる。したがって、それができない者ははなはだしい無能とされてしまうだろう」[5]

今日のニュースは、オンラインによる情報収集のスピードと容易さから恩恵を受けている。が、この結果が必ずしも、情報に通じたよりよい視聴者を生み出すとはかぎらない。

「フォックス・ニュース」効果

二〇一二年に、フェアリー・ディキンソン大学が行なった調査が、大きなセンセーションを巻き起こした。大学が報告した調査結果は「フォックス・ニュース」（FOXニュース）の視聴者が、ニュースをふだん視聴していない人々にくらべて、むしろ最新のニュースにくわしくないというものだった。世論調査で質問したのは、専門知識に関するものではなく、「今現在、下院で大半の議席を占めているのはどちらの政党ですか？」のような、ごく基本的な事実だ。「フォックス・ニュース」はこんな情報を、その視聴者の多くに分け与えることができなかった。

フェアリー・ディキンソン大学の発見は、偶然の出来事ではない。この本のために私が行なった調査でも、そのいくつかで、参加した者たちに、いつも追っているニュース・ソースや情報源はどこかと尋ねた。そこには選択肢として、新旧三〇以上のメディアを、参加者それぞれに、順序をアトランダムにして提示した。その結果、著しく一貫して見られたのは、「フォックス・ニュース」を情報源として挙げた人が、それを選択しなかった人に比べて、事実的知識に関する得点が低かったことだ。そして、その差は小さなものではなかった。

私の調査ではそのほとんどで、「フォックス・ニュース」の視聴者は、ニュースをまったく見ない人々に比べて、どうにか多くの点数を取った（が、その差異は統計学的に有意なものではけっしてなかった）。ただあらゆる調査を見ても、「フォックス・ニュース」の視聴者は、最高点を獲得したニュー

「フォックス・ニュース」の視聴者は
他のニュース・ソースの視聴者より知識が少ない

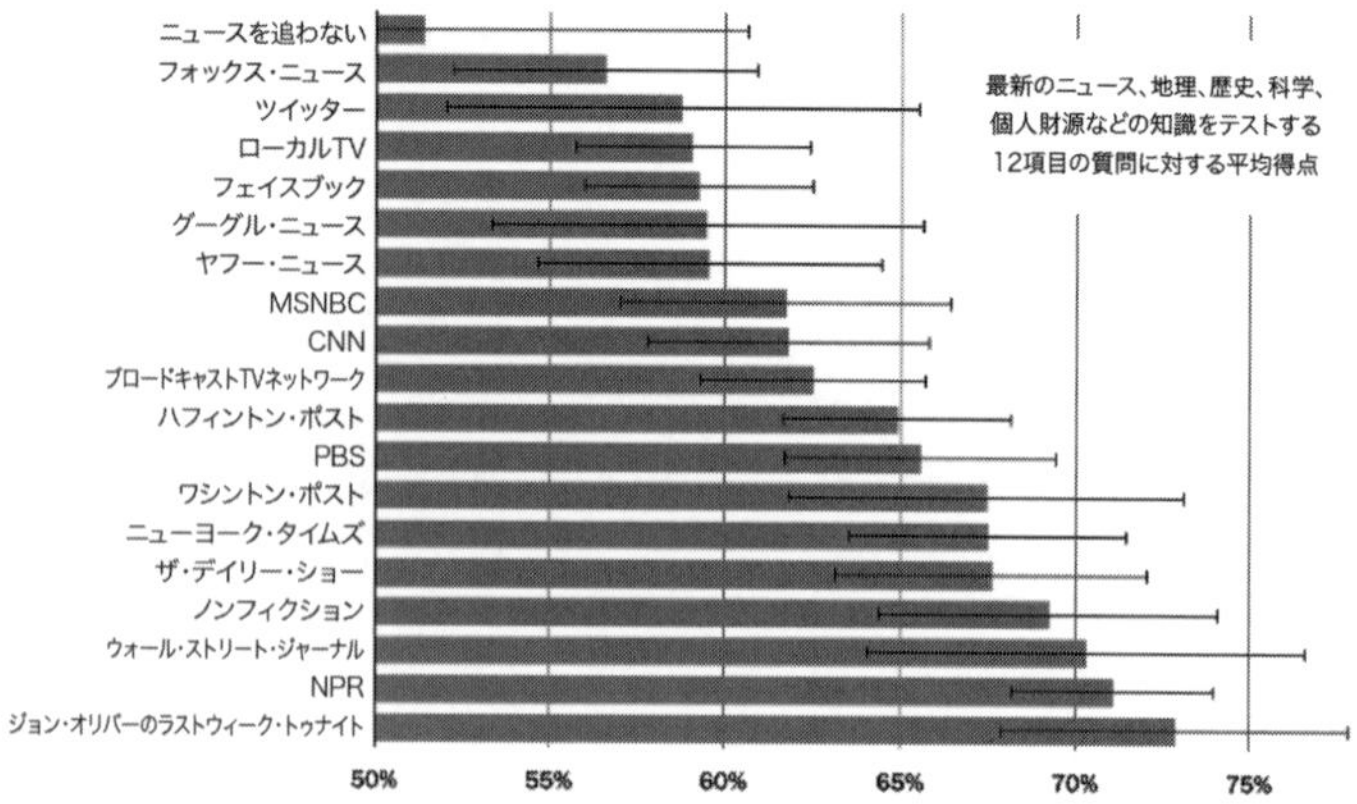

ス・ソースに比べると、知識の量が少なかった。

ここ（チャート）にあるのは、調査の分析結果を示した典型的な例だ。そこでは、現在起きている出来事、地理、科学、宗教、個人の財政などに関する一二の質問が出題された。[6]

チャートにはエラー・バーが示されている（エラーバーはそれぞれ視聴者の数が違うために、ばらつきが大きい）。「フォックス・ニュース」の視聴者は平均で五七パーセントの正解を出した。これはまったくニュースを見ない人々よりはいい成績だが、そこで挙げられているニュース・ソースの中では最低の正解率だ。

もっとも情報に通じたニュースの視聴者たちは、六五パーセント以上の得点を獲得している。その中にはPBS、「ニューヨーク・タイムズ」、『ウォールストリート・ジャーナル』、NPR、それに「ザ・デイリー・ショー」のような風刺に富んだケーブルテレビのニュース・ショーを見ている人々が含まれていた。このような結果はまた、フェアリー・ディキンソン大学の発見を裏付けるものだった。「ジョン・オリバーのラストウィーク・トゥナイト」は私のサンプルでは、すべての中で最高点を獲得している（が、ここでもまた、一位の点数が、その下のいくつかのニュース・ソースと比べて、著しく高いというわけではない）。

が、このような結果は、シンプルだが不器用な私のやり方を考えに入れてみると、とりわけ驚くべきものだ。私は参加者に、おもなニュース・ソースを尋ねたわけではないし、また、参加者は誰一人として、本人が「フォックス・ニュース」の視聴者であることを求められたわけでもない。「フォックス・ニュース」の視聴者が生きているのはメディア・バブルの中だ、とあなたは考えるかもしれない。が、それは間違いだ。平均的な「フォックス・ニュース」の視聴者は、五・五のニュース・ソースからニュースを得ているという。それは調査の対象となった全員の平均（四・五のソース）より高い。「フォックス・ニュース」の視聴者はとりわけ、次のようなことを今にも言いそうだったという。つまり彼らは、「フォックス・ニュース」の代わりに、主要なブロードキャスト・ネットワーク（四四パーセント）、フェイスブック（四〇パーセント）、CNN（三一パーセント）からニュースを得たと、もしかしたら言ったかもしれなかったのだ。そしてフォックス視聴者のほぼ五人に一人が、リベラルなニュース・チャンネルMSNBCもまた見ているという。

このようにして、「フォックス・ニュース」を追いかける効果は薄められていた。人々の中には、フォックスを見て、NPRに耳を傾ける者もいる。彼らは両方に等分に入れて計算された。それにもかかわらず、平均的な「フォックス・ニュース」の視聴者と、平均的なNPRのリスナー間の知識差は大きかった。それはまるで、「フォックス・ニュース」を見ることが、何か不運をもたらすジンクスのようで、それがほとんどの分野の、適度に難しい問題に対して、答える能力を減少させているかのような印象を与えた。

私は分かったのだが、「フォックス・ニュース」の視聴者は、次のようなことを知らない可能性が高い。すなわち、最高裁判所の裁判官の人数、ダライ・ラマの宗派は分からないだろう。カナダの首都名を挙げること、不確定性原理を説明すること、地図上でサウスカロライナ州や、南極大陸の場所を示すこともできない。上院議員の名前や連邦予算の額も知らない。冥王星が準惑星であることにも気がつかないし、ユダヤ教がキリスト教に先行していたこと、そして「陸路なら（ランタンを）一つ、海路なら二つを」というフレーズが、ポール・リビアの真夜中の騎行を歌った詩の一節であることも知らない。「フォックス・ニュース」の視聴者が答えることのできた、ただ一つの質問は複利に関するものだった（「あなたが預金として投資した金を二倍にするには、年利七パーセントとして、どれくらいの年数がかかりますか？」）。この質問には、フォックスの視聴者の七〇パーセントが正しい答えを出した。正解率は全体の真ん中くらいだった――がそれは、インターネットの数多いニュース・ソースを見る人々よりすぐれた成績だった。

ニュースの発信元や情報源が重要だということを、思い出させるものが必要だと言うなら、ここにはそれがある。この章で私は、ニュースの視聴者間の知識ギャップについて説明し、それが情報に精通していることの意味について、われわれに語ってくれるものを探っていきたいと思う。

まずはじめに言いたいのは、「フォックス・ニュース」効果は相関関係であって、因果関係ではないということだ。

ルパート・マードックが支配したニュース・メディア「ニューヨーク・ポスト」紙を考えてみよう。調査では「ニューヨーク・ポスト」の読者が、「ニューヨーク・タイムズ」の読者に比べて、知識が比較的少ないことが示されていた。これを聞いて、はたして驚く者がいるだろうか?

二つの新聞をよく知っている者なら、驚くことはしないだろう。ポストはタブロイド版の新聞で、交通の移動機関の中で読むのに適している。見出しはけばけばしく派手で、スポーツ欄はタイムズの気力のない欄よりはるかにすぐれている。広告主たちは、ポストの読者がタイムズの平均的な読者に比べて、教育で劣り、裕福さでも負けていることをよく知っている。中身から判断すると、ポストの平均的な読者は、地元の犯罪や人間的な興味、セレブのゴシップやスポーツなどに引かれる。ポストの読者は国内や海外のニュース、政策分析、芸術報道——どれもタイムズではふんだんに見られる——などにはほとんど関心がない。

私が言いたいのは、ニュース・ソース間の知識差は、視聴者の人口統計学データ(情報)における差異を、避けがたく反映しているということだ。フォックスの視聴者は、他のニュース・ソースの視聴者に比べると、教育レベルが低いのかもしれない。そしてこれが知識テストの成績を下げる結果になるのだろう(博士号を取得している者が、はたしてフォックスを見るだろうか? たしかに見る者はいる。が、彼らはフォックスが、教養のきわめて高い保守的な人に向けた、エリート主義のネットワークだ、と理解しているから見るのではない。彼らは大衆の意見に影響を及ぼすチャンネルに、遅れずについていきたいと思っているから見るのである)。

フォックスの視聴者は最新の出来事（彼らはそれを、いつも見ているニュース・ソースから学んだのか、あるいは学ぶことができなかったにちがいない）や、学校で学習したかもしれない、時代を超えた事実の両方のテストで低い点数を取った。「フォックス・ニュース」にはπの二桁目（小数点の右一桁目）を言ったり、「veil of tears」（正しくは vale of tears で「浮き世」の意味）が文法的に間違っていることに、気づかなくてはならない理由がない。そして「フォックス・ニュース」の視聴者が、そのようなことを知っている可能性は低い。

読者はリベラルなニュース・ソースが、もっとも知識の豊かな視聴者を持っていると、思わず推測してしまうかもしれない。が、この反例として『ウォールストリート・ジャーナル』誌を挙げることができる。ジャーナルには、非常に保守的な社説のページがある。が、その読者は、他のニュース・ソースの視聴者と同じくらい高い点数を獲得している。私の調査サンプルでも「ドラッジ・レポート」を見ている人々は、知識のテストで高い得点を出しているし、ラッシュ・リンボーのラジオ・ショーを聞いている人々は、少なくとも平均的な成績を取っていた。が、私はこれらの情報源を、チャートの中に入れることはやめた。それはリストに挙げる回答者の数があまりに少なかったために、高い統計的信頼度を得ることができなかったからだ。

「フォックス・ニュース」を批判する者には、フォックスが確証バイアスのネットワークとなっているように映る。フォックスは視聴者たちが、すでに信じていることを語りかけることで、彼らを安心させている。「フォックス・ニュース」は、主流メディアによって無視され、過小評価された保守的な視聴者のために作られた。が、しかし、フォックスのプログラムがとりわけ、このような保守的な人々に向けてアピールするものであり、その人々は自分たちの信念の確証を欲しがり、その確信に異議を申し立てるものは、それがどんなものでも耳を貸さないというが、これがもし真実だとしたら、それは配信する記事の幅を限定することになりかねないし、それがまた「フォックス・ニュース」効果の説明を手助けすることになるのかもしれない。

もう一つよく耳にする分析として、「フォックス・ニュース」が嘘をついているというのがある。これはセレブリティ誌の『ナショナル・インクワイアラー』が嘘をついている、という考えとよく似ている。インクワイアラーもフォックスも、メインストリームのメディアとは違ったニュースの捉え方をしている。が、この二つがニュースとして報道していることは、そのほとんどが現実をベースとしたものだ[7]。

ジャーナリストについて誰がどんなことを言おうと、彼らは嘘をつくことは好まない。そしてたいてい、彼らは嘘をついていない。しかし、報道をえり好みするというのは別の話だ。今日、ジャーナリズムは適者生存の様相を呈している。そんな中で、フォックスは自身の得意分野を切り開いた。そして、視聴者の心に響くニュースの一部に、正しく狙いを定めている。そのニュースに含まれているのは、大きな政府《ビッグ・ガバメント》や東海岸のエリートたちのせいで、被害者の位置に甘んじている、力の弱い者たちの風変わりな話だ。さらに奇抜なことを言っては、それを行なうリベラルたちの話、そして、政治家たちの中で語られる陰謀説、彼らは自分の提案した説をニュースとして正当化しようとする（「〇か×か——それはあなたが決めてください」）。しばしば、ステーキより赤身の肉の方がジュージューと音を立てる。が、より感情的になることなしに人を引きつける、そしてより事実に基づいたニュースを報道するためには、やや時間が短かすぎる。

「フォックス・ニュース」に対するもう一つの批判は、これが意見やエンターテインメントとニュースを一緒くたにしていて、その結果、情報源としての信頼度を弱めているというものだ。「フォックス・ニュース」について語るとき、人々はしばしば、ニュースの制作のことではなく、ゴールデンタイムのオピニオン・ショーのことを考えてしまう——これは保守的なトークラジオにルーツを持つ娯楽情報《インフォテインメント》番組。フォックスのニュース制作に、明らかな挑戦を見せたのが「ザ・デイリー・ショー」や他の風刺番組だった。それは一〇〇パーセントのエンターテインメントと、九八パーセントの党派心のあらわな政治信条とからなるショーで、少なくともそれはフォックスと同じくらい意図がはっきりとしていた。しかし、フェアリー・ディキンソン大学と私の調査は、ともにデイリー・ショーの視聴者たちが、情報に精通していることを明らかにしている。そして私は、他のケーブルテレビの風刺ショーを視聴する者についても、これと同じような結果を見つけていた。

基本的には、私がすでに述べた「フォックス・ニュース」の枠組みに対する批判は、この種のものに同じようにうまく当てはまる。その批判は、もっぱらリベラル派に訴えかけて、進歩主義が正しいことを強く裏付けるように示唆する。ライターたちは、視聴者にとって物笑いのタネになるようなニュースに焦点を当てなければならない——そしてそこでは、往々にして、保守的な人々が行なった、あるいは言葉に出したとんでもないことや、レッド・ステイトの偏狭な考えによって、不当に扱われた女性やマイノリティー、さらには集団の強欲さなどに関する記事が最優先されることになる。すべてこのようなことが提示しているのは、「フォックス・ニュース」の歪められた印象だが、それはまた同じように、歪曲した世界の姿でもあった。しかし、風刺ショーの視聴者は情報に精通しているのに、フォックスの視聴者は情報からもっとも遠い。

これを要約してみると、さまざまな証拠が語るところによれば、「フォックス・ニュース」効果の原因は――

- フォックスの視聴者が、他のニュースや意見のソースを無視した結果ではない（彼らはそれを無視していない）。
- ネットワークの保守的な傾向によるものでもない（『ウォールストリート・ジャーナル』と比較せよ）。そして、
- ニュースや意見やエンターテインメントを、いっしょにしたためでもない（「ザ・デイリー・ショー」と比較せよ）。

が、疑問はなお残る――なぜフォックスの視聴者は、それほどまでに情報に乏しいのだろう？

ナショナル・パブリック・ラジオ（NPR）のリスナーは、メディアの視聴者の中では、もっとも知識の豊富な者たちだ。NPRの取り上げるニュースは、他のアメリカのメディアに比べると、いちだんと外国のニュースが多い。NPRは中道リベラルの傾向を持ち、それは「フォックス・ニュース」の空威張りの隣りでは、地味でくすんだ印象を持たれているにちがいない。NPRには「レフト、ライト&

センター」というオピニオン・ショーがある。それは三つの見方に同等の時間を振り当てたもので、それをからかう要素はまったくない。NPRの持つ二つの特徴は、あまりにはっきりとしているので、取り立てて言う必要もない。それは「公共のもの」ということと、それが「ラジオ」であるということだ。NPRは非営利なので、視聴率は、商用のネットワークほどには重要視されていない。そこにはまた、可能なかぎりリスナーを引きつけなくてはならないという、同様のプレッシャーもない。これがNPRに自由を与えている……そう、多くの者たちはこれを退屈だと考えているが。NPRがカバーしているのは経済、スポーツ、科学、技術、それにハイ・カルチャーだ。そこには他に比べると、セレブのニュースが少ない。NPRはリスナーの心を巧みにつかもうとしたり、彼らが欲しいと思うものを与えようと、懸命に努力することはしない。

だからと言って、NPRが視聴者を無視しているわけではない。が、ネットワークの資金繰りのモデルとしてNPRは、リスナーや資金提供者に向けて、何とか長い目で見てほしいと働きかける。年に二回、募金集めの活動が行なわれ、NPRのプログラムが、過去六カ月の間に、リスナーたちにとってどれくらい重要なものだったのか、それを考えてくれるように彼らに頼む。ネットワークの資金はその大半が、さらに長い展望で見てくれている慈善基金からきている。これがコマーシャル・モデルと対照をなす。商用のメディアでは、番組やショーごとに視聴者の数が正確に知らされて、それが広告の料金に影響を与える。

NPRとフォックスはともに、自由な選択者（視聴者）たちのために作られた。その彼らは、従来のメディアから十分なサービスを受けていないと感じていた。だが、双方は、その選択を行使するメカニズムにおいて異なっている。フォックスの視聴者は態度が冷たい。もし放映された記事が感覚的に受け入れられなければ、そのときには何百という他の選択肢のボタンが押される。その点、ラジオは違っている。多くのリスナーたちは車を運転しながら聞いていて、放送局へ取り立てて注意を払うわけでもないし、そこへことさら耳を傾けるわけでもない。NPRの放送網は多くのマーケットで、まじめなジャーナリズムの態度を貫き、独占権に近い権利を保持している。

ラジオは、もっともカスタマイズの不可能なメディアだと言うことができる。早送りもできなければ、ティーボで録画もできない。集約的アルゴリズムも不可能だ。ラジオのリスナーは、プログラマーが命じたものはどんなものでも、それに従う囚人のような感じがある。そしてNPRのケースで言うと、プログラマーたちはかなりバランスの取れた、一日のニュースの要約を作り上げる。したがって、一時間ほどラジオに耳を傾けていると、取り立てて自分から選ぶ必要のない題材を数多く学ぶことになる。

あなたはNPRがまるで、ヘルス・スパのダイエット食のようだと言うかもしれない。目の前に出されたものを次々に食べる。おまけにそれは健康食だ。一方で、ケーブル・ニュースを見る経験は、バイキング形式のビュッフェのようだ。好きなものを選んで皿をいっぱいにする。特売の赤い肉もふんだんにある。それはたいていの人が好んで食べるからだ。そこにブロッコリーはたくさんないかもしれない。ブロッコリーを選ぶ人はほとんどいないから――とりわけ、スペアリブやアイスクリームがすぐ手に入るときに、わざわざブロッコリーを食べる人はいない。スパのダイエットを食べれば、より健康になるだろう。そしてNPRのリスナーは、フォックスの視聴者が吸収する以上により多くの事実を吸収して、ラジオを聞き終えることになる。

「ニュースを見てはいけない」と企業家のバート・ギューリックがアドバイスをしている。「もし何かどうしても知りたいことがあれば、誰かがあなたに電話をくれて、教えてくれるだろう[8]」。この言葉はスローガンとなり、やる気を起こさせるのがうまい演説家や、成功した者、成功を希望する者たちのほとんどに、支持されることになった。新たなディジタル・ツールや権利の文化に力づけられて、われわれは、クジラがプランクトンを食べるように情報を食べた。情報がわれわれを見つけてくれ、最後には、それがわれわれのフィルターに落ち着いてくれることを期待した。

テクノロジーの評論家たちは長い間、ディジタル・メディアで可能なカスタマイズを執拗に勧めてきた。その結果われわれは、ソーシャル・ネットワークとニュース・アグリゲーターを利用することで、情報の流れを、仕事や時間外の関心事に合わせることができた。現在、われわれが認識している情報がそれだ。そしてますます、われわれの情報源は浄化され、関心のない、退屈な、そして興味のない情報は排除されてしまった。

私の発見が提言しているのは次のことだ。つまり物知りになりたい人は、ニュースのカスタマイズをやりすぎないこと。ここに示したチャート（三四七ページ）は、別の一般的な知識クイズ（一五問ある）の結果を示したものだ。結果は大まかにだが、前にバー・チャートで示した調査の結果に一致している。が、今度はニュース・メディアのタイプによって、調査結果をグループ分けして、それぞれのメディアの重要性を示した。テレビのニュース・ショーやニュース・チャンネルの視聴者は一番左側で示されている。彼らに続いているのは、おおよそだが、知識の少ない順にインターネットのニュース・アグリゲーター、ブログ、ソーシャル・ネットワーク、ラジオ・ニュース、新聞、本、そして最後に、

印刷物の読者やラジオのリスナーはより知識に精通している

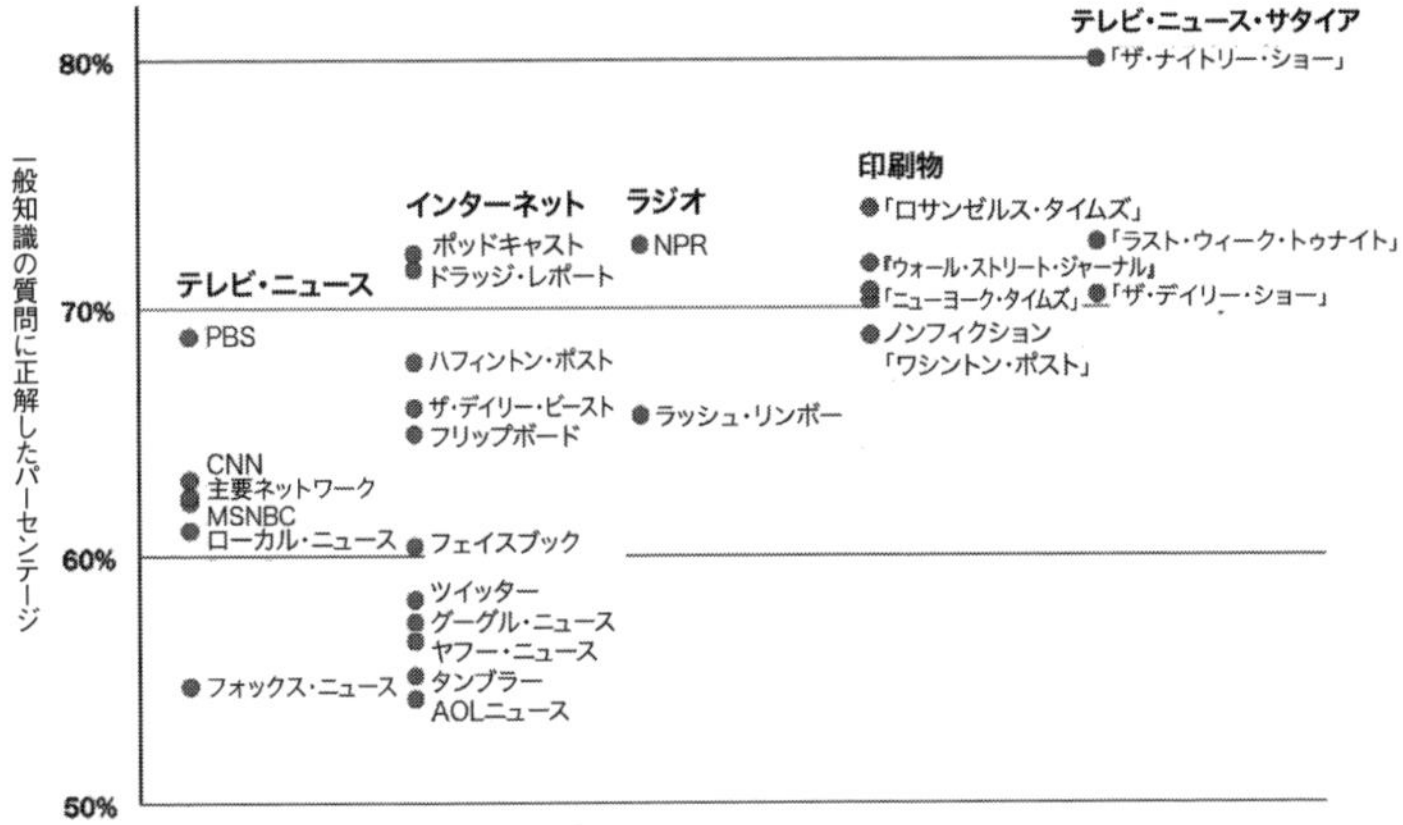

「ザ・デイリー・ショー」のような風刺のテレビ・ニュース・ショーなどの各視聴者・読者たちだ。最後のニュース・サタイア（風刺ニュース）の視聴者は、他のテレビのニュース・ソースの視聴者より、はるかに高い得点を獲得している。そのために、彼らを別々に分けた。

　ほとんどの人がたくさんのニュース・ソースを挙げていたこと、そしてなおそこには、大きな知識の差異があることを見つけて、私が驚いたことは前に述べた。データをさらによく見てみると、その理由が分かる。「情報に乏しい」一つのニュース・ソースを追いかけている人々は、他のソースも追いがちだが、「情報が豊かな」ソースを追う可能性は低い。「情報が豊かな」一つのソースを追う人々は、通常、他の点数の高いソースを追うようだ。

　これはそんなに珍しいことではない。それは『スパイダーマン』を見たことのある人が、『アイアンマン』も見ている可能性があるようなものだ。しかし、同じ人がイングマール・ベルイマン監督の映画をたくさん見ている可能性は低いだろう。

『ウォールストリート・ジャーナル』（WSJ）について考えてみよう。ジャーナルの読者の半分よりやや多い人は、「ニューヨーク・タイムズ」も読んでいるという（五三パーセント）。これとは対照的だが、「フォックス・ニュース」の視聴者でタイムズを読んでいる人はわずかに六パーセントにすぎない。ジャーナルの読者の四分の一はNPRを聞いているが、フォックスの視聴者でNPRのリスナーはほとんどいない（二七パーセント対八パーセント）。

実際、ジャーナル（WSJ）の読者のおよそ半分（四七パーセント）はフォックスを見ている。が、しかし、その親切心に応答はない。フォックスの視聴者でジャーナルを読む者は、わずかに一一パーセントにすぎないからだ。

『ウォールストリート・ジャーナル』の読者のほとんどすべてに言えることは、ジャーナルが、ある種のサプリメントの役割を果たしているということだ。彼らはジャーナルを金融情報を知るために読む。そして一般的なニュースは他の場所で探す。それは情報を手にしている状態へ、つねにコミットしていることを示しているにすぎない。つまりそれは、オンラインにしろ雑誌にしろ、ジャーナルを読むために、いちいち料金を支払うということだろう。

フォックスの視聴者は概して、ニュースの収集については思いついたときに、たまたま行なうことが多いようだ。彼らはたくさんのチャンネルを次々に変えるし、フェイスブックや他のインターネット・ソースも見る。このようなソースはフォックス自体と同様、低い知識レベルと相互に関係を持っている。テレビの視聴者調査で明らかになったのは、それが二四時間体制のケーブル・ニュース・チャンネルと、昔からあるネットワーク・ニュース・ショーの二つの視聴者に分かれることだ[9]。典型的なネットワーク・ニュースの視聴者は、夕方のテレビ放送を見て、それをときどきケーブル・ニュースで補う。それに対して典型的なケーブル・ニュースの視聴者は、いくつかのチャンネルを見るかもしれないが、三大ネットワークのイブニング・ニュースは見ない可能性が高い。ケーブル・ニュースの視聴者は、このようなネットワークの番組は、わずか三〇分間を、古風で時代遅れのものと見なしているのかもしれない。しかし、ネットワークの番組は、わずか三〇分という短い時間で、世界のニュースを手際よく概説してくれる。ケーブルの視聴者たち——しばしば、ネットワークのニュース番組の視聴者より多くの時間をニュースの視聴に費やしている——は、チャンネルからチャンネルへとすばやく動くので、キュレートされたニュースの概観を見逃してしまう。

一般的に言うと、新しく、高度にカスタマイズできるメディアの視聴者は、それがなかなかしづらいメディアの視聴者に比べて、獲得した点数は低い。インターネット・ソースの中でも、グーグルやヤフーやAOLはとりわけ低い得点だった。

他に特別注文のニュースへ接近できるものとしては、ソーシャル・ネットワークがある。フェイスブックやツイッターは、友だちや信頼できるソースを利用して、個人的に関連のあるコンテンツをそれとなく示す。そしてそれらはまた、アナリティクス（アクセス解析ツール）を使って、個人ユーザーにもっともアピールしそうな投稿メッセージへ賛意を示すこともできる。が、ソーシャル・ネットワークは、ニュース・アグリゲーターほどうまくはいかなかった。

その理由を見つけることはたやすい。私はフェイスブックのニュース・フィードに貼られた、もっとも最近のリンクを一〇〇件ほどすばやく数え上げた。その中のわずかに五件だけが、「真実の」ニュースだった――新聞やネットワーク・テレビのニュース放送で取り上げられた国内外の主要記事。他の一一件は党派性の強い釣り記事で、その典型的なものは、聞いたこともない無名の政治家による妨害コメントだった。こうしたものが存在するのは、文化戦争の一方の側に、他方の側がいかにひどい状態にあるかを知らせて、安心させるためだ。

そして残った八四の記事は、われわれの予想したことに関係するものだ――セレブのニュースや家族のニュース、おもしろビデオや変わり者のニュースなど。そのほとんどはたしかに愉快なものだった。が、もはやフェイスブックからは、ESPN（娯楽スポーツテレビ放送ネットワーク）より多くの、「真実の」ニュースを手に入れることはできないだろう。

フェイスブックにポストするためには、そこに暗黙のルールがある。どんなものでも古いリンクを貼ってはいけない。友だちから、すぐにリアクションがもらえるリンクだけを貼ること。リンクはショッキングなもの、おもしろいもの、あるいは胸が張り裂けるほど痛ましいもの。ニュース・ソースとしては、フェイスブックは「フォックス・ニュース」と同等と見てよい。

フリップボードやニュース、それにアップル・アプリのようなパーソナル・ニュース・アグリゲーターは、カスタマイズされたニュース記事を集めて、ディジタル・マガジンに入れる。例えばフリップボードでは、フェイスブックあるいはツイッターのアカウントから作られた、巧みなデザインの「新聞」を見ることができる（が、おそらくあなたは、これを読みたくないかもしれない）。フリップボードは楽しくて病みつきになりそうだし、従来のニュース・アグリゲーターより、ビジュアルの点でもさらに魅力的だ。が、しかし、それはまた知識の調査では芳しくない成績を挙げていた。

新聞社は、ソーシャル・ネットワークの視聴者が、ニュースを異なったやり方で消費している事実に十分に気づいている。入ってくるリンクがその事実を暴露している――世界中の読者が新聞の記事や意見記事を、そんな風に見つけているのかもしれない。ソーシャル・ネットワークでニュースを見た読者は、そのほとんどが、そこからオリジナル・サイトへと進んでいって、それを定期的に読むことをしない。ピュー・リサーチセンターの調査では、直接ニュース・サイトにアクセスする人々は、平均してサイトを二五ページほどのぞく。が、同じサイトに、フェイスブックやツイッターを経由して入ってくる人々は、五ページ未満だけアクセスするのがやっとで、一ページに費やす時間も少ない。[10] ソーシャル・ネットワークのユーザーは、ニュースのサクランボをつまみ上げ、ホイップクリームをすくい上げていくだけだ。そのあとで彼らは、鳥のような彼らの注意をとらえるものには、どんなものにでも向かって移動していく。

もっとも高い得点を上げたインターネット・ニュース・ソースはポッドキャストだった。実のところポッドキャストは、図らずもインターネット上に配信された、まぎれもないラジオだと宣言することで、私はこのソースに適任の資格を与えたい。ラジオ・ショーのように、ポッドキャストは通常、はじめからほとんど中断されることなく聞かれている。

新聞は印刷物として読むにしろ、オンラインで見るにしろ、ともかくテレビ・ニュースよりはいくらかましだ（例外はＰＢＳ）。「ザ・デイリー・ショー」やそのスピンオフは、私がすでに述べた通り、テレビの異常値だ。が、しかし、まじめなニュース・ショーやチャンネルより得点は高かった。私の調査では、平均的なデイリー・ショーの視聴者は、他にも六・五のニュース・ソースを見ている。過半数の視聴者はNPRを聞いたと言う（五九パーセント）。彼らはまたニュースをフェイスブック（五〇パーセント）、PBS（三八パーセント）、CNN（三四パーセント）、MSNBC（三一パーセント）、「ニューヨーク・タイムズ」（二八パーセント）、ノンフィクション（二八パーセント）から得ていた。彼らは他のニュース視聴者より、ニュース・アグリゲーターをソースとして、リストアップする可能性は低かった。

要約すると、情報に十分精通することと相関のあるニュース・ソースには、いくつか共通した特徴がある。

・カスタマイズされすぎていないこと。もっとも高い得点を上げたソースは、情報を丸ごと摂取するために注意力を傾けている視聴者に、バランスの取れたニュースの概説を送り届ける。このような視聴者は、運転していても、進んでNPRに耳を傾けるし、新聞もぱらぱらとめくるし、新聞のアプリでは、すべての見出しにさっと目を通す。さらに、ポッドキャストもはじめから通して聞くし、「ザ・デイリー・ショー」の放送分をしっかりと終わりまで見る。視聴者が見聞きするメディアが、バリエーションに富んでいるのは、彼らの注意持続時間によるものだ。もっとも低い得点のニュース・ソースは、もっともカスタマイズされたものか、あるいはカスタマイズされやすいものだった——それはサクランボをつまむようなニュース記事から、視聴者にアピールする記事を提供し、あるいは視聴者自身をDIY（「自分でやろう」）のニュース編集者にさせるようなニュース・ソースだ。

・ニュース・ソース自体が賢い。PBS、NPR、「ニューヨーク・タイムズ」『ウォールストリート・ジャーナル』「ザ・デイリー・ショー」のようなニュース・ソースは、ニュースに魅了された教養のある人々を引きつけた。テレビ・ニュース・チャンネル、インターネット・ニュース・アグリゲーター、ソーシャル・ネットワークのような他のニュース・ソースは、より広範な視聴者を持っていたが、それは平均して教育レベルが低く、ときにニュースなどには、あまり重点を置かない人々だった。これが特殊なタイプのメディア内における、数多くの相違を説明している。もし情報に精通したいと思えば、十分な情報を持つ人々が視聴しているニュース・ソースを選ぶのがよい。

・ニュース・ソースが補助的なものになりうること。『ウォールストリート・ジャーナル』や「ザ・デイリー・ショー」はけっして、独立型《スタンドアローン》のふりをしていない。彼らの視聴者が他のソースを探し求めていても、一向にそれは構わない。

栄養の専門家は、お皿を頭の中で四つの部分に分けてみることが大切だと言う。四つの内の一つには肉か、それと同等のものを、そしてもう一つの部分にはでんぷん質の多い食物を、さらに残った二つの部分には野菜と果物を載せるように。これは望ましいバランスだ。しかしそれは、典型的なアメリカ人の食事とは全然似ていないようだ――クォーターパウンダー、三二オンスのソーダ、そして……ケチャップを野菜と見なす?

自由な選択者は、瞬時の喜びと長期的な結果を、うまく両立させることがなかなかできない。ドルミール［一ドルで食べられる食事］のメニューも、二〇年後には心臓のバイパス手術を受けなければならないとすれば、けっしてそれほど安いとは言えない。われわれの情報源も、アメリカ人の食生活を形成している市場原理の支配下にある（そう、NPRは別だ。ここは二〇〇三年に、マクドナルドの創建者レイ・クロックの未亡人ジョーン・クロックから、二億ドルの寄付を受けている）。

情報をもっとも与えているニュース・ソースは、「皿を分けよ」という教えを具体化している。そこには時間枠があり、それぞれ国内ニュース、国際ニュース、ポップ・カルチャー、ハイ・カルチャー、テクノロジー、健康、スポーツなどが振り分けられていた。編集者やプロデューサーは、この時間枠で、視聴者が見たい、あるいは見たいと考えるものより、むしろ自分が理想とするバランスを処理していかなくてはならない。現下で優勢なメディアによって、NPR、「ニューヨーク・タイムズ」、『ウォールストリート・ジャーナル』のようなニュース・ソースは時代に逆行するものとされる――カスタマイズやクラウドソーシングを、ほとんど利用しない「エリート主義」の門番だ。しかし、彼らはまた視聴者に情報を提供することで効果を発揮している。

ポップコーンはやめられない

理にかなって、バランスの取れた情報のダイエットは、確かにそれはそれで意味がある。だが、私の知り合いで、ニュースをただ新聞やパブリック・ラジオだけから得ている者など誰もいない。ニュース・チャンネル、ソーシャル・ネットワーク、ニュース・アグリゲーターなどを避けることができるのは、メディアの世捨て人くらいなものだろう。ディジタル・メディアとともにやってくるのは、ニュース・リンクをクリックしたいという、たえずつきまとってくる誘惑だ。他の人々と同じように、私もコンピュータのスクリーンの前で仕事をしている。これはボウルに入れたポップコーンの前に座っているようなものだ。ポップコーンをどうしても食べてしまう。

ウェブサイトのDigitalDetox.org（デジタル・デトックス社）は会社や企業などの団体に向けて、インターネットから解放された避難場所を組織している。そのウェブは次のように主張する。


平均的なアメリカ人は、レジャータイムの三〇パーセントを、ウェブ……などで調べることに割いている。

一〇人に一人のアメリカ人が鬱病を訴えている。インターネットのヘビー・ユーザーは、そうでない人に比べて、二・五倍鬱病……になりやすい。

会社員は平均して一日に四〇回、ウェブサイトをチェックする。そして一時間に三七回、行動を切り替える。さらに、二分間毎に別のタスクを行う。(11)


あまりに多くの仕事時間と遊び時間が、満足感の得られない情報の検索に割かれている。ただ、私は思うのだが、クラッシュ・ダイエットのような「デジタル・デトックス」「IT依存症を防ぐために、ディジタル機器から一定期間離れる取り組み」のやり方も、やや価値が限られるのではないだろうか。われわれはメディアにあふれた時代に生きている。そしてメディアとともに働く方法を、見つけ出さなければならない。メディアを拒否して働く方法ではなく。

私はここ数年、この問題に取り組んできた。その期間中私は、調査から学んだことをもとに、何とか自分のメディア・ダイエットを改善しようと努力していた。以下に述べることは、私のメディア生活の改善に役立ったいくつかのテクニックだ。

ニュース・ソースは単独で見るかぎり、それは善でもなければ悪でもない。問題は他のニュース・ソースとどのように組み合わさっているかだ。ダイエットする人は間食を減らし、バランスのよい食事を心がけることが一番だと思っている。それと同じように、知識を大切にしようと思う人は、高いクオリティーのニュース・ソース――例えばそれは、すぐれた新聞、NPR、夜のテレビのニュース・ショーなど――と過ごす時間を確保すべきだ。それも一つではなく、それ以上のソースと。この日々の儀式から、われわれが手に入れることのできる、もっとも重要なことと言えば、それは大局的な見地《ビッグ・ピクチャー》だ。

「赤ちゃんを風呂の水といっしょに投げ捨ててはいけない」ということわざがあるが、カスタマイズはたしかに赤ちゃんといっしょで、それを無用なものといっしょに捨ててはならない。カスタマイズが、他では見つけられない、個人的に関心のある記事へとあなたを向かわせることは本当にすばらしいからだ。だが、それがあなたに働きかけて、表明選考法［人々に環境価値を直接尋ねることで、環境価値を評価する方法］のバブルの中で生きるように仕向けるときに限って言えば、カスタマイズは悪い。したがって、私の戦略は以下のようなことになる。つまり、カスタマイズを最大限に活用はするが、よりすぐれたニュース・ソースの代わりとして、カスタマイズされたソースを使うことは避ける。

私にとって貴重なフェイスブックの役割は、友だちや家族のニュースを知らせてくれることだ――人生の節目に起きた出来事、旅行、写真など。私はその点を重視し、ニュース・リンクは無視する。それはよりすぐれたニュース・ソースを、すでに手にしているからだ。

グーグル・ニュースのホームページは、新聞のスタイルで画面が区切られている――「トップ記事」「世界」「アメリカ」「あなたへの提案」のような見出し。私がいつも気にしている見出しは「あなたへの提案」(Suggested for You) だ。それはグーグルのアカウントを持っていて、ログインする者には誰の前にでも現われる。「あなたへの提案」をクリックしてみるとよい。カスタマイズされたニュース記事のページが画面に出る。それはグーグルのアルゴリズムが、あなたが見たいと思うだろうと結論を出したものだ。ウィジェットがあなたのセレクションを拡充させてくれる。それは、あなたがどんなトピックやニュース・ソースを好むのか、あるいはそれを避けたいのかを、グーグルに伝えるだけでよい。スポーツチーム、セレブ、政治理念、あるいはビデオゲームなどの名前を、キーワードとして付け加えることができる。私は「あなたへの提案」のページをブックマークする。そうすれば、ホームページに立ち寄ることもせずに、そこへ直接ナビゲートすることができる。

情報はスクリーン (ディスプレイ) 上で消費されている。そのスクリーンはますます小さくなりつつある。新聞のサイズを対角線上で測ると、ほぼビデオ・ディスプレイと同じで、二五インチほどだろう。一般読者はわずか二、三年の内に、この大きさからさらに一五インチのラップトップへ、一〇インチのタブレットへ、そして五インチのスマートフォンへと移動した。

デザイナーたちは、新しいコンテンツを小さなスクリーンにフィットさせるにはどうすればベストなのか、それを今も探っている。その解決策として見られたのは、一目で見られるコンテンツの量が減ったこと、そしてスクロールの回数が増えたこと。さらには、意図的なナビゲーションを行なう別の方法などだ。新聞を見るときにはいつも、私はすべてのページを律儀に、興味のない紙面までめくって見ていた。こんな風にすべての、あるいはほとんどの見出しに目をやる。新聞にははじめがあり、中間があり、終わりがある。したがって、その線形経路に沿って行けば、進捗状況を推し測ることはたやすかった。

が、多くの新聞アプリは直線性を捨てて迷宮型を取った。ニュース・フィードはスクロールするときには新鮮さを保っていたが、それは失望するほどエンドレスだった。読者はデザイナーが気に入った紙面や小紙面に、ナビゲートすることが期待されている。そして読み飛ばすことも。これは読者を深い森の中をさまよい歩く人にしてしまう。そこであなたは、何度か同じ記事に遭遇するかもしれない。その一方で、すべてを見つくしたという、確信を持つことはけっしてないかもしれない。ニュースを読むには、通常、スマホ・アプリよりタブレット・アプリの方がいい。特別なサイズがその助けとなっている。タブレット・アプリ（4：3）は、ビデオ・フレンドリー・インターネット（16：9）より、アスペクト比が正方形に近い。

ニュース・アプリが「皿を分けよ」という戦略を実行できるような、そんな未来を予測することは、それほど難しいことではない。フリップボードのようなアプリが、バランスの取れたニュースマガジンを、将来、生み出す可能性を秘めているかもしれない。そこには表面的でつまらないニュースとともに、まじめで、カスタマイズされていないニュースが、望ましい割合で組み込まれているだろう。それはフィットネス・アプリのように機能して、ユーザーたちが持つニュースの視聴習慣を追い、それを記録することで、彼らにさらなる刺激を与えるだろう。アプリのページをぱらぱらとめくっていくにつれて、それは、あなたのニュース・ダイエットに欠けているものについて書かれた、たくさんのページを差し出してくれるだろう。また、あなたがどか食いしたものについては、なるべく少ないページを用意するだろう。これは、フィットネスのアプリと同じで、すべての人の好みに合わせているわけではない。が、それはやる気のある者にとっては、非常に有益なものとなりうる。

私は自分の「ジャンク」・ブラウジングを、控えめにする方法を二つ思いついた。それも苦痛のともなわない方法だ。私のブラウザーのホームページは、つねにニュース・アグリゲーターにセットされている。したがって、ブラウザー・ウインドウを開くたびに、そのつど見出しのリストを見ることになった。現代のブラウザーにはすべて、一番上に検索ボックスがあるので、グーグルをホームページにするのは不必要だと判断した。あなたはむしろ、新しいサイトをホームページにした方がよさそうだ。そうすれば、最新のニュースをすばやく見ることができ、同時に複数の仕事をすることもできる——そうじゃないですか？　いや、いいいいい、これはまちがいだ。アグリゲーターのニュースは、あなたにクリックさせるように立案されている。もっとも価値のあるニュースでさえ、時間と注意を要求する。たいていの場合、仕事に関連した検索は、興味をそそられるリンクによって脱線させられてしまう（そしてそれが、たくさんのニュース記事へ導いてくれることはない）。

私の結論は、新しいウインドウを開くとグーグルのトップページが表示されるように、ブラウザーの設定を変えることだ。そうすれば、もはや注意をそらすものはない（ドゥードゥルの他には）。あとは検索ボックスに、自分の見たいものを入力して、そこから行けばよい。あるいは、ブックマークのメニューからサイトを選べばよい。どうしてもボーッとしたいとき、私はそんな方法を取る。無意識の内に私の時間と注意を手渡して、ウェブページの訪問者数の収益化に加担するのは堪えがたい。

ときおり出てくるグーグル・ドゥードゥルがいやだったら、ほとんどのブラウザーを空白のまま開いておけばよい。そうすれば注意をそらすものがさらに少なくなる。

私の第二の解決法は、ときどきポップコーンのボウルを平らげてしまうことだ。どうでもいいような、そして気晴らしのブラウジングを、午後や夕方、あるいは昼から午後の八時の間にかぎって、自分自身に許すのだ。これは私のジャンク・ブラウジングを、ほぼ半分に減らし、私の朝——一日の内でもっとも仕事のはかどる時間——から一番に気を散らすものを取り除いてくれる。そうすれば、私のスケジュールの夕方の時間が空くことになるので、より有意義に使えるようになる。そしてベッドタイムまで、安眠の妨げとなる、スクリーンの有害なブルーライトにさらされることもない。

取り残されてしまうという不安はないのか？ それはない。私は朝方、「ニューヨーク・タイムズ」や「ロサンゼルス・タイムズ」を読む。そのため、朝食時にはすでに情報通になっている。それから昼までは情報の断食だ。それを続けるのはさほどつらくはない。やがて、ニュースやソーシャル・ネットワークをチェックできるのを知っているからだ。ときにはそれに、数時間も浪費してしまうことがある。夕食の会話を盛り上げるために、いくらかニュースを知っておきたければ、午後のうちにそのニュースにアクセスしておけばいい。

私はどうでもいい不必要な、ブラウジングの時間を大幅に減らすことを考えた。が、八時間もの間、ウインドウを開いていることは、それに見合った結果をもたらすのではないかとも思った。けっして貴重なものを犠牲にしたような感じではなかった。現にそれは、釣りコンテンツに敗れてしまった一週間の内の数時間をみごとに回復させてくれる。

ここで私はよからぬ考えを片付けて、この章を締めくくることにしよう。最近人気のあるアドバイスにこんなものがある。あなたのイデオロギーに異議を申し立てるニュース・ソースを探し出そう、というのがそれ。保守的な人々は、レイチェル・マドウをときどき見るべきで、リベラルな人々はビル・オライリーを見るべきだという。フェアリー・ディキンソン大学の調査は、これが何かに役立つことを裏付ける証拠を何一つ提示しなかった。調査で明らかになったのだが、「フォックス・ニュース」の低い地位は、チャンネルを見ている、おもにリベラル派や無党派層のせいだという。あなたは、いったいどんなリベラル派がフォックスを見ているのだと驚くかもしれない。実際、彼らは見ている。彼らは保守派より頭が悪い。

この調査では、国内で現在起こっている出来事について、かなり難しい問題を五問出題した。平均的なフォックスの視聴者は、一・〇四パーセントの人々が正解を答えた。[12] フォックスの視聴者中のリベラル派は、わずかに〇・八二パーセントしか答えることができなかった。一方、保守派の正解率は一・二八パーセントだった。

これと反対のパターンは、リベラルなチャンネルMSNBCで見ることができる。MSNBCを見ている保守派は、リベラル派に比べて知識が比較的乏しい。

政治的に正反対のニュース・チャンネルを見ている人々が、バランスやあるいは笑いを探しているのかどうか――または、保守派の人々が、自分が「間違った」チャンネルにいることを、理解できないほど愚かだったのかどうか、調査はそれを示すことはできないだろう。
対立する意見は、ほとんど不足するということがない。あらゆるニュース・ソースが反対意見を提示している。対立する政治的立場がわれわれにとって、ためになる苦い薬だということの、動かぬ証拠を私はまだ知らない。人々は、自分の意見と矛盾のないソースから、多くのことを吸収しているという考えに、どちらかと言えばデータは一致している。おそらく、先入観にとらわれた、不正確で明らかにうっとうしいと思えるニュース・ソースに、多くの時間を費やすほど、われわれの人生は長くないということだろう。

18　氷の謎

以下に掲げる現代に起きた出来事は、以前にもまして、ますます厳しい状況になっている。イェール大学の法学と心理学の教授ダン・M・カハンによって考案された、この難問を考えてみよう。

気候科学者たちは、人類が引き起こした地球温暖化の結果、もし北極の氷が溶け出したら、地球上の海水面は上昇するだろうと信じている――○か×か？[1]

あなたは分かったんですね？　すごい。さて、冷蔵庫に行って、角氷をコップか計量カップに入れてください。グラスに水を入れて、水位にマスキングテープで印をつけてください（計量カップなら水位をメモ）。氷がすべて溶けたら、その時点で水位をチェックする。そこで発見するのは、水位がまったく変わっていないことだろう。

北極の氷は、一枚の氷となって北極海に浮かんでいる。それは角氷と同じ理由で浮いている。水に比べて氷は密度が低いからだ。すべての他の浮遊物のように北極の氷塊も、その体積分の水を移動させる。それが溶けると、世界の海洋面の変化は……ゼロ。カハンの問いかけの正解は「×」。

カハンはこの問題を調査の中で使用した。そして正解がわずかに一四パーセントだったことが分かった。[2] 興味深いことは、リベラル派と保守派がともに、この問題に不正解を出していることだ。そこには超党派的な圧倒的多数の意見の一致がある──不正解という。取り立てて言う必要もないことだが、リベラル派と保守派は、気候変動について強い反対意見を持っている。カハンの難問によって、このような意見のほとんどが、関連する科学について、深い理解をともなっていないことが図らずも証明された。

あなたと、あなたが知るすべての人は愚かだ──○か×か？

二〇〇五年に、クリス・ムーニーによって書かれた『科学に対する共和党の戦い』は以下の点を強く主張している。激論を引き起こしかねない問題については、リベラル派より保守派の方が、よりいっそう、科学的なコンセンサスに反対する傾向がある。この前提と一致する調査データを作り出すことは、それほど難しいことではない。が、大局的な見方はすでに用意されている。いつものことだが、調査結果は質問の言いまわしに依存している。

例えばカハンは、二つのアトランダムに選んだグループのそれぞれに、○×式の質問の異なったバージョンを示した。

A　人間は、みなさんご存知の通り、原始的な動物種から進化した。

B　進化論によると人間は、みなさんご存知の通り、原始的な動物種から進化した。

そこには大きな差異があった。Aを見たグループは、かろうじて半分が、それを真実だとした。他のグループはその九〇パーセント以上が、Bを真実だと言った。実際には、誰もが自然淘汰の基本的な概念を理解していた。マンガ、科学ショー、宗教上の伝道などの至る所で見られるテーマの、「文化的非リテラシー世界への戦略」を考えに入れると、この問題を間違えることは難しい。しかし、Aだけを質問した調査員はそのグループが、Bだけを尋ねたグループより、知識が大幅に乏しいことに気づいた。そして、知識の乏しいグループは、おもに共和党支持者の多いレッド・ステイトの人々だったという。

保守派とリベラル派はともに、科学は自分の側にあるとよろこんで主張する――そうであるときもあれば、そうでないときもある。が、それはつねに事後の正当化だ。科学的な事実が、政治哲学の選択を決定することはめったにない。実証できることと言えば、人々は往々にして、まわりの人々の信念と同じ考えを抱きがちだ、ということくらいか。が、彼らはいつも、科学的なコンセンサスを受け入れるわけではない。それは彼らが全幅の信頼をよせる人々――隣人、同僚、聖職者、政治指導者――の多くが、彼らに次のように言うからだ。それをカハンの言葉で言うと、「もしあなたがわれわれの一員なら、これを信じなさい。信じないと言うなら、われわれはあなたを彼らの一員と見なす[3]」となる。したがって政治的に微妙な問題では、調査の結果（少なくともその一部）はコミュニティーとそのカルチャーの表現と見なしてよい。「明らかに」とカハンが言うように「『〇か×か？――あなたと、あなたが親しくつき合っているすべての人々は愚かだ』と質問されたときに、誰ひとり『〇』と答える者はいないだろう[4]」

北極の氷塊の質問は、気候科学者が信じていることを訊いたもので、調査参加者が信じていることを訊いたものではない。もしその質問が参加者の考えを尋ねたものだとしたら、保守派の多くの人々はそれにきちんと対応しただろう――その理由は間違っていたが。

思いがけない質問は、一般人が本当に知っていることを推し測るのに非常に役に立つ。そんな質問や他の科学的質問、いくぶんトリッキーなものや、さらに簡単な問題などを使って、カハンが見つけたのは以下のこと。一方には科学的知識があり、他方には地球温暖化の危険な兆候を信じる考えがある。そしてこの二つの間には、概して、ほんの少しだが相関関係があるということだ。

カハンは、全米科学財団（NSF）の調査で使われた質問の内、そのいくつかを使用して、全般的な科学リテラシーの調査を行なった（例えば「○か×か――レーザー光線は音波を集めることで作用する。……抗生物質は細菌と同様にウイルスも殺す」）。彼はデータをイデオロギー別にチャート化した。チャートが作り出したのはホッケー用のスティックではなく、横に倒れたVだ。科学的なリテラシーがもっとも低い人々は、政治的なイデオロギーに関わりなく、気候変動については基本的に意見を同じにしている。このグループのおよそ三〇パーセントは、人類の活動が地球を温暖化させていると言う(5)。

知識が増えるにつれて、人々の意見が枝分かれしていく。リベラル派は科学について知れば知るほど、ますます人類が気候変動を引き起こしている、と発言する可能性が高くなる。保守派は科学について知れば知るほど、人類が引き起こした気候変動という考え方を、ますます取らなくなりそうだ。

どうして、こんなことが起こるのだろう？　科学に精通した人々はその知識を、これまで自分が信じたいと思ってきたことを、自分自身に対して正当化するために使う。彼らはしばしば気候変動について学んだ。そして、自分の政治的な見解に一番適した大衆意見とともにスタートした（ときには、そこに

科学リテラシーが気候変化に関する意見の不一致を拡大する

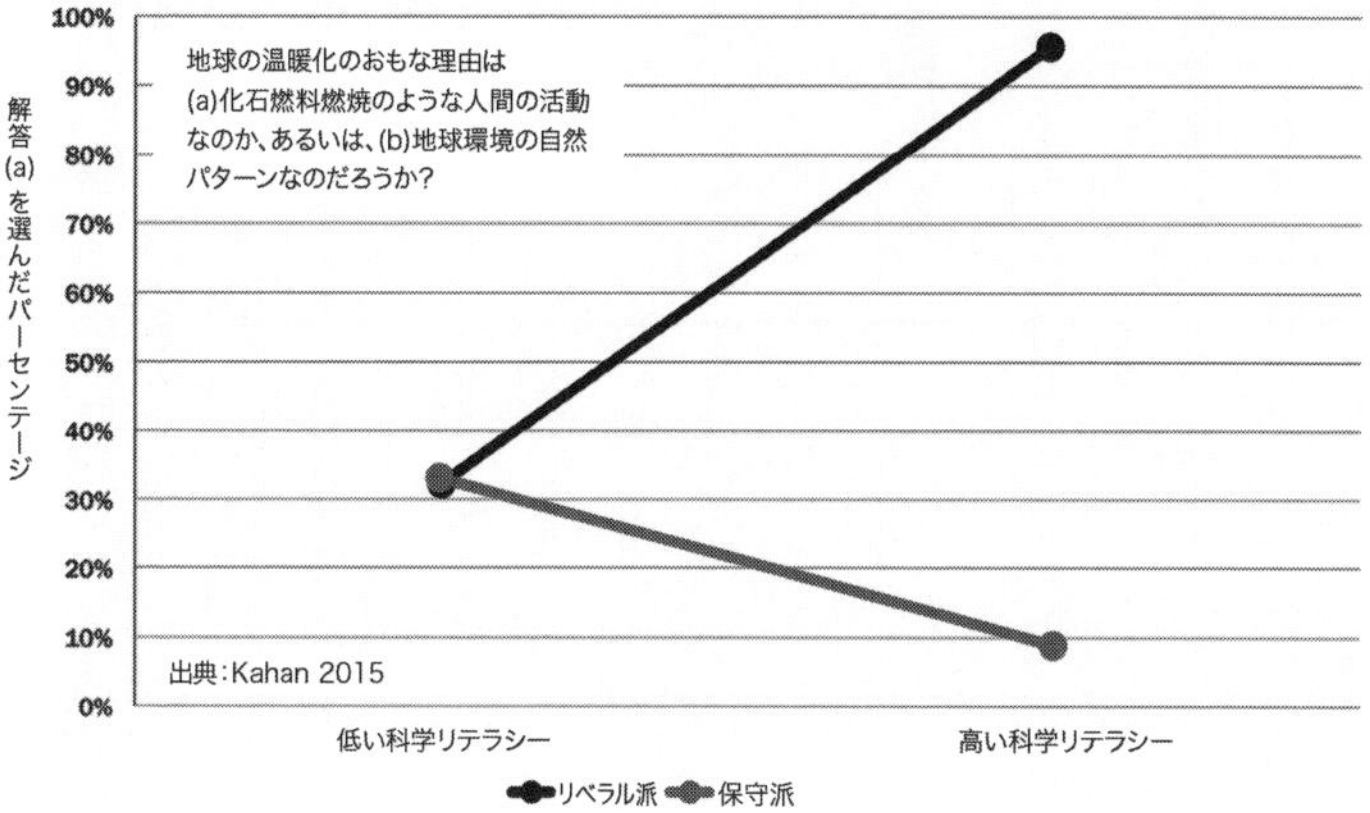

落ち着いた）。彼らは科学的に見て不確実な証拠（それはたくさんある）を見つけて、政敵を科学を知らない（これは両派がともにそうだ！）、党派性のあらわなパルチザンと見なしているようだ。

カハンのチャートは深く心をかき乱す。だいたいわれわれがつい考えてしまうのは、知識の乏しい者はどんなものでも、ともかく常識外れのことを信じがちだということだ。が、そんな考えがわれわれを次のようなコンセンサスへと近づける。つまり、誰もが科学的なリテラシーと文化的リテラシーを持つようになれば、世界はさらに調和のとれた場所となる……が、カハンの調査はこの楽観をみごとに覆してしまう。

問題はただ単に合理的な無知（知識を習得するためのコストが、それによって手に入る利益より大きいために、無知のままでいる）というだけではなく、さらに奥深い何かだ。今日、科学的な、そして技術的な問題について意見を形作り、社会政策――気候変動、ネット中立性、幹細胞研究、遺伝子組み換え生物――を押し進めていくためには、いくつかの事実を学習するだけでは不十分だ。このような事実を慎重に検討した上で、人が信じたいと思うもの、あるいは人が最初から真実を疑ってかかるものなどについて、その妥当性を確かめる証拠を、何はさておき積極的に探し出さなくてはならない。が、これは、多くの平均的な市民が、それをするために時間を作ること、あるいはそれをしようとする気持ちを持つこと、という話ではない。われわれが自分の意見をでっち上げ、大衆（われわれ大衆だ）に迎合していこうということだ。カハンは次のように警告している。

この論法のスタイルは、集団的になるとかなり悲惨なことになる。文化的に多様な民主社会の市民たちによって、それがうまく遂行されればされるほど、市民たちはますます、自分たちを被害から守るために必要な科学的証拠に、集まってこなくなる可能性がある。(6)

討議民主主義

知識に乏しい人々はただ単に情報量が少ないだけではない。彼らはまた、知識の豊かな人に比べて、人と協議をすることが少ない。が、彼らは自分自身を博識だと信じ込んでいて、今日の問題に対しても、自分の意見をしっかりと持っている。無知で討議をしない人々の数は多い、あるいは大多数と言っていいかもしれない。そのために、大衆は誰もが想像しているより、ずっと賢明ではない。

この心配はけっして新しいものではない。一七八七年に、貴族主義のジェームズ・マディソンが警告をしている。普通のアメリカ人はあまりにも知識が貧困で、とても国家の政策を管理運営することなどできない。そして彼は書いた。「一般大衆の見方を洗練させ、広げるためには、いったんその見方に、選ばれた市民の機構という媒体を通過させること[7]」が必要だ。ここで選ばれた市民の機構と言っているのは、議会や選挙人団のことだった。そしてそれは、有権者たちが責任を引き受けることができない事実を、しっかりと学び、考えることを任されていた。このような機構が、公共の利益について、採決を行なう最上の方法を決定することになる。

マディソンが掲げた共和政体の理想は、アメリカの有権者が持っていたポピュリストの傾向を見込むことができなかったし、未来のテクノロジーが、そのポピュリズムをさらに押し進めることになる、そのやり方についても予測できなかった。一つの例が本書の研究のベースとなった世論調査だ――それはますます安易になり、より広く行き渡るようになってきている。

一九三六年、ジョージ・ギャラップは、大統領選挙でフランクリン・ルーズヴェルトが、アルフレッド・ランドンに勝つと予言した。ギャラップはけっして、最初の世論調査専門家ではなかった。彼が勝利した相手は、ギャラップより知られていて、歴史も古い『リテラリー・ダイジェスト』誌の世論調査だった。この雑誌の調査はランドンが地滑り的勝利を収めると予言した。ギャラップの世論調査は五万人の回答者を集めたが、これは今日の基準からしても巨大な数だ。しかし『リテラシー・ダイジェスト』が集めた回答者の数は、それにも増して二〇〇万という途方もないものだった。だが、そこに見られた差異は、雑誌の回答者が大多数の投票者の代表ではなかったことだ。ダビデ（ジョージ・ギャラップ）は、自ら代表者になろうとして、いっそう努力したことにより、ゴリアテを打ち倒した。

ギャラップは、一九三六年の勝利の残光の中で、既存の価値基準を打ち砕くような革新者たちが、概して行なうようなことをした。それは彼が勇敢にも作り出した新たな成果を、昔ながらのやり方へともどした。ただし、それを前よりすぐれたものにして。

今日、ニューイングランドでは、タウンミーティングの考え方が、ある程度まで回復している。日刊紙の広範な分布……ほぼ例外なく広まったラジオの普及……そして今やサンプリングのための住民投票の出現を見た。市民生活の問題を議論するために、公衆の反応を、すばやく見極める手段を生み出したこの住民投票は、実際には、全国規模のタウンミーティングを作り出した(8)。

唯一重要な世論調査は投票箱だ、とわれわれは言いたいところだが、政治家は誰一人それを信じていない。世論調査の数は自己達成しつつある予言となる。それは必然性(あるいは無益性)の感覚を作り上げ、その感覚が、誰がお金を稼いで、誰が立候補して、誰が選挙に勝つかを方向づける。メディアの中で、同時に、どこにでも存在する世論調査、それにポピュリストの直接民主主義への信頼が、住民投票を採用する気にさせた。われわれはガストロパブやリアリティー・テレビ番組の出演者、それに今では法律についても投票する。それも以前とほとんど変わらない、注意不足と判断力の不足のままに。

が、マディソンはたしかに的を射ていた。われわれの世紀では、彼の世紀でも同じだったが、大半の投票者は、問題を正しい角度で見直すためにも、それを学習することが必要なのだが、まったく彼らは教育を受けていない。リパブリカンの(大きなRの「共和党の」、あるいは小さなrの「共和制主義の」）政治家たちも、つねによい情報に恵まれていたわけではない。選挙キャンペーンは一般市民に誤った教育をする運動となる。

皮肉屋は「知識の低い有権者たちは、けっして別の者などになりようがない」と言うだろう。その根底にあるのは、こんな有権者は知識が欠落しているだけではなく、知的能力も欠けているという意味だ。しかし、知識の乏しい者たちが、チャンスとやさしいひと突きさえあれば、学習しうるという証拠もある。ダニングとクルーガーもそれを立証していた。彼らが行なった論理テストのあとで、最低点を取った者の中に、論理的推論の速修講座を受けた者がいた。そしてそれは成果を上げた。彼らの論理能力が伸びただけではない。彼らはまた以前の無知さ加減を認識することができた。個別の指導を受けたあとで彼らは、一番はじめに受けたテストで、どれくらいの成績を残したのか、それを、より以前にもまして現実的に（ということは低く）評価した。「人々に自分の無能さを認識させる一つの方法は、彼らを有能にすることだ」[9]と、ダニングとクルーガーは書いていた。「もちろん、この中にあるのはパラドックスだ。ひとたび彼らが、自分の無能力を認識できるメタ認知的技能を手にしたら、彼らはもはや無能ではなくなってしまうから」

ここに一つの提案がある。それは、合理的無知やダニング＝クルーガー効果、それにゆがめられた心の地図などを取り上げるのにふさわしい提案で、「審議方式の世論調査」として知られている。一九九六年、テキサス州の電力会社が数社、当時、テキサス大学の教授をしていたジェームズ・S・フィシュキンに、ある問題を携えて接触した。新しい規制によって、公共事業会社が、新たな発電所の建設計画をしたときには、住民との間で意見の交換をすることが求められた。電力会社側は二つの大きな問題に直面していた。第一は、環境の保護を強調すべきなのか、あるいは新しい発電所を前面に押し出すべきだろうか？　第二は、化石燃料プラントを建設すべきなのか、あるいは太陽熱プラント、風力プラント――環境にはよりよいが、かなり費用がかさむ――にすべきなのか？

過去にテキサス州の電力会社が、こうした問題で市民集会を開いたことがあった。したがって、彼らはそこで起こることを知っていた。環境保護主義者や気候変動否定論者のかけ声もあるだろうし、電気料値上げの話になれば、激怒しだす住民の声もあるだろう。そこにはまた自由主義者、ニンビー［自分の家の近くでの公共事業に反対する人］、商工会議所、オーデュポン協会も出てくるだろう。そこにいないのは「現実の人々」だけで、あとはすべてのことについて語る人々がいた。うまくまとめあげられた特定の関心事が、はたして他人を擁護しているかどうかは、他人の推測にすぎない。たしかに彼らはたがいに話がかみ合わない。

これに取って代わるものとして、世論調査があるのだろう。が、難点もある。それは世論を調査する者に都合のいい、多くの「意見」がすぐに作り出されることだ。政治学者のジョージ・ビショップがかつてこれを立証したことがある。人々に「一九七五年公共法」の廃止に賛成するかどうかを尋ねた。こんな法律は実際には存在しない。架空の法令だった。が、三〇パーセントの人々が激怒し、意見を述べた。ビショップによると、教育レベルが高くない者ほど、自分の意見を開陳しがちだったという。

エネルギー容量の計画立案という問題は複雑で、技術的な問題もあって面倒だ。石炭発電所を作るのは、風力発電所に比べて、どれだけ多くの費用がかかるのか、それが電気料金、環境、経済成長などにどれほどの影響を及ぼすのか、その点について一般の人々は合理的な無知を決め込む。おまけに世論調査の質問は簡潔な表現を用いているために、その結果は、言葉の言いまわしに大きく依存するかもしれない。多くの人々が耳にするのは、「sustainable」(地球にやさしい)や「free market」(自由市場)のような、政治的な意味の強い用語ということになる。

三つ目の可能性はフォーカス・グループだ。これは「現実の人々」の小さなグループで、テーブルに呼び集められて、自分たちの関心や意見を述べることができる。グループを設定することは、予備知識の提示という効果があり、グループは問題について議論を重ねることができる。が、しかし、フォーカス・グループはあまりに小さいために、統計学的な有意性はない。ディスカッションは往々にして、一人か二人の自称リーダーに支配されがちだ。

公共事業会社はフィシュキンが、一九八八年に述べていた代替策に興味を抱いた。彼はそれを「審議方式の世論調査」と呼ぶ。「その考え方は……人々が思っていることを見つけ出すこと。もし本当に彼らがそれを考えるチャンスに恵まれたのなら[10]」

審議方式の世論調査は、大きなフォーカス・グループによって行なわれる世論調査で、それはタウンミーティングの大きさに近く、事実を学ぶ短期集中コースも兼ねている。ミーティングの終わりには、グループはふたたび、はじめの世論調査で質問された同じ問題に挑戦して、答えを出した。ポイントは回答者の意見が、事実や思索や反対意見にさらされたあとで、はたして変化をしているかどうかということだった。

テキサス州の公共事業会社は、フィシュキンの考え方に同意した。彼らは金を支払い、ひとまず、最初の世論調査の結果をそのままにして、参加者たちの小集団をダラスのホテルへと連れていった。さらに問題を検討してもらうためだ。参加者たちには問題のデータ表が渡された。これは出資者たちが参加して作り上げたもの。おたがいの側が、今度のケースに関連する事実や議論のすべてを、提示することが許された（だが、向こう側の事実や議論を検閲することは許されていない）。参加者たちは一堂に会していたが、小さなディスカッション・グループに分かれ、それぞれに議長を立てて集会を行なった。そこでは、会社の職員たちや他のグループにも質問をすることができた。

最初の調査では、持続可能なエネルギー［化石燃料や原子力ではなく、水力、風力、太陽光、地熱、バイオマスなどによるエネルギー］のために、少し電気料金が高くなるが、それでも支払うのを厭わないとした人が五二パーセントいた。これがミーティング——集まって審議をしたグループのためのミーティングだ——の終わりの時点では、八四パーセントに上昇した。さらに保全対策のために余分な金を支払う用意もある、という人々もまた四三パーセントから七三パーセントに増えた。(11)

世論調査の数値はどちらが「本物」なのだろう——最初の数値？　それともミーティング後の数値？　両方ともに本物だ。二つの数値は違ったものの計測値だ。審議後の意見の方が、より道理に基づいている。この意見の信頼性を否定するためには、知識や思考に基づいた意見は本物ではないこと、そして唯一本物の意見は無知に基づいたものだ、ということを言わなければならないだろう。

審議方式の世論調査は参加者に、本物の意見を形作ることを許す。事実に身をさらすことは、この方式の重要な部分だ。が、それは異なった意見を持つ他の人々と、情報を交換することでもある。議論や論争は、もっとも明晰な新聞の論説を読むより、さらに効果的に意見を磨くことになる。われわれが住んでいるのは、以前に比べていっそう、人の交流が少なくなった時代だ。同じケーブル・ニュース・チャンネルを見る隣人とは話をする。異なった意見に直面しなければならないときに――機上で、バーで、家族の親睦会で――、われわれは話題を他に逸らす生き残りの戦術を学んできた。これがわれわれから、タウンミーティングのダイナミックスを奪ってしまう。このミーティングでは、他人の意見に耳を傾けることで、自分の見解が再考を余儀なくされて、洗練の度を加えられるかもしれない――ときには変更を迫られることもある。

アメリカの創建者たちは、合衆国を地中海の民主主義をモデルにして建国した。が、彼らはアテナイの民主主義が持つ、もっとも急進的な革新性を見落としていた――それが「ランダム・サンプリング」(無作為抽出)だ。アテナイでは、ほとんどの役人と立法機関はくじによって選ばれた。その目的は仕事にもっともふさわしい人々を選ぶことではなく、むしろ市民の代表サンプルを成就することだった。

アメリカ人は陪審員団に、ランダム・サンプリングを使っている。が、議会にとってそれは思いも寄らぬことだった。審議式の世論調査は、アテナイの考え方に基づいた新たな工夫だ。最初の世論調査で、一般人のランダム・サンプリングが行なわれる。ランダムに選ばれたグループ――約三〇〇人から五〇〇人の人々――は招かれて一堂に会し議論を重ねる。

古代のアテナイでは、ランダム・サンプリングの決定が法律だった。アメリカではそれはないし、これから先もけっしてないだろう。ギャラップ世論調査のランダム・サンプリングはどうなのか、とあなたは言うだろう。が、この世論調査はあくまで非公式の、民間セクターの取り組みで、法律上は、いかなる形であれ何ひとつ地位がない。しかしわれわれは、うまく設計された世論調査がメディアで報告されていること、そしてそれが政治的会話の一部になっていたことを評価してきた。フィシュキンが望んでいるのも、審議方式の世論調査が政治的会話の一部になることだった。世論調査は有権者やリーダーたちにメッセージを送っている――それは意見が知識や審議を条件にしていること、そして思慮に富んだ事実判断が、他のものよりいくつかの政策への支持を表明していること。政治家はつねに、彼らの行動を選挙区の有権者に対して、正当だと説明しなければならない。「私はその法案に賛成票を投じた。それは世論調査の結果、私の選挙区の六〇パーセントの人がそれを支持していたからだ」。審議式の世論調査は、リーダーたちに、まぬけな結論ではなく、賢い、現実的な結論に賛意を示すための根拠を与えてくれる。

審議式の世論調査中に起きる意見の変化で、とりわけ人目を引くのは、「マシュマロ・テスト」で明らかにされた、はるか先の見返り(トレードオフ)の問題だ。典型的な世論調査で明らかなのは、多くの人々が、将来報われるからといって、現在の何かを犠牲にするのは気が進まないことだ。しかし、合理的な公共政策はしばしば、まさにそうした長期にわたる展望を要求する。

興味深い適切なケースとして、ここで取り上げるのが、カリフォルニア州の州法改正案「プロポジション31」(提案31号)だ。これは二〇一二年の住民投票によって作られた提案で、フィシュキンはこの立案を、審議式世論調査を使うことで手助けした。世論調査とその後のディスカッションの結果、住民側はカリフォルニア州法に対して、三〇の改正案を提出した。その内の六件だけは認可され、「政府業績説明責任法」の中に「プロポジション31」として取り入れられた。

改正案の一つは、もし州議会議員に、追加費用や税収の損失分のお金を支払う手段がない場合には、州議会は支出を増やし、減税を行なう（特定の）法案を通すべきではない、という要求だった。

この条件はけっしてリベラルなものでもないし、保守的なものでもない。それは現実的なものだった。車やマンションを買うときに、その値段も知らないで買おうとする人はいないだろう。仕事をやめたいと思ったときに、給料がもらえなくなったら、どのようにして請求書の支払いをすればよいのか、それを考えることもしないで離職の決断をする人はいないだろう。支出計画や減税にも、それと違うところが何かあるのだろうか？ 州議会議員たちは、法律とその代償を全部ひっくるめて、票決しなければならない。

われわれの現下のシステムでは、このような行政の仕方はほとんど奨励されていない。リベラル派は、政府の自由な金の支出に対して支持を表明することはたやすいと思っている。一方保守派は、大衆が自由な減税を好んでいることを知っている。両派はともにクラック・コカインの喫煙者には、それ相応の償いが（最終的に）待ち受けていることも知っている。が、彼らは、その結果を合理的に説明するのに、異なったイデオロギー的な方法を取る。保守派は「けものを飢えさせること」の正当性を信じている。今、減税をしたとしても、政府に資金が枯渇してしまえば、いずれは出費をカットせざるをえなくなるだろう――何とかして。そしておそらく減税をした者たちにとっては、政治的な成果もなしに。リベラル派は、ひとたび成立した給付金制度は、けっして後退させることはできないだろう、そして政府は、最終的に増税をするより仕方がなくなるだろうと考えている。両派の方針はともに不正直なものだ。リベラル派も保守派も、コストから利益を引き離してしまっているからだ。どちらも真のトレードオフに関与していない。

審議式の世論調査に参加した者たちは、このことを理解するようになった。が、カリフォルニアの有権者たちは分かっていない。「プロポジション31」は、三九・五パーセント対六〇・五パーセントの地滑り的な敗北を喫した。選挙民は「プロポジション31」がどんなものなのか、その内容について、けっして本当には理解していなかったと事後分析で記されていた。それは漠然とした名前の下に組み入れられた、改革政策の寄せ集めのようなものだった（私が述べたのは、ほんのその内の一つにすぎない）。したがって、簡単に中身を説明することは難しい。その年、「プロポジション31」は、他の一〇のプロポジションとともに、ひたすら広報に努めて、カリフォルニア州の住民投票にその可否を託した。

「プロポジション31」は死の接吻を受けた――それはカリフォルニア州共和党の承認だった。共和党員がサクラメントで、どんな法案でも議会を通過させるのは望み薄だった。減税の制限はまったく彼らの関心外だった。党員たちは「プロポジション31」を、民主党が多数を占める議会の、支出を抑える手段と見なしていた。民主党や労働組合はこの方策に反対した。そして、おそらく、かなり多数の選挙民がはじめて、プロポジションの名前に遭遇したのは、住民投票のときだったろう。公式の承認書にざっと目を通すと、彼らは党の方針にしたがって投票した。

フィシュキンは二〇〇三年に、スタンフォード大学へ移り、今では学内に「討議民主主義センター」が開設されている。そしてセンターはこれまでに世界二〇カ国で、七〇以上の審議式世論調査を組織した。(12) 調査でカバーした話題は、札幌の雪下ろし、ガーナの都市のスプロール現象［都市の膨張につれて、住居が無秩序に郊外へと広がる現象」、朝鮮の統一、ブルガリアにおけるロマの人々への対策、そしてタンザニアの天然ガスによる歳入の浪費など。

審議式世論調査は、普通の世論調査に比べて経費がかかる。スポンサーは何百人という参加者の旅費や、ホテル代の勘定を支払わなくてはならない。しかし、重要な政策課題については、この費用は取るに足りないものとなりうる。気候の変化について、一般の人々に納得してもらうために、費やしたお金のことを考えてみてほしい。それは億万長者たちの戦いだ。コーク兄弟とトム・ステイヤー（環境保護論者で投資家）の小切手とペンを手にした決闘だ。一方の支持を表明できた審議式世論調査は、安い投資となりうる——それで説得ができると仮定したら。

われわれの政治はあまりに偏向しすぎていて、審議式世論調査では、とてもそれを改善することなどできないと感じることも可能だ。非主流派のイデオローグたちは、広い見識をもった主流派を取り戻す望みを失って、いっこうに変わろうとしない情報に乏しい有権者を、つねに当てにしてきた。どれほど注意深く、審議式の世論調査を行なっても、そこにはバイアスのかかったものが出てくる。世論調査で心変わりする者たちは、おそらく洗脳されてしまったのだろう、その結果、議論の一方の側が適切な形で提示されなくなってしまったにちがいない、とはこれからも言い続けられる言葉なのだろう。

が、同じような非難は、従来の世論調査でも浴びせられている。調査の結果に不満な者たちは、誰もが、自分で出かけて調査をするなり、アンケートを取ることができる。今日そこには、左寄りのものや右寄りのものなど、何百という世論調査がある。新しいメディアや大衆は調査を読むことで、かなり高度な知識を得てきた。価値があり、無視できない世論調査は、厳密でバイアスのない過去の実績を持つ調査だということを、われわれは知っている。また、多くの世論調査の加重平均が、一回の調査で出た数字に比べると、はるかに情報量に富んだものであることも知っている。調査の対象を失ってしまう印となるのは、世論調査は間違っている、信頼に足る調査はただ一つ、自分自身のキャンペーンで行なった調査だ、と調査対象が言うときだ。

審議式世論調査は、すべての人を納得させるものでなくてはならない。それがもっとも影響を与えることができるのは、重要な問題について知ることもなく、これまでに考えたこともなしに、政治的なスペクトラム（連続体）を横切る人々だ。それは（本書の調査がはっきりと示したように）一般人の大部分だ。誰もが一つのポイントについては、その通りと同意ができる。それは、事実と思考に基づいた意見は、情報不足の意見よりすぐれているということだ。

19　キツネとハリネズミ

ギリシアの詩人アルキロコスが書いたものの初版は存在しない。彼の仕事は断片として残っているだけだ。ゼノビオスというギリシアの詭弁家が、この断片を集めて、ことわざのコレクションを作り上げた。そこにはアルキロコスの言葉として、次のようなものが入っている。「キツネはたくさんのことを知っている。が、ハリネズミは一つの大きなことを知っている」(1)

違った意味にはとても取れそうにないフレーズだが、この曖昧で不吉な一文が、ヨーロッパ人の想像力にたえず立ち現れてきた。一九五三年、オックスフォード大学の哲学者アイザイア・バーリンが、これに基準となる現代的な注釈を施した――ハリネズミはいわば、すべてのことを、ある一つの中心となる大きな概念に関連づけるエキスパートだ。一方、キツネはさまざまな要素を取り入れる折衷主義者で、多くのアプローチに開かれていて、矛盾をこともなく容易にこなすことができる。

こうしてひとたび定義がなされると、キツネとハリネズミは、もはや避けては通れない専門的な流行語になっていった。統計学者のネイト・シルバーは、キツネを彼のブログのロゴに使った。二〇一四年の『ウォールストリート・ジャーナル』は、掲載した記事のタイトルを「現代のキツネ対ハリネズミ」として、二つのファーストフード・チェーンの競争状態を書いた(「このシナリオでは、キツネを演じるマクドナルドはトップの座に居続けるために、数多くのキャンペーンを打ち続けてきた。……ウェンディーズは……ハリネズミへと変身した――が、針だらけのボールとなって、防御に徹する代わりに、メニューの核となるバーガーの品揃えに倍賭けを試みた。そして新しい工夫を導入して大成功を収めた――それがプレッツェルだった[3]」)。

ハリネズミとキツネを区別する人は、そのほとんど誰もが、キツネの美点を褒め称えるためにそれをする。キツネはジェネラリスト(万能型)だ――進取の気に富み、事実をベースとした起業家精神にあふれた人。ハリネズミは、その妥当性に関わりなく一つの「大きなアイディア」にのめり込む――ハンマーを片手に、すべての問題を一本の釘と見なしている人。ウォートン・スクールの心理学者フィリップ・テトロックは、エキスパートの予測が陥りやすいあやまちを追跡していることで名高い。シンクタンクにいるエキスパート(ハリネズミ)について言えば、その大部分は、正確さの点から見ても、扇情的な言葉を発する霊能者をほとんど超えるものではない。予測という点から言っても、資格を持つエキスパートは「ジャーナリストや『ニューヨーク・タイムズ』の注意深い読者[4]」と同じ程度だ、とテトロックは見ていた。

本書の結末が証拠を挙げて、論理的に言い分を述べるのも、ひとえにこの「キツネらしさ」のためだ。文脈的で、専門的ではない、表層的ですらある知識は、思わぬやり方で役に立つようだ。

トリビア・ゲームで見つけた、一般的知識の問題をいくつか集め、それを使って調査をしてみる。そこで、たぶん見つけることができるのが次の点だ。高得点が高所得、良好な健康状態、そしてときに、他の積極的な性格などと相関していることだ。事実を学ぶことで、他の方法では習得できない、認知技能を作り上げることが可能となる(これは「技能」を学んでさえできないことだ)。知識の幅の広さは、それだけで十分に役に立つ。われわれの生活は、小さな決断や中くらいの決断の連続だ。車を持っている人は、費用のかかる修理の必要性を慎重に検討する。有権者は選挙公約の評価をする。そして、消費者はテレビで宣伝していたサプリメントを、取り寄せた方がいいかどうかの判断をする。このような決断の大半は、ほとんどリサーチをすることもせずに、衝動的に下される。そこにはリサーチをすべきだという、意識的な認識さえないかもしれない。広い知識の持ち主は、恐ろしくひどい決断をすることはまずなさそうだ。それは彼らが全体を見渡していて、自分が知らないことを、はっきりと述べることができるからだ。

radon（ラドン）、Tiffany glass（ティファニー・グラス）、urban homesteading（都市入植）、sous vide（真空調理）、annuity（年金）、checksum（チェックサム）、bokeh（写真のボケ）、planned obsolescence（［商品の］計画的陳腐化）、mise-en-scène（ミザンセーヌ［＝演出］）……広い知識を持つ人はこのような言葉を、あるはそのほとんどを訊いたことがあるだろう。たしかに知識は表面的なものかもしれない——用語とその文脈のぼんやりとした感じにすぎない。が、言葉あるいはフレーズを話題にすることができる人々は、自分に欠けている知識があることを理解している。したがって彼らは、それを簡単にブラウザーに打ち込んで検索することができる。が、用語を知らない者はその周辺の知識を調べることすらできない。あなたの頭の中にある幅広い知識は、クラウド（インターネット情報）を開く鍵なのである。

「グラウンド・ゼロ・モスク」は、世界貿易センタービルの跡地（グラウンド・ゼロ）から二ブロック離れた所に建設が予定されていた、イスラム・コミュニティー・センター「パーク51」にメディアが名付けた新造語だ。当初の構想では、レバノン系アメリカ人の建築家マイケル・アブードの設計で、（伝統的なイスラムの模様の上に、透明なポストモダン風な反復装飾が施された）一三階のタワーとなる予定だった。異教徒間の理解のために捧げられたこの建物には、祈りのスペース、パフォーミング・アート・センター、スポーツ施設、フードコート［ファーストフードが販売されるエリア］、9・11の犠牲者のメモリアルなどがあった。予備計画の発表後の二〇一〇年に、自らを「アメリカのイスラム化を阻止する会」と呼ぶグループが、このプロジェクトを「グラウンド・ゼロ・モスク」とニックネームで呼んだ。この名前によって、プロジェクトはさらにメディアの目を引きつけることになり、以降、それは議論のテーマとなっていった。結局、プロジェクトはその規模が縮小され、新しい建築家に設計が委託された。そして、住みやすい贅沢な超高層マンションとして見直された。二〇一五年の末現在で、比較的小さなイスラム・センターだけが跡地にオープンしている。が、中には、センターの存在自体が、9・11の犠牲者に対する配慮に欠けたものと思う人々がいた。また「アメリカのイスラム化を阻止する会」も、他の者たちからはヘイト・グループと見なされている。(5)

私は科学、ビジネス、地理、歴史、文学、ポップ・カルチャー、スポーツなどから、種々雑多な質問を一〇ほど取り揃えて、調査を行なった。質問はどれも、イスラム教やテロリズムやマンハッタンの不動産とは関係がない。調査にはまた意見を訊く質問が含まれていた。その内の一つは次のようなものだ。

世界貿易センターから二ブロック離れた所に、建設を計画されていたイスラム・センター「パーク51」は、「グラウンド・ゼロ・モスク」と呼ばれていた。イスラム・センターが、こんなにグラウンド・ゼロの近くに建てられることについて、あなたはどう思いますか？

人々は事実を知っていなければいないほど、ますます「グラウンド・ゼロ・モスク」に反対するようになる。(6)

個々の質問との間にさえ、重要な相関関係があった。(7) ドジャー・スタジアムでどんなスポーツが行なわれているのか、それを知らなかった人々は、正確にはモスクとは言いがたい、この建物の建設に反対する傾向が強い。同じことは、アメリカはどこの国から独立を勝ち得たのかを言えない人々、あるいはDCコミックスの悪漢が「クラウン・プリンス・オブ・クライム［ジョーカー］」だと知らない人々についても、同じことが言える。このような質問に答えることのできない者はみんな、アメリカ人としての訓練コースに、合格できなかった潜伏スパイにちがいないと、あなたは考えるかもしれない。が、それは違う。こうした質問に答えられないことは、アメリカ生まれの「イスラム嫌い」の予測因子なのだ。

私の「グラウンド・ゼロ・モスク」の質問には、正解も不正解もない。それが尋ねているのは、あなたがどんな風に感じたのかということだ。しかし、感情と事実は結びついている。「パーク51」にもっとも強く反対する人々の多くは、文脈を欠いているように思われる。彼らはグラウンド・ゼロ・モスクを恐ろしいものだと聞いていた——つまり、ただやみくもに、他の者の意見を受け入れている。彼らはプロジェクトで計画されている、テロの犠牲者の記念碑についても、さらに言えば、フードコートについても知らないのかもしれない。アメリカにはおよそ二一〇〇のモスクがあり、ニューヨーク州には二五〇、マンハッタン南端部には二つ（「パーク51」は、モスクではないから数えない）モスクがある。[8] 二つの内の一つ（マスジット・マンハッタン）はグラウンド・ゼロから六ブロック離れている。[9] このモスクは、一九七〇年から活動をはじめていた。世界貿易センターの南塔にはまた、一六階にイスラムの礼拝室があった。[10]

検討用の資料として、今私が述べたモスクの統計データを、あなたはけっして知る必要などない。ニューヨークにはたくさんのモスクがあり、その中には、グラウンド・ゼロのかなり近くに立つものもあるはずだ。スターバックスがグラウンド・ゼロに一店もないことに、賭けようとする者などいるだろうか（グーグルマップで見ると、グラウンド・ゼロの近くに――「パーク51」と同じくらいの近さだ――スターバックスの小売店が七店ある）。おそらく妥当な結論は、マンハッタンにはたくさんのビルがあり、すべてが他の何かの近くにあるということだろう。

この本で行なった調査を通して私が見つけたのは、知識と、時事的な議論に関する意見の間に見られる相関関係だ。十分に情報を得ている人々は、グラウンド・ゼロ・モスクについても、遺伝子組み換え食品についても、まったく問題にしない。さらにボーダーフェンスや「事前警告」（トリガー警告）の必要性には懐疑的な傾向が強いし、それにワシントン・レッドスキンズは、チームの名前を変えるべきだと考えがちだ。これらは、激論を引き起こす恐れのある問題で、文化戦士たちは決まって、これに対してワンパターンの応答を返す。だが、文脈的な知識を身につけた人々は、自分の力で、より上手に考えることができる。

たくさんの個々の事実が、意見の予測因子となっている。[11] 以下の表で示すのは、数は少ないが、私の

～の知識がない	～と相関関係がある
アメリカが、どの国から独立を勝ち取ったのか知らない ドジャー・スタジアムで、どんなスポーツが行なわれているのか知らない DCコミックスの悪漢が、「クラウン・プリンス・オブ・クライム」だということを知らない	「グラウンド・ゼロ・モスク」に反対する
ラガーディア空港のある都市がどこだか知らない	アメリカの全人口の中で、アジア人が占める数を少なくとも実際より2倍多く推測する(12)
太陽は地球のまわりを回っていると思う	大学の教室にも「事前警告」は必要(13)
太陽が地球より大きいことを知らない	同性カップルのためには、ウェディング・ケーキは作らないと言うパン職人を支持する(14)
『重力の虹』を書いた作家が誰だか知らない スプートニクが何なのか分からない	不法移民を止めるためにボーダーフェンスが欲しい(15)
ウータン・クランが何か分からない	政府が同性婚を認めることに反対(16)
アメリカはスペインから独立を勝ち取ったと思う	ワシントン・レッドスキンズは、名前を変えるべきではないと思う(17)

調査できわめて有意で、より広い傾向を示すものだ。

私はまた行動について質問をした。それは日常の行動から、純粋に仮定上のものまで。あなたは子供に、はしかやおたふく風邪、風疹のワクチン接種を受けさせますか？　オープンキャリー（銃の携帯）のイベントをしているスターバックスへあなたは行きますか？　あなたは一〇〇万ドルと引き替えに、ペットを崖から投げ捨てますか？

ここでもまた、一般知識で高い得点を取った人々は、良識のある、実用的な、そして社会的に責任のある行動を主張しがちだった。グループとしても、子供にワクチン接種を受けさせたと言った人々は、以下のことをする傾向が強い[18]。人間が恐竜と共存していなかったことを知っている。マンハッタン計画が原爆を作るための、アメリカの取り組みだったと言うことができる。そして、アメリカの上院議員の数も知っている。さらにアメリカはインドより大きいが、人口はインドほど多くないことを理解している。そして、米英戦争が南北戦争より前に起きたことも知っている。仮定上の質問で一つ、マシュマロ・テストとして考えたものがある。

高性能の電球を想像してください。値段は一〇〇ドル。が、寿命が一〇年だとすると、その間に電気料金を三〇〇ドル節約することができる。あなたはこの電球を買いますか?

書かれている通りで、これは頭を悩ますような問題ではない。一〇〇ドルの投資額は、ただ（温暖化に貢献して）氷を溶かす手助けをするだけではなく、一年に三〇ドルずつユーザーに貯蓄をさせる。それは保証付きで免税の、三〇パーセントの投資利益に等しい。分別のある答えは「イエス」だ。知識が豊富な人々は、まったく関係のない話題についても、その知識が増せば増すほど、彼らが電球を買おうと言う可能性が強くなる[19]。

ねじをゆるめるにはどちら側に回せばいいのか、それを知っていることは高度な科学ではない。この問いには九三パーセントの人が正しく答えた。にもかかわらず、これは一〇〇ドルの電球を買うことと相関があった[20]——子供のワクチン接種や、スーパーマーケットで再利用の袋を使うこととも相関がある。そこには最終的な文脈上の知識についても、言うべきことがたくさんあり、それをわれわれは、不完全

〜の知識がない	〜と相関関係がある
地図でネブラスカ州を見つけることができない アメリカの上院議員の数を知らない 古代人は恐竜を狩りしていたと考えている	はしか、おたふく風邪、風疹予防のワクチン接種を子供にさせない
アメリカはインドより人口が多いと考えている	遺伝子組み換え食品を食べない(22)
エビはコーシャーだと考えている	スーパーマーケットで、再利用の袋を使うことに反対(23)
ねじをゆるめるのに、どちら側に回せばいいのか分からない	300ドルの貯蓄ができる100ドルの電球を買わない
ニューメキシコ州をメキシコの一部だと見なしている	オープンキャリーのガンイベントをしているスターバックスへ進んで入っていく(24)
エドガー・アラン・ポーの有名な詩の中で、「ネバーモア」と言う動物を知らない GOPが何を表わしているのか知らない ビル・ゲイツとポール・アレンが設立した会社をテスラだと思っている	100万ドルと引き替えに、進んでペットを崖から投げ捨てる

ながら「常識《コモン・センス》」と言い表している。

「あなたは一〇〇万ドルと引き替えに、ペットを崖から投げ捨てますか?[21]」。この質問には、一般人の一二パーセントが投げ捨てると答えた。このパーセンテージがかなり高かったのは、もっとも硬い鉱物の名前を言えなかった人々(二〇パーセントが投げ捨てると言った)、GOP(売上げ純利益)のイニシャルが何を表わしているか知らない人々(一九パーセント)、それにエドガー・アラン・ポーの有名な詩の中で、「ネバーモア」(もう二度と)と言う動物が何かを知らなかった人々(二二パーセント)だった。

もう一つ次のような質問が出された。

このボタンを押すと、あなたは億万長者になれる。が、同時に行きずりの見知らぬ人を一人殺すことになる。あなたはボタンを押しますか？　ただし、この殺人にあなたが責任のあることを、他の者は誰一人知らない。そして、あなたが罪に問われることもけっしてない。

アメリカ人のほぼ五人に一人が、ボタンを押すと言った。[25] 一般知識のテストで低い点しか取れなかった人々は、このボタンをより押しがちになり、9・11の世界貿易センター攻撃があった年がいつだったのか、答えることができない人々の間では、「イエス」の答えが普通の人のほぼ二倍あった（三六パーセント）。

キツネのように幅広い一般知識の習得を第一とする哲学は、現在、きびしい逆風に直面している。メディアの時代精神は、むしろ、ハリネズミのような事実への関係の仕方を支持しているようだ。われわれに与えられているのはディジタル・ツールで、それは興味の深いプールへ真っ直ぐに飛び込むことを、そしてその一方で、他のすべてを排除することを可能にしてくれる。そこには「他のすべて」はつねに「クラウド」にあり、必要に応じて利用できるという保証があった。この魅惑的な宣伝文句の中で次の点が見失われている。つまり、情報をきちんと持っていることは、立証されていない疑似事実について情報を得ているのと同じくらい、文脈について多くの情報を得ているということだ。それは、個々のものの評価を可能にしてくれ、われわれが知らないことに、きわめて重要な洞察を与えてくれる全体への展望だ。

広い知識を身につける生涯教育は、ただ単に富や健康を達成する手段ではない（しかし教育は、それを受けることで、たくさんのものを手にすることができる）。学習行為は、われわれの直感と想像力を形作る。周知の事実は、個人や文化やイデオロギーを結びつける共有の評価基準だ。それは親しい間柄の軽いおしゃべり、意見、夢などのベースとなる。それはまたわれわれを、より賢明な市民にしてくれ、謙遜という今では過小評価されている贈り物を提供してくれる――というのも、ゆたかな知識を持つ者だけが、どれほど自分は知らないのか、その無知さ加減を正しく理解できるからだ。

あなたがグーグルで検索できないものは、ただ一つ、あなたがつねに探していなければならないものだ。

謝辞

この本を書くに当たって、当初のコンセプトを作り上げるのに、大きな影響を与えてくれたのは、Robert N. Proctor の書物だった。ここで私が行なったアプローチは、Proctor のものとはまったく関係がないが、彼がアグノトロジー［文化的文脈の中で抹殺された知識の研究］で行なった仕事は、私が無知の重要性をテーマとして取り上げるのに、大きな後押しをしてくれた。

数々の調査に時間を割いて参加してくれた、おびただしい人々の協力がなければ、とても本書を書き上げることなどできなかっただろう。また、以下に挙げる人々に深甚の感謝を捧げたい。Tracy Behar, John Brockman, Kenneth Carlson, Brian Cathcart, David Dunning, Celia Harper, Ted Hill, Larry Hussar, Robert Luskin, Maureen Miles, Evan Miller, Drew Mohoric, Billy Neal, Laurie Ortiz, Caleb Owen, Hoda Pishvaie, Henry L. Roediger III, Tony Scott, the SurveyMonkey team, そして UCLA Research Library のスタッフのみなさん。

訳者あとがき

一九八〇年代はじめから、二〇〇〇年代はじめにかけて生まれた人々は、ミレニアル世代と呼ばれている。一〇代の頃からディジタル環境の中で育った世代だ。このミレニアル世代の知識のありように、今、大きな変化が現われているという。が、ここでパウンドストーンが論じるのは、ひとまずアメリカの話だ。

二〇一三年に二人の心理学者によって発表された論文によると、二人はケント州立大学とコロラド州立大学の学生六七一名に、一般知識に関する問題を三〇〇問ほど出してテストを試みた。その中には、六七一名全員が誰一人正解を出せなかった問題がいくつかあった。たとえば「『カラマーゾフの兄弟』を書いた作家のファミリーネームは?」「ヨーロッパとアジアを分けている山脈の名前は?」「ジョン・ケネス・ガルブレイスの職業は?」「フィデロ・カストロが倒した政権のリーダーのファミリーネームは?」など――答えはドストエフスキー、ウラル山脈、経済学者、バティスタ。

これはさして難問とは言えない。いわば、家族みんなで楽しめるような、トリビア・ゲームの中でよく見かける問題だ。すぐれた教育を受けたとされるミレニアル世代で、今、起きている一般知識の大きな欠落――これはいったどうしたことなのだろう?

「合理的な無知」、つまり「無知は合理的でありうる」と言ったのは、経済学者のアンソニー・ダウンズだった。ダウンズが言うには、知識を獲得するために必要とする努力の価値が、それを得たことで得る利益を上回るような、そんなシチュエーションが、世の中には数多くあるという。瑣末な知識を何一つ知らなくても、大学は卒業できるし、給料のいい仕事に就くことだってできる。それなら何を好んで、役にも立たない知識を身につける必要があるのだろう。

そこにはまた、記憶のプラグマチックなシステムという問題もある。あらゆることをすべて記憶することは、われわれには不可能だ。脳は記憶する際に、意識の介入を待たずにたえず選択をしている。インターネットですぐに検索が可能な情報、そんな情報によって、われわれの心をわざわざ満たす必要がないことを、脳ははっきりと認識している。したがって、瞬時にオンラインで見つけることのできる情報は、脳の中で自動的に忘却される——この現象を「グーグル効果」という。トリビアな知識は、脳によって「記憶の必要なし」と判断され、記憶することを拒否されてしまう。

アメリカのミレニアル世代になぜ知識の欠落が見られるのか、そのはっきりとした理由は分からない。「合理的な無知」によるものなのか、あるいは、「グーグル効果」によるものなのか。要因が、モバイル機器にあるという説はたしかにある——が、それはまだ立証されていない。実際、アメリカのミレニアル世代は、他の国々の同世代と比べると、スマートフォンの所有率が高い。スマートフォンは、インターネットの情報をすばやく教えてくれる。知識へすぐにアクセスできる機器が身近にあり、その中で成長している人々にとっては、事実を記憶する必要の見直しは不可避なものだ。知識が少ないのは、知識に必要性があまりないからなのだろうか？

事実を簡単に調べることのできる世界にいて、なお事実を知ることに、はたしてどんな価値があるのだろう？

パウンドストーンは本書で、このような単純な質問に答えを出そうと試みる。

知識の欠損がもたらすものは、知識に対する無自覚のスパイラルだと彼は言う。インターネットは、けっしてわれわれを愚かにするわけではない。が、知識をディジタル・コモンズに外部委託することで、われわれは、自分が知らないことに対して、まったく無自覚になってしまう。無知からくる自己の過信を、パウンドストーンは

「ダニング＝クルーガー効果」という心理学用語で説明している。

一九九五年、銀行強盗が白昼、ピッツバーグの二つの銀行を立て続けに襲い、銃を窓口係につきつけて現金を奪い逃走した。が、監視カメラがマスクをしていない強盗の顔をしっかりと捉えていて、それがテレビで映し出されると、映像を見た者からすぐに警察へ連絡が入り、その夜の内に強盗は逮捕された。容疑者は信じられない様子で「おかしいな、顔にジュースを塗っていたのに」と首をひねる。

監視カメラに映らないように、たしかに、レモンジュースを顔に塗り付けたと言うのだ。頭がおかしいわけではない。ヤクの中毒者でもない。レモンジュースが見えないインクとして使われていることを、彼は知っていたし、銀行を襲う前にテストもしたと言う。ポラロイドで自撮りをした。出てきた写真には予想通り顔が写っていない。「おかしいな、なぜ監視カメラに映ってしまったんだろう」。ただ一つ彼が言い忘れていたことがある。それは自撮りをしたときに、レモンジュースが目に入ってしまい、痛くてとても目が開けられなかったことだ。

この記事が、コーネル大学の心理学教授デヴィッド・ダニングの目に止まった。間抜けな強盗の話に、ダニングは何か普遍的なものを見た――知識や技能がもっとも欠けている者の特徴は、自分の知識や技能の欠損をまったく理解できないことだ。その結果生じる、根拠のない過剰な自信――これが「ダニング＝クルーガー効果」として知られることになる。

自分自身の無知に気がつかない。知識に欠落があるために、自分の知識を正確に測ることができない。不完全な知識はやがて、ゆがんだ心の世界地図を作り上げる。そして、このような誤解が公私の場で、われわれの選択や行動や判断に大きな影響を及ぼす。

一般的な知識は必要だ。しかし、たがいに脈絡のない、ばらばらな知識ではまったく役に立たない。つながりを持たない知識は、インターネット・ユーザーをアリ地獄（超無知）へと誘い込むだけだ。知識は文脈的知識

（contextual knowledge）につながるものでなくてはならない。知識を知能へと変化させるためには、つねに文脈を捕捉することが求められる。ここで、パウンドストーンが持ち出してくるのがチェスの名人の話だ。

すぐれたチェス・プレーヤーと下手なプレーヤーの違いは、どこにあるのだろう？　チェスの能力は持って生まれたものなのか、それとも、長い修練の末に形成されるものなのか？　エキスパートと初心者の間には、これといって目立った違いはない。名人だからといって、いくつもの手を先に読んだり、初心者よりも、はるかに多くの手を記憶しているわけではない。偉大なチェス・プレーヤーの心には、効率的なコードがたくさんあるだけで、高速のプロセッサはない。

対戦したゲームの駒をそのまま動かさずに、プレーヤーたちには、チェス盤を五秒間だけ見せて、盤面を記憶させる。そのあとで各人には、記憶をたどってチェスの並びを再現してもらう。そんな実験が行なわれた。チェスの名人は、信じられないくらいこの作業が得意だった。一〇〇パーセント正確に再現ができる。が、あまり上手でないプレーヤーはまったくのお手上げで、わずかに二〇パーセント、あるいは、それ以下しか再現できない。

今度はアトランダムに駒を並べて、同じようにチェス盤を記憶してもらう。が、無作為に並べた盤面の再現では、名人も初心者も同じような反応を見せる。なかなか思い出せない。必死に思い出そうとしても、せいぜい再現できる駒は六つほどだ。すぐれたプレーヤーが思い出せるのは、実際の盤面だけなのである。

チェスの名人は、たくさんの事実（手）を学ぶことによって、さらには、その事実が全体として、どのような組み合わせになっているのか、それ（文脈的知識）を知ることで、自分の直感力を身につけていく。パターンを認識することで、はじめて複雑な全体の意味を知ることができる。インターネットの知識が危険なのは、この文脈が完全に剝ぎ取られていることだ。それが真実の理解をいっそう困難で、より難しいものにしている。

パウンドストーンはこの本の中で、おびただしい統計データを駆使しながら、ミレニアル世代に起きている

「奇妙な現象」を追跡する。そして、モバイル機器の普及により、あふれんばかりの情報の海に身を浮かべながら、なお情報に対して無自覚になり、瑣末な事実にまったく無感覚になっている、ミレニアル世代の若者の文化を仔細に分析してみせる。情報の洪水の中を、われわれはどのように泳ぎ抜ければいいのか、パウンドストーンがその方法を教えている。

本書は *William Poundstone, Head in the Cloud : Why Knowing Things Still Matters When Facts Are So Easy to Look Up*（Little, Brown and Company, 2016）の全訳である――一五冊目の著作。パウンドストーンの著作は一、二作を除いてほとんどが、すでに邦訳されている。本書の翻訳を勧めて下さったのは、青土社の篠原一平さんだ。アメリカの人気ラッパーからジャック・デリダまで、おびただしい数の人物が登場するトリビア・ゲームを、存分に楽しませていただいた。篠原さんありがとう。

二〇一七年一月

森夏樹

Head in the Cloud
Why Knowing Things Still Matters When Facts Are So Easy to Look Up
By William Poundstone

クラウド時代の思考術
Googleが教えてくれないただひとつのこと

2017年1月20日　第一刷印刷
2017年1月30日　第一刷発行

著　者　ウィリアム・パウンドストーン
訳　者　森夏樹

発行者　清水一人
発行所　青土社

〒101-0051　東京都千代田区神田神保町1-29　市瀬ビル
［電話］03-3291-9831（編集）　03-3294-7829（営業）
［振替］00190-7-192955

印刷・製本　シナノ印刷
装丁　松田行正

ISBN978-4-7917-6966-7　Printed in Japan

索　引

あ行
アーサー、チェスター　104
アーバス、ダイアン　243
アービング、ジュリアス　269
アーリンガー、ジョイス　189
アイコン　309-313
ISIS　231
アイゼンハワー、ドワイト　113
アインシュタイン、アルベルト　110-111,113-117,121,134,187-188,302-303
アクティブ・リスニング　50-51
アジア　33,87-89,172,237
アジェンダ　123,256
アダムス、アンセル　243
アチェベ、チヌア　238
アップル　85-86,350
アップル・マッキントッシュ　310
アテナイの民主主義　375
アトウッド、マーガレット　238
『アナルズ・オブ・インターナル・メディシン』 314
『アニー・ホール』 50
アネンバーグ・パブリック・ポリシー・センター　96,141
アビー、エドワード　142
アブード、マイケル　384
アフリカ　10,30,57,62-63,87,238,303
アプリとアプリ制作者　21-22,41,197,215,247,293,300,305,311,313,350,352
「あまり賢くない家庭」（調査）330
「アメリカのイスラム化を阻止する会」384
アメリカの州最高裁判所　141
アメリカの所得の分配　77
アメリカの人口　89-90
アメリカの富の分配　73,75-76
アメリカン・エッグボード(AEB)　191
アメリカン・グラフィックアート協会（AIGA）310
アメリカ革命戦争　99
アメリカ合衆国運輸省　310
アメリカ合衆国国勢調査局　87
アメリカ憲法センター　143
アメリカ国家予算の赤字/借金　69-72,77,84,89,92-93
アメリカ市民権のテスト　96
アメリカ消費者団体　258
アメリカ政府（に関する事実）141-142
アメリカ大統領　105,113
アメリカ地理学協会　58
アメリカ独立宣言　95-96,99,142-143
アメリカ例外主義　120
アリエリー、ダン　73,75-77,79
アリストテレス　109,235
アルキロコス　381
アレクサンドロス大王　109
アレン、アレンダ・ライト　142
アレン、ウッディー　50
アンセルド、ウェス　269
アンソニー、スーザン・B　96
アンデレ（イエスの弟子）232
アントニウス、マルクス　36
eヘルス　321
イエス　100,109-110,226,228,232-233
イグノーベル賞　19
イプソス・モリ調査　89-91,94,147
イラク戦争　115
医療費負担適性化法　321

因果関係と相関関係　158,164,190-191,317-318,338
インターネット　19,20,24,31,35,39,40,47,49,50,52-54,116,132,142,253,255,263,269,280,312,332-333,338,346-355,383
インターネット・パネル調査　51-54,58,70,73
インターネット・ミーム　30,127
陰謀説　133-135,256,341
ヴァービンスキー、ゴア　10
ヴァヴレック、リン　144-145
ヴァンダーパンプ、リサ　236
ウィーラー、マッカーサー　15-16
ウィキペディア　32,48-49,109,196,330
ヴィクトリア女王　36,108
ヴィトゲンシュタイン、ルートヴィヒ　236
ウィリアムズ、ロビン　7
ウィリス、ブルース　245
ウィルソン、ウッドロウ　96
ウィルハイト、スティーブ　212
ウィンスロップ、ジョン　120-121
ウーバー　21,23
ウール、クリストファー　242
ウェグナー、ダニエル　40,43,45-46,49
ウェスト、ジェリー　269-270
ウォーカー、キャラ　242
ウォード、エイドリアン・F　43,45,49
ウォード、チャールズ・B　109-113
ウォーホル、アンディ　113
「ウォール街を占拠せよ」　75
『ウォールストリート・ジャーナル』　340,343,348,353,381
ヴォネガット、カート　239
ウォレス、アルフレッド・ラッセル　303
ウッサー、ジェームズ　178
ウッズ、タイガー　221-222
ウッド、トマス　256
「生まれてはじめて当たった宝くじ」(調査)288-289
「ウラジーミル・ナボコフって誰？」（調査）249
ウルフ、ヴァージニア　165
映画産業　8
エイサップ・ロッキー　218
AC/DC　221
X世代（Xジェネレーション）　105
NPR（ナショナル・パブリック・ラジオ）336-337,343-345,348,352,354,356
FBI（連邦捜査局）　207
エミネム　218
MSNBC　3,337,352,361
エリザベス一世（英国女王）　113
オイラー、レオンハルト　244
黄金律　227
オーツ、ジョイス・キャロル　239
オクラホマ州　119
オズ、メフメト　258
オッペンハイマー、J・ロバート　232
オハイオ州議会　183
オバマ、バラク　96-97,127,266
オベラウアー、クラウス　134
オライリー、ビル　361
オリバー、J・エリック　256-257
オルソン、リン・ダイアン　138

か行

カーター、ジミー　106
カーダシアン一家　235
カーツァー、ジョシュア・D　66
カーネマン、ダニエル　168
ガーフィールド、ジェイムズ　104
カール、ジェレミー　137-138
カーロ、フリーダ　118,237
カーン、エイブラハム・アポンテ　138
懐疑主義　133
科学的方法　183,185
カスカート、ブライアン　24,334
カストロ、フィデロ　33

葛飾北斎　238
カップ、タイ　104
カトリック教　227,230
カナダ　34,60,64-65,122,238,338
カハン、ダン・M　47
カポーティ、トルーマン　239
カポネ、アル　107
カリー、バーバラ　9
ガリレオ　99
ガルシア・マルケス、ガブリエル　237
ガルセッティ、エリック　146
カルバン、ジョン　112
ガルブレイス、ジョン・ケネス　11
カレッジ・ボード　119-120
ガンジー、マハトマ　113,121
感情とスコープ無反応性　85
キエポンサン、ソラポップ　79
記憶　22,27,35,40-43,46-47,49,78,97-99,102-108,110,115,167,168,180,234,240,246,253,283,298-301,304,334
ギグナック、ギレス・E　134
気候変動　364,366-367,372
疑似相関ウェブサイト　159
ギャラップ、ジョージ　369-370,375
ギャラップ世論調査　81,93,375
9・11の攻撃　98,132,134-135,390
キューブリック、スタンリー　297,300
ギューリック、バート　346
教育テストサービス　34
教育と学習→「全米共通学力標準」を見よ
教会と国家の分離　95
教科書　95,119-125,177,293
共和党　75,119,142-143,177,364-365,370,378
共和党全国委員会　119
キリスト教徒とキリスト教　90,225-226
『キリストの顔』（サルマン）　110
キリンジャー、ショーン　171
キルケゴール、セーレン　221
キングズバリ、ダグラス　27-28
キンゼイ、アルフレッド　254
グウィン、トニー　269-270
グーグル　25,39,40-42,46-47,49,98,109,171,210,253,284,330,349,357,359,391
「グーグル・トレンド」　197
グーグル・ニュース　357
グーグルマップ　21,386
クーンズ、ジェフ　242
くじの当選者　153-155,273-275,288-289
クライン、リンダ・シュミット　285-286
『クライング・ゲーム』　245-246
グラウンド・ゼロ・モスク　383-386
グラハム、サクソン　254
グラハム、ベット・ネスミス　301-302
グラフィックス、アイコンの視覚言語　309-314
グラブハブ調査　197
グラント、ユリシーズ・S　105,326
クリーズ、ジョン　19
クリーブランド、グルーバー　112
グリーン、ローン　238
グリーンフェルド、カール・タロウ　247
クリスタル、ビリー　7
クリスマス論争　87,91
グリフィン、ブレイク　265
クリントン、ビル　143
クルーガー、ジャスティン　16-19,371
クルーグマン、ポール　137-138
クルーズ、テッド　69
クルツ、スタンレー　119-120,123
グルテン　258-262
クレー、パウル　244
クレオパトラ　100
クローダー、ロバート・G　104
「グローバル・アソシエイティッド・ニュース」　331-332
黒澤明　238
クロック、ジョーン　354
クロック、レイ　354
ケイジ、ニコラス　159

ゲイツ、ビル　280
系列位置効果　104-105
ケインズ、ジョン・メイナード　243
ゲーテ、ヨハン・ヴォルガング・フォン　244
決断　383
ゲティスバーグの演説　143
ケプラー、ヨハネス　99
言及（ほのめかし）　29,80,98,120,190,292
健康知識　251-264
言語使用→「文法とスペリング」も見よ
検索ソフトと知識　19
現代アート　241,243
「現代語」（調査）　213
原爆　37,116-117,388
校正　196,198,200,207
合理的無知　37,371
コーク兄弟　379
コーチェラ・ヴァレー・ミュージック・アンド・アーツ・フェスティバル調査　220-221
コープランド、アーロン　303
コール、ショーン　286-287
誤検知　157
心の地図（心象地図）　69,92,94,101
誤差の範囲　156
国境フェンスの原理　67-69
コッペル、ジョナサン　107
古典への言及　29
コナン・ドイル、アーサー　312
五人に一人の法則　127-128
こまごまとしたサブカルチャー(への言及)　29
コムズ、ショーン・「ディディ」　217
コロラド州　33,119
コロンブス、クリストファー　98-99
コンピュータ・インターフェース（アイコンの）　310
コンファイド・アプリ　41
コンラッド、ジョセフ　120

さ行

『ザ・シンプソンズ』　225,239
「ザ・デイリー・カラント」　331
「ザ・デイリー・ショー」33,342,347,351-353
『ザ・ボーイ・ネクスト・ドア』　8-9
サーヴェイモンキー　53
『サイコ』　245
「最後の晩餐に出席した客のリスト」(調査)　232-233
ザイツォフ、トマス　66
サイモン、ハーバート・A　299
ザッカーバーグ、マーク　303
サド、マルキ・ド　124
サブプライム住宅ローン危機（2007-2009）　277,285
サルマン、ワーナー　110
サンドラー、アダム　331
散布図　160-161,294
「ジ・オニオン」　331
CNN　93,128,337,352
CNN世論調査　93,128
GfKナレッジパネル　53
ジイド、アンドレ　243
GPSナビゲーション　21-22,141
シェイクスピア、ウィリアム　7,26,99,108-109,111,113,239
ジェイ・Z　218,221,223-224,247
ジェイン、ブラック　197
シェーンベルク、アーノルド　303
『ジェパディ！』　265,295
ジェファーソン、トマス　36,109,111
ジェラルド・R・フォード大統領図書館・博物館　106
ジェンダー　161,191,268
視覚言語　309-310
自己評価　16,18,49,276,281,289
事実と事実的知識　67,292,301,335
「史上もっとも偉大な打者」（調査）　270-271

『シックス・センス』 245
自動運転車 23
自撮り写真 41
シビック・エデュケーション・イニシアティブ 96
GIF（画像交換フォーマット） 210-212
『市民ケーン』 245
シモン（イエスの弟子） 232
ジャー、ジェローム 215-216
ジャーナリスト 48,72,91,92,158,183,208,209,228,232,334,341,382
『ジャーナル・オブ・ヘルス・エコノミックス』 319
シャーマン、シンディ 242-243
シャーマン、スーザン 57
ジャコビ、デレク 7
シャストリー、ガウリ・カルティーニ 286
シャトナー、ウィリアム 238
ジャナヴス、チントラ 138
ジャンヌ・ダルク 112,228
宗教的な信念 183,231
『13日の金曜日』 245
銃所有の支持 81
シュラーク、ウィリー 297
『ジュラシック・パーク』 179
シュレーディンガーの猫 165
小ヤコブ（イエスの弟子） 232
ジョージ、リチャード 259
ジョーンズ、ジャスパー 242-243
食品医薬品局 257-258
所得 52,54,94,149,156-170,190-193,206,210,212,219,230,235,244,248,249,261,267-271,275-280,289,291-297,305,325,326,382
「ジョン・オリバーのラストウィーク・トゥナイト」 336-337
ジョンソン、アンドリュー 105
ジョンソン、サミュエル 124
ジョンソン、マジック 269
ジョンソン、リンドン 106,113
シルバー、ネイト 381
シン、バガット 121
シンガー、ビル 48
進化論 364
審議方式の世論調査 371-372,374,376
人工知能 297-298
人口の五分位階級 73-75,77-79
新造語 384
新聞 27,127,139,332,334,339,346,350-352,354,356-358,374
進歩的なカリキュラム 29
新薬の臨床実験 317
スウェーデン 76,216
スキーナー、スティーヴン 109-113
スケルトン、パーク 138-139
スコープ無反応性 85
スティーブンス＝ダヴィドヴィッツ、セス 47
スティーリー・ダン 221
ステイブラー、ケニー 269-270
ステイヤー、トム 379
ストーバル、ジェリー 269
ストループ、ジョン・リドリー 43-45
ストループの仕事 45
ストレイド、シェリル 247
スナップチャット 41
スヌープ・ドッグ 218
スピルバーグ、スティーヴン 179
スプートニク 296
スプーフ・サイト 331
スペイシー、ケヴィン 245
スペインの異端審問官 231
スポイラー（ネタばらしをする人） 245
スポーツの知識 265,267-268
スポティファイ 219
スラング 207-208,210
性教育 251-252,256
性行為感染症（STD） 251
政治家 47-48,91,93,95,116,124,141-146,

172,228,271,329,341,350,370-371,376
セーガン、カール　181
世界銀行　52
世界地理（の地図テスト）　59-67
世界世論調査協会　92
ゼタ＝ジョーンズ、キャサリン　223-224
節制　251-252
ゼノビオス　381
セリアック病　258
ゼロックス・パロアルト研究所のエンジニア　310
線形回帰　160-161,267
全米科学財団　172,175
全米共通学力標準　23,26
相関関係　67,94,141,156-164,167,190-193,206,207,210,219,230,244,248,257,267,270,275,278,281,282,287,289,291-294,305,317,326,338,366,385,386
創造的破壊（の不可避性）　22
相対性理論（調査）　114,188-189
ソーウェル、エリザベス　304
ソーシャル・ネットワーク　46,124,204,217,262,265,346,349,351,353-354
ソクラテス　36
ソフォクレス　28
ソンタグ、スーザン　228

た行

ダーウィン、チャールズ　37,124-125,175-176,303
ダイアナ妃　134
「代議員たちの名前を挙げよ」（調査）　149
大衆の知恵　85,93,147,243
ダイチ、ジェフリー　217
第二次世界大戦　96,115
大脳皮質　304
大ヤコブ（イエスの弟子）　232
タイラー、ジョン　104
ダヴィデ（イスラエル王）　101,110
ダウンズ、アンソニー　37
タクシードライバー　20-21,23,304
ダニング、デヴィッド　16
ダニング＝クルーガー効果　13,16-19,25,54,69,155,309,314,320,323,371
タブレット・コンピュータ（の記憶容量）85-86
多変数回帰　161
ダンカン、ティム　269
ダンテ、アリギエリ　112
ダンティカ、エドウィージ　247
ダンロスキー、ジョン　33
チェス　297-301
「地球の年齢はいくつ？」調査　177-178
知識　151-305,331-362
知識に乏しい有権者　368
地図テスト　58
知的設計論（インテリジェント・デザイン）183
チャーチル、ウィンストン　116,143
チャーディ、ジョン　293
注意と所得水準　168
中国　35,60,62,64,68,130,176,232,236
チューリング、アラン　192-193
「チューリング・テストで失敗」（調査）192-193
チョーサー、ジェフリー　203
直感　83,133,279,301,391
ツイッター　8,195,216,252,349-351
ディートン、アンガス　168
デイヴィス、ジェファーソン　95
ディケンズ、チャールズ　24-25,36,124
『帝国の逆襲』　246
ディジタル・コモンズ　22
ディジタル・デトックス社　355
「テイスト・フリーズ」　219
ディズニー、ウォルト　113
ディズニーランド　257
ディソト、K・A　105
ディック、フィリップ・K　261
提喩（シネクドキ）　310

『ディルバート』（コマ漫画） 193
デーヴスジェス、ウィリアム・H 84
デカルト、ルネ 111,235,264
テキサス州 252
テキサス州教育委員会 95
テキサス州政府教育庁 119
テスラ、ニコラ 112
手塚治虫 238
哲学者 235-249
テトロック、フィリップ 382
デナード、プレストン 267
デニーロ、ロバート 106
テニスン卿、アルフレッド 124
デ・フロート、アドリアーン 298-299
デモクラシー 82,85,92,145,147
デュシー、ダグ 96
デュボイス、W・E・B 244
テラー、エドワード 118
テロリストの攻撃（2001） 102
デンチ、ジュディ 7
天地創造説 177-178,183
天文学 177,189
トゥアナ、ナンシー 255
トウェイン、マーク 111,240
討議民主主義センター（スタンフォード大学） 378
統計学的有意性 169,242,263,294,335,373
統計地図 58-60
盗作 48
頭字語 208,211,321
投票 148
独立記念日（アメリカ） 30,96
トマス（イエスの弟子） 232
ドラッカー、スーザン 48
ドラッジ・レポート 340
「トリビアが最良の薬？」（調査） 264
「トリビアが大事」（調査） 170
トルーマン、ハリー・S 101,112
ドレイク（ラッパー） 218,220-221
ドレガー、アリス 252
ドローネ、ソニア 334
ドロップ、カイル 66
トンプソン、アンディー 183

な行

『ナショナル・インクワイアラー』 341
ナショナル・レポート 331
「72の法則」 279
ナノフェイム 215-217
ナボコフ、ウラジーミル 249
ナポレオン 108-109,113
南北戦争 99,115,170,388
ニーチェ、フリードリヒ 236
ニクソン、リチャード 98,103,106,113
偽情報 46
『2001年宇宙の旅』 297
二番目に明るい恒星（調査） 180-181
ニュース（アップル・アプリ） 350
『ニューズウィーク』 96
ニュートン、アイザック 99,111
「ニューヨーク・タイムズ」 137,215,336,339,348,352,354,360,382
「ニューヨーク・ポスト」 339
認知的な負荷 334
認知反射テスト 318
年齢→ベビーブーム世代、X世代、ミレニアル世代を見よ
年齢テスト 55
ノウルズ、ソランジェ 247
ノートン、エドワード 79
ノートン、マイケル 73,75-77

は行

パーク51 384-385
ハーグローブ、レベッカ・ポール 273
ハーシュ、E・D・Jr. 26-29,39
ハースト、ダミアン 242
ハート、ギルバート 251
『ハード・タイムズ』（ディケンズ） 24
バードウォッチャー 297,299-300

「ハーバード・クリムゾン」 64
バーリン、アイザイア 381
陪審員団 375
背側海馬 304
バイン 215-217
パターン認識 299-300
発音 198,211-213,243-244,291
バック、パール・S 237
バックマン、ミシェル 143
バッハ、ヨハン・セバスチャン 99,125
ハニー・ブー・ブー 235-236
「ハフィントン・ポスト」 127
『ハムレット』 7,114,282
パラノイア（被害妄想） 134,257
ハリソン、クリス 50-51
ハリネズミとキツネの区別 382
バルトロマイ（イエスの弟子） 232
犯罪率 81-82
ハンター、キャトフィッシュ 269
ハンディー、ジャック 17
ハンバーガーのアイコン 309-313
万里の長城 68
p 値（確率値） 157
ビートルズ 215
ビーバー、ジャスティン 222-224
ビービ、ドン 269
PBS 351-352
ピカソ、パブロ 36,170,241,303
ピケティ、トマ 280
「ビジネス・インサイダー」 69
ビショップ、ジョージ 372
ビスマルク、オットー・フォン 112
筆記体 23-24,65
ピット、ブラッド 222-223,245
ピットブル（ラッパー） 218
ヒップホップ調査 217-219
ヒトラー、アドルフ 99,109-111,121,123
批判的思考 185
ビヤライゴーサ、アントニオ 138
ピューディーパイ 216
ピュー・リサーチセンター 32,81,177,182,225,351
氷河時代 98
ピョートル大帝 124
ビヨンセ 221,224,247
ビルトン、ニック 215
ピンチョン、トマス 239
ピンときた瞬間 301-302
ビン・ラディン、オサマ 98,121,134
『ファイト・クラブ』 245
ファン、デイヴィッド 24
ファン・ゴッホ、ヴィンセント 241
フィエリ、ガイ 198
フィシュキン、ジェームズ 371,373,376,378
50セント（ラッパー） 222-223
フィリポ（イエスの弟子） 252
フーコー、ミシェル 244
フェアリー・ディキンソン大学の調査 335-336,342,361
フェイスブック 30,179
フォーカス・グループ 373
フォード、ジェラルド 103,106,113
フォード財団 256
「フォックス・ニュース」 19,335-338,340-343,348,350,361
不確定性原理（調査） 185-186,188
不可知論者 226
複雑怪奇な機械 320
複利 275,279-281,283,338
ブッシュ、ジョージ・W 113,122,228
ブッダ、ゴータマ 232-233
ブラウン、クリス 218
ブラウン、リタ・メイ 116
プラスチック調査 182
プラトン 235
ブラナー、ケネス 7
フランクリン、ベンジャミン 111
ブランスコム、ジェイ 179
フランゼン、ジョナサン 239

フリップボード　350,358
プルースト、マルセル　40
フレデリック、シェーン　318-319
プロザロ、スティーヴン　227-228,230-231
「プロポジション 31」 376,378
フロリダ・マン　127
文学（の知識） 291
文化リテラシー　27,35,55,235,245-246,248,296
分散した記憶　46-47
文脈的知識　293,333,382,386
ヘイズ、ラザフォード・B　104
ベイトマン、リンデン　23-24
ベイナー、ジョン　157
ヘイリー、ニッキ　29
ペイン、トマス　142
ベッカム、デイヴィッド　221,224
ペテロ（イエスの弟子） 252
ベビーブーマー世代　77,82,220
ヘミングウェイ、アーネスト　296
ペリー、リック　142
ベルイマン、イングマール　347
ペルティエ、ジョン　285
ベルトセン、ドルテ　107
ベロイト大学、マインドセット・リスト　106
ペロシ、ナンシー　145
ヘンケル、リンダ　41
ヘンダスン、ブライアン　196
ヘンリー八世　111
包皮切除手術の調査　254-255
ポー、エドガー・アラン　37,111,389
ボース、スパス・C　121
ポール、ランド　48
ボーンスレー、シヴァージー　121
保険会社　319-323
ポスト、ウィリアム　155
ボストン大学　227
ポピュリズム　369
ホメロス　8-9
ポリッツィ、スヌーキ　236
ホリデー、ビリー　107
ボルト、ウサイン　222,224
ホロコースト調査　129-131
マーサー、ケン　119

ま行

マーティン、ジョージ・R・R　239
マードック、ルパート　339
マーフィー、パトリック　138
マイアー、リック　269
マイケルソン＝モーリーの実験　188
マイヤーズ、マイク　238
マインドセット•リスト（ベロイト大学の） 106
マカリスター、ヴァンス　201
マクドナルドのビッグマック（のカロリー） 82-83
マクルーハン、マーシャル　50-51
マザー・テレサ　121
マシュマロ・テスト　273,281-284,376,388
マタイ（イエスの弟子） 227,232
マッケンジー、グロリア　273
マディソン、ジェームズ　368-370
マドウ、レイチェル　361
マリスト大学世論研究所　95-96
マルクス、カール　36,123-124
マルクス、グルーチョ　107
マルゲリータ（女王） 197
マルサス、トマス　303
マレーシア航空　128
マンデル、ルイス　285-286
マンロー、アリス　238
ミシェル、ウォルター　281-282
ミシシッピー州　59,61,251-252
ミズラヒ、アイザック　171
ミッチェル、オリビア　278
宮崎駿　238

ミラー、ディーン　332-333
ミレニアル世代　32,37,65,89
民主党　75,137,177,378
ムーニー、クリス　364
無神論者　225-226,228
無知→「偽情報」を見よ
「ムネモン」（記憶力よき人）　47,49
ムハンマド（マホメット）　109-110
名声　108-109,113,239,292
名誉毀損防止組合　129
メカニカル・ターク　53
メディア　33,39,41,50,54,55,76,186,204,222,247,331-362,370,376,379,384,391
メディアマス　332
『メメント』　245
モバイル機器　20,210
モブリー、エリック・W　309
モリエール　124
モリスン、トニ　238-239
モンサント　256-257

や行

ヤフー（検索ソフトとしての）　19,46
ヤング、サイ　269
『ユージュアル・サスペクツ』　245
ユーチューブ　19,172,216
ユートピア的理想主義　310
ゆがめられた心の地図　92,101,371
「ゆがんだ心象地図」（調査）　94
ユダ、イスカリオテの（イエスの弟子）　232
ユダ、タダイの（イエスの弟子）　232
ユダヤ人とユダヤ教　30,101,115,129-131,225-226,230,338
予測因子　162,248-249,264,270,279,289,295,385-386
ヨハネ（イエスの弟子）　232
ヨハネ・パウロ二世　111
世論調査　372-376,378-380

ら行

ラーセン、ドン　269
ライト、フランク・ロイド　37
ライドシェア・アプリ（相乗りアプリ）　305
ラジオ　36,180,340,342-347,351,354,370
ラップ、グレッグ　196
ラテン・アメリカ　87,89,236
ラベル読み　314-319
ラマー、ケンドリック　218
ラングネス、デイヴィッド　330
『ランゴ』　9-10
ランダム・サンプリング　375
ランド・アメリカン・ライフ・パネル　53
ランドン、アルフレッド　369
リアリティー・ショーのスターたち　235
リーボヴィッツ、アニー　243
リーマン、ベルハルト　303
リキッド・ペーパー（文字修正液）　369
リキテンスタイン、ロイ　243
リスニング、アクティブ・リスニング（積極的傾聴）　50-51
『リテラリー・ダイジェスト』調査　369
リビア、ポール　30,338
リベラ、ディエゴ　118
略語　207-208,210,213,321
リュー、ジェイムズ・H　121-122
流行語　208
量子論　180,189
料理と家事の知識　323
リリエンフェルト、エイブラハム　254
リル・ウェイン　218
リンカーン、エイブラハム　95,103-106,108-111,121,143
リンボー、ラッシュ　340
倫理と正当化　49
ルイ一四世　36
ルース、ベーブ　104,269
ルーズヴェルト、フランクリン・D　117,369

ルサルディ、アンナマリア　278
ルシェ、エド　242-243
レヴァンドウスキー、ステファン　134
レーガン、ロナルド　113,120
レーシュ、オットー　297
レーベンシュタイン、ジョージ　320,322-323
レオナルド・ダ・ヴィンチ　241
歴史上の人物　108-115
歴史的出来事　99-103
レミニセンス・バンプ　106-107
レモンジュース(見えないインクとしての) 15-16
連邦準備銀行　277
ローソン、キャサリン・A　33
ローパー・パブリック・アフェアーズ・アンド・メディア　58
ロサンゼルス　146
ロシア　35,60,62,66,176,293,295
ロック、ジョン　112
ロックフェラー財団　256
ロディガー、ヘンリー・3世　102,104-106,113,115,122,334
ロバーツ、ジョン　145
ロペス、ジェニファー　8-9
ロマーノ、アンドルー　92-93
ロングフェロー、ヘンリー・ワーズワース　30,124
ロンドンのタクシードライバー（の知識テスト）　20-21,23,304

わ行

ワイルド、オスカー　235
惑星　30,36,165,171-172,180,245,338
ワクチン接種　135,257,318,387-388
ワグナー、リヒャルト　244
ワシントン、ジョージ　71,110
「忘れ去られた白人男性」（調査）　124

原　注

エピグラフ

（1） Parker, 2009, 15n.

（2） 統計値は私が行なった調査の結果から取った。選択は6人に限定した（ゲッベルス、オスカー・ワイルド、アドルフ・ヒトラー、ウィンストン・チャーチル、マーク・トウェイン）。ゲッベルスが書いたものの中にこの引用は出てこない。引用をゲッベルスのものとしたのは、非米活動調査委員会（ＨＵＡＣ）が出した1946年の報告書だ。それ以来、広く引用されるようになった。私の調査でもっとも人気があったのはマーク・トウェインで、38パーセントの人に選ばれた。

序　事実はもはや時代遅れ

（1） Amy Miller, "New J-Lo Movie Makes 'First Edition "Iliad"' a Thing," *Legal Insurrection*, February 4, 2015: bit.ly/1aKNK0j.

（2） Hillin, 2015.

（3） Sotheby's, Auction Results, Music, Continental Books, and Manuscripts, June 5, 2013: bit.ly/1GLJ06l.

（4） Itzkoff, 2011.

I　ダニング＝クルーガー効果

1 「ジュースを塗ったのに」

（1） Morris, 2010.

（2） David Dunning, interview with author, June 12, 2015.

（3） Ehrlinger, Johnson, Banner, et al., 2008.

（4） Kruger and Dunning, 1999, 1132.

（5） Kruger and Dunning, 1999.

（6） David Dunning, interview with author, June 12, 2015.

（7） bit.ly/1os8vxN.

（8） Rosen, 2014.

（9） Wagstaff, 2013.

（10） Ibid.

（11） Cathcart, 2009.

（12） Dickens, 1859. 引用は第一章の冒頭のパラグラフ。

（13） Hirsch, 1987, 2.

（14） Krauss and Glucksberg, 1977.

(15)　Hirsch, 1987, 4.
(16)　Boylan, 2014.
(17)　Ibid.
(18)　例えば、フェイスブックの“Common Core Crazy Homework,” on.fb.me/1EetjGk を見よ。
(19)　これは多項選択式で、ほとんどの質問には4つの選択肢と「分からない」という項目がある。
(20)　Pew Research Center, “Who Knows What About Religion,” September 28, 2010, pewrsr.ch/1pD7bxq.
(21)　Tauber, Dunlosky, Rawson, etal., 2013.
(22)　Ibid.
(23)　ETS figures: Coley, Goodman, and Sands, 2015, 17.
(24)　Ibid., 2.
(25)　Nielsen, 2014. China の数字、Russia と Brazil の数字は Pew Research Center, 2014.
(26)　大半は私自身の調査に基づいている。他のものについては Tauber, Dunlosky, Rawson, et al., 2013 を見よ。
(27)　Downs,1957, 244 – 46 and 266 –71.
(28) Salary.com feature: bit.ly/1e7g5cz の実際のタイトル。
(29)　Henkel, 2014.
(30)　Zachs, 2015.
(31)　Wegner and Ward, 2013, 80.
(32)　Wegner and Ward, 2013.
(33)　Stephens-Davidowitz, 2015.
(34)　Nestojko, Finley, and Roe-diger, 2013, 321.
(35)　Kaczynski, 2013 に引用されている。
(36)　Fisher, 2015.
(37)　Wegner and Ward, 2013, 61.
(38)　The McLuhan のクリップはユーチューブの bit.ly/1Dlq4dD にある。
(39)　Google Public Data: bit.ly/152hP8f.
(40)　年齢と正解の相関関係は、3つのすべての設問の中で、$<.001$ の p 値（有意水準）を持つ（p 値が何か分かりますか？　p.156 で改めて説明します）。「上院議員」のサンプルサイズ（被験者数）は207で、「ブラジル」と「ショート・ストップ」は445。

2　無知の地図

(1)　Bittenbender, 2014
(2)　不正解の比率を、ガストナー＝ニューマンの拡散式アルゴリズムにおける密度として使用した。ソフトウェアは ScapeToad.
(3)　地図調査の対象者数は100人余り。コンゴ共和国については、不正解者が4.3パーセント前後――これはほとんど正解者のパーセントと変わらない。

（4） National Geographic Education Foundation, 2006.

（5） National Geographic Education Foundation, 2006, 6.

（6） Lexi M. Del Toro and Bessie X. Zhang, "Roving Reporter: Canada," November 18, 2013: bit.ly/1DK92YL.

（7） Tauber, Dunlosky, Rawson, et al., 2013, 1129.

（8） 質問は5つの選択肢を持つ多項選択式（アメリカ、メキシコ、テキサス、グアテマラ、南アメリカ）。アメリカを選んだ者は全体の91.5パーセント。許容範囲は3.3パーセント。回答者の人数は282。

（9） National Geographic Education Foundation, 2006, 56.

（10） 知識と国境フェンス支持の相関関係は$p<.001$. 教育と年齢が線形回帰に含まれているときでも、国境フェンス支持を予測するのに、知識はなお高い重要性を示している。$p=.002$.

（11） この数字は線形回帰からきたもの。線形回帰においては、教育は35歳と大学の4年間で一定に保たれている。

（12） $p<.001$. ノースカロライナでも同じようなパターンがあったが、データは統計学的に見て有意ではない（$p=.277$）。この調査のサンプルサイズは228。

（13） $p<.001$.

（14） 国境フェンスの平均的評価は、○と答えた者が10人中7.31人。×と答えた者が4.51人。

（15） National Geographic Education Foundation, 2006.

（16） Norton and Ariely, 2011, 9.

（17） Schrager, 2014.

（18） Statista, "Shares of Household Income of Quintiles in the United States from 1970 to 2014" : bit.ly/1PkkUng.

（19） Kiatpongsan and Norton, 2014.

（20） Norton and Ariely, 2011, 12.

（21） Kohut, 2015.

（22） Cohn, Taylor, Lopez, et al., 2013.

（23） Desvousges, Johnson, Dunford, et al., 1992.

（24） Ipsos MORI, 2014.

（25） Ibid.

（26） Ibid.

（27） Ibid.

（28） Romano, 2011.

（29） サンプルサイズは462で$p=.005$.

3　愚か者の歴史

（1） Terkel, 2010; *Los Angeles Times*, 2014.

（2） "Don't Know Much About History?" , July 2, 2010: bit. ly/1Na7nzX を見よ。

（3） Wilson, 2015.

（14） 原注

（4） Newsweek, 2011.
（5） Wilson, 2015.
（6） Henry Roediger III, interview with author, March 16, 2015.
（7） Beloit College, Mindset List,2016 list: bit.ly/1CpeE3G.
（8） Koppel and Berntsen, 2014.
（9） Skiena and Ward, *Time*, 2013.
(10) サンプルサイズはおよそ160。約半分のサンプルによって認識された数字のエラーバーは、プラスマイナス8パーセント。
(11) Gewertz, 2007.
(12) Gewertz, 2007.
(13) Zaromb, Butler, Agarwal, and Roediger, 2013.
(14) bit .ly/1e0891p; Matt Novak, “9 Albert Einstein Quotes That Are Totally Fake,” Paleofuture, March 14, 2014: bit.ly/17hHKK7; Brown, 1983, 68を見よ。
(15) この言葉はイギリスの作家でブロードキャスターのNigel Reesによって作られた。Peters, 2009を見よ。
(16) Deam, 2014.
(17) Ibid.
(18) Townes, 2014.
(19) Legum, 2015.
(20) Kurtz, 2014.
(21) Cave, 1996, 35–36.
(22) Henry Roediger III, interview with author, March 16, 2015.
(23) Philipp Bouhler's *Kampf um Deutschland: Ein Lesebuch für die deutsche Jugend* [The battle for Germany: A textbook for the German youth] (Munich: Zentralverlag der NSDAP, Franz Eher Nachfolger, 1938) を見よ。部分的な訳はネット上で（bit.ly/1fG9qfC）読むことができる。

4　五人に一人の法則

（1） Luippold, 2010.
（2） Anti-Defamation League, 2014.
（3） 私はＡＤＬ（名誉毀損防止組合）のデータを、それが組合のウェブサイトで提示されたものとは少し違った形で示した。サイトでは、93パーセントがホロコーストについて聞いたことがあると報告している。そして、同じグループの11パーセントは、それがこれまで誇張されてきたと考えた。私はホロコーストを今まで耳にしたことがなかった人々を、それを否定する人々、あるいはそれが誇張されていると考える人々と比較できれば、それはよりいっそう役に立つと思った。そうすると、多項選択式の質問に対して与えられた値は、ホロコーストを聞いたことのある人の数によって、増加させられる。パーセンテージは、四捨五入や切り上げなどの丸めのために、必ずしも総計が100にはならない。
（4） 例えばBoyd, 2008を見よ。

（5） Wood, Douglas, and Sutton, 2012.
（6） Lewandowsky, Gignac, and Oberauer, 2013, 2–3.

5　情報に乏しい有権者

（1） Krugman, 2015.
（2） Carl, 2013.
（3）Krugman, 2015.
（4） Carl, 2013.
（5） Garvey and Garrison, 2006.
（6） Garrison, 2006.
（7） Pew Research Center, "Who Knows What About Religion," September 28, 2010, pewrsr.ch/1pD7bxq.
（8） p=.742. だが、私のサンプルは 110 と少ない。
（9） Annenberg Public Policy Center, 2014.
（10） Dooley, 2014.
（11） Gorman, 2015.
（12） Ramer, 2011.
（13） 録音については bit.ly/1GpEhZu を見よ。
（14） Vavreck, 2014.
（15） Ibid.
（16） Meyerson, 2014.
（17） Lopez, 2014.
（18） Ipsos MORI, 2014.
（19） 106 のサンプルで行なった相関関係のテストについては p=.021. 投票の予測因子は p= .007.

Ⅱ　知識のプレミアム

6　事実に値札を付ける

（1） Sullivan, 2006.
（2） Ibid.
（3） tylervigen.com.
（4） 例えば Payscale.com で大学の給与報告を見よ。
（5） テストの得点については p=.002.
（6） p=.004.
（7） Kahneman and Deaton, 2010; Luscombe, 2010.
（8） p=.371.
（9） 質問の中にはまた次のようなものがあった。ブラジルの首都は？　ショートはどこを守っているのか？　下院議長の名前は？　円周率の 3 桁目の数は何？　年利 7 パーセントで出資金が倍になるためには、どれくらいの期間お金を預けなければいけない

か？

7 エレベーター・ピッチ・サイエンス

（1） youtu.be/s_5j1mVE8Sk.
（2） Taegan Goddard, "Just Two Scientists Left in Congress," *Taegan Goddard's Political Wire*, January 6, 2015: bit.ly/1yz7u1F.
（3） National Science Board, 2006.
（4） Newport, 2014.
（5） Luke Lewis, "A Whole Bunch of People on Facebook Thought Steven Spielberg Killed a Real Dinosaur," BuzzFeed, July 11, 2014: bzfd.it/1dzn4k0.
（6） 誤差の範囲はプラス・マイナス 4.9 パーセント。サンプルサイズは 204。
（7） サンプルサイズは 121。
（8） セーガンはこの言葉を何度も書いたり、話したりした。最初に現われたのは Sagan, 1973, 189–90 の中。
（9） Timmer, 2014.
（10） Candisky and Siegel, 2014.
（11） サンプルサイズは 204 で $p<.001$.
（12） Ehrlinger, Johnson, Banner, etal., 2008.
（13） サンプルサイズは 204 で $p=.129$.
（14） John F. Sargent Jr., *The U.S. Science and Engineering Workforce: Recent, Current, and Projected Employment, Wages, and Unemployment*, Congressional Research Service, February 19, 2014: bit .ly/1amEn69.
（15） サンプルサイズは 124 で $p=.016$.
（16） サンプルサイズは 204。

8 グラマー・ポリス、グラマー・ヒッピー

（1） McMillen, 2015.
（2） Black, 2008.
（3） Ibid.
（4） GrubHub, 2013; Satran, 2013.
（5） Paolo Rigiroli, "Top Misspelled," *Quattro Formaggi*, n.d.: bit.ly/1ThRAOP.
（6） Jane Black は、Yorktown Bistro, Arlington, Virginia でこのスペルミスに気付いた。
（7） Madison, 2010.
（8） 正しいメニューのサンプルサイズは 222 で、正しくないメニューは 215。
（9） Memoli, 2014.
（10） 文法のテストは収入に対して $p=.605$ で、教育レベルに対しては、サンプルサイズが 117 で $p=.086$. 年齢に対しては、サンプルサイズが 226 で $p=.125$. スペリングのテストは年齢に対して、サンプルサイズが 103 で $p=.677$.
（11） スペリングについては、サンプルサイズが 103 で $p=.079$.
文法については、サンプルサイズが 226 で $p=.246$.

(12) サンプルサイズは226で$p=.023$. p値は集団内では収入がより大きいという確率で、年収23000ドルの数字が完全に正確だという確率ではないことに注意。

(13) Kleinman, 2014.

(14) 年齢との相関関係は、スラングの質問が8つ、頭字語と略語の質問が8つの両方について$p<.001$だった。

(15) 頭字語の質問については$p=.878$で、スラングの質問については$p=.579$. 両方の調査はサンプルサイズが107。「mansplain」については、サンプルサイズが207だった。

(16) O'Leary, 2013.

(17) サンプルサイズは183で$p=.022$.

9 ナノフェイム

(1) Bilton, 2015.

(2) Ibid.

(3) Grundberg and Hansegard, 2014.

(4) January 7, 2014, post on @AnthonyDeVito Twitter feed.

(5) Williams, 2015.

(6) *New York Post*, 2013.

(7) サンプルサイズは261。カニエ・ウェストとピットブルの認識の差異は、統計学的に見ると有意ではない。ウェストについては、許容誤差がプラスマイナス5.9パーセント、ピットブルはプラスマイナス5.8だった。

(8) $p<.001$. テストの平均得点は、ミレニアル世代が70パーセントに対して、60歳以上は30パーセントだった。

(9) $p=.033$. 年齢との線形回帰では、ヒップホップの知識は、所得の予測因子としてもはや有意ではない。$p=.371$.

(10) Kalia, 2015.

(11) Ibid.

(12) Said, 2013.

10 エビはコーシャーか？

(1) Pew Research Center, 2010.

(2) Ibid., 70.

(3) Stephen Prothero, "Religious Literacy Quiz," Pew Research Center, 2007: pewrsr.ch/1aLl9bd.

(4) Prothero, 2007.

(5) Sontag, 2007.

(6) Pew Research Center, 2010 and 2015.

(7) Pew Research Center, 2010, 4.

(8) 所得については$p=.680$. 幸福については$p=.580$. 結婚については$p=.839$. サンプルサイズは118。

(9) Oppenheimer, 2007.

(10)　サンプルサイズは118。

11　哲学者とリアリティー番組のスター

(1)　ワイルドの『ドリアン・グレイの肖像』(1890) 序文。e-book at bit.ly/1KfBR0J を見よ。
(2)　Christie's, Post-War and Contemporary Art の販売実績。November 12, 2013: bit.ly/1Ic0g77.
(3)　サンプルサイズは164。もっとも得点の低いアーティストの許容誤差はおよそ4パーセント。
(4)　The Tumblr blog *454 W 23rd St New York, NY 10011-2157* が、この言葉を作り、正しい発音のリストを提供している。bit.ly/1yTivoP を見よ。
(5)　サンプルサイズは183で $p=.026$.
(6)　$p=.011$.
(7)　The-Numbers.com で興行面の数字を見よ。私の推測ではチケットの値段はアベレージで10ドル。
(8)　Greenfeld, 2014.
(9)　教育については $p<.001$. 所得については $p=.082$. サンプルサイズは119。

12　セックスと不条理

(1)　Semuels, 2014.
(2)　Audrey Tang with Matt Itelson, "Center Tests Americans' Sexual Literacy," *SF State News*, July 11, 2005: bit.ly/1OaylEz.
(3)　Semuels, 2014.
(4)　Vine, 2008.
(5)　Post on @AliceDreger Twitter feed, April 15, 2015. Nelson, 2015 も見よ。
(6)　Lilienfeld and Graham, 1958.
(7)　Xu, Markowitz, Sternberg, and Aral, 2006.
(8)　Proctor and Schiebinger, 2008, 112.
(9)　Allday, 2006.
(10)　Oliver and Wood, 2014.
(11)　*Consumer Reports*,2015, 37.
(12)　クリップはYouTube at bit.ly/1hxnfrr にある。
(13)　Zamon, 2014.
(14)　*Consumer Reports*, 2015, 40.
(15)　サンプルサイズは151。
(16)　引用はDick's 1978 speech, "How to Build a Universe That Doesn't Fall Apart Two Days Later" から。bit.ly/1koJyFx を見よ。
(17)　また、健康について尋ねた15問の問題については $p=.014$.
(18)　$p=.029$.
(19)　ここに挙げた質問は、私が検討した15問中のものだ。質問はそれぞれに健康の予

測因子となっていた。最高裁判所についてはp=.041．デカルトはp=.027．太陽はp=.008．サンプルサイズは445。

13　ゴールポストを動かす

（1）　Reddit posts at bit.ly/1ca4H4G を見よ。

（2）　Campbell, 2014.

（3）　サンプルサイズは154でp=.009.

（4）　CONSAD Research Corporation, 2009.

（5）　p=.742．統計モデルのスポーツ知識についてはp=.014.

（6）　サンプルサイズは104でp=.359.

（7）　二度目の調査ではp=.044で、サンプルサイズは110。所得の差異は前よりやや大きい。得点ゼロの人が年収（世帯）2万9511ドルなのに対して、100パーセント回答した人の年収は8万7092ドル。

（8）　サンプルサイズは110でp=.009．回帰分析では、得点ゼロの人については、平均10の内3.89のスコアで、100パーセント得点した人については6.45。

（9）　サンプルサイズは110。

（10）　所得との相関関係については、サンプルサイズが117でp=.024.

14　マシュマロ・テスト

（1）　New York *Daily News*, June 3, 2013.

（2）　Piore, 2013.

（3）　Gallup News Service, 1999.

（4）　サンプルサイズは322でp=.035.

（5）　質問の得点と、自己報告による幸福度の間の相関関係はp<.001.

（6）　Gerardi, Goette, and Meier, 2010.

（7）　Ibid., 11.

（8）　Maranjian, 2015.

（9）　この財政上の規則は、かなりやり方が大まかだが、まず72を年利（単位はパーセント）で割る。それで出た答えが、出資金が2倍になるまでに要する年数ということになる。この場合には、72を年利の7で割ると10.29年の答えが出る。答えは数学的には正確なものではないが、いつも利回りを推測で見積もっている投資家にとっては、十分に近い数字だ。

（10）　正解と所得の相関関係は、サンプルサイズが427でp<.001．貯蓄については相関関係がp=.012で、サンプルサイズが322。幸福度はゼロから3の尺度で、複利問題に正確に答えた者については2.091。正確に答えることのできなかった（p=.004）者については1.815。

（11）　Casey, Somerville, Gotlib, et al., 2011; Schlam, Wilson, Shoda, et al., 2013.

（12）　Pelletier, 2013, 2.

（13）　Pelletier, 2013.

（14）　Matthew Reed and Debbie Cochrane, “Student Debt and the Class of 2011,” Project

on Student Debt of the Institute for College Access and Success, October 2012: bit.ly/21wksZ2.

(15) S. H., 2014 を見よ。

(16) Mandell and Klein, 2009.

(17) Cole and Shastry, 2008.

(18) サンプルサイズは 322 で p=.026.

(19) p=.004 より幸福度が高いのは p=.012. サンプルサイズは 332。

15 浅学の価値

(1) Sweet, 2010, 51 に引用されている。

(2) 「prerogative」ついては p=.019.「supersede」については p=.002. サンプルサイズが 103 とささやかだが、p 値は注目すべきだ。

(3) サンプルサイズは 100 で p=.014.

(4) サンプルサイズは 207 で p=.132.

(5) 2つの「やさしい」調査は、サンプルサイズが 228 と 207 で p<.001.「難しい」調査は、サンプルサイズが 228 で p=.003.

(6) LoBrutto, 1997, 19.

(7) Chase and Simon, 1973.

(8) *Famous Women Inventors* (bit.ly/1Fn7Chu) と *Wikipedia* の Bette Nesmith Graham の項目を見よ。

(9) Einstein, 1931, 97.

(10) Einstein と Darwin-Wallace については、Asimov, 2014 を見よ。

(11) Rosen, 2014.

(12) Mohan, 2015.

Ⅲ 文化を知らない世界

16 知的レベルの低下が厳しいとき

(1) Mobley, 2014.

(2) 年齢との相関関係は急激に否定的になる。サンプルサイズは 106 で p<.001.

(3) Davis, Wolf, Bass, et al., 2006.

(4) Brown, 2014.

(5) これは世界保健機関（ＷＨＯ）が発表した2013年の統計による数字。bit.ly/1myPji2 を見よ。

(6) Frederick, 2005.

(7) ＭＩＴのウェブサイト bit.ly/1Qfyhfo の「入学者選考」のページを見よ。

(8) Paddock, 2011.

(9) Loewenstein, Friedman, McGill, et al., 2013.

(10) Ibid., 860.

(11) サンプルサイズは 268。

(12)　サンプルサイズは121。

(13)　サンプルサイズは267で$p=.048$.

(14)　サンプルサイズは268。正確を期すと、このような正解はアメリカとイギリスだけに当てはまる。オーストラリアでは、ティースプーン4杯分がテーブルスプーン1杯分に相当し、テーブルスプーン1杯分は1液量オンスの3分の2の分量だ。

(15)　サンプルサイズは268。

(16)　Weinberger, 2012. 私は2002年から2011年までの数字の平均値を求めて、5.48パーセントという数字を得た。

(17)　サンプルサイズは268。

(18)　Reed and Montoya, 2013.

(19)　Prange, n.d.

(20)　Reed and Montoya, 2013.

17　キュレーションの知識

(1)　FakeAWish.com at bit.ly/1n0YtS7に載っている"Celebrity Fake News Hoax Generator"の記事を見よ。

(2)　Miller, 2014.

(3)　Henry Roediger III, interview with author, March 16, 2015.

(4)　Ibid.

(5)　Brian Cathcart, interview with author, June 5, 2015.

(6)　サンプルサイズは458。「フォックス・ニュース」の得点は56.6パーセント、許容誤差が4.4パーセント、信頼水準が95パーセント。

(7)　この申し立てを疑う者はPoundstone, 1990, 311–15を見よ。私は六つのタブロイド版の週刊誌に掲載されたすべての記事を調べた。そして*National Enquirer*の196の記事がすべて、概ね事実に基づいたものであることを確認することができた。でっち上げの作り話（愛に飢えたオランウータンは異常に興奮して、ピグミーチンパンジーを求める）で有名な*Weekly World News*でさえ、96パーセントは事実に基づいている。

(8)　Marshall, 2013.

(9)　Vavreck, 2015.

(10)　Ibid.

(11)　"The Facts: Why Digital Detox?" at bit.ly/1aLo1F9. どの情報源にも統計上の数字は掲載されていない。

(12)　Fairleigh Dickinson, 2012, 3.

18　氷の謎

(1)　Kahan, 2015, 22.

(2)　Ibid., 42. 流氷が解けることは問題ではない。心配は陸地の氷　―おもに南極大陸とグリーンランド。

(3)　Kahan, 2012.

(4)　Kahan, 2015, 29.

(5) Ibid., 12.
(6) Ibid., 14.
(7) Fishkin, 2006 に引用されている。
(8) Fishkin and Luskin, 2005, 28 に引用されている。
(9) Kruger and Dunning, 1999, 1131.
(10) Aizenman, 2015.
(11) Fishkin, 2006.
(12) website of the Center for Deliberative Democracy, cdd.stanford.edu を見よ。

19 キツネとハリネズミ

(1) Berlin, 1978, 22.
(2) Ibid., 23.
(3) Gara, 2014.
(4) Tetlock, 2005.
(5) The Southern Poverty Law Center がそう呼んだ。*Wikipedia* entry for Stop Islamization of America, bit.ly/1Q91MGd を見よ。
(6) p=.02.
(7) ドジャー・スタジアムが p=.039. アメリカの独立が p=.004. DCコミックスの悪漢が p=.004. 正解は野球、イギリス、ジョーカー。
(8) *Wikipedia* entry "List of Mosques in the United States," bit.ly/1GBdPeT を見よ。
(9) Barnard, 2010.
(10) Freedman, 2010.
(11) 読者には「多重性」について警告をしておくべきだろう。これは統計学上危険を引き起こす要因で、ジャーナリストや政策決定者にもほとんど正しく認識されていない。これまでの慣例では、統計結果が完全に、ランダム・サンプリングのエラーによって生じた確率が5パーセントかそれ以下だったら、結果は有意なものと見なされた。これは伝統的な科学の概念からきたもので、それは科学においては、データを集めるのに(そして、仮説を立てるのに)たくさんの人手を要するというもの。が、今日、オンラインでデータを集めたり、ソフトウェアに、そこにあるかもしれない相関関係を探らせたりすることは、簡単なことだし、安上がりでもある。これはまた、何千の仮説をテストすることと等しいのかもしれない。このような文脈では、p 値によって、小麦をもみ殻と区別することができなくなる。調査員が期待しなければいけないのは、20の仮説をチェックして、そのたびごとに、偽物ではない「有意な」相関関係を1つでも見つけ出すことだった。ここでは多重性が潜在的な懸念となっているが、私が相関関係を選んのは、それが程度の差こそあれ、おもしろかったし、知識や意見や自己報告による行動などの、一般的なつながりを説明するものだったためである。そのために私は、きわめて有意な p 値を持つ、ただ1つの相関関係——その見本が一般知識の成績と信念の相互関係だ——を慎重に支持してきた。2つの表の平均の p 値は .007.
(12) サンプルサイズは125で p<.001. 私はアジア系のアメリカ人の人口を15パーセント(それに対して国勢調査の数字は5.6パーセント)、あるはそれ以上に見積もったグ

ループを使った。

(13) サンプルサイズは 282 で $p=.036$.

(14) サンプルサイズは 207 で $p=.017$.

(15) Gravity's Rainbow; 国境フェンス：$p=.011$. スプートニクと国境フェンスとの相関関係：$p<.001$. サンプルサイズは 228。

(16) サンプルサイズは 217 で $p=.001$.

(17) サンプルサイズは 282 で $p=.02$.

(18) ワクチン接種賛成と上院議員は $p=0.12$. 以下、その他すべての意見については、サンプルサイズが 207 で $p<.001$.

(19) $p=.020$.

(20) $p<.001$（子供にワクチンを受けさせる）; $p=.002$（再利用の袋に賛成）; $p=.009$（100 ドルの電球を買う）. サンプルサイズは 207。

(21) GOP: $p=.018$. テスラ：$p=.007$. ポー：$p=.017$. サンプルサイズは 254。

(22) サンプルサイズは 207 で $p=.007$.

(23) サンプルサイズは 207 で $p=.005$.

(24) サンプルサイズは 282 で $p=.026$.

(25) 正確な結果は 18.9 パーセント、プラスマイナス 4.8 パーセント。9.11 同時多発テロが起きた年を知っているか、あるいは知らないことに対する相関関係は、サンプルサイズが 254 で $p=.001$.

参考文献

Aizenman, Nurith. "It's Not a Come-On from a Cult. It's a New Kind of Poll!" NPR *Morning Edition* story, aired May 18, 2015. n.pr/1Afszii.

Allday, Erin. "Safer Sex Info Goes High-Tech." *SFGate*, April 26, 2006.

Annenberg Public Policy Center. "Americans Know Surprisingly Little About Their Government, Survey Finds." September 17, 2014. bit.ly/1IsSaqy.

Anti-Defamation League. "ADL Global 100," 2014. Global100.adl.org.

Asimov, Isaac. "Isaac Asimov Asks, 'How Do People Get New Ideas?' " *MIT Technology Review*, October 20, 2014.

Barnard, Anne. "In Lower Manhattan, 2 Mosques Have Firm Roots." *New York Times*, August 13, 2010. nyti.ms/1FNjkWV.

Berlin, Isaiah. *Russian Thinkers*. Edited by Henry Hardy and Aileen Kelly. Vol. 1 of *Selected Writings*. London: Hogarth, 1978.

Bilton, Nick. "Jerome Jarre: The Making of a Vine Celebrity." *New York Times*, January 28, 2015.

Bishop, George F., Robert W. Oldendick, Alfred Tuchfarber, and Stephen E. Bennett. "Pseudo-Opinions on Public Affairs." *Public Opinion Quarterly* 44, no. 2 (1980): 198–209.

Bittenbender, Steve. "Kentucky Teacher Resigns Amid Parents' Ebola Fears: Report." Reuters, November 3, 2014.

Black, Jane. "Typos à la Carte, Ever a Specialty of the House." *Washington Post*, June 18, 2008.

Boyd, Robynne. "Do People Only Use 10 Percent of Their Brains?" *Scientific American*, February 7, 2008. bit.ly/1lYfJv9.

Boylan, Jennifer Finney. "A Common Core for All of Us." *New York Times*, March 22, 2014.

Brown, Eryn. "Doctors Learn to Push Back, Gently, Against Anti-Vaccination Movement." *Los Angeles Times*, October 21, 2014.

Brown, Rita Mae. *Sudden Death*. New York: Bantam, 1983.

Campbell, Colin. "Obama Can't Stop Using Sports Metaphors to Explain Foreign Policy." *Business Insider*, May 29, 2014.

Candisky, Catherine, and Jim Siegel. "Intelligent Design Could Be Taught with Common Core's Repeal." *Columbus Dispatch*, August 20, 2014.

Carl, Jeremy. "Liberal Denial on Climate Change and Energy." *National Review*, October 23, 2013.

Casey, B. J., Leah H. Somerville, Ian H. Gotlib, Ozlem Ayduk, et al. "Behavioral and

Neural Correlates of Delay of Gratification 40 Years Later." *Proceedings of the National Academy of Sciences* 108, no. 36 (September 6, 2011): 14998– 15003. bit.ly/1Cg7lw6.
Cathcart, Brian. "Is Google Killing General Knowledge?" *Intelligent Life*, Summer 2009.
Cave, Alfred. *The Pequot War*. Amherst: University of Massachusetts Press, 1996.
Chase, W. G., and H. A. Simon. "Perception in Chess." *Cognitive Psychology* 4 (1973): 55–81.
Cohn, D'Vera, Paul Taylor, Mark Hugo Lopez, et al. "Gun Homicide Rate Down 49% Since 1993 Peak; Public Unaware." Pew Research Center, May 7, 2013.
Cole, Shawn, and Gauri Kartini Shastry. "If You Are So Smart, Why Aren't You Rich? The Effects of Education, Financial Literacy and Cognitive Ability on Financial Market Participation." Harvard Business School Working Paper 09-071, November 2008.
Coley, Richard J., Madeline J. Goodman, and Anita M. Sands. "America's Skills Challenge: Millennials and the Future." Princeton, N.J.: Educational Testing Service, January 2015.
CONSAD Research Corporation. "An Analysis of Reasons for the Disparity in Wages Between Men and Women." Prepared for the US Department of Labor, January 12, 2009. bit.ly/1ie1UWk.
Consumer Reports. "The Truth About Gluten." January 2015: 37–40.
Davis, Terry C., Michael S. Wolf, Pat F. Bass III, et al. "Literacy and Misunderstanding Prescription Drug Labels." *Annals of Internal Medicine* 145, no. 12 (December 19, 2006): 887–94.
De Groot, Adriaan. *Thought and Choice in Chess*. The Hague: Mouton, 1965. Reprint of the 1946 Dutch edition.
Deam, Jenny. "New U.S. History Curriculum Sparks Education Battle of 2014." *Los Angeles Times*, October 1, 2014.
Desvousges, William H., F. Reed Johnson, Richard W. Dunford, et al. "Measuring Nonuse Damages Using Contingent Valuation: An Experimental Evalu- ation of Accuracy." Research Triangle Institute Monograph 92-1, 1992.
Dickens, Charles. *Hard Times — For These Times*. Originally published in 1854. A Project Gutenberg eText is available at bit.ly/1pH9ASu.（邦訳『ハード・タイムズ』田辺洋子訳、あぽろん社、2009）
Dooley, Erin. "Oops! Va. Judge Confuses Constitution, Declaration of Inde- pendence in Gay Marriage Ruling." ABC News, February 14, 2014.
Downs, Anthony. *An Economic Theory of Democracy*. New York: Harper & Brothers, 1957.
Dropp, Kyle, Joshua D. Kertzer, and Thomas Zeitzoff. "The Less Americans Know About Ukraine's Location, the More They Want U.S. to Intervene." *Washington Post*, April 7, 2014.
Ehrlinger, Joyce, Kerri Johnson, Matthew Banner, David Dunning, and Justin Kruger. "Why the Unskilled Are Unaware: Further Explorations of (Absent) Self-Insight Among the Incompetent." *Organizational Behavior and Human Decision Processes* 105, no. 1

(January 2008): 98–121.

Einstein, Albert. *Cosmic Religion: With Other Opinions and Aphorisms*. New York: Covici-Friede, 1931.

Fairleigh Dickinson University PublicMind Poll. "What You Know Depends on What You Watch: Current Events Knowledge Across Popular News Sources." May 3, 2012.

Fisher, Marc. "Steal This Idea." *Columbia Journalism Review*, March/April 2015.

Fishkin, James S. "The Nation in a Room." *Boston Review*, March 1, 2006.

Fishkin, James S., and Robert C. Luskin. "Experimenting with a Democratic Ideal:Deliberative Polling and Public Opinion." *Acta Politica* 40 (2005): 284–98.

Foster, James. "Do Users Understand Mobile Menu Icons?" Exis, n.d. bit.ly/1DRUqpK.

———. "Don't Be Afraid of the Hamburger: A/B Test." Exis, n.d. bit.ly/1Cxj6NB.

Frederick, Shane. "Cognitive Reflection and Decision Making." *Journal of Economic Perspectives* 19(2005): 25–42.

Freedman, Samuel G. "Muslims and Islam Were Part of Twin Towers' Life." *New York Times*, September 10, 2010.

Gallup, George. "Public Opinion in a Democracy." The Stafford Little Lectures, Princeton University Extension Fund, 1939.

Gallup News Service. "Lotteries Most Popular Form of Gambling for Americans." June 17, 1999.

Gara, Tom. "McDonald's and Wendy's: A Modern-Day Fox vs Hedgehog." *Wall Street Journal*, January 24, 2014.

Garrison, Jessica. "Guesswork Is the Norm When Voting for Judges." *Los Angeles Times*, May 28, 2006.

Garvey, Megan, and Jessica Garrison. "Judge's Loss Stuns Experts." *Los Angeles Times*, June 8, 2006.

Gerardi, Kristopher, Lorenz Goette, and Stephan Meier. "Financial Literacy and Subprime Mortgage Delinquency: Evidence from a Survey Matched to Administrative Data." Federal Reserve Bank of Atlanta Working Paper 2010-10, April 2010.

Gewertz, Ken. "Albert Einstein, Civil Rights Activist." *Harvard Gazette*, April 12, 2007.

Gorman, Sean. "Rick Perry Errs in Tying Patriotism Quote to Thomas Paine." *Richmond Times-Dispatch*, March 9, 2015.

Greenfeld, Karl Taro. "Faking Cultural Literacy." *New York Times*, May 24, 2014.

GrubHub. "Family Favorites Top the List of Most Misspelled Food Names." Press release, May 28, 2013. bit.ly/1HGxs7V.

Grundberg, Sven, and Jens Hansegard. "YouTube's Biggest Draw Plays Games, Earns $4 Million a Year." *Wall Street Journal*, June 16, 2014.

Henkel, Linda. "Point-and-Shoot Memories: The Influence of Taking Photos on Memory for a Museum Tour." *Psychological Science* 25, no. 2 (February 2014): 396–402. doi:10.1177/0956797613504438.

Hickey, Walter. "A New Poll Shows Americans Don't Actually Understand Anything About

the Deficit." *Business Insider*, October 9, 2013. read.bi/1Cg9Iid.

Hillin, Taryn. " 'Boy Next Door' Screenwriter: That Cringe-y 'First Edition Iliad' Scene Was Not in My Script." *Fusion*, February 6, 2015. fus.in/1ukOyBl.

Hirsch, E. D., Jr. *Cultural Literacy: What Every American Needs to Know*. New York: Houghton Mifflin, 1987.

Ipsos MORI. "Perceptions Are Not Reality: Things the World Gets Wrong." Perils of Perception Study, October 29, 2014. bit.ly/1ydnOFb.

Itzkoff, Dave. "Where the Deer and Chameleon Play." *New York Times*, February 25, 2011.

Kaczynski, Andrew. "Section of Rand Paul's Book Plagiarized Forbes Article." BuzzFeed, November 5, 2013. bzfd.it/1GLxbwP.

Kahan, Dan M. "Climate-Science Communication and the Measurement Problem." *Advances in Political Psychology* 36 (2015): 1–43.

———. "Why We Are Poles Apart on Climate Change." *Nature* 488, no. 7411 (August 15, 2012): 255.

Kahneman, Daniel, and Angus Deaton. "High Income Improves Evaluation of Life but Not Emotional Well-Being." *Proceedings of the National Academy of Sciences* 107, no. 38 (September 21, 2010): 16489–93. bit.ly/1yW8S9h.

Kahneman, Daniel, Ilana Ritov, and David A. Schkade. "Economic Preferences or Attitude Expressions? An Analysis of Dollar Responses to Public Issues." *Journal of Risk and Uncertainty* 19 (1999): 203–35.

Kalia, Ajay. " 'Music Was Better Back Then' : When Do We Stop Keeping Up with Popular Music?" *Skynet & Ebert*, April 22, 2015. bit.ly/1HvgYMA.

Kiatpongsan, Sorapop, and Michael I. Norton. "How Much (More) Should CEOs Make? A Universal Desire for More Equal Pay." *Perspectives on Psychological Science* 9, no. 6 (November 2014): 587–93.

Klaus, Robert M., and Sam Glucksberg. "Social and Nonsocial Speech." *Scientific American* 236 (February 1977): 100–105.

Kleinman, Alexis. "FBI Crafts 83-Page Report on What Things Like 'LOL' and 'BRB' Mean." *Huffington Post*, June 18, 2014.

Kohut, Andrew. "Despite Lower Crime Rates, Support for Gun Rights Increases." Pew Research Center, April 17, 2015.

Kopan, Tal. "Rand Paul on Plagiarism Charges: If Dueling Were Legal in Kentucky . . ." *Politico*, November 3, 2013. politi.co/1N9Vlqm.

Koppel, Jonathan, and Dorthe Berntsen. "Does Everything Happen When You Are Young? Introducing the Youth Bias." *Quarterly Journal of Experimental Psychology* 67 (2014): 417–23.

Kruger, Justin, and David Dunning. "Unskilled and Unaware of It: How Difficulties in Recognizing One's Own Incompetence Lead to Inflated Self-Assessments." *Journal of Personality and Social Psychology* 77 (1999): 1121–34.

Krugman, Paul. "Hating Good Government." *New York Times*, January 18, 2015.
Kurtz, Stanley. "How the College Board Politicized U.S. History." *National Review*, August 25, 2014.
Legum, Judd. "Oklahoma Lawmakers Vote Overwhelmingly to Ban Advanced Placement U.S. History." *ThinkProgress*, February 17, 2015.
Lewandowsky, Stephan, Gilles E. Gignac, and Klaus Oberauer. "The Role of Conspiracist Ideation and Worldviews in Predicting Rejection of Science." *PLoS ONE* 8, no. 10 (2013). doi:10.1371/journal.pone.0075637.
Lilienfeld, A. M., and S. Graham. "Validity in Determining Circumcision Status by Questionnaire as Related to Epidemiological Studies of Cancer of the Cervix." *Journal of the National Cancer Institute* 21, no. 4 (October 1958): 713–20.
Liu, James H. "Narratives and Social Memory from the Perspective of Social Representations of History." In *Narratives and Social Memory: Theoretical and Methodological Approaches*, edited by Rosa Cabecinhas and Lilia Abadia, 11–24. Braga, Portugal: University of Minho, 2013.
LoBrutto, Vincent. *Stanley Kubrick: A Biography*. New York: D. I. Fine, 1997.
Loewenstein, George, Joelle Y. Friedman, Barbara McGill, et al. "Consumers' Misunderstanding of Health Insurance." *Journal of Health Economics* 23 (2013): 850–62.
Lopez, Steve. "Idea of an L.A. Voteria Is Gaining Currency." *Los Angeles Times*, August 19, 2014.
Los Angeles Times. "A Textbook Case of Meddling in California." June 15, 2014.
Luippold, Ross. "The Craziest Beliefs Shared by 'One-in-Five' Americans." *Huffington Post*, August 24, 2010. huff.to/1O9CzMP.
Luscombe, Belinda. "Do We Need $75,000 a Year to Be Happy?" *Time*, September 6, 2010.
Madison, Jillian. "The Food Network Loves Mascarpone." *Food Network Humor*, April 15, 2010. bit.ly/1ydqmTQ.
Mandell, Lewis, and Linda Schmid Klein. "The Impact of Financial Literacy Education on Subsequent Financial Behavior." *Journal of Financial Counseling and Planning* 20, no. 1 (2009): 15–24.
Maranjian, Selena. "The Simple 3-Question Financial Quiz Most Americans Fail: Can You Pass It?" *The Motley Fool*, March 10, 2015.
Marshall, Perry. "Why I Don't Watch the News & Why You Shouldn't Either." July 15, 2013. bit.ly/1GLARii.
McMillen, Andrew. "One Man's Quest to Rid Wikipedia of Exactly One Grammatical Mistake." *Medium*, February 3, 2015.
Memoli, Michael A. "Louisiana Congressman 'Very Sorry' After Video Shows Romantic Encounter." *Los Angeles Times*, April 8, 2014.
Meyerson, Harold. "How to Boost Voter Turnout in L.A. — and It Isn't Offering Prizes." *Los Angeles Times*, August 19, 2014.

Miller, Dean. "News Literacy Is Not Optional If You Need to Be Well-Informed." *New York Times*, February 28, 2014.

Mobley, Eric W. "The Ambiguous Hamburger Icon: Is the Icon Mystery Meat to Users?" February 12, 2014. bit.ly/1HR6Xb1.

Mohan, Geoffrey. "Can Money Buy Your Kids a Bigger Brain?" *Los Angeles Times*, March 30, 2015.

Mooney, Chris. *The Republican War on Science*. New York: Basic Books, 2006.

Morris, Errol. "The Anosognosic's Dilemma: Something's Wrong but You'll Never Know What It Is." *New York Times*, June 20, 2010.

National Geographic Education Foundation. "National Geographic–Roper Public Affairs 2006 Geographic Literacy Study." May 2006. on.natgeo.com/QrP3aj.

National Science Board. "Science and Engineering Indicators 2006." Arlington, Va.: National Science Foundation (volume 1, NSB 06-01; volume 2, NSB 06-01A). 1.usa.gov/1c9bk7i.

Nelson, Libby. "Read a Professor of Medicine's Outraged Tweets from Her Son's Abstinence-Only Sex Ed Class." *Vox*, April 15, 2015.

Nestojko, John F., Jason R. Finley, and Henry L. Roediger III. "Extending Cognition to External Agents." *Psychological Inquiry* 24, no. 4 (2013): 321–25.

Newell, Allen, and Herbert A. Simon. *Human Problem Solving*. Englewood Cliffs, N.J.: Prentice-Hall, 1972.

Newport, Frank. "In U.S., 42% Believe Creationist View of Human Origins." Gallup Politics, June 2, 2014.

Newsweek. "Take the Quiz: What We Don't Know." March 20, 2011. bit.ly/1y56VvY.

New York Post. "Diddy Mistaken for Kanye West at Art Basel." December 6, 2013.

Nielsen. "Mobile Millennials: Over 85% of Generation Y Owns Smartphones." September 5, 2014. bit.ly/1pyhyfG. 320

Noble, Kimberly G., Suzanne M. Houston, Natalie H. Brito, et al. "Family Income, Parental Education and Brain Structure in Children and Adolescents." *Nature Neuroscience* 18, no. 5 (May 2015): 773–78. doi:10.1038/ nn.3983.

Norton, Michael I., and Dan Ariely. "Building a Better America — One Wealth Quintile at a Time." *Perspectives on Psychological Science* 6, no. 1 (January 2011): 9–12.

O'Leary, Amy. "An Honor for the Creator of the GIF." *New York Times*, May 21, 2013.

Oliver, J. Eric, and Thomas Wood. "Medical Conspiracy Theories and Health Behaviors in the United States." *JAMA Internal Medicine* 174, no. 5 (May 2014): 817–18. doi:10.1001/jamainternmed.2014.190.

Oppenheimer, Mark. "Knowing Not." *New York Times*, June 10, 2007.

Paddock, Catharine. "Medicine Labels to Carry Clearer Instructions, UK." *Medical News Today*, March 4, 2011.

Parker, Dorothy. *Not Much Fun: The Lost Poems of Dorothy Parker*. Edited by Stuart Y. Silverstein. 1996. Reprint, New York: Scribner, 2009.

Pelletier, John. "National Report Card on State Efforts to Improve Financial Literacy in High Schools." Burlington, Vt.: Champlain College Center for Financial Literacy, 2013.

Peters, Mark. "If 'Mark Twain Said It,' He Probably Didn't." *Good*, September 27, 2009.

Pew Research Center. "America's Changing Religious Landscape." May 12, 2015. pewrsr.ch/1FhDslC.

———. "Emerging Nations Embrace Internet, Mobile Technology." February13, 2014. pewrsr.ch/1mg8Nvc.

———. "Public's Knowledge of Science and Technology." April 22, 2013. pewrsr.ch/1Cp50xP.

———. "U.S. Religious Knowledge Survey." September 28, 2010. pewrsr.ch/1Cxom3u.

Piore, Adam. "Why We Keep Playing the Lottery." *Nautilus*, August 1, 2013.

Poundstone, William. *The Ultimate*. New York: Doubleday, 1990.

Prange, David. "A Sign of the Times." *National Oil and Lube News*, n.d. bit.ly/1c9d7JK.

Proctor, Robert, and Londa Schiebinger, eds. *Agnotology: The Making and Unmaking of Ignorance*. Palo Alto, Ca.: Stanford University Press, 2008.

Prothero, Stephen. *Religious Literacy: What Every American Needs to Know—And Doesn't*. San Francisco: HarperOne, 2007.

Ramer, Holly. "Bachmann Flubs Revolutionary War Geography in NH." Boston.com, March 13, 2011.

Reed, Philip, and Ronald Montoya. "Stop Changing Your Oil." Edmunds.com, April 23, 2013.

Roediger, Henry L., III, and Robert G. Crowder. "A Serial Position Effect in Recall of United States Presidents." *Bulletin of the Psychometric Society* 8, no. 4 (October 1976): 275–78.

Roediger, Henry L., III, and K. A. DeSoto. "Forgetting the Presidents." *Science* 346, no. 6213 (November 2014): 1106–9.

Romano, Andrew. "How Ignorant Are Americans?" *Newsweek*, March 20, 2011.

Rosen, Jody. "The Knowledge, London's Legendary Taxi-Driver Test, Puts Up a Fight in the Age of GPS." *New York Times*, November 10, 2014.

Sagan, Carl. *The Cosmic Connection*. Garden City, N.Y.: Doubleday, 1973.（邦訳『宇宙との連帯——異星人的文明論』河出文庫、福島正実訳、河出書房新社、1982）

Said, Sammy. "The Most Expensive Celebrity Endorsements." *The Richest*, October 5, 2013. bit.ly/1Cp80dK.

Satran, Joe. "Misspelled Food Names: The 11 Dishes GrubHub Users Get Wrong the Most." *Huffington Post*, May 30, 2013. huff.to/1O9JlSN.

Schlam, Tanya R., Nicole L. Wilson, Yuichi Shoda, et al. "Preschoolers' Delay of Gratification Predicts Their Body Mass 30 Years Later." *Journal of Pediatrics* 162, no. 1 (January 2013): 90–93.

Schrager, Allison. "Are Americans Saving Too Much and Spending Too Little?" *Bloomberg Business*, October 27, 2014.

Seaman, Andrew M. "You're Not Alone: Medical Conspiracies Believed by Many." Reuters, March 19, 2014.
Semuels, Alana. "Sex Education Stumbles in Mississippi." *Los Angeles Times*, April 2, 2014.
S. H. "Financial Literacy: Back to Basics." *The Economist*, July 11, 2014.
Skiena, Steven, and Charles B. Ward. *Who's Bigger? Where Historical Figures Really Rank*. Cambridge, UK: Cambridge University Press, 2013.
———. "Who's Biggest? The 100 Most Significant Figures in History." *Time*, December 10, 2013.
Sontag, Susan. *At the Same Time: Essays and Speeches*. New York: Farrar, Straus and Giroux, 2007.（邦訳『同じ時のなかで』木幡和枝訳、NTT 出版、2002）
Sparrow, Betsy, Jenny Liu, and Daniel M. Wegner. "Google Effects on Memory: Cognitive Consequences of Having Information at Our Fingertips." *Science* 333, no. 6043 (August 2011): 776–78.
Stephens-Davidowitz, Seth. "Searching for Sex." *New York Times*, January 24, 2015.
Sullivan, Patricia. "William 'Bud' Post III; Unhappy Lottery Winner." *Washington Post*, January 20, 2006.
Sweet, Leonard. *Nudge: Awakening Each Other to the God Who's Already There*. Colorado Springs: David C. Cook, 2010.
Tauber, Sarah K., John Dunlosky, Katherine A. Rawson, et al. "General Knowledge Norms: Updated and Expanded from the Nelson and Narens (1980) Norms." *Behavioral Research Methods* 45, no. 4 (December 2013): 1115–43.
Terkel, Amanda. "Texas Board of Education: Jefferson Davis and Obama's Middle Name Are Essential for Students to Learn." *ThinkProgress*, May 21, 2010.
Tetlock, Philip. *Expert Political Judgment: How Good Is It? How Can We Know?* Princeton, N.J.: Princeton University Press, 2005.
Timmer, John. "Ohio Lawmakers Want to Limit the Teaching of the Scientific Process." *Ars Technica*, August 26, 2014.
Townes, Carimah. "Denver Students Walk Out in Protest of Conservative Takeover of Curriculum." *ThinkProgress*, September 24, 2014.
Vavreck, Lynn. "The Power of Political Ignorance." *New York Times*, May 23, 2014.
———. "Why Network News Still Matters." *New York Times*, February 18, 2015.
Vine, Katy. "Faith, Hope, and Chastity." *Texas Monthly*, May 2008.
Wagstaff, Keith. "Forget Cursive: Teach Kids How to Code." *The Week*, November 14, 2013.
Way, Wendy L., and Karen Holden. "Teachers' Background and Capacity to Teach Personal Finance: Results of a National Study." National Endowment for Financial Education, March 2009. bit.ly/1Y4HW4Z.
Wegner, Daniel M., and Adrian F. Ward. "How Google Is Changing YourBrain." *Scientific American*, December 2013: 58–61.

Weinberger, Hannah. "Changing Gears: Is Knowing How to Drive Stick in America Still Essential?" CNN, July 19, 2012. cnn.it/1JoPpUJ.

Williams, Alex. "15 Minutes of Fame? More Like 15 Seconds of Nanofame." *New York Times*, February 6, 2015.

Wilson, Reid. "Arizona Will Require High School Students to Pass Citizenship Test to Graduate. Can You Pass?" *Washington Post*, January 16, 2015.

Wood, Michael J., Karen M. Douglas, and Robbie M. Sutton. "Dead and Alive: Beliefs in Contradictory Conspiracy Theories." *Social Psychological and Personality Science* 3, no. 6 (November 2012): 767–73.

Wu, Suzanne. "USC Survey Reveals Low Health Care Literacy." *USC News*, March 24, 2014. bit.ly/1GLGHjy.

Xu, Fujie, Lauri E. Markowitz, Maya R. Sternberg, and Sevgi O. Aral. "Prevalence of Circumcision in Men in the United States: Data from the National Health and Nutrition Examination Survey (NHANES), 1999–2002." XVI International AIDS Conference, 2006.

Zachs, Jeffrey M. "Why Movie 'Facts' Prevail." *New York Times*, February 13, 2015.

Zamon, Rebecca. "Dr. Oz Says Gluten-Free Diets Are a Scam." *Huffington Post Canada*, May 26, 2014.

Zaromb, Franklin, Andrew C. Butler, Pooja K. Agarwal, and Henry L. Roediger III. "Collective Memories of Three Wars in United States History in Younger and Older Adults." *Memory & Cognition* 42(2013): 383–99.